THE PILGRIM'S
PROGRESS

김홍만 지음

52주
스터디

천로역정

김홍만 지음

생명의말씀사

52주 스터디
천로역정

© 생명의말씀사 2001, 2013

2001년 4월 10일 1판 1쇄 발행
2012년 2월 28일　　6쇄 발행
2013년 8월 15일 2판 1쇄 발행
2025년 9월 3일　　11쇄 발행

펴낸이 | 김창영
펴낸곳 | 생명의말씀사

등록 | 1962. 1. 10. No.300-1962-1
주소 | 서울시 종로구 경희궁1길 6 (03176)
전화 | 02)738-6555(본사) · 02)3159-7979(영업)
팩스 | 02)739-3824(본사) · 080-022-8585(영업)

지은이 | 김홍만

기획편집 | 홍경민, 김현정, 신유리
디자인 | 조현진, 윤보람
인쇄 | 영진문원
제본 | 다온바인텍

ISBN 978-89-04-02064-5 (03230)

저작권자의 허락 없이 이 책의 일부 또는 전체를
무단 복제, 전재, 발췌하면 저작권법에 의해 처벌을 받습니다.

52주 스터디

천로역정

저자 서문

천로역정은 1678년에 초판이 인쇄되었다. 인쇄된 첫 해에 3판이 나왔으며, 존 번연이 사망한 해인 1688년까지 13판이 출판되었다. 1678년 이후 10년 동안 천로역정은 최소한 10만 권이 팔렸다. 따라서 천로역정은 17세기 최고의 베스트셀러였다. 18세기의 영적대각성 시대에도 천로역정은 하나님께로 가는 영혼의 지침서로서 가장 많이 팔린 책이었다. 19세기의 선교 확장 시대에는 70여 개국의 언어로 번역되어 성경과 함께 선교지에서 복음을 해설하는 데 중요한 역할을 담당하였다.

조선에 복음이 1884년에 들어왔는데, 천로역정은 '텬로력뎡'이라는 제목으로 1894년에 출판되었다. 선교사 게일이 번역하였고, 화가 김준건이 본 책자에 삽입되어 있는 삽화를 한국적인 복장과 배경으로 개화(改畫)하여 게재하였다. 천로역정은 한국 초기 교회의 중요한 문서 중 하나로, 길선주 목사의 회심에 결정적인 영향을 준 책이기도 하다.

오늘날까지도 천로역정은 성경 다음으로 많이 인쇄되어 팔린 책이다. 그렇다면 천로역정이 이렇게 300년이 지나도록 베스트셀러로 자리를 잡은 이유는 무엇인가? 천로역정이 갖고 있는 다음과 같은 특징 때문이다.

1. 성경에서 진리의 핵심을 뽑아내고 있다.
2. 성경과 복음의 교리들을 쉽게 설명하고 있다.
3. 전도를 목적으로 구원과 은혜를 정확하고 분명하게 설명하고 있다.
4. 등장인물의 영적 특징들을 자신에게 직접 적용할 수 있다.
5. 개인의 구원과 영적 체험을 성경적으로 확인할 수 있다.

이런 특징을 갖고 있는 천로역정은 어린이부터 신학자에 이르기까지 성경적 구원 체험을 위해서 필요한 책이다. 물론 천로역정은 전도를 위해서도 유용한 책이며, 제자 훈련을 위해서도 꼭 필요한 책이다. 왜냐하면 앞부분은 구원에 이르는 회심의 과정을 설명하고 있으며, 뒷부분은 구원받은 믿음의 진정성이 나타나는 성화를 설명하고 있기 때문이다. 물론 신학교에서 청교도 교리를 연구하는 데도 유용한 책이다. 천로역정은 복음을 분명하게 제시하고 있으며, 하나님의 주권과 인간의 책임 관계를 명확하게 설명하고 있다. 더욱이 칭의와 성화의 관계를 분명하게 보여 주고 있다. 청교도의 구원론과 교회론, 성령론, 영적 전쟁을 이해하고자 할 때 본 책자는 매우 유용할 것이다.

본 책자의 가장 중요한 목표는 독자들이 성경적인 구원을 체험하는 것이다. 따라서 존 번연이 설명하고 있는 구원의 은혜에 대해서 깊이 생각하고 이해할 수 있도록 질문을 실었다. 질문들은 성경적이면서 영적 통찰력을 얻게 하고, 삶에 직접 적용하도록 했다. 질문에 대한 답은 본문에 표시된 번호를 참고하면 구할 수 있다.

한편으로 교회에서 훈련 교재로 쉽게 사용하도록 1년을 기준으로 해서 52과로 나누어 편집하였다. 또한 삽화를 많이 실어서 독자들이 중요한 교리들을 더 쉽게 이해하도록 했다. 따라서 본 책자를 통해 구원이 무엇인가를 이해할 뿐만 아니라 체험하기를 간절히 바란다. 특별히 구원에 대해서 잘못 알았거나, 피상적으로 이해하였던 많은 사람들이 복음을 올바르게 깨닫고 체험해서, 영적 각성과 부흥이 일어나기를 바란다.

본 책자가 출판되기까지 지원을 아끼지 않으신 김호식 장로와 생명의말씀사의 김창영 목사, 진리교회의 강문진 목사, 그리고 영은교회의 김영수 목사와 청년들에게 감사를 드린다.

한국청교도연구소 소장
김홍만 목사

차례

저자 서문 04

01_ 영적으로 깨어나는 죄인 12
02_ 전도자 17
03_ 시험들 22
04_ 변덕쟁이 30
05_ 절망의 수렁 36
06_ 세상 지혜자 42
07_ 쉬운 길의 결과 51
08_ 전도자의 경계 58
09_ 좁은 문 65
10_ 해석자의 집 (1) 76
11_ 해석자의 집 (2) 88
12_ 해석자의 집 (3) 94
13_ 십자가 체험 106
14_ 구원의 은혜에 미치지 못하는 자들 111
15_ 고난의 언덕 120
16_ 게으름의 결과 127

17_ 아름다운 궁전　133

18_ 진정한 구원의 체험 확인　139

19_ 뼈아픈 질문들　148

20_ 교회의 기능　155

21_ 영적 전투　162

22_ 사망의 음침한 골짜기 (1)　174

23_ 사망의 음침한 골짜기 (2)　181

24_ 성실　190

25_ 유혹들　197

26_ 불만과 수치　205

27_ 수다쟁이　215

28_ 영을 분별하라　226

29_ 은혜의 효과와 증거　235

30_ 허영의 시장 (1)　244

31_ 허영의 시장 (2)　253

32_ 허영의 시장 (3)　260

33_ 두 마음　270

34_ 두 마음의 친구들　278

35_ 데마와 은광 289

36_ 생명수의 강과 샛길 초원 298

37_ 의심의 성과 절망 거인 306

38_ 기쁨의 산과 목자들 318

39_ 무지와 배신자 329

40_ 작은 믿음과 큰 믿음 336

41_ 아첨쟁이 351

42_ 무신론자 357

43_ 회심의 체험 (1) 363

44_ 회심의 체험 (2) 371

45_ 회심의 체험 (3) 379

46_ 무지(원죄를 부정함) 385

47_ 무지(잘못된 믿음) 393

48_ 복음적 두려움 401

49_ 일시적 믿음(타락하는 이유) 407

50_ 뿔라 땅과 죽음의 강 415

51_ 죽음의 강 420

52_ 천국 입성과 무지의 최후 428

결론 434

52주 스터디

천 로 역 정

01_ 영적으로 깨어나는 죄인

영혼의 구원을 위해 하나님께서는 가장 먼저 하시는 일은 영혼이 죄인이라는 것과 죄의 결과로 심판을 받을 수밖에 없다는 사실을 깨닫게 하시는 것이다.

나는 이 세상의 광야를 걷고 있었다. 어떤 특정한 곳에 이르러 불을 밝힌 곳은 굴이었다. 나는 잠을 자려고 그곳에 누웠고 꿈을 꾸었다. 나는 꿈속에서 한 남자가 누더기 옷을 입고 한 곳에 서 있는 것을 보았다.1 그 남자는 자신의 집 방향에서 얼굴을 돌리고 있었으며, 손에 책 하나를 들고 있었고,2 그의 등 뒤에는 상당히 무거운 짐이 지워져 있었다 (사 64:6; 눅 14:33; 시 38:4; 합 2:2; 행 16:31).3 나는 그 남자가 책을 펼쳐서 읽는 것을 보았다. 그는 책을 읽으면서 눈물을 흘리며 벌벌 떨었다. 그리고 더는 억제할 수 없는 듯 슬프게 울음을 터뜨리면서 "내가 무엇을 해야 합니까?"(행 2:37)라고 말했다.4

그 남자는 곤경에 빠진 상태로 자신의 집으로 갔다. 그 남자는 할 수 있는 한 자신을 억제했다. 그래서 그 남자의 아내와 아이들은 그의 괴로움을 알아차리지 못했다. 그러나 그 남자는 더 이상 잠자코 있을 수 없었는데, 그것은 자신의 괴로움이 심해졌기 때문이다.5

마침내 그는 자신의 마음을 아내와 자녀들에게 털어놓았다. 그리고 그 남자는 아내와 자녀들에게 말하기 시작했다. "사랑하는 아내여, 그리고 내 귀여운 자녀들아, 너희의 사랑스런 친구인 나는 등에 지워진 짐 때문에 큰 파멸에 빠졌다. 더욱이 내가 확실히 듣기로는 우리가 사는 도성이 하늘에서 내려온 불로 타 버릴 것이며, 만약 피할 길을 찾지 못한다면(그러나 나는 아직 찾지 못했다) 우리는 모두 불 속으로 던져질 것이고 비참하게 멸망할 것이다. 피할 길을 찾아야 우리는 구원받을 수 있다." 이 말을 듣고 그의 가족은 무척 놀랐다. 그 남자가 말한 것이 진실이라고 믿지 못해서가 아니라 그가 정신착란을 일으켰다고 생각했기 때문이다.[6]

밤이 되자 가족은 그 남자가 잠을 자면 안정될 것이라고 생각해서 서둘러 그 남자를 잠자리에 들게 했다. 그러나 밤에도 여전히 낮과 같이 그 남자에게는 괴로운 시간이었다. 그 남자는 잠자는 대신에 한숨과 눈물로 밤을 보냈다.[7] 아침이 되었을 때 식구들은 그가 어떻게 되었는지 알고 싶었다. 그러나 그 남자는 식구들에게 다시 같은 말을 했다. 식구들의 마음은 강퍅해지기 시작했다. 식구들은 그를 거칠게 다루면 그의 정신착란 증세가 나을 것이라고 생각했다. 식구들은 때때로 그 남자를 바보 취급하거나 꾸짖었으며, 때로는 그 남자를 매우 무시했다. 그 남자는 기도하기 위해 자신의 방에 혼자 남아 있었다.[8]

그는 식구들을 불쌍하게 여겼고, 비참한 자신도 동정했다. 그 남자는 들판을 혼자 거닐면서 때로는 성경을 읽기도 하고 기도하기도 했다.

그 남자는 그렇게 며칠을 보냈다. 그 남자는 들판을 거닐면서 책을 읽는 것 같았는데, 자세히 보니 책을 읽을 수 없을 정도로 괴로워하고 있었다. 그리고 전에 했던 것처럼 "내가 무엇을 어떻게 해야 구원을 얻을 수 있습니까?"라고 울부짖었다.[9]

Q & A

1. 구원받지 못한 영혼의 상태를 어떻게 묘사하고 있습니까?
① 한 남자(계 20:15) ② 남루한 옷(사 64:6)

답 : ① 한 남자라는 것은 아직 그 이름이 생명록(계 20:15)에 없는 상태이다. 즉, 구원받지 못한 상태를 말하는 것이다. 하나님의 선택이 그에게 있을 지라도 실제로 구원받는 것은 성령의 거룩하게 하시는 역사(구원의 유효한 역사)가 있어야 한다(살후 2:13).
② 성경에서 옷을 언급하는 것은 행위를 의미한다. 따라서 남루한 옷은 그 행위가 의롭지 못하다는 것을 뜻한다. 의로운 행위가 없기 때문에 남루한 옷 혹은 더러운 옷과 같다는 것이다. 자신의 행위로 하나님 앞에서 의롭다 여김을 받을 자는 없다(롬 3:20).

2. 한 영혼이 자신의 죄를 깨닫게 되는 수단은 무엇입니까? 그 남자의 손에 무엇이 있습니까?(롬 7:7)

답 : 한 영혼이 자신의 죄를 깨닫는 것은 성령의 역사로 인한 것이다(요 16:8). 성령께서 하나님의 말씀을 수단으로 죄인에게 죄를 깨닫게 하신다. 특별히 성령께서 율법을 가지고 책망하심으로 죄인의 심령에 죄가 있음을 알게 하신다(롬 3:19).

3. 등에 지워진 무거운 짐은 무엇을 의미합니까?(시 38:4)

답 : 성령께서 성경을 읽고 있는 한 남자에게 죄인이라는 사실을 확신시키고 있다. 이로서 한 남자는 자신이 평생 지어온 죄들이 생각나게 되었다. 그 죄들

은 한두 가지가 아니라 수많은 죄들이다. 그는 자신의 죄가 엄청난 분량임을 깨닫게 되었다. 그 죄들은 한 남자에게 무거운 짐 같아서 도무지 감당할 수 없는 것이다.

4. "내가 무엇을 해야 합니까?"라고 울부짖는 이유는 무엇입니까?(행 2:37; 16:31; 고후 7:9)

답 : 성령의 역사로 자신의 죄들을 깨닫고, 한편으로 자신의 죄에 대한 하나님의 심판을 깨닫게 된다. 하나님의 엄중한 심판 앞에서 그것을 피하고 싶은 강력한 열망이 일어난다. 그래서 '내가 어떻게 해야 하나님의 심판을 피하고 구원을 받을 수 있겠습니까?'라는 울부짖음이 있게 된다. 이 울부짖음은 구원에 대한 갈망의 표현이다.

5. 한 남자의 괴로움이 더욱 심해지는 이유는 무엇입니까?(요 16:8; 마 12:20; 시 32:3-4)

답 : 한 영혼에게 구원의 유효한 역사가 있게 하기 위해서 성령께서 죄를 깨닫게 하신다. 그리고 성령의 역사가 더욱 강해지면서 죄에 대한 각성이 깊어지게 된다. 그래서 마치 주의 손이 주야로 나를 누르시는 것과 같으며(시 32:4), 상한 갈대와 꺼져 가는 심지의 상태로 만드시는 것과 같다(마 12:20). 이로 인하여 그 영혼으로 죄인임을 철저하게 인정케 하고 구원을 찾게 만드신다.

6. 가족이 남편에게 일어난 일을 이해하지 못하는 이유는 무엇입니까?(고전 2:14)

답 : 성령의 역사에 의하여 남편에게는 영적 각성이 일어나기 시작하였다. 그러나 아내와 자녀들에게는 아직 성령의 유효한 역사가 일어나지 않았다. 따라서 그들은 그에게 일어난 영적 현상을 이해할 수 없었다. 그들은 아직 육신에게 속한 자들로 영적인 것을 이해할 수 없기 때문이다.

7. 죄에 대한 하나님의 심판의 깨달음으로 무엇을 찾고 있습니까? 한숨과 눈물로 시간을 보내는 이유는 무엇입니까?(시 39:13)

답 : 죄에 대한 각성과 깨달음으로 한 남자는 용서받을 길을 찾고 있다. 그 고통은 용서함을 받기 전까지 지속된다. 그래서 한숨과 눈물로 밤을 보내고 있다.

8. 죄의 질책을 받고 있는 그 남자가 할 수 있는 일은 무엇입니까?(눅 18:13)

답 : 죄와 하나님의 심판에 대한 깨달음으로 용서와 심판을 피할 수 있는 방법을 찾게 된다. 용서를 구하기 위해서 기도하는 것이다. 하늘을 감히 우러러보지도 못하고 가슴을 치면서 기도한다. 그리고 용서의 길을 찾기 위해서 성경을 읽는다. 이러한 영적 상태에서는 기도와 성경 읽는 것 외에는 다른 방법이 없다. 죄인에게 구원의 길을 찾는 것이 가장 절실하기 때문이다.

9. 성경을 읽고 기도도 하지만 여전히 자신이 지은 죄로 괴로워하는 이유는 무엇입니까? 이런 현상은 왜 일어납니까?(롬 3:27)

답 : 영적으로 각성된 죄인은 죄를 용서받고, 하나님의 심판을 피할 수 있는 방법을 찾는다. 그 방법은 성경을 읽고 기도하는 것이다. 그럼에도 용서의 방편을 찾지 못하였다. 자신이 지은 죄는 여전히 있으며, 그로 인하여 더욱 심령이 무거워지는 것이다. 따라서 그 영혼은 더욱 겸손하게 된다. 즉, 자신에게 어떠한 의로운 행위가 있다 하더라도 그것은 자신을 구원하지 못하며, 오직 용서와 구원은 하나님에게서 온다는 것을 인정하게 되는 것이다.

02_ 전도자

어디로 가야 할지 모르는 그 남자에게 전도자가 나타났다.

나는 그 남자가 이곳저곳을 바라보는 것을 보았는데, 그는 마치 달려가고 싶어 하는 것 같았다. 그러나 그는 여전히 서 있었다.

내 생각에 그는 어느 길로 가야 할지 모르는 것 같았다. 그때 나는 전도자라는 사람이[1] 그에게 다가와 무엇 때문에 우느냐고 묻는 것을 보았다. 그 남자는 "선생님, 제가 가지고 있는 책에 의하면, 저는 죽음의 정죄를 받게 되어 있으며 그 후 심판에 이르게 되어 있습니다(히 9:27). 그런데 저는 기꺼이 죽을 수가 없으며(욥 16:21-22) 심판을 받기도 싫습니다"라고 대답했다.[2]

그러자 전도자는 "이 세상의 삶은 수많은 죄악을 동반하는데, 왜 꺼리십니까?"라고 말했다.[3] 그 남자는 "왜냐하면 저의 등에 있는 이 무거운 짐이 무덤보다 낮은 곳으로 나를 침몰시켜서 도벳(사 30:33) 속으로 떨어지는 것이 두렵기 때문입니다. 선생님, 저는 감옥에 가는 것도 견딜 수 없는데, 심판에 이르는 것과 심판을 받는 것은 분명히 더 견딜 수 없을 것입니다. 이런 생각들이 저를 눈물 나게 합니다"라고 대답했다.⁴ 그러자 전도자는 "당신의 상황이 그렇다면, 왜 당신은 이곳에 그대로 서 있습니까?"라고 말했다. 그 남자는 어디로 가야 할지 모르기 때문이라고 대답했다. 그때 전도자는 그 남자에게 양피지 두루마리 하나를 주었는데, 거기에는 "다가올 진노를 피하라"(마 3:7)고 적혀 있었다.⁵

그 남자는 두루마리를 읽은 후 전도자를 주의 깊게 바라보았다. 그리고 "내가 어디로 피해야 합니까?"라고 물었다. 그때 전도자는 손가락으로 넓은 들 너머를 가리키면서 "저 너머 좁은 문이 보입니까?"(마 7:13)라고 물었다.⁶ 그 남자는 "아니요"라고 대답했다.⁷

그러자 전도자는 "저 너머 밝은 빛이 보입니까?"(시 119:105; 벧후 1:19)라고 물었다. 그 남자는 보인다고 대답했다. 그러자 전도자는 "당신의 눈에 보이는 불빛을 따라 계속해서 곧바로 올라가십시오. 그러면 문이 보일 것입니다. 그곳에서 문을 두드리면 당신이 무엇을 어떻게 해야 할지 말해 줄 것입니다"라고 말했다.⁸

Q & A

1. 전도자는 누구입니까?(행 8:30-31)

답 : 그 남자가 어디로 가야 할지 몰라 어찌할 수 없는 상황에서 전도자가 나타났다. 전도자는 복음사역자에 해당된다. 그 남자에게 전도자는 하나님의 섭리이다. 그 남자가 가야 할 방향을 지시해 주도록 보내신 은혜의 수단이다.

2. 그 남자는 죄에 대한 결과를 어떻게 설명하고 있습니까?(롬 6:23; 히 9:27; 눅 23:40)

답 : 죄로 인하여 하나님의 정죄를 받게 되며, 그 후 심판에 이를 수밖에 없다고 말하였다. 십자가에서 구원받았던 강도도 자신의 죄로 인하여 십자가의 처형을 받는 것이라고 말하였으며, 이것은 하나님께서 죄에 대해 심판하시는 것이라고 하였다. 죄에 대한 진정한 각성은 그 죄로 인한 하나님의 심판을 공의로우신 것으로 인정하게 되어 있다.

3. 전도자의 질문들은 전도자가 무엇을 하는 자임을 알려 줍니까?(행 20:28)

답 : 전도자는 그 남자의 영적 상태와 혹은 각성의 상태를 파악하기 위해서 보다 구체적인 질문을 하였다. 전도자는 영혼을 살피고 돌보는 역할을 한다. 따라서 전도자는 영혼의 의사이다.

4. 그 남자는 무엇을 두려워하고 있습니까?(시 1:5)

답 : 그 남자는 악인에 대한 하나님의 심판을 두려워하고 있다. 죄를 용서받지 못

한다면, 자신의 죄로 인한 하나님의 심판을 피할 수 없기 때문이다. 죄를 깨닫는 것과 함께 죄에 대한 하나님의 심판을 깨닫는 것은 필수적인 것이다.

5. 전도자는 어떻게 처방을 내렸습니까?(마 3:7)

답 : 전도자는 하나님의 말씀으로 처방을 내렸다. 전도자는 자신의 경험을 말하는 것이 아니라 하나님의 말씀으로 답변해 주었다. 그 말씀은 다가올 진노를 피하라는 것이다. 심판을 피할 길을 찾고 구하라는 말씀이다.

6. 전도자는 그 남자에게 진노를 피할 수 있는 길이 어디에 있다고 가르쳐 주었습니까?(눅 13:3; 마 7:13)

답 : 좁은 문으로 가라고 지시를 내렸다. 좁은 문은 회개에 해당된다. 죄에 대해 각성이 일어난 자에게 회개하라는 말씀은 중요한 것이다. 그것은 죄에서 떠나는 것을 요구하는 것이며, 진정으로 하나님께 모든 죄를 자백하고 하나님께로 돌아서라는 것이기 때문이다.

7. 그 남자의 눈에 좁은 문이 잘 보이지 않았던 이유는 무엇입니까?(욥 9:11)

답 : 그 남자는 전도자가 좁은 문을 지시해 주었지만 눈에 보이지 않았다. 아직 영적 각성이 충분하지 않기 때문이다. 그는 아직 영적인 것을 분명하게 깨달을 수 있는 상태가 아니다. 성령의 각성의 역사가 그 남자에게 더욱 필요하다. 이러한 상태를 잘 알고 있는 전도자는 그에게 십자가 혹은 그리스도를 가르쳐주지 않고 있다.

8. 불빛을 따라가는 것은 무엇을 의미합니까?(시 119:105; 벧후 1:9)

답 : 불빛을 따라가는 것은 말씀을 따라가는 것을 의미한다. 그리고 한 걸음씩 인

도 받는 것이다. 그 남자는 아직 영적으로 크게 깨어나지 않았기 때문에, 하나님의 말씀으로 더욱 각성되어야 한다.

03_ 시험들

믿음의 길 혹은 순례의 길을 떠나려고 할 때, 그 길을 떠나지 못하도록 시험이 찾아온다.

나는 꿈속에서 그 남자가 뛰기 시작하는 것을 보았다.**1** 그 남자가 자기 집에서 멀리 가지 못했는데, 그 남자의 아내와 아이들이 그가 떠나는 것을 알아차리고, 그를 향해 돌아오라고 울부짖기 시작했다(눅 14:26). 그러나 그 남자는 손가락으로 귀를 틀어막고**2** "생명, 생명, 영원한 생명!"이라고 소리치면서 달렸다.**3** 그 남자는 뒤를 돌아보지 않고(창 19:17) 평원 한가운데를 향해 달아났다.

이웃 사람들도 그 남자가 달려가는 것을 보기 위해 나왔다. 그 남자가 달려가고 있을 때 어떤 이들은 조롱했고, 또 다른 이들은 위협했으며, 돌아오라고 소리치는 사람도 있었다. 그들 가운데 두 사람이 그 남자를 힘으로 (렘 20:10) 붙잡아 데려오기로 결심했다. 그들 중 한 사람의 이름은 고집쟁이였으며, 다른 사람의 이름은 변덕쟁이였다.

그 남자는 이 두 사람에게서 상당히 떨어져 있었다. 그러나 두 사람은 그 남자를 추격하기로 마음먹고 뒤쫓아 갔다. 그리고 얼마 안 되어 두 사람은 그 남자를 붙잡았다.**4**

그 남자는 "이웃이여, 왜 나를 따라왔습니까?"라고 물었다. 두 사람은 "당신을 설득해 우리와 함께 돌아가기 위해서입니다"라고 대답했다. 그러나 그 남자는 "절대 그럴 수 없소. 내가 태어난 곳이기도 하며 당신들이 거주하는 곳은 멸망의 도시입니다. 얼마 안 있어 당신들은 그곳에서 죽을 것이며, 불과 유황이 타오르고 무덤보다 낮은 곳으로 빠질 것입니다. 사랑하는 이웃이여, 안심하고 나와 함께 갑시다"라고 말했다.5

고집쟁이는 "친구들과 우리가 좋아하는 것을 버리고 떠나라고요?"라고 반문했다.6 크리스천은(그 남자의 이름은 크리스천이었다)7 대답했다. "예, 당신이 버려야 할 모든 것은(고후 4:18) 내가 즐기기 위해 찾는 것과 비교할 수 없을 정도로 값어치 없는 것들입니다. 그리고 당신이 나와 함께 간다면 그것을 가질 수 있습니다. 당신도 내가 대접받는 것과 같은 대우를 받을 수 있습니다. 왜냐하면 내가 가는 그곳은 풍족해서 함께 나눌 수 있기 때문입니다(눅 15:17). 자, 함께 갑시다. 그리고 내 말을 시험해 보십시오."

고집쟁이_ 당신이 찾은 것이 무엇이오? 당신이 세상의 모든 것을 버리고 찾으려는 것이 무엇이오?

크리스천_ 나는 썩지 않고 더럽혀지지 않은, 그리고 빛이 바래지 않은 기업을 찾고 있습니다(벧전 1:4).8 이것은 천국에 안전하게 쌓여 있으며(히 11:16), 정한 시기가 오면 부지런히 찾는 자들에게 주어질 것입니다.9 만약 원하신다면 이 책을 읽어 보시오.10

고집쟁이_ 쳇! 당신의 책을 집어치우시오. 우리와 돌아가겠소, 안 가겠소?

크리스천_ 안 돌아갑니다. 왜냐하면 나는 손에 쟁기를 잡고 있기 때문입니다(눅 9:62).**11**

고집쟁이_ 변덕쟁이 씨, 이리 오시오. 우리만 돌아갑시다. 저 사람은 버려두고 집으로 갑시다. 이런 미친 사람들은 바보가 됩니다. 이런 자들은 마침내 환상을 갖게 되면 일곱 사람들이 주는 이유보다 자신의 눈으로 판단하는 것이 더욱 지혜롭다고 생각합니다(잠 26:16).

변덕쟁이_ (그때 변덕쟁이가 말했다) 욕하지 말아요. 만약 선한 크리스천이 말한 것이 진실이라면, 그가 찾는 것이 우리의 것보다 더욱 좋은 것입니다. 나는 크리스천을 따라가고 싶은 마음이 듭니다.

고집쟁이_ 뭐라고! 이 사람, 멍청한 사람 아닌가? 나는 내가 알아서 할 것이오. 나는 내가 있던 곳으로 돌아가겠소. 이렇게 머리가 이상한 사람이 당신을 어떻게 인도하겠소? 돌아갑시다. 돌아가자고요. 제발 현명하게 생각해 보시오.**12**

크리스천_ 아니요. 당신도 당신 이웃인 변덕쟁이와 함께 갑시다. 내가 말한 것을 가질 수 있고, 그 외에도 많은 영광을 얻을 수 있습니다. 당신이 만약 나를 믿지 못하겠거든, 이 책을 읽어 보시오. 그 안에 있는 진리들은 그분의 피로 확증되었습니다(히 13:20-21; 9:17-21).**13**

변덕쟁이_ 그래요. 내 이웃 고집쟁이 씨, 이제 결정할 때가 되었어요. 나는 이 선한 사람과 함께 가렵니다. 그리고 내 운명을 그와 함께하겠어요. 그런데 내 좋은 친구여, 당신은 원하는 장소에 이르는 길을 알고 있습니까?

크리스천_ 전도자라는 분에게서 지시를 받았습니다. 그분은 우리 앞에 있는 좁은 문을 향해 빨리 가라고 했으며, 그곳에서 우리는 길에 대한 지시를 받을 수 있습니다.

변덕쟁이_ 그렇다면 선한 내 이웃이여, 어서 갑시다(그리하여 그들은 함께 가기 시작했다).

고집쟁이_ 나는 내가 있던 곳으로 돌아갈 것이오. 나는 이렇게 공상에 미혹된 자들과 친구가 될 수 없소.[14]

Q & A

1. 그 남자가 뛰기 시작한 이유는 무엇입니까?(창 22:3)

답 : 그 남자가 뛰기 시작한 이유는 전도자의 말에 순종하기 위한 것이었다. 하나님의 말씀에 순종하는 것을 게을리한다면 마귀의 궤계에 빠져서 결국 순종에서 멀어지게 되어있다. 따라서 즉각적인 순종이 요구된다. 아브라함의 경우 하나님의 명령에 즉각적으로 순종하였다.

2. 귀를 틀어막고 애절한 가족의 소리를 듣지 않았으며, 한 번도 뒤돌아보지 않은 이유는 무엇입니까?(눅 14:26)

답 : 그 남자가 귀를 틀어막은 것은 유혹에 넘어가지 않기 위한 것이다. 애절한 가족들의 소리는 그가 순례의 길을 떠나는 데에 가장 큰 걸림돌이다. 그래서 그 남자는 가족의 소리를 듣지 않고 한 번도 뒤를 돌아보지 않고 뛰어갔다. 가장 가까운 가족의 소리는 그 남자를 타락하게 하는 소리였다.

3. 그의 입술에는 무엇을 갈망하는 고백들이 있었습니까?(마 7:14)

답 : 그 남자는 "생명, 생명, 영원한 생명!"이라고 외쳤다. 이렇게 외친 이유는 그가 영원한 생명을 갈망하고 있다는 증거이다. 그리고 자신이 순례의 길을 떠나는 것에 대해 분명한 이해를 가지고 있다는 것을 의미한다. 좁은 문은 협착하여 찾는 이가 적다. 그러나 그것의 진정한 가치를 아는 자는 좁은 문으로 들어가기를 힘쓴다. 힘쓴다는 것은 곧 갈망한다는 것이다.

4. 뒤쫓아 오는 두 친구는 어떤 시험을 의미합니까?(렘 20:10)

답 : 두 친구는 세상의 친구를 의미한다. 두 친구는 그 남자를 다시 멸망의 도성으로 데리고 가기 위해서 뒤쫓아 왔다. 그 남자로 하여금 다시 세상으로 돌아가도록 유혹하기 위해 쫓아온 것이다.

5. 고향으로 돌아가자는 친구들의 설득에 그는 어떻게 대답했습니까? 이런 신앙 고백은 무엇을 의미합니까?(마 13:44-46)

답 : 그 남자는 멸망의 도성으로 돌아가자는 친구들의 말에 대해서 절대로 돌아가지 않겠다고 하였다. 더욱이 그곳이 멸망될 것이라고 하면서, 오히려 자신과 함께 가자고 말하였다. 그 남자는 자신이 구하는 것(영원한 생명)의 중요성을 알고 있었다. 그래서 세상 친구들의 유혹에 넘어가지 않았다. 진정한 영적 각성이 있다면 구원에 대한 소중함을 깨닫고 그것을 찾고 구해야 한다.

6. 믿음의 길을 향해 출발하려면 가장 먼저 전제되는 것이 무엇입니까?(엡 2:3; 딛 3:3)

답 : 믿음의 길을 향해 출발하려면 세상적인 것과 죄에서 떠나야 한다. 마귀는 영혼이 순례의 길을 떠나지 못하도록 세상의 즐거움에 빠지게 하며, 정욕과 행락의 종이 되게 한다. 따라서 믿음의 길을 출발한다는 것은 세상적 즐거움과 정욕의 더러움을 알고 그것으로부터 떠나게 하는 것을 의미한다.

7. 이름이 없던 그 남자에게 크리스천이라는 이름이 붙여집니다. 믿음이 그에게 발생된 증거는 어디서 찾아볼 수 있습니까?(고후 4:18; 빌 3:7)

답 : 이제 크리스천이라고 이름이 붙여졌다는 것은 그에게 믿음이 있다는 것이다. 그 믿음의 증거는 영원한 것의 가치와 그 소중함을 알고 있으며, 이제 그리스도를 위하여 자기가 즐겨하였던 세상적인 것을 해로 여긴다는 것이다. 그리고 그리스도를 아는 지식을 가장 귀한 보배로 여기는 것이다.

8. 크리스천은 자신이 순례 길을 떠난 이유와 목적을 어떻게 말하고 있습니까?(벧전 1:4)

답 : 크리스천은 영원한 생명과 기업을 위해서 순례의 길을 떠났다고 말했다. 크리스천은 영원한 생명과 영원한 기업의 가치를 깨닫고 있으며, 그것을 위해 순례의 길을 떠났다. 영원한 생명의 중요성을 깨닫지 못한 자가 구하는 것은 이 세상의 것들이 될 것이다.

9. 영원한 기업을 찾고 구해야 하는 이유는 무엇입니까?(딤후 4:8; 마 7:7; 13:44-46)

답 : 영원한 기업을 찾고 구해야 하는 것에 있어서의 전제는, 그것의 중요성을 알고 있어야 한다는 것이다. 성령께서는 영적인 눈을 열어서 영원한 기업의 소중함을 알게 하신다(엡 1:18). 그래서 찾고 구하게 만들며, 그것을 얻었을 때 더욱 소중하게 여기고 감사하도록 하신다(히 2:3). 그리고 한편으로, 찾고 구하는 과정 속에서 게으르게 하려는 마귀의 유혹을 극복하게 하는 것이다. 더욱이 하나님의 약속은 그것의 가치와 소중함을 깨닫고, 찾고 구하는 자에게 반드시 주신다고 하였다(스 8:22).

10. 크리스천의 권면은 무엇에 호소하고 있습니까?(롬 4:21)

답 : 하나님의 말씀에서 약속하고 있는 것은 신실하신 하나님에 의해서 반드시 성취된다는 것이다. 따라서 하나님의 약속을 끝까지 신뢰하고 찾고 구하면 반드시 하나님께서 응답하신다는 것이다.

11. 크리스천은 되돌아갈 수 없는 이유를 어떻게 말했습니까?(눅 9:62)

답 : 크리스천은 하나님 나라의 가치를 깨닫고 있기 때문에 결코 되돌아갈 수 없다고 하였다. 믿음의 순례의 길을 떠난 자는 더 이상 세상적인 것에 미련을 두거나 마음을 두지 않는다. 오직 하나님을 섬기는 것에 마음을 둔다.

12. 고집쟁이의 특징은 무엇입니까?(롬 2:4-5; 고후 3:14)

답 : 고집쟁이는 자신의 고집 속에서 회개를 거부하는 자이다. 더욱이 그 마음이 완고하여 하나님의 증거가 분명함에도 불구하고 그것을 멸시하고 내동댕이 치는 자이다.

13. 성경이 진리인 것은 무엇을 통해서 확증됩니까?(히 13:20-21; 9:17-21)

답 : 성경은 그리스도의 피로 비준되어 있으며 또한 확증되어 있다. 그리스도의 피는 확고부동한 약속의 근거이다(출 24:8; 고전 11:25). 따라서 하나님의 말씀에서 약속하고 있는 것은 가장 확실한 것들이다.

14. 고집쟁이의 결말은 무엇입니까?(사 53:6)

답 : 자기 고집으로 멸망의 길을 택하여 결국 망하게 된다. 이것을 이사야 53장 6절에서는 제 길로 갔다고 말한다.

04_ 변덕쟁이

변덕쟁이는 크리스천의 설득으로 순례 길을 따라나선다. 그러나 변덕쟁이의 천국에 대한 이해는 세상적인 것이었다.

그때 내가 꿈속에서 보니 고집쟁이는 되돌아갔고, 크리스천과 변덕쟁이는 이야기를 나누면서 평원을 가고 있었다. 그들은 대화하기 시작했다.

크리스천_ 변덕쟁이 씨, 어떻습니까? 나는 당신이 나와 함께 가게 되어 매우 기쁩니다. 만약 고집쟁이 씨도 나처럼 보이지 않는 것에 대한 두려움과 압박감을 느꼈다면 그렇게 가볍게 우리를 뒤로하지는 않았을 것입니다.

변덕쟁이_ 크리스천 씨, 지금 이곳에는 우리 두 사람밖에 없습니다. 우리가 가고자 하는 곳에서 무엇을 어떻게 즐길 것인지에 대해서 더 자세히 말해 주십시오.[1]

크리스천_ 내가 마음속으로 알고 있는 것만큼 말로 설명하기가 쉽지가 않습니다. 그러나 당신이 알고 싶어 하니, 내 책에서 그것들을 읽어 드리겠습니다.[2]

변덕쟁이_ 당신은 책에 있는 말들이 틀림없이 진실이라고 믿습니까?

크리스천_ 예, 참으로 거짓말하실 수 없는 하나님에 의해 기록된 말씀이기 때문입니다(딛 1:2).

변덕쟁이_ 그래요, 그것들은 무엇입니까?

크리스천_ 영원한 나라가 유업으로 주어질 것이고, 영원한 생명이 우리에게 주어져서, 우리는 영원한 나라에서 영원토록 살 것입니다(사 45:17; 요 10:27-29).

변덕쟁이_ 그 외에 또 무엇이 있습니까?[3]

크리스천_ 영광의 면류관이 우리에게 주어지고 예복이 주어질 것인데, 그것은 하늘의 태양과 같이 우리를 빛나게 해 줄 것입니다(딤후 4:8; 계 3:4; 마 13:43).

변덕쟁이_ 이것 참, 기분 좋군요. 그 밖에 또 무엇이 있습니까?

크리스천_ 그곳에는 더 이상 눈물과 슬픔이 없습니다. 왜냐하면 그곳의 주인이신 분이 우리의 눈에서 모든 눈물을 씻겨 주실 것이기 때문입니다(사 25:8; 계 7:17; 21:4).

변덕쟁이_ 우리는 그곳에서 어떤 친구들과 함께합니까?

크리스천_ 그곳에서 우리는 스랍들, 그룹들과 함께 있을 것인데, 이런 피조물들은 그들을 쳐다보는 당신의 눈을 압도할 것입니다. 또한 당신은 우리보다 앞서 그곳에 간 수천, 수만 명의 성도를 만날 것입니다. 그들은 누구에게도 해를 끼치지 않으며, 사랑스럽고 거룩한 자들입니다. 모든 사람이 하나님께서 보시는 가운데 행할 것이며, 영원한 용납과 함께 하나님의 임재 가운데 서 있습니다. 한마디로 우리는 그곳에서 황금 면류관을 쓴 장로들과 황금 하프를 가진 거룩한 처녀들을 볼 것입니다.[4] 그곳에서 우리는 주를 향한 사랑을 품은 것 때문에 세상에 의해 몸이 산산조각 났고, 불 가운데 던져졌으며, 야수의 밥이 되었고, 바다에 빠졌던 자들을 볼 것인데, 그들 모두는 예복을 입은 것과 같이 불멸의 옷을 입고 있을 것입니다(사 6:2; 살전 4:16-17; 계 4:4; 7:17; 14:1-5; 요 12:25; 고후 5:2-5).

변덕쟁이_ 이야기를 듣는 것만으로도 마음이 황홀해집니다. 그러나 이런 것들은 즐길 수 있는 것입니까? 우리가 그것을 어떻게 누릴 수 있습니까?[5]

크리스천_ 그곳의 통치자이신 주께서 이 책에 기록하셨습니다. 만약 우리가 진정으로 그것을 얻고자 한다면, 주께서 모든 것을 자유롭게 우리에게 주실 것입니다(사 55:1-2, 12; 요 6:37; 7:37; 시 21:6; 22:17).6

변덕쟁이_ 그래요. 내 좋은 친구여, 이 모든 것을 들으니 기쁩니다. 어서 걸음을 빨리 합시다.

크리스천_ 내 등 뒤에 있는 무거운 짐 때문에 빨리 걸을 수가 없습니다.7

나는 꿈속에서 그들이 대화를 마치자마자 평원의 한가운데에 있는 깊은 수렁에 가까이 다가가는 것을 보았다. 그런데 두 사람은 주의를 기울이지 않아 갑자기 수렁으로 빠졌다.8 수렁의 이름은 절망의 수렁이었다. 그들은 진흙으로 뒤범벅이 된 상태로 한동안 늪 속에서 허우적거렸다. 크리스천은 등에 지워진 무거운 짐 때문에 수렁 속으로 가라앉기 시작했다.9

변덕쟁이_ 크리스천 씨, 지금 당신은 어디에 있는 거요?

크리스천_ 정말로 모르겠는데요.

변덕쟁이_ (이때부터 변덕쟁이는 기분이 나빠지기 시작했다. 그리고 화를 내면서 크리스천에게 말했다) 아니, 당신이 나에게 말한 행복이 고작 이런 것이오? 우리가 시작하자마자 이런 불행을 만났다면, 지금부터 여행이 끝날 때까지 우리가 무엇을 예상할 수 있겠소? 나는 돌아갈 터이니, 당신이나 혼자서 훌륭한 고장을 차지하시오.10

Q&A

1. 변덕쟁이는 크리스천이 가는 길을 따라가게 되었습니다. 그런데 그의 마음에는 무엇이 있습니까?(막 4:19)

답 : 세상의 욕심으로 가득 차 있다. 그는 크리스천을 따라서 순례의 길로 나섰지만 세상 정욕으로 가득 차 있었다. 순례의 길은 세상 정욕을 버리고 경건을 추구하는 것인데(딛 2:12), 변덕쟁이의 심령에는 이러한 은혜가 전혀 없었다.

2. 전도에서 가장 중요한 것은 무엇입니까?(딤후 3:15)

답 : 전도에 있어서 전도자 자신의 체험을 증거하기보다는 하나님의 말씀을 설명해야 한다. 자신의 경험과 체험을 증거하는 것은 주관적인 것으로 전락하고 만다. 하나님의 말씀을 가르치는 것이 전도이다(행 5:42). 하나님 말씀에 구원에 이르게 하는 지혜가 있으며, 하나님 말씀을 가르치는 가운데 성령의 역사로 영혼이 깨우침을 받기 때문이다(고전 2:4-5).

3. 변덕쟁이가 끊임없이 관심을 둔 것은 무엇입니까?(마 13:20)

답 : 변덕쟁이는 크리스천의 설명들을 세상적인 것으로 이해하였다. 그래서 그는 계속해서 세상적인 것을 더욱 얻고자 하는 마음을 가졌다. 변덕쟁이의 마음은 세상적인 것을 얻고자 하는 마음뿐이었다. 이러한 상태는 세상적인 것을 얻지 못하게 되었거나 혹은 어려움이 찾아오면 곧바로 순례의 길에서 벗어나고 만다.

4. 천성의 아름다움에 대한 묘사에서 크리스천은 어떤 영적 상태임을 알 수 있습니까?(골 3:1-2)

답 : 크리스천은 천성의 아름다움에 사로잡혀 있으며, 그것을 흠모하고 있다. 하늘의 것으로 크리스천의 심령은 고양되어 있다. 그래서 그것을 찾고, 생각하고 있는 것이다. 변덕쟁이와 전적으로 대비되는 상태이다.

5. 변덕쟁이의 주된 관심은 어디에 있습니까?(눅 9:25)

답 : 변덕쟁이가 천성에 대한 묘사를 듣고 황홀해진 것은 그것을 세상적으로 이해하였기 때문이다. 변덕쟁이의 관심은 세상적인 것에만 있다. 세상의 부와 권세와 명예에 마음을 두고 있으며, 자신이 구원받아야 하는 죄인의 상태에 있음은 전혀 깨닫지 못하고 있다. 그래서 구원에 관심이 없으며, 그리스도에 대한 관심도 없다. 다만 세상적인 것을 얻고자 하는 마음밖에 없다.

6. 진정으로 영적인 것과 하늘의 것을 얻기 원한다면 먼저 어떠한 깨달음이 있어야 합니까?(사 55:1-2, 12; 요 6:37; 7:37)

답 : 진정으로 영적인 것과 하늘의 것을 얻기 원한다면, 그것의 가치와 소중함을 먼저 깨달아야 한다. 그래서 그것을 갈망하는 것이 일어나야 한다. 마치 심한 갈증으로 물을 찾는 것과 같아야 한다. 그리고 이 세상을 추구하는 것이 진정으로 만족과 즐거움을 주지 못한다는 것을 깨달아야 한다.

7. 변덕쟁이가 순례 길을 따라나서지만 크리스천과 크게 다른 점이 있습니다. 무엇입니까? 순례 길에 나서는 이유가 어떻게 다릅니까?(마 1:21)

답 : 변덕쟁이와 크리스천 모두가 순례의 길에 있지만 두 사람은 전적으로 다르다. 크리스천의 등 뒤에는 죄 짐이 있지만, 변덕쟁이에게는 없다. 크리스천

은 죄로부터의 구원을 필요로 하여 순례의 길로 나섰지만, 변덕쟁이는 영적 각성 없이 순례의 길을 나선 것이다. 변덕쟁이는 죄로부터 구원의 필요성을 모른 채 순례의 길을 나선 것이다.

8. 두 사람이 절망의 수렁에 빠진 원인은 무엇입니까? 우리에게 무엇이 필요합니까?(마 26:41; 딤전 4:8)

답 : 두 사람은 대화에 너무 몰두한 나머지 앞을 살피지 못하고 절망의 수렁에 빠졌다. 너무 많은 말을 한다는 것은 영적으로 부주의에 빠진다는 것을 의미한다. 그래서 절망에 빠지고 만 것이다. 따라서 말을 많이 하기보다는 기도를 해야 한다. 기도는 우리로 영적으로 주의하게 만들며, 시험에 들지 않게 하는 수단이 된다.

9. 절망의 수렁은 어떤 시험을 의미합니까?(벧후 2:14; 3:16)

답 : 절망의 수렁은 아직 믿음이 견고하지 않은 자가 빠질 수 있는 시험을 의미한다. 그래서 쉽게 절망하고, 하나님의 선하심에 대해 의심하게 된다.

10. 변덕쟁이는 크리스천에게 속았다고 생각하고는 화를 내었습니다. 그리고 자신의 집이 있는 멸망의 도성으로 되돌아갔습니다. 변덕쟁이가 되돌아간 가장 큰 원인은 무엇입니까?(막 2:17; 롬 7:24)

답 : 세상의 것을 얻을 줄로 기대하였다가 만난 절망의 수렁은 변덕쟁이로 하여금 화를 내게 만들었다. 변덕쟁이는 그의 심령의 특징으로 인해 변덕을 부리고, 순례의 길에서 다시 멸망의 도성으로 돌아갔다. 이렇게 변덕쟁이가 돌아간 이유는 죄로부터 구원의 필요성을 깨닫지 못하였기 때문이다. 죄에 대한 각성이 없었기 때문에, 죄에 대한 용서의 필요성도 인식하지 못하였다. 따라서 그리스도의 필요성도 몰랐기 때문에 되돌아간 것이다.

05_ 절망의 수렁

절망의 수렁에 빠진 변덕쟁이는 수렁에서 빠져나오자마자 멸망의 도시로 되돌아갔다. 그러나 크리스천은 좁은 문 방향으로 수렁에서 빠져나오려고 애썼다.

    변덕쟁이는 수렁을 빠져나오려고 필사적으로 노력했다. 그리고 변덕쟁이는 집 쪽을 향해 수렁을 빠져나와서 가버리고 말았다. 크리스천은 더 이상 변덕쟁이를 볼 수 없었다. 크리스천은 절망의 수렁에 혼자 남아 허우적거리고 있었다. 그러나 크리스천은 여전히 자신의 집에서는 멀고, 좁은 문에서는 가까운 쪽으로 기어나오려고 애썼다.[1] 하지만 크리스천의 등에 지워진 무거운 짐 때문에 빠져나올 수가 없었다.
    그런데 내가 꿈속에서 보니 어떤 사람이 절망의 수렁에서 허우적거리는 크리스천에게 다가갔다. 그 사람의 이름은 도움이었다. 도움은 크리스천에게 그곳에서 무엇을 하고 있느냐고 물었다.[2]

    크리스천_ 선생님, 저는 전도자라는 분에게서 이 길로 가라는 명령을 받았습니다. 전도자는 저에게 저기에 있는 문으로 가라고 지시했으며, 그러면 제가 다가올 진노에서 빠져나올 수 있다고 말했습니다. 그래서 그곳을 향해 가다가 이곳에 빠졌습니다.
    도움_ 그런데 왜 걸음에 주의하지 않았습니까?
    크리스천_ 두려움이 내게 엄습했고, 다른 길로 도망가려다가 이곳에 빠졌습니다.[3]

도움_ 자, 이리 손을 주시오.4

(도움은 크리스천을 마른 땅으로 끌어올렸다. 그리고 크리스천에게 계속 길을 가라고 말했다. 시 40:2)

그때 나는 크리스천을 끌어낸 도움에게 다가가서 "선생님, 이곳은 멸망의 도성에서 좁은 문을 향해 가는 길인데 왜 길을 고치지 않았습니까? 길을 고쳤다면 서툰 순례자들이 보다 안전하게 여행할 수 있지 않습니까?"라고 물었다.

도움은 나에게 "이 더러운 수렁은 고쳐질 수 없는 곳입니다. 죄인들이 유죄 선고를 받음으로써 그 더러운 찌꺼기와 쓰레기들이 이곳으로 계속 밀려옵니다. 그래서 이곳을 절망의 수렁이라고 부릅니다. 왜냐하면 죄인들이 자신의 타락한 상태를 알게 될 때 자신의 영혼 속에서 많은 두려움과 의심, 실망이 일어나는데, 이런 모든 것이 함께 이곳으로 몰려오기 때문입니다. 그것이 이 땅이 나쁜 이유입니다"라고 말했다.

왕께서 이곳이 그렇게 나쁜 상태로 남아 있는 것을 기뻐하지 않으셔서 (사 35:3-4) 왕의 측량기술자의 지시에 따라 왕의 일꾼들이 1,600년 이상이나 이 땅을 고치려고 고용되었습니다. 그러나 고치지 못했습니다. 내가 알기로는 이곳에 최소한 2만 수레 이상의 가르침과 수백만의 교훈을 쏟아 부었습니다. 그것들은 왕의 모든 통치 지역에서 계절을 불문하고 모은 것들이었습니다. 그것들은 이곳을 좋은 땅으로 만드는 데 최상의 재료들이었지만, 이곳은 수선되지 못했습니다. 그래서 이곳은 여전히 절망의 수렁입니다. 사람들이 할 수 있는 것을 다한다 할지라도 결과는 마찬가지일 것입니

다.⁵

사실은, 법을 제정하신 자(하나님)의 지시에 따라 좋고 튼튼한 디딤판을 수렁의 한가운데에 놓았습니다. 그러나 날씨가 바뀌면 수렁에서 오물을 토해내기 때문에 디딤판은 거의 보이지 않습니다.⁶ 만약 디딤판이 보인다 할지라도 사람들은 어지러움 때문에 헛디뎌서 결국 진흙투성이가 되고 맙니다. 그러나 좁은 문으로 일단 다가가면, 그곳의 땅은 단단합니다(삼상 12:23).⁷

나는 꿈속에서 바로 그때 변덕쟁이가 자신의 집으로 돌아온 것을 보았다. 그의 이웃들이 그를 찾아왔다. 어떤 이들은 그가 다시 돌아온 것에 대해 그를 현명한 사람이라고 불렀고, 어떤 사람은 크리스천과 함께 자신을 위험에 처하게 했다고 그를 멍청한 사람이라고 불렀다. 다른 이들은 그를 겁쟁이라고 조롱하면서 "정말로 모험을 시작했다면, 나는 조금 어려움이 있다고 포기하는 그렇게 천박한 사람은 안 되었을 것이다"라고 말했다.⁸

변덕쟁이는 그들 가운데 가만히 앉아 있었다. 그러나 모든 사람이 말을 마치자, 변덕쟁이는 더욱 대담해져서 크리스천을 뒤에서 조롱하기 시작했다.⁹ 변덕쟁이에 대한 것은 여기까지다.

Q & A

1. 절망의 수렁에 빠진 크리스천은 자신의 집에서는 멀고, 좁은 문 쪽에서는 가까운 방향을 향해 늪에서 빠져나오려고 필사적으로 노력했습니다. 이것은 무엇을 의미합니까?(롬 6:1-2)

답 : 크리스천은 어려움을 당하여도 결코 멸망의 도성으로 돌아갈 생각은 하지 않았다. 그래서 자신의 집의 반대인 좁은 문 방향을 향해 있었다. 즉, 과거의 죄 된 삶으로 돌아갈 생각은 추호도 없었으며, 새 생명을 향해 나아가고 있었다. 크리스천 안에 은혜가 있음을 분명히 알 수 있다.

2. 도움이라는 자가 나타나서 도와주지는 않고 질문하고 있습니다. 왜 그렇게 했습니까?(스 10:17)

답 : 도움은 절망의 수렁에서 허우적거리는 크리스천을 보면서도 즉각적으로 건져주지 않고, 오히려 질문을 하였다. 도움은 먼저 크리스천의 영적 상태를 살펴야 할 필요가 있었다. 그래서 영적 진단 질문을 한 것이다. 이러한 영적인 조사를 통하여, 크리스천은 자신의 죄를 더욱 분명하게 깨닫게 된다.

3. 크리스천의 고백의 특징은 무엇입니까?(딤전 1:19)

답 : 크리스천은 자신의 죄를 솔직하게 고백하였다. 이는 착한 양심을 가지고 있음을 의미한다. 성령께서 양심을 책망할 때 솔직하게 고백하는 것이 착한 양심이다. 자신의 죄에 대해서 변명하거나 핑계대지 않고, 죄를 솔직히 고백하며 자신의 죄를 인정한다. 만약 이 양심이 기능을 하지 않으면 믿음이 파선하게 된다.

4. 도움이 크리스천에게 도움을 제공한 시점은 언제입니까? (시 32:5)

답 : 크리스천이 자신의 죄악을 숨기지 않고, 자복하며 자신의 죄를 직접 말했을 때 도움이 그를 건져내 주었다. 이곳에서 회개의 원리를 알 수 있다. 도움이 먼저 영적 진단 질문을 했던 것은 크리스천으로 하여금 자신의 죄를 분명히 알게 하고, 또한 온전한 회개로 나아오도록 돕기 위해서였다.

5. 절망의 수렁을 고칠 수 없었던 이유는 무엇입니까? (창 8:21; 렘 17:9)

답 : 인간의 부패성 때문이다. 하나님께서 선지자들과 복음 사역자들을 계속해서 보내셨지만 인간의 부패성은 고쳐지지 않았다. 그만큼 인간의 부패성과 죄성이 지독하다. 여호와께서는 홍수로 인류를 심판하신 후 구속 받은 노아가 드렸던 제사를 받으시고, 사람의 마음의 계획하는 바가 어려서부터 악하다고 말씀하셨다.

6. 인간의 부패는 어느 정도로 지독한 것입니까? (마 15:18-19)

답 : 모든 죄가 마음에서 나온다. 그 마음에는 악한 생각과 살인과 온갖 더러운 것으로 가득 차 있다. 이러한 것들이 사람을 더럽히고 오염시킨다. 이렇게 인간의 부패는 지독한 것이다.

7. 절망의 수렁은 시험이지만 하나님께서는 성도들이 수렁에서 빠져나올 수 있도록 두 가지 조치를 취해 놓으셨습니다. 그것은 무엇입니까?
① 고전 10:13 ② 삼상 12:22-23

답 : 좋고 튼튼한 디딤판을 수렁의 한가운데 놓았다. 따라서 디딤판을 디뎌서 도움을 얻을 수 있다. 그리고 좁은 문을 향하여 다가가면 그곳의 땅은 단단하여 발을 디뎌서 절망의 수렁에서 빠져 나올 수 있다. 하나님께서는 성도가

감당치 못할 시험을 당할 즈음에 피할 길을 내어서 능히 감당할 수 있도록 도우신다. 또한 하나님께서 자신의 백성 삼으시기를 기뻐하셨기 때문에 여호와의 이름을 인하여 자기 백성을 버리지 않으신다.

8. 변덕쟁이는 고향 땅으로 돌아가서 어떤 대접을 받았습니까?(마 5:13)

답 : 변덕쟁이는 고향 땅으로 돌아간 후에 조롱과 비난을 받았다. 마치 소금이 맛을 잃으면 쓸모가 없어져서 버려지며 결국 사람들의 발에 밟히는 것과 같다. 믿음의 길은 끝까지 가야 하는 길이다(마 24:13). 중도에 포기하면 구원의 은혜가 없는 것이다.

9. 그리고 어떻게 변화되었습니까?(마 12:45)

답 : 변덕쟁이는 이전보다 더욱 악한 자가 되었다. 즉, 더욱 강퍅한 심령으로 변화되었다.

06_ 세상 지혜자

절망의 수렁에서 빠져나온 크리스천을 알아본 세상 지혜자는 그에게 쉽고 편하게 믿을 수 있는 길을 제시한다.

혼자 쓸쓸히 걸어가던 크리스천은 자신을 만나기 위해 멀리 평원을 건너오는 사람을 발견했다. 우연히 두 사람은 길에서 서로 마주치게 되었다. 크리스천을 만난 그 신사의 이름은 세상 지혜자였다. 그는 육신의 정책(Carnal Policy)이라는 도시에서 살았는데, 크리스천이 떠나온 곳에서 매우 가까운 곳이었다.1

세상 지혜자는 크리스천을 만나자 그가 크리스천일 것이라고 어렴풋이 눈치를 챘다. 왜냐하면 크리스천이 멸망의 도성을 떠난 것이 그가 살았던 도성에서나 다른 동네의 화젯거리가 되어서 온통 시끄러웠기 때문이다. 따라서 세상 지혜자는 크리스천이 힘겹게 걸어가는 모습과 한숨을 내쉬며 괴로워하는 모습을 보면서, 그가 크리스천일 것이라고 추측하며 말을 걸기 시작했다.

세상 지혜자_ 친구여, 그렇게 무거운 짐을 지고 어디로 가는 겁니까?2

크리스천_ 무거운 짐이라……. 정말로 내가 생각하기에도 저처럼 불쌍한 존재는 없을 것입니다! 저에게 어디로 가느냐고 물으셨는데, 대답해 드리죠. 선생님, 저는 저쪽의 좁은 문을 향해 가고 있습니다. 왜냐하면 그곳에서 내 무거운 짐을 벗을 수 있는 방법을 가르쳐주는 사람이 있다는 말을 들었기 때문입니다.

세상 지혜자_ 당신에게 아내와 자녀들이 있습니까?³

크리스천_ 예, 있습니다. 그러나 이 무거운 짐을 지고 난 후에는 예전처럼 그들과 즐거움을 나눌 수 없었습니다. 제가 생각하건대, 지금 저에게는 가족이 없는 것이나 마찬가지입니다(고전 7:29).

세상 지혜자_ 만약 내가 당신에게 조언을 드린다면, 내 말을 듣겠습니까?

크리스천_ 만약 충고가 선하다면 듣겠습니다. 저는 좋은 충고가 필요합니다.

세상 지혜자_ 내가 당신에게 충고하겠습니다. 지금 당장 당신의 짐을 벗어 버리십시오.⁴ 왜냐하면 짐을 벗어 버리기 전까지 당신의 마음은 편하지 않을 것이며, 하나님께서 당신에게 지금까지 베풀어 주신 축복의 혜택들을 즐길 수도 없기 때문입니다.

크리스천_ 이 무거운 짐을 벗어 버리는 것이 내가 찾고 있는 바입니다. 그러나 저 스스로 무거운 짐을 벗을 수 없고, 우리 고장의 누구도 저의 어깨에서 짐을 벗겨 줄 수 없었습니다. 그래서 이미 당신에게 말한 것과 같이 저의 짐을 벗으려고 이 길을 가고 있는 중입니다.⁵

세상 지혜자_ 이 길로 가면 당신의 짐을 벗을 수 있다고 말한 사람이 누구입니까?

크리스천_ 저에게 나타난 분은 매우 훌륭하고 존경스러운 분이었습니다. 내가 기억하기에 그분의 이름은 전도자였습니다.

세상 지혜자_ 나는 그렇게 조언한 그자를 저주할 수밖에 없습니다.⁶ 그가 당신에게 지시해 준 길은 이 세상 어떤 길보다 위험하고 힘든 길입니다. 만일 당신이 그자의 조언을 따른다면, 곧 알게 될 것입니다. 내가 보기에 당신은 이미 어려움을 만났습니다. 왜냐하면 절망의 수렁의 진흙이 당신에게 묻어 있는 것을 보았기 때문입니다. 그러나 절망의 수렁은 이 길을 가고자 하는 자에게 일어날 슬픔의 시작에 불과합니다. 내가 당신보다 나이도 많으니, 내 말을 들으십시오. 당신이 이 길을 계속 가면 피곤, 고통, 굶주림, 공포, 헐벗음, 시퍼런 칼날, 사자들, 용, 암흑 등 한마디로 말해 죽음 그 자체를 만나게 될 것입니다. 이것은 많은 증언으로 확인된 분명한 사실입니다. 왜 낯선 사람의 말을 듣고 자신을 그렇게 부주의하게 내던집니까?

크리스천_ 왜냐고요? 제 등 뒤에 있는 짐은 선생님이 언급한 모든 것보다 훨씬 무서운 것입니다. 제 짐에서 구원을 얻을 수만 있다면 이 길에서 어떤 것을 만나더라도 개의치 않겠습니다.

세상 지혜자_ 처음에 어떻게 해서 이 짐을 지게 되었습니까?

크리스천_ 이 책을 읽으면서부터입니다.

세상 지혜자_ 내 그럴 것이라고 생각했었소. 다른 연약한 사람에게 일어난 것과 같은 일이 당신에게도 일어난 것입니다. 자신에게 맞지 않는 너무 높은 것들에 대해 참견해서 갑자기 정신착란에 빠진 것입니다. 당신에게 일어난 정신착란은 남자를 남자답지 못하게 만들 뿐만 아니라 자신이 알지도 못하는 것을 얻으려고 하는 무모한 모험을 하게 합니다.[7]

크리스천_ 저는 제가 얻고자 하는 것을 알고 있습니다. 그것은 제 무거운 죄 짐을 벗는 것입니다.

세상 지혜자_ 그런데 왜 수많은 위험이 도사리고 있는 이 길에서 쉬운 것을 찾으려는 것이오? 만약 내 말을 인내하고 듣는다면, 나는 이 길에서 만날 수 있는 위험 없이 당신이 원하는 것을 얻을 수 있는 방법을 가르쳐 드릴 수 있습니다.[8] 정말입니다. 그 방법은 가까이 있습니다. 당신은 이 길에서 만날 수 있는 위험 대신에 안전과 편안, 만족을 얻게 될 것입니다.[9]

크리스천_ 선생님, 부탁합니다. 그 비밀을 저에게 알려 주십시오.

세상 지혜자_ 자, 저쪽 마을(그 마을의 이름은 도덕이었다)에 율법주의자라는 신사가 살고 있습니다. 그는 판단력이 뛰어나고 좋은 평판을 얻고 있는 분이오. 그분은 당신이 지고 있는 짐들을 어깨에서 벗을 수 있도록 도와줄 수 있는 기술이 있습니다. 내가 알기로는 그는 이런 방법들로 많은 선한 행위를 하신 분입니다. 뿐만 아니라 등에 지워진 자신들의 짐 때문에 약간 정신이 나간 사람들을 고칠 수 있는 기술이 있습니다.

내가 말한 것처럼 지금 그에게 가서 도움을 받으십시오. 그의 집은 이곳에서 멀지 않습니다. 그리고 율법주의자가 집에 없다면, 예의(Civility)라는 이름을 가진 그의 젊은 아들이 있을 것입니다. 그도 늙은 아버지와 마찬가지로 기술이 있으니 당신의 짐을 벗겨 줄 수 있습니다.10 그리고 당신이 과거에 살던 곳으로 돌아갈 마음이 없다면, 당신의 아내와 아이들을 이 마을로 데리고 와서 살 수도 있습니다.11 이곳에는(도덕 마을) 빈 집들이 있으며, 당신은 그 집들 중 하나를 적당한 가격에 살 수 있습니다. 그리고 확신하건대, 당신은 정직한 이웃들과 함께 신용과 상류 사회 사람으로 살게 될 것입니다.12

크리스천은 잠시 망설였으나, 곧 결론을 내렸다. 만약 이 신사가 말한 것이 사실이라면, 그의 충고를 받아들이는 것이 현명한 처사라고 생각했다. 그리고 추가로 질문했다.

크리스천_ 선생님, 그 정직한 선생의 집은 어느 길로 가야 합니까?
세상 지혜자_ 저쪽으로 언덕이 보이지요?
크리스천_ 예, 매우 잘 보입니다.13
세상 지혜자_ 당신은 반드시 저 언덕으로 넘어가야만 합니다. 언덕을 넘어 첫 번째 집이 율법주의자의 집이오.

Q & A

1. 세상 지혜자의 특징은 무엇입니까?(롬 8:6-8)

답 : 세상 지혜자의 특징은 육신적 원리로 살아가는 것이다. 육신이라는 것은 인간의 부패성과 죄성을 의미한다. 육신적 원리로 살아간다는 것은 하나님의 법에 굴복하지 않고, 자신의 정욕 속에서 살아가는 것이다.

2. 세상 지혜자가 크리스천에게 무엇을 부각시키고 있습니까?(창 3:1) 그리고 그것을 부각시키는 이유는 무엇입니까?

답 : 세상 지혜자는 크리스천의 무거운 짐을 부각시켰다. 마귀는 하와에게 동산의 모든 나무의 실과를 하나님께서 먹지 말라고 했느냐고 질문하였다. 하와로 하여금 하나님의 계명을 무거운 것으로 여기도록 부정적으로 접근한 것이다. 무거운 짐을 부각시킴으로써 그것을 인간적으로 벗도록 유혹하기 위한 것이었다.

3. 세상 지혜자가 계속 건드리는 부분(질문)은 무엇입니까?(마 4:2-3)

답 : 세상 지혜자는 크리스천이 힘들어하는 부분들을 건드리고 있다. 먼저 무거운 짐을 언급하였고, 계속해서 그의 아내와 자녀들의 문제를 질문하였다. 결국 그가 힘들어하는 부분들을 언급하고, 그 다음에 그 문제들을 인간적으로 해결할 수 있는 방법을 제시하기 위한 것이다. 이는 마귀가 40일을 금식하신 예수님에게 돌을 떡덩이로 만들라고 시험한 것과 같다.

4. 세상 지혜자는 지금 당장 죄 짐을 벗어 버리라고 말합니다. 찰스 피니는 이것을 즉각적 회개(Immediate repentance)라고 말했습니다. 물론 피니는 인간의 원죄와 무능을 믿지 않았기 때문에 이런 주장을 했습니다. 그렇다면 죄인인 우리에게 이것이 가능합니까?(엡 2:1-3)

답 : 세상 지혜자의 유혹은 인간 스스로 죄 짐을 벗을 수 있다는 것이다. 그래서 스스로 벗어 버리라는 것이다. 죄 짐은 하나님의 은혜로 벗겨지는 것이지, 인간 스스로의 결단이나 노력으로 벗어지는 것이 아니다. 세상 지혜자의 유혹은 인간의 원죄를 부정하는 것에서 나왔다. 마치 찰스 피니가 인간 스스로 변화시킬 수 있다고 하는 주장과 같은 것이다. 죄인에게는 이것이 불가능하다. 죄와 허물로 그 영혼이 죽어있기 때문이다. 따라서 오직 중생시키는 하나님의 은혜가 있어야 한다.

5. 크리스천의 대답은 어떤 것입니까? 무엇이 있어야 비로소 죄 짐이 떨어져 나가는 것입니까?(딛 3:5; 요 1:13)

답 : 중생의 은혜가 있어야 한다. 자신 스스로 죄 짐을 벗을 수 없으며, 어떤 인생도 죄를 해결해 줄 수 없다. 성령의 중생의 역사가 반드시 필요하다. 그것은 인간의 도움과 협력하여서 일어나는 것이 아니다. 오직 하나님의 100% 역사로 일어나는 것이다.

6. 세상 지혜자는 누구를 비난합니까? 왜 그렇게 합니까?(요일 4:6)

답 : 세상 지혜자는 크리스천에게 조언한 전도자를 비난하였다. 세상 지혜자는

크리스천으로 하여금 전도자의 말에서 떠나, 자신의 거짓된 말을 믿게 하기 위해서 불가불 전도자를 비난하는 것이다. 세상 지혜자는 크리스천을 미혹하고 속이기 위해서 전도자의 말을 비방하였다.

7. 세상 지혜자는 성령의 죄 질책의 역사(요 16:8)에 대해서 어떻게 말하고 있습니까?

답 : 세상 지혜자는 성령의 유효한 역사 가운데 일어나는 죄 질책의 역사에 대해서, 정신착란 증세라고 하였다. 죄에 대한 각성을 무시하고, 그것에서 떠나게 하기 위해서 이렇게 유혹한 것이다. 죄의 각성을 통해서 진정한 회개로 나아오게 되는데, 세상 지혜자는 그것을 떨쳐내라고 권면하였다.

8. 세상 지혜자는 어떻게 유혹합니까?(히 3:12-13)

답 : 세상 지혜자는 크리스천이 순례의 길에서 떠나도록 유혹하고 있다. 더구나 원하는 것을 위험 없이 쉽게 얻을 수 있다고 하였다. 이러한 유혹은 받게 되면 진리에 대해서 더욱 강퍅한 심령을 가지게 되며, 육신적인 것을 얻기 위해서 진리에서 떠나게 된다.

9. 세상 지혜자가 제시하는 길은 어떤 것입니까?(마 7:13)

답 : 세상 지혜자가 제시하는 것은 넓은 문과 길이다. 넓은 길은 자기를 부정하지 않아도 된다. 더욱이 십자가를 지지 않아도 된다. 그래서 사람들에게 인기가 있으며, 많은 사람들이 넓은 문과 길을 선택한다. 그들은 외형적 종교 생활로 만족해한다. 그리고 그것을 자신의 구원의 근거로 삼는다.

10. 인간의 능력으로, 도덕적으로 개선해서 구원받을 수 있다는, 세상 지혜자가 말하는 복음은 어떤 복음입니까?(갈 1:8, 10)

답 : 인간의 능력으로 도덕적인 삶을 추구하여 구원받을 수 있다는 것은 다른 복음이다. 인간은 부패하여서 도덕적인 것을 택하지도 않으며, 좋아하지도 않는다. 또한 도덕적 개선을 통해서는 하나님의 의에 도달할 수 없다. 따라서 도덕적 삶을 추구하면서 자신이 구원받았다고 생각하는 것은 스스로의 거짓 확신이다. 더욱이 이러한 상태에 있는 자들은 교만하다. 그리고 그들의 종교적 행위는 위선으로 가득 차 있다.

11. 멸망의 도성으로 돌아가라고 유혹하지 않고 다른 방식을 제시해 유혹하는 것은 어떤 이유에서입니까?(민 25:1)

답 : 세상 지혜자는 크리스천이 멸망의 도성으로 돌아가지 않을 것을 잘 알고 있었다. 따라서 우회하여 유혹하였다. 당신의 아내와 아이들을 도덕 마을로 데리고 와서 행복하게 살라고 유혹하였다. 크리스천의 아픈 부분 가운데 하나를 쉽게 해결할 수 있다고 유혹하였다. 이렇게 원수들은 성도들을 여러 가지 방법을 동원하여 유혹한다. 발람이 이스라엘로 하여금 쉽게 범죄에 빠지게 하는 방법을 택한 것과 같은 원리이다.

12. 세상 지혜자는 크리스천에게 무엇을 약속해 주었습니까?(요 5:44)

답 : 세상 지혜자는 크리스천에게 인간적인(세상적) 영광을 약속해 주었다. 인간의 죄성을 부추기는 방식으로 헛된 세상 영광을 구하게 하는 것이다. 그것은 하나님으로부터 마음이 멀어지게 만들며, 오직 자기 성취에 눈이 멀게 한다. 그래서 결국 순례의 길에서 벗어나게 만든다. 오늘날 세상 지혜자가 제시한 것과 같이 교회의 영적인 측면을 무시하고 도덕적, 사회적, 문화적인 요소들로 구성시키는 것을 경계해야 한다.

13. 좁은 문은 잘 보이지 않았던 크리스천에게 언덕이 잘 보이는 까닭은 무엇입니까?(창 3:6; 롬 7:8)

답 : 좁은 문이 잘 보이지 않았던 것은 크리스천의 영적 이해력이 충분하지 못하였다는 것이다. 이것은 한편으로 아직도 육신적 성향이 강하다는 것이다. 따라서 세상 지혜자의 유혹에 도덕 마을로 넘어가는 언덕이 매우 잘 보였다. 죄의 유혹을 받아서 육신적 성향이 강하게 일어나면 그 영혼은 죄를 향해서 달려가게 되어 있다. 세상 지혜자의 유혹은 크리스천에게 육신적 성향이 일어나게 해서 죄를 향해 달려가도록 만들었다.

07_ 쉬운 길의 결과

크리스천은 세상 지혜자의 말을 듣고 순례 길에서 벗어나 스스로 구원할 수 있는 길을 택했으나 더욱 큰 어려움에 봉착하게 된다.

크리스천은 가던 길에서 벗어나[1] 도움을 구하려고 율법주의자의 집으로 향했다. 마침내 그는 힘들게 언덕 가까이에 이르렀다. 언덕은 매우 높아 보였고 길은 경사가 매우 급해 보였다.[2] 크리스천은 언덕이 자신의 머리 위로 떨어지지 않을까 두려워서 감히 앞으로 나아갈 수 없었다. 그래서 크리스천은 그곳에서 잠시 서서 무엇을 어떻게 해야 할지 망설이고 있었다. 또한 그의 짐은 그가 원래 가던 길에 있을 때보다 더욱 무거워 보였다.[3]

언덕에서 불길이 솟구쳐 나왔고, 크리스천은 자신이 불길에 타 죽을지도 모른다는 두려움을 느꼈다(출 19:16, 18). 그는 땀을 흘리면서 두려워 떨었다(히 12:21). 그리고 세상 지혜자의 거짓 충고를 들은 것에 대해 후회하기 시작했다. 바로 그때 크리스천은 전도자가 자신을 만나기 위해 오는 것을 보았다. 전도자를 보자 크리스천은 수치심으로 얼굴이 빨개졌다.[4] 전도자는 점점 가까이 다가왔으며, 마침내 그에게 이르렀다. 그리고 크리스천에게 이유를 캐묻기 시작했다.

전도자_ 크리스천 씨, 여기서 무엇을 하고 있습니까?

(전도자의 질문에 크리스천은 어떻게 대답해야 할지 몰랐다. 따라서 전도자 앞에서 말없이 서 있었다. 전도자가 물었다)

전도자_ 당신은 멸망의 도시 밖에서 울고 있던 사람이 아닙니까?

크리스천_ 예, 선생님. 바로 접니다.

전도자_ 제가 당신에게 작고 좁은 문으로 가는 길을 가르쳐 드리지 않았습니까?[5]

크리스천_ 예.

전도자_ 그런데 왜 이렇게 빨리 길을 바꾸었습니까? 당신은 지금 좁은 문으로 가는 길에서 벗어났습니다.

크리스천_ 저는 절망의 수렁에서 빠져나오자마자 신사 한 분을 만났습니다. 그는 제 앞에 있는 마을에 가면 저의 짐을 벗겨 줄 수 있는 사람을 만날 수 있다고 설득했습니다.

전도자_ 그는 무엇을 하는 사람입니까?

크리스천_ 그는 신사처럼 보였습니다. 그리고 그는 저에게 많은 말을 했고 마침내 저를 굴복시켰습니다.[6] 그래서 저는 이곳에 이르렀습니다. 그러나 제가 언덕을 바라보니 언덕 위에 걸려 있는 길이 저의 머리 위로 떨어질 것 같아서 멈춰 서 있었습니다.

전도자_ 그 신사가 당신에게 뭐라고 말했습니까?

크리스천_ 어디로 가느냐고 물어서 사실대로 대답했습니다.

전도자_ 그 다음에는 그가 뭐라고 말했습니까?[7]

크리스천_ 저에게 가족이 있는지 물었습니다. 그래서 가족이 있다고 대답했습니다. 그러나 저의 등에 지워진 짐 때문에 예전처럼 가족과 즐겁게 지낼 수 없었다고 말했습니다.

전도자_ 그랬더니 그가 뭐라고 말했습니까?

크리스천_ 그는 저에게 빨리 짐을 벗어 버리라고 말했습니다. 그래서 저는 짐을 벗어 버리기 위해서[8] 저쪽 문을 향해 가는 중이며, 그곳에서 어떻게 구원의 장소에 도달할지 추가로 지시받을 것이라고 말했습니다. 그랬더니 그는 저에게 선생님께서 지시하신 길보다 뛰어나고 빠르며 편한 길을 보여 주겠다고 했습니다. 그리고 그는 저에게 신사 분의 집으로 가라고 지시했습니다. 그 신사에게는 저의 짐을 벗길 수 있는 기술이 있다고 했습니다. 그래서 저는 짐을 빨리 벗어 버리고 싶은 마음에 그를 믿고 가던 길을 바꾸어 이 길로 들어섰습니다. 그러나 이곳에 와 보니, 아까 말씀드린 것처럼 너무 위험해서 두려워 멈추었으며, 지금 어찌할 바를 모르고 있습니다.

전도자_ 그렇다면, 잠시 그대로 서 계십시오. 내가 당신에게 하나님의 말씀을 보여 드리겠소.

그리하여 크리스천은 떨며 서 있었다.[9] 그리고 전도자는 하나님의 말씀을 읽어 주었다. "너희는 삼가 말씀하신 이를 거역하지 말라 땅에서 경고하신 이를 거역한 그들이 피하지 못하였거든 하물며 하늘로부터 경고하신 이를 배반하는 우리일까보냐"(히 12:25). 그는 계속해서 또 구절을 읽어 주었다.

"나의 의인은 믿음으로 말미암아 살리라 또한 뒤로 물러가면 내 마음이 그를 기뻐하지 아니하리라 하셨느니라"(히 10:38).[10]

또한 전도자는 읽은 말씀들을 적용해서 말했다.[11] "당신은 불행을 향해 뛰어 들어가고 있소. 당신은 가장 높은 분의 권고를 거절하기 시작했으며, 당신의 발걸음을 평화의 길에서 물러서게 하고 있으며, 심지어 거의 멸망의 위험에 이르게 했소."

그때 크리스천은 죽은 자와 같이 전도자의 발 앞에 엎드린 채 울부짖었다.[12] "파멸에 이르게 되었으니, 아, 슬프다."

이 모습을 본 전도자는 그의 오른손으로 크리스천을 붙잡아 일으키면서 말했다.

"모든 모양의 죄와 모독은 용서함을 얻을 수 있습니다"(마 12:31; 막 3:28).[13]

"믿음 없는 자가 되지 말고 믿는 자가 되십시오"(요 20:27).[14]

Q & A

1. 가던 길에서 벗어난 크리스천의 잘못은 어디에 있습니까?(유 1:11)

답 : 순례의 길에서 벗어났다. 순례의 길에는 곁길과 어그러진 길과 굽어진 길들이 붙어 있다. 따라서 순례의 길에서 벗어나서 이러한 길들을 택하면 결국 멸망에 이르는 것이다. 크리스천은 세상 지혜자의 유혹에 넘어가서 순례의 길에서 벗어나 율법주의자의 집으로 향하였다.

2. 길을 바꾸었더니 오히려 더욱 힘들고 험한 준령을 만났습니다. 이런 곁길은 어떤 것들입니까?(렘 18:15) **그리고 누구의 전략입니까?**(고후 11:3-4)

답 : 보다 쉽게 얻기 위해서 순례의 길에서 벗어나 곁길로 들어섰다. 그러나 예상과는 달리 오히려 더욱 험한 준령을 만났다. 순례의 길에서 쉬운 것을 택하여 길을 벗어나면 반드시 더 큰 어려움이 찾아오게 되어있다. 이러한 곁길은 결국 넘어지게 하는 것이다. 이것은 마귀의 전형적인 계략이다. 마귀는 순례자들이 진실하고 바른 것에서 벗어나도록 유혹한다.

3. 등에 지워진 짐이 더욱 무거워진 이유는 무엇입니까?(갈 2:4)

답 : 크리스천은 이제 자신의 행위로 무거운 짐을 벗으려고 하였다. 이때부터 등의 죄 짐이 더욱 무거워졌다. 자신의 부족한 행위로 구원을 얻으려고 하는 순간부터 그는 종이 되고 만다. 도무지 자신의 행위로 자신을 구원할 수 없기 때문이다.

4. 얼굴이 빨개진 이유는 무엇입니까? (잠 1:23; 렘 31:19)

답 : 자신의 죄를 깨달았기 때문이다. 죄로 인한 수치심은 우리가 죄에 대해서 슬퍼하게 만들고, 죄에 대해서 미워하게 하는 성질이 동반된다. 죄에 대한 수치심으로 인하여 같은 죄를 반복하지 못하게 한다.

5. 전도자가 일일이 캐묻는 목적은 무엇입니까? (요 16:8)

답 : 전도자가 크리스천에게 일찍이 좁은 문으로 가는 길을 가르쳐 주었는데, 왜 이곳에 있느냐는 질문을 하였다. 이는 크리스천으로 하여금 자신의 죄를 깨닫게 하는 목적이 있다. 자신의 죄를 구체적으로 깨달아야 올바른 회개를 할 수 있다. 회개는 피상적으로 하는 것이 아니라 자신의 죄에 대해서 구체적으로 해야 한다.

6. 세상 지혜자는 우리가 십자가를 어떻게 보도록 만듭니까? (고전 1:22-25)

답 : 세상 지혜자는 십자가를 어리석게 보이게 만들었다. 죄 짐을 벗기 위해서 십자가를 향하여 가지 말고 율법을 찾아가라고 하였다. 세상 지혜자는 율법의 행위로 구원받으라고 권면한 것이다. 더욱이 세상 지혜자는 신사처럼 보이기 때문에 사람들은 그의 말에 쉽게 속는다. 크리스천도 결국 그의 많은 말에 의해서 심령이 굴복되고 말았다.

7. 전도자가 철저하게 질문하는 이유는 무엇입니까?(요 5:14)

답 : 전도자가 철저하게 캐묻는 것은 세상 지혜자의 정체와 그의 계략을 깨닫게 하고, 한편으로 더 이상 그와 같은 유혹에 빠지지 않게 하려는 것이다. 또한 철저히 회개하도록 그의 죄를 분명하게 깨닫게 하기 위해서다.

8. 조급증은 영적으로 어떤 것입니까?(딤후 3:4)

답 : 세상 지혜자는 크리스천이 조급해하도록 부추겼다. 죄 짐을 빨리 벗어버리라는 유혹에 크리스천은 걸려 넘어졌다. 영적 조급증은 주의 은혜를 기다리지 못하게 만든다. 그래서 때로는 인간적으로 일들을 해결하려고 한다. 이때 주의해야 하는 것은 영적 조급증으로 인하여 마귀의 유혹에 쉽게 걸려 넘어질 수 있는 것이다.

9. 책망을 받을 때 떨고 있었다는 것은 무엇을 의미합니까?(갈 2:11)

답 : 그의 양심이 책망을 받고 있다는 증거이다. 그리고 그 책망을 피하지 않고 받아들임으로 회개에 이르는 것이다.

10. 믿음의 길에서 벗어나 곁길로 빠진 것에 대해서 전도자가 무엇이라고 결론을 내렸습니까?(히 10:38-39)

답 : 뒤로 물러간 것이라고 하였다. 신앙고백에서 뒤로 물러간 것이다. 그리고 자신이 가지고 있는 지식과 이해로부터 뒤로 물러간 것이다. 결국 하나님의 은혜를 떠나서 본인 스스로의 행위로 구원받으려는 어리석은 상태에 빠졌던 것이다.

11. 말씀을 적용하는 목적은 무엇입니까?(딛 1:9)

답 : 말씀으로 권면하기 위한 것이다. 그리고 또한 책망을 하기 위한 것이다. 청교도 목회자들의 설교에 있어서 적용은 위로, 권면, 책망의 용도로 사용하였다. 조나단 에드워즈도 같은 방식으로 설교하였다.

12. 전도자의 말에 크리스천이 죽은 자와 같이 된 이유는 무엇입니까?(롬 7:24)

답 : 죄에 대한 각성이 크게 일어났기 때문이다. 순례의 길을 시작한 지 얼마 되지 않아서 그 길을 벗어난 자신의 죄악성을 깨달음으로 죽은 자와 같이 되었다. 결국 자신의 어떤 행위로도 자신을 구원할 수 없음을 분명히 깨닫게 되었다. 그리고 철저히 은혜가 필요하다는 것을 절실하게 알게 되었다.

13. 전도자는 언제 사죄의 가능성을 말해 주고 있습니까?(삼하 12:13)

답 : 크리스천이 철저하게 회개하고 있을 때, 전도자는 그를 붙잡아 일으키면서 죄의 용서의 가능성에 대해서 말하였다. 죄를 깨닫고 하나님의 심판에 두려워하는 다윗에게 나단 선지자가 '여호와께서 당신의 죄를 사하셨다' 고 말한 것과 같다.

14. 전도자는 책망했지만, 한편으로 회개하는 자에게 어떻게 권면하고 있습니까?(살전 2:11)

답 : 전도자는 회개하고 있는 크리스천에게 또한 위로하고 경계하였다. 예수님께서 믿지 못하였던 도마에게 나타나셔서 자신의 손을 보여주시고 옆구리에 손가락을 넣어보라고 하셨다. 그리고 믿음 없는 자가 되지 말고 믿는 자가 되라고 권면하셨다(요 20:27).

08_ 전도자의 경계

전도자는 세상 지혜자의 정체를 밝혀 주면서 크리스천이 범한 죄가 무엇인지를 분명하게 말했다.

그때 크리스천이 약간 생기를 얻은 것 같았으나 다시 처음처럼 전도자 앞에 떨면서 서 있었다.

전도자는 계속해서 말했다. "내가 말하는 것에 대해서 좀 더 신중한 주의를 기울이십시오. 내가 이제 당신을 현혹한 자가 누구이며, 누가 그자를 당신에게 보냈는지 알려드리겠습니다. 당신이 만난 그자는 세상 지혜자라는 자인데, 그렇게 부르는 것이 마땅합니다. 왜냐하면 그는 오로지 이 세상의 교훈만을 좋아해서(요일 4:5) 항상 도덕 마을의 교회에 출석하고, 이 세상의 교훈이 십자가를 지지 않고서도(갈 6:12) 그를 구원해줄 것으로 생각해서 그것을 최고로 사랑하고 있기 때문입니다.[1] 그리고 그자는 그의 육신적 성질 때문에 당신의 올바른 길을 방해하려고 애쓰고 있습니다.[2] 지금 그자의 권고 가운데 당신이 반드시 철저하게 거부해야 할 세 가지가 있습니다.

1. 당신을 바른 길에서 벗어나게 한 것.
2. 당신이 십자가를 꺼리도록 유도한 것.
3. 당신의 발걸음을 사망에 이르도록 인도한 것.

첫 번째로, 당신은 그가 당신을 바른 길에서 벗어나게 한 것과 당신이 그자의 권고에 동의했던 것을 혐오해야 합니다.3 왜냐하면 세상 지혜자의 권고를 따르는 것은 하나님의 권고를 거부하는 것이기 때문입니다. 주께서 '좁은 문으로 들어가기를 힘쓰라'(눅 13:24)고 말씀하셨는데, 내가 당신에게 가르쳐준 문이 바로 그 문입니다. 좁은 문은 생명으로 인도하지만 찾는 사람이 적습니다(마 7:14). 이 악한 자가 당신을 좁은 문에서, 그리고 생명 길에서 벗어나게 해 거의 멸망에 이르도록 했으니, 그자의 유혹과 그자의 말을 들은 당신 자신을 미워하고 혐오해야 합니다.

두 번째로, 그자가 당신이 십자가를 싫어하도록 유혹했다는 것을 미워해야 합니다.4 왜냐하면 당신은 십자가를 애굽의 보화보다 귀하게 여겨야 하기 때문입니다(히 11:25-26). 그 밖에도 영광의 왕이신 주님께서는 '자기 목숨을 구원하고자 하면 잃을 것이요'(막 8:35; 요 12:25; 마 10:39)라고 말씀하셨습니다. 그리고 '무릇 내게 오는 자가 자기 부모와 처자와 형제와 자매와 더욱이 자기 목숨까지 미워하지 아니하면 능히 내 제자가 되지 못하고'(눅 14:26)라고 말씀하셨습니다. 따라서 제가 말씀드릴 수 있는 것은, 당신을 설득하려고 애썼던 자가 진리를 거슬러서, 당신은 영생을 얻지 못하고 죽을 것이라고 가르쳤던 것을 반드시 미워해야 합니다.

세 번째로, 당신은 그자가 당신의 발걸음을 죽음으로 인도했던 것을 반드시 미워해야 합니다. 그리고 그자를 당신에게 보낸 자가 누구인지 반드시 생각하고 그자는 당신의 짐을 벗겨 주지 못한다는 것을 기억해야 합니다. 그자는 율법주의자라는 사람에게 당

신을 보냈습니다. 율법주의자는 지금도 자신의 자녀와 함께 종노릇 하는 계집종의 아들입니다(갈 4:21-27). 그리고 비밀스럽게도 당신의 머리 위로 떨어질 것 같은 두려움을 준 것은 시내 산입니다. 지금 자신의 자녀와 함께 종으로 있는 그들이 어떻게 당신을 자유롭게 해줄 수 있다고 생각하십니까? 율법주의자는 당신을 죄 짐에서 자유롭게 해줄 수 없습니다. 지금까지 그에 의해서 짐을 벗은 사람은 한 사람도 없습니다. 그리고 앞으로도 없을 것입니다.

당신은 율법 행위로 의롭다 함을 받을 수 없습니다. 율법 행위로 짐을 벗을 수 없기 때문입니다. 따라서 세상 지혜자는 거짓말쟁이요, 율법주의자는 사기꾼입니다.5 그의 아들인 예의는 얼굴에 미소를 짓고 있지만 위선자이며, 당신을 도울 수 없습니다. 저를 믿으십시오. 당신이 저 바보 같은 자들에게서 들은 것은 시끄러운 소음 그 자체입니다. 그들은 제가 제시한 길에서 당신을 벗어나게 해서 당신의 구원을 빼앗으려고 했습니다."6

이 말을 마치자, 전도자는 자신이 한 말에 대해서 확증해달라고 하늘을 향해 크게 소리 질러 기도했다.7 크리스천이 서 있는 산 위에서 하나님의 말씀과 불이 나왔으며 크리스천의 머리카락은 곤두섰다. 하나님의 말씀은 다음과 같았다. "무릇 율법 행위에 속한 자들은 저주 아래에 있나니 기록된 바 누구든지 율법 책에 기록된 대로 모든 일을 항상 행하지 아니하는 자는 저주 아래에 있는 자라 하였음이라"(갈 3:10).

이제 크리스천은 죽을 수밖에 없다고 생각했다. 그리고 슬프게 울부짖기 시작했다. 심지어 세상 지혜자를 만난 그 시간을 저주했다. 세상 지혜자의 충고를 쉽사리 들은 자신을 바보 중의 바보라고 생각했다. 또한 육신적인 지혜에서 나온 세상 지혜자의 말 때문에 자신이 올바른 길을 버린 것을 생각하고는 크게 부끄러워했다.8 다소 진정이 되었을 때 크리스천은 다음과 같이 전도자에게 자신에 대해서 질문했다.

크리스천_ 선생님, 어떻게 생각하십니까? 저에게 소망이 있습니까? 제가 지금 바른 길로 돌아가서 좁은 문으로 올라가도 되겠습니까? 아니면 이 어리석은 실수 때문에 구원의 소망을 포기하고 부끄러운 모습으로 고향으로 돌아가야 합니까? 저는 그자의 거짓 충고에 귀를 기울인 것을 후회하고 있습니다. 저의 죄를 용서받을 수 있습니까?

전도자_ 당신은 두 가지 죄를 범했기 때문에 당신의 죄는 매우 큽니다.[9] 선한 길을 버린 것과 금지된 길을 걸어간 것이 당신의 죄입니다. 그러나 좁은 문에서 문지기가 당신을 받아 줄 것입니다. 문지기는 사람들에게 호의를 보이는 분입니다. 그러나 두 번 다시 길에서 벗어나지 않도록 주의하십시오. 주의 진노를 조금이라도 촉발시켜서 길에서 망하지 않도록 하십시오 (시 2:12).[10]

그때 크리스천은 올바른 길로 되돌아갈 것을 굳게 다짐했다. 전도자는 크리스천에게 키스하면서 미소를 지었고, 그에게 빨리 가라고 말했다. 그래서 크리스천은 서둘러 길을 떠났다. 길을 가는 도중에 누구에게도 말을 걸지 않았으며, 누가 그에게 물어 와도 대답하지 않았다. 그는 마치 금지된 땅을 걷고 있는 사람처럼 서둘러 걸었으며, 세상 지혜자의 거짓 충고를 따라서 버렸던 바른 길에 이르기 전까지 자신은 결코 안전할 수 없다고 생각했다.[11]

Q & A

1. 세상 지혜자는 20세기의 자유주의 신학과 같습니다. 구원을 어떻게 이해합니까?(요일 4:5; 갈 6:12)

답 : 세상 지혜자는 세상에 속한 말을 하였다. 인간 스스로 도덕적으로 살면 그것이 구원이라는 것이다. 20세기의 자유주의자들은 인간의 신성을 발견하는 것이 구원이라고 말하였다. 그들은 그리스도의 신성을 부정하였다. 그리스도는 단지 도덕적 삶의 모범일 뿐이라고 하였다. 이러한 자유주의자들은 결국 인간의 죄성을 부정하고, 죄에서의 구원을 거부하였다.

2. 세상 지혜자의 정체는 무엇입니까?(벧후 2:14-15)

답 : 세상 지혜자는 영혼을 속이는 자이다. 세상의 지혜를 가지고 순례의 길에 있는 성도들을 유혹하여 그 길에서 벗어나도록 유혹하는 자이다.

3. 전도자는 크리스천에게 회개하는 방법을 알려 주었습니다. 그것은 어떤 것들입니까?(렘 31:19; 고후 7:11)

답 : 자신의 죄에 대해서 부끄럽게 여기는 것이 있어야 한다. 그리고 자신의 죄를 미워하는 것이 있어야 한다. 이것을 통해서 회개의 열매와 효과인, 죄와 싸우는 일이 일어나기 때문이다.

4. 전도자가 책망하는 것은 무엇입니까?(갈 3:1-3)

답 : 크리스천이 십자가를 싫어하고, 자신의 율법의 행위로 구원을 얻으려고 했

던 것을 책망하였다. 이것은 은혜로 시작하였다가 육체로 마치려는 것이다. 자신의 행위로는 결코 구원을 얻을 수 없다. 자신의 행위로 구원받으려고 시도했다는 것은 할 수도 없는 것을 하고자 했던 것이다. 이것은 인간을 교만하게 만들거나, 위선자로 만든다.

5. 율법을 지켜서, 혹은 도덕적으로 스스로 구원하려는 노력은 결국 어떻게 됩니까?
① 롬 7:9-11 ② 롬 2:21-23

답 : ① 결국 할 수 없는 것을 시도한 영혼은 더욱 크게 절망하게 된다.
② 한편으로, 율법을 온전히 지키지도 못하면서 지키는 것처럼 자신을 속이게 된다.

6. 거짓 선지자의 목적은 무엇입니까?(마 7:15)

답 : 영혼을 노략질하는 목적이 있다. 거짓 선지자는 잘못되고 어그러진 가르침으로 영혼을 속인다. 잘못된 가르침에는 미혹의 영이 역사하여 거짓된 것을 믿게 한다. 그래서 진리로부터 멀어지게 하여 결국 영혼이 망하게 하는 것이다.

7. 전도자의 기도는 무엇을 의미합니까?(히 2:4)

답 : 전도자의 말이 진실한 것임을 하나님께서 증거해 주신다. 이때 표적과 기사가 나타나기도 하며, 성령의 능력이 동반되기도 한다. 표적과 기사에 목적이 있는 것이 아니라 진리의 말씀에 대한 확증의 기능이다.

8. 전도자의 책망 효과는 무엇입니까? 또 이것은 무슨 증거입니까?(마 5:3-4)

답 : 자신의 죄에 대한 깊은 깨달음으로 인하여 울부짖었다. 세상 지혜자의 말을 믿은 자신의 어리석음에 대해서 부끄러워하였다. 자신의 영적 가난함에 대해서 깨닫고, 죄에 대해서 애통하며, 그 심령이 겸손해졌다. 이는 성령의 역사이다.

9. 죄에 대해서 결코 간과하지 않고 구체적으로 말하는 이유는 무엇입니까? (창 44:33)

답 : 온전한 회개를 위해서이다. 진정한 회개와 구별되는 일시적인 회개와 거짓 회개가 있다. 자신의 어려움을 모면하려고 일시적으로 하는 잘못된 회개가 있다. 그리고 죄를 알면서도 그것에서 떠나지 않는 거짓 회개도 있다. 따라서 죄를 구체적으로 드러내고 그 죄가 큰 것을 알게 하는 것은 진정한 회개를 위해서이다. 유다는 자신이 과거에 요셉을 판 것에 대해서 통회하면서 자신이 아우 대신에 종이 되겠다고 자청하였다.

10. 전도자의 또 다른 기능은 무엇입니까?(살전 2:11)

답 : 복음사역자의 주요한 기능 중의 하나는 경계하는 것이다. 그래서 성도들로 하여금 영적으로 주의를 기울이게 만드는 것이다.

11. 크리스천이 책망을 달게 받고 회개한 증거는 무엇입니까?(렘 31:21; 고후 7:11)

답 : 다시 순례의 길로 돌아가기까지 전념하였다. 더 이상 유혹을 받지 않기 위해서 그는 영적으로 부지런하였다.

09_ 좁은 문

크리스천은 좁은 문에 이르러 문을 두드렸다. 한편 좁은 문 맞은편의 바알세불 성에서는 바알세불과 함께 있는 자들이 좁은 문으로 들어가려는 순례자들을 향해 화살을 쏘아대고 있었다.

시간이 얼마 지나서 크리스천은 좁은 문에 도착했다. 문 위에는 "두드리라 그리하면 너희에게 열릴 것이니"(마 7:7)라고 쓰여 있었다.[1] 그래서 크리스천은 문을 한두 번 이상 두드리면서 다음과 같이 말했다. "제가 지금 이곳으로 들어갈 수 있습니까? 비록 제가 거역해서 자격이 없지만 저에게 문을 열어 주실 수 있습니까? 그렇게 해 주신다면 저는 높은 곳에 계신 주님에게 끝없는 찬양을 드릴 것입니다."[2]

마침내 호의(Good-will)라는 이름의 진지하고 착실한 사람이 문으로 다가왔다.[3] 그는 크리스천이 누구이며, 어디서 왔으며, 무엇을 원하는지 물었다.

크리스천_ 여기에 죄 짐을 지고 있는 불쌍한 죄인이 왔습니다.[4] 저는 멸망의 도성에서 왔으며, 다가올 진노에서 구원받으려고 시온 산으로 가고 있는 중입니다. 제가 듣기로, 그곳으로 가려면 이 문을 지나야 한다고 했습니다. 따라서 당신이 저를 기꺼이 받아 주실 수 있는지 알고 싶습니다.

호의_ 기꺼이 그렇게 하지요(그리고 문지기는 문을 열었다).

크리스천이 좁은 문 안으로 발을 들여놓자, 문지기는 갑자기 크리스천의 팔을 와락 끌어당겼다.[5] 크리스천은 어리둥절해서 "왜 이러십니까?"라고

물었다.

문지기는 "이 문에서 약간 떨어진 곳에 견고한 성 하나가 있습니다. 그 성의 주인은 바알세불입니다. 바알세불과 함께 있는 자들이 좁은 문 앞에 도착한 자들을 향해 화살을 쏘고 있습니다. 만약 화살을 맞으면 문 안으로 들어오기 전에 죽을 수 있습니다"라고 말했다.6 그때 크리스천은 "기쁘기도 하고 두렵기도 합니다"라고 말했다.7 크리스천이 문 안으로 들어왔을 때, 문지기는 누가 이곳으로 가라고 지시해 주었는지 물었다.

크리스천_ 전도자라는 분이 이곳으로 가서 문을 두드리라고 해서 제가 그렇게 한 것입니다. 선생님, 제가 무엇을 해야 할지 말씀해 주십시오.

호의_ 당신 앞에 문이 열려 있으니, 어느 누구도 그것을 닫을 수는 없습니다.

크리스천_ 지금부터 저는 제가 겪은 위험에 보상받기 시작하는군요.8

호의_ 그런데 어째서 당신 혼자 오셨습니까?

크리스천_ 저의 이웃들 중에는 아무도 제가 본 것과 같은 위험을 보지 못했기 때문입니다.9

호의_ 그들 중에 당신이 이곳에 온 것을 아는 사람이 있습니까?

크리스천_ 예, 제 아내와 자식들이 가장 먼저 저를 보았고, 그들은 저에게 돌아오라고 소리쳤습니다. 또한 저의 이웃들 중에서 몇 사람이 저에게 돌아오라고 소리쳤습니다. 그러나 저는 손가락으로 귀를 막고 계속 길을 달렸습니다.

호의_ 그들 중에서 당신을 쫓아와서 되돌아가자고 설득한 사람은 없었습니까?

크리스천_ 있었습니다. 고집쟁이와 변덕쟁이, 두 사람이었습니다. 그 두 사람은 저를 설득할 수 없음을 알았고, 그래서 고집쟁이는 저에게 욕설을 하고 되돌아갔습니다. 그러나 변덕쟁이는 한동안 저를 따라왔었습니다.

호의_ 왜 변덕쟁이는 끝까지 따라오지 않았습니까?

크리스천_ 우리는 절망의 수렁에 이르기까지는 함께 왔습니다. 그런데 우리는 갑자기 절망의 수렁에 빠졌습니다. 변덕쟁이는 실망해서 더는 모험하기를 원하지 않았습니다. 그래서 자신의 집 방향으로 절망의 늪에서 빠져나와서는 저에게 "영광의 나라는 너 혼자서 차지하라"고 말한 후에 고집쟁이의 뒤를 따라 자신의 집 방향으로 길을 갔습니다.10 그리하여 저 혼자서 좁은 문까지 오게 된 것입니다.

호의_ 아, 참으로 불쌍한 사람이군요! 천성의 영광을 그렇게 사소하게 여기고, 그것을 얻고자 어려움을 조금 감당하는 것을 가치 없게 여기지 않았습니까?11

크리스천_ 변덕쟁이에 대해 말씀드린 것은 사실이지만, 사실 저 자신에 대해 진실을 말씀드린다면, 저 역시 변덕쟁이보다 나은 것이 없는 사람입니다.12 변덕쟁이는 자신의 집으로 돌아갔지만, 저 역시 세상 지혜자의 육신적인 논쟁에 설득되어서 바른 길에서 벗어나 사망의 길로 들어섰습니다.13

호의_ 그가 당신을 미혹했습니까? 율법주의자의 도움으로 짐을 벗어 버리라고 하던가요? 세상 지혜자나 율법주의자 모두 사기꾼입니다. 그런데 당신은 세상 지혜자의 거짓 충고를 받아들였습니까?

크리스천_ 예, 율법주의자를 찾아서 갔습니다. 그런데 율법주의자 옆에 있는 산이 내 머리 위로 떨어질 것 같은 생각이 들었습니다. 그래서 저는 그곳에서 멈출 수밖에 없었습니다.

호의_ 그 산에서 많은 사람이 목숨을 잃었고, 앞으로도 더욱 많은 사람이 죽임을 당할 것입니다. 그 산이 당신을 산산조각 낼 수 있었는데 탈출했다니 참으로 다행한 일입니다.

크리스천_ 글쎄요. 곤경에 처해 당황하고 있을 때, 전도자께서 다시 저에게 오시지 않았다면 제가 그곳에서 어떻게 되었을지 모릅니다. 전도자께서 저에게 다시 오신 것은 하나님의 은혜입니다. 그렇지 않았다면 저는 결코 이곳에 오지 못했을 것입니다.14 그 산 때문에 죽어 마땅한 제가 지금 선생님과 함께 서서 이야기를 나누고 있으며, 심지어 이곳으로 들어오는 허락까지 받았으니, 이 얼마나 크나큰 주님의 은혜입니까!

호의_ 우리는 어떤 사람들이든지 그들이 이곳에 오기 전까지 무엇을 했든 간에 반론을 제기하지 않습니다. 그들은 결코 내쫓기지 않을 것입니다(요 6:37). 그러니 선한 크리스천 씨, 나와 함께 잠시 갑시다. 제가 당신이 반드시 가야 할 길에 대해서 가르쳐 드리겠습니다. 당신의 앞을 바라보십시오. 저기 좁은 길이 보이십니까? 저 길이 당신이 반드시 가야 할 길입니다.15 이 길은 족장들과, 선지자들, 그리스도와 그의 사도들에 의해 만들어진 길입니다.16 마치 자로 그어 놓은 것처럼 일직선인 똑바른 길입니다.17 당신은 반드시 이 길로 가야 합니다.

크리스천_ 이 길을 처음 가는 사람이면 길을 잃어버릴 수 있는 갈림길이나 꼬불꼬불한 길은 없습니까?18

호의_ 예, 이 길에서 갈라지는 길이 많지만, 그런 길들은 굽어져 있으며 넓습니다. 그러니 당신은 옳은 길과 잘못된 길을 분별할 수 있습니다. 옳은 길은 오로지 곧바로 뻗어 있으며, 좁기 때문입니다(마 7:14).19

내가 꿈속에서 보니 크리스천이 문지기에게 자신의 등 뒤에 지워진 짐을 벗을 수 있도록 도와줄 수 없겠느냐고 부탁했다. 왜냐하면 아직도 크리스천은 짐을 벗을 수 없었고, 도움 없이는 어떤 방법으로도 짐을 벗어 버릴 수 없었기 때문이다.

문지기는 크리스천에게 구원의 장소에 이르면 그곳에서 짐이 저절로 등에서 떨어져 나갈 것이기 때문에 그때까지 참고 만족하면서 짐을 지고 가라고 말했다.[20] 크리스천은 허리띠를 동여매기 시작했고, 길을 떠날 채비를 했다. 그러자 문지기는 크리스천에게 이곳에서 얼마쯤 가면 해석자(Interpreter)의 집에 이르게 되는데, 그 집의 문을 두드리면 그가 여러 가지 훌륭한 것을 보여 줄 것이라고 알려 주었다. 크리스천은 문지기에게 작별 인사를 했고, 문지기는 여행의 안전과 성공을 기원해 주었다.

Q & A

1. 좁은 문 위에 두드리라는 문구가 적혀 있는 이유는 무엇입니까?(마 7:8; 눅 11:9-13)

답 : 찾고 구하는 원리를 의미한다. 주께서 이미 크리스천에게 좁은 문의 소중함을 깨닫게 하셨다. 그래서 그는 좁은 문을 향하여 왔다. 이때 문이 열리기를 찾고 구하게 하여 간절함이 더하게 하셨다. 이렇게 간절하게 하심으로 문이 열려졌을 때, 더욱 감사하게 하고 그 은혜를 소중히 여기게 하는 하나님의 뜻이 들어 있다.

2. 자기 자신이 좁은 문으로 들어갈 자격이 없음을 말하면서 열어 달라는 것은 무엇을 구하고 있는 것입니까?(마 15:27)

답 : 자신이 자격이 있어서 좁은 문으로 들어가는 것이 아니라, 하나님의 은혜로 받아달라는 것이다. 주 앞에서 은혜를 구할 때, 반드시 겸손한 모습이 있어야 한다. 귀신들린 딸을 가진 가나안 여인은 그리스도에게 겸손하게 구하였다. 자신이 자격이 되기 때문에 구하는 것이 아니라 다만 주인의 상에서 떨어지는 부스러기를 구한다고 하였다.

3. 문지기의 이름이 '호의'였습니다. 무엇을 의미합니까?(요 6:37; 스 8:21-22)

답 : 주 앞에서 찾고 구할 때, 얻고자 하는 것이 오직 주님에게서만 오는 것임을 인정하는 것이 필요하다. 그리고 주님으로부터 얻고자 하는 것이 소중한 것임을 깨닫고 찾고 구할 때, 주님께서 반드시 좋은 것으로 응답하신다. 이때 주님이 좋은 것으로 응답하시는 것을 문지기의 이름으로 표현한 것이다. 에

스라는 아닥사스다 왕에게 구하는 것을 수치스럽게 여기고 금식하면서 하나님께 구하였다. 왜냐하면 아닥사스다 왕에게 하나님께서는 자기를 찾는 모든 자에게 선을 베푸신다고 말하였기 때문이다.

4. 크리스천은 자신을 어떻게 말했습니까?(사 66:2)

답 : 자신을 불쌍한 죄인이라고 말하였다. 이렇게 고백하는 것은 그의 심령이 가난해짐과 심령의 통회함으로 인한 것이다. 이러한 영적 상태에서 은혜를 구할 때, 주께서 반드시 권고하신다고 약속하고 있다.

5. 문지기가 크리스천을 갑자기 잡아당긴 이유는 무엇입니까?(엡 6:12)

답 : 회개하는 성도에 대한 마귀의 공격으로부터 보호하기 위한 것이었다. 어둠의 나라에서 아들의 나라로 옮겨질 때, 마귀의 공격이 더욱 심하다(골 1:13). 복음사역자들은 이러한 공격에 대해서 성도들이 약속의 말씀을 붙잡도록 도와주어야 한다.

6. 마귀가 쏘는 화살들은 어떤 종류의 유혹입니까?(눅 24:38)

답 : 마귀는 이제 회개하는 영혼에게 의심의 화살을 쏘아댄다. 의심의 화살은 영혼이 주님의 선하심에 대해서 의심하게 만든다. 때로 마귀는 당신의 죄가 너무 크기 때문에 용서받을 수 없다고 의심하게 만든다.

7. 크리스천이 기쁘기도 하면서 두려워한 이유는 무엇입니까?(창 28:16-17)

답 : 본인이 모르는 영적 세계에 대해서 깨달았기 때문에 두려워하였다. 그러나 한편으로 이렇게 위험한 상황에서도 도우셔서 이곳까지 이르게 하신 하나님의 은혜에 기뻐하였다. 외삼촌 집으로 도망가던 야곱은 하나님의 함께하심을 비로소 깨닫고 두려워하였다. 그러나 한편으로 그것은 그로 하여금 감사하게 하였다.

8. 고난에 대한 하나님의 보상은 무엇입니까?(고후 4:17-18)

답 : 고난에 대해서 하나님의 보상이 있다. 지극히 크고 영원한 것을 이루신다. 또한 고난 속에서 위로하시는 것도 하나님의 보상이다. 하나님은 모든 환난 속에서 위로하신다(고후 1:4).

9. 오늘날 많은 사람이 그리스도를 찾지 않는 이유는 무엇입니까?(막 2:17)

답 : 그들은 자신들의 죄를 보지 못하기 때문이다. 자신의 죄에 대한 심각성과 그것에 대한 하나님의 공의로우신 심판을 깨닫지 못하기 때문에 그리스도를 찾지 않는다. 죄의 질병의 심각성을 깨닫는 자가 의원이신 그리스도를 찾게 되어 있다. 따라서 주께서 선택하신 백성에게 은혜를 주실 때, 죄를 깨닫게 하시고 구원에 대한 관심과 열망이 일어나게 하시는 것이다.

10. 일시적인 믿음을 갖고 있다가 그리스도와 교회를 떠나는 자에게 나타나는 특징은 무엇입니까?(마 13:20-21)

답 : 변덕쟁이는 일시적 믿음을 가지고 있다가 어려움을 만나자 다시 멸망의 도성으로 돌아갔다. 하늘의 영광의 아름다움을 깨닫지 못하였기 때문에 그대로 포기하고 세상으로 돌아간 것이다. 한편으로 세상이 그에게 여전히 매력적이기 때문에 결코 그것을 포기하지 못하였던 것이다.

11. 변덕쟁이가 믿음의 길을 포기한 이유를 어떻게 말하고 있습니까?(히 2:3)

답 : 구원이 얼마나 소중하며, 하늘 유업이 얼마나 큰 것인지를 깨닫지 못하였기 때문이다. 히브리서의 상황은 그리스도를 믿는 것으로 인하여 환난이 왔다. 사람들은 환난을 면하기 위해서 그리스도를 포기하고 있었다. 그것은 흘러 떠내려가는 것이다(히 2:1).

12. 자신의 연약함을 고백하는 크리스천의 심령 상태는 어떠합니까?
(고전 15:9-10)

답 : 변덕쟁이와 비교하면서 자신이 그보다 나은 것이 없다는 말을 하였다. 자신의 무가치함과 부족함을 솔직하게 고백하였다. 영적으로 정직한 것은 은혜의 상태에 있다는 것을 의미한다. 그러나 자신을 과대 포장해서 말하는 것은 자신에게 은혜가 없다는 것을 스스로 증명하는 것이다.

13. 크리스천은 자신의 부족함을 인정하면서 여기까지 온 것을 누구의 공로로 돌리고 있습니까?(고전 15:57)

답 : 자신의 부족을 정직하게 드러내는 것은 하나님의 은혜가 크다는 것을 말하는 것이다. 자신이 부족함에도 불구하고 이곳까지 온 것은 결코 자신의 힘이나 능력이 아니라 오직 하나님의 은혜라는 것이다. 우리 자신을 낮출수록 하나님의 은혜는 더욱 드러나게 되어 있다. 모든 것을 하나님의 은혜와 공로로 돌리는 것이 우리의 의무이다.

14. 은혜 중심으로 산다는 것은 무엇을 인정하는 것입니까?(롬 12:3)

답 : 자신의 믿음의 분량을 인정하는 것이다. 자신에게 주신 은혜의 분량을 인정하고, 그것 이상으로 생각하지 않는 것이다. 자신 스스로를 높일 때, 마귀가

우리의 교만을 더욱 부추기면 우리는 넘어지게 되어있다. 따라서 주신 은혜의 분량을 인정하고 그 이상의 생각을 품지 말아야 한다.

15. 좁은 길 혹은 협착한 길은 무엇을 의미합니까?(롬 8:13)

답 : 좁은 문을 통과하지만 크리스천의 앞에 놓인 길은 좁고 협착한 길이다. 좁고 협착한 길은 우리의 육신을 죽여야 하는 것을 의미한다. 물론 우리의 육신은 오직 성령으로 죽일 수 있다. 우리의 죄성을 성령의 역사로 죽여서 더욱 거룩한 삶을 추구하는 것이다.

16. 오늘날 세대주의자들은 일곱 세대로 나누면서 그 시대마다 은혜의 방식이 다르다고 주장합니다. 이런 세대주의자의 가르침은 무엇이 잘못된 것입니까?(히 1:1-2)

답 : 주께서 베푸신 언약은 족장, 선지자, 그리스도, 사도들에 의해서 계속 가르쳐졌던 것이다. 그 언약은 하나이다. 물론 언약의 운영 방식은 다르지만 그 메시지는 하나이다. 따라서 세대주의자들이 주장하는 것처럼 세대마다 구원의 방식이 다른 것이 아니다. 구원을 베푸시는 은혜의 원리는 같은 것이다.

17. 좁은 길의 특징은 무엇입니까?
① 히 6:12 ② 사 35:8

답 : ① 게으르지 않게 하는 길이다. 좁고 협착해서 계속해서 나아가기를 애쓰게 만든다.
② 거룩한 길이다. 죄와 싸우며 거룩을 추구하는 길이다. 따라서 좁은 길은 인간 스스로의 힘이나 능력으로 가는 길이 아니라 철저히 주님의 은혜를 의존해야 하는 길이다.

18. 크리스천은 좁은 길이 힘드냐고 묻지 않았습니다. 단지 잃어버리게 할 만한 길들이 있느냐고 물었습니다. 무엇을 의미합니까?(눅 9:23)

답 : 크리스천은 좁은 길의 어려움에 대해서 질문하지 않았다. 왜냐하면 이미 좁은 길의 중요성을 깨닫고 있으며, 그것이 어렵다고 하여도 그곳으로 가기를 결심하였기 때문이다(중생한 의지로 좁은 길을 택한 것이다). 따라서 좁은 길에서의 어려움에 대해서는 개의치 않고 있다.

19. 길을 잃어버리게 하거나 잘못된 길로 들어서도록 만드는 길의 특징은 무엇입니까?(롬 8:13)

답 : 순례의 길에서 벗어나게 하는 길들은 육신의 성향에 잘 어울리는 것들이다. 그래서 잘못된 길들은 육신의 즐거움과 만족을 제공하고 있다. 이들은 정욕적인 삶을 더욱 불러일으키는 것들이다(갈 5:19-21). 반면에 옳은 길은 곧바로 뻗어있다. 하나님의 말씀의 정로에 있는 길이다(사 30:21).

20. 죄 짐을 벗겨 달라고 문지기에게 부탁했으나, 구원의 장소에 이르기까지 참고 가라는 대답을 들었습니다. 좁은 문에서 죄 짐이 해결되지 않은 이유는 무엇입니까?(히 5:14)

답 : 좁은 문과 죄 짐을 벗게 되는 십자가 언덕 사이에 해석자의 집이 있다. 해석자의 집에서 구원에 관련된 중요한 일곱 개의 교리를 배우게 된다. 즉, 확실한 구원의 체험을 위해서는 성경적 구원의 교리에 대해서 알고 있어야 함을 의미한다. 말씀에 대한 지식이 빈약하거나 부족하면 거짓 체험이나 때로는 환상적 체험을 구원의 체험으로 착각할 수 있기 때문에, 보다 충분한 말씀의 지식과 교리들이 요구된다.

10_ 해석자의 집 (1)

크리스천은 좁은 문을 통과한 후 해석자의 집에 이른다. 해석자의 집에서 크리스천은 일곱 개의 중요한 가르침을 받는다. 십자가의 체험에 앞서서 가장 근본적인 교리의 가르침을 받는 이유는 성경에 근거한 바른 구원의 체험을 위해서다.

크리스천은 언덕을 올라가서 해석자의 집에 이르렀다. 크리스천은 문을 두드리고 또 두드렸다.[1] 마침내 한 사람이 나와서 누구냐고 물었다.

크리스천_ 선생님, 저는 여행자인데 이 집의 주인을 잘 아는 분이 저의 유익을 위해 이곳으로 가라고 해서 왔습니다. 이 집의 주인과 이야기할 수 있습니까?

문지기는 집주인을 불렀고, 잠시 후에 주인이 크리스천에게 와서 무엇을 원하느냐고 질문했다.

크리스천_ 선생님, 저는 멸망의 도시를 떠나 시온 산을 향해 가는 사람입니다. 좁은 문에 서 있던 분이 이곳으로 가서 주인을 찾으면 주인께서 저의 여행에 도움이 되는 훌륭한 것들을 보여 주실 것이라고 했습니다.

해석자_ 들어오시오. 내가 당신

에게 유익한 것들을 보여 드리겠소.

해석자는 하인에게 촛불을 켜라고 명령했고,[2] 크리스천에게 따라오라고 말했다.

1) 참 목자상

해석자는 크리스천을 비밀스런 방으로 데리고 갔다. 해석자는 하인에게 방문을 열라고 명령했으며, 하인이 문을 열자 크리스천은 아주 신중하게 보이는 사람의 그림이 벽에 걸려 있는 것을 보았다.[3] 그림은 훌륭했다. 그림에 있는 사람의 눈은 하늘을 향하고 있었으며,[4] 그의 손에는 최고의 책이 들려 있었으며,[5] 그의 입술에는 진리의 법칙이라고 기록되어 있었다.[6] 그의 등 뒤에는 세상이 있었다.[7] 그 사람은 사람들에게 간청하듯이 서 있었으며,[8] 머리에는 황금 면류관을 쓰고 있었다.[9]

크리스천_ 그림이 의미하는 바가 무엇입니까?

해석자_ 그림에 있는 사람은 천 명 가운데 한 명 있을까 말까 한 분입니다.[10] 그분은 아이를 낳을 수 있으며(고전 4:15) 해산의 고통을 알고 있으며(갈 4:19)[11] 스스로 낳은 자녀를 양육할 수 있는 분입니다.[12] 당신이 보시는 바와 같이 그의 눈은 하늘을 올려다보고 있으며, 그의 손에는 최고의 책이 있으며, 그의 입술에는 진리의 법이 기록되어 있습니다. 이것이 당신에게 의미하는 바는, 그분이 하시는 일이 참된 진리를 알고 죄인들에게 어두운 일들에 대해 밝히 드러내 보인다는 것입니다. 또한 당신은 그분이 마치 사람들에게 탄원하는 듯한 모습으로 서 있는 것을 볼 수 있습니다. 반면에 당신은 그분의 뒤로 세상이 펼쳐져 있는 것을 볼 수 있고, 그분의 머리에 면류관이 씌워져 있는데 이것은 주님께 드리는 봉사를 사랑해서 이 세상의 것들을 가볍게 보고 무시했던 것을 의미합니다. 그분은 봉사에 대한 상급으로 영광을 얻을 것을 확신했습니다.

  내가 이 그림을 첫 번째로 보여 주는 이유는 그림 속에 있는 그분만이 주께서 인정한 당신의 인도자이며, 그분만이 당신이 길에서 만날 수 있는 모든 어려움을 도와주실 것이기 때문입니다.[13] 따라서 내가 당신에게 보여 준 것에 주의를 기울이고, 당신이 본 것을 잘 기억하십시오. 당신이 여행하는 중에 바른 길을 인도하는 것처럼 가장하는 자들에게 속지 않게 하기 위한 것입니다. 그들이 제시하는 길들은 모두 죽음에 이르게 합니다.[14]

2) 율법과 복음

  해석자는 손을 붙잡고 크리스천을 이끌어 매우 넓은 거실로 데리고 갔다. 거실은 빗자루로 한 번도 쓸지 않아서 먼지로 가득 차 있었다. 해석자는 잠시 거실을 둘러본 후에 하인에게 먼지를 쓸라고 말했다. 하인이 쓸기 시작하자 온통 먼지가 날아다녔다. 크리스천은 거의 질식할 지경이었다. 그때 해석자가 옆에 서 있던 처녀에게 물을 가져다가 방에 뿌리라고 지시했다. 처녀가 물을 뿌린 후에 방을 쓸자 거실은 말끔히 청소되었다.

  크리스천_ 이것은 무엇을 의미합니까?

  해석자_ 이 거실은 달콤한 은혜의 복음으로 성화되지 못한 인간의 마음입니다.[15] 먼지는 인간의 원죄와 내적 부패로 전 인격을 더럽히고 있습니다. 처음에 방을 쓸기 시작한 하인은 율법입니다. 그리고 물을 가져다 뿌린 처녀는 복음입니다. 당신도 보신 바와 같이 처음에는 방을 쓸기 시작하자마자 먼지가 온통 날아다녀서 방은 절대 깨끗해지지 않았고, 먼지 때문에 당신은 거의 질식할 뻔했습니다. 이것이 의미하는 바는 이렇습니다. 율법이 죄를 발견하게 하고 죄를 금하지만 죄를 뿌리 뽑지 못하기 때문에, 죄에서 마음을 깨끗하게 하는 대신 우리 영혼에 죄를 살리고 힘을 얻게 해서 죄를 증가시킨다는 것입니다 (롬 5:20; 7:6; 고전 15:56).[16]

당신이 보신 것과 같이 처녀가 방에 물을 뿌린 뒤 청소를 하자 방은 깨끗해졌습니다.[17] 이것이 의미하는 바는 복음이 인간의 심령에 영향을 끼치면, 마치 처녀가 방에 물을 뿌려 먼지를 가라앉힌 것처럼 죄가 정복되고 진압된다는 것입니다. 그러한 믿음을 통해 영혼은 깨끗해지며 결과적으로 왕의 영광이 머무르기에 적합하게 됩니다(요 15:3, 13; 엡 5:26; 행 15:9; 롬 16:25-26).[18]

3) 정욕과 인내

나는 꿈속에서 해석자가 크리스천의 손을 잡고 아주 작은 방으로 데리고 가는 것을 보았다. 방 안에는 두 어린아이가 있었는데, 나이가 더 많은 아이의 이름은 정욕(Passion)이었고, 다른 아이의 이름은 인내(Patience)였다. 정욕은 불만이 가득 차 보였으나,[19] 인내는 매우 조용히 있었다.

그때 크리스천이 질문했다. "정욕이 불만을 갖고 있는 이유가 무엇입니까?" 해석자는 "저들의 통치자가 내년까지 기다리면 최고의 것들을 주겠다고 했습니다. 그런데 정욕은 지금 모든 것을 갖기 원하고 있습니다.[20] 그러나 인내는 기꺼이 기다리고 있는 것입니다"라고 대답했다.

그때 나는 어떤 이가 보석 가방을 들고 정욕에게 와서 그의 발 앞에 쏟아 놓는 것을 보았다. 정욕은 보석들을 취하고 즐거워하면서 인내를 조롱하고 비웃었다. 그러나 나는 얼마 안 되어 정욕이 모든 것을 낭비하고 누더기 옷밖에 남지 않은 것을 보았다.[21]

크리스천_ 이것이 의미하는 바를 좀 더 충분하게 설명해 주십시오.

해석자_ 이 두 소년은 상징적인 인물입니다. 정욕은 현세의 사람들이며, 인내는 내세의 사람들입니다. 정욕은 이 세상의 사람들처럼 지금 당장 모든 것을 이 세상에서 가지려고 합니다.[22] 그들은 내년까지, 즉 다음 세상이 올 때까지 그들의 좋은 몫을 기다리지 못합니다. '손에 잡은 한 마리의 새가 숲에 있는 두 마리의 새보다 가치 있다'라는 속담이 그들에게는 다음 세상의 복락에 대한 하나님의 증거보다 더욱 권위가 있는 것입니다. 그러나 당신이 보신 대로 정욕은 모든 것을 순식간에 낭비해 버리고 그에게 남은 것이라고는 누더기 옷밖에 없었습니다. 이 세상의 물질에만 눈이 어두운 사람은 이 세상의 마지막에 모두 정욕과 같이 될 것입니다.

크리스천_ 지금 저는 인내가 최고의 지혜를 갖고 있다는 것을 여러 가지 이유로 알았습니다. 첫째, 가장 좋은 것들을 위해서 기다렸으며, 둘째, 정욕에게 누더기 옷밖에 남지 않았을 때 그는 자신의 영광을 취할 것이기 때문입니다.[23]

해석자_ 아니, 또 다른 이유가 있습니다. 다음 세상의 영광은 결코 닳아 없어지지 않지만, 이 세상의 영광은 순식간에 없어집니다. 따라서 정욕이 좋은 것들을 자신이 먼저 가졌다고 해서 인내를 조롱할 이유는 없습니다. 인내가 마지막에 좋은 것들을 가졌을 때 욕망을 조롱할 것입니다. 먼저 된 자는 나중 된 자에게 자신의 자리를 내주어야 합니다. 그러나 나중 된 자는 자신의 시대가 반드시 올 뿐만 아니라 승계할 사람이 없기 때문에 다른 사람에게 넘겨주지 않아도 됩니다. 그리고 처음에 자신의 몫을 받은 자는 소비할 시간이 많아 결국 남는 것이 없지만 나중에 자신의 몫을 받은 자는 영원히 갖고 있을 것입니다.[24] 그러므로 큰 부자에 대한 성경 말씀이 있습니다. "너는 살았을 때에 좋은 것을 받았고 나사로는 고난을 받았으니 이것을 기억하라 이제 그는 여기서 위로를 받고 너는 괴로움을 받느니라"(눅 16:25).

크리스천_ 이제 저는 당장 눈앞에 있는 것들을 탐내기보다는 장차 올 것들을 기다리는 것이 현명한 일이라는 것을 깨달았습니다.

해석자_ 당신은 진리를 말했습니다. "우리가 주목하는 것은 보이는 것이 아니요 보이지 않는 것이니 보이는 것은 잠깐이요 보이지 않는 것은 영원함이라"(고후 4:18). 그러나 이 세상의 것들과 우리 육신적인 욕망은 서로 가까운 이웃이기 때문에 서로 급속히 사이좋게 지내지만, 장차 올 것과 육적인 감각은 서로 원수이기 때문에 서로 거리를 유지하는 것입니다.

Q & A

1. 해석자의 집에 이르러서 좁은 문에서 그랬던 것처럼 문을 두드렸습니다. 무엇을 의미합니까?(마 15:23)

답 : 찾고 구하는 원리를 의미한다. 소중한 것을 깨닫고 구할 때 간절함이 더하며, 그로 인하여 주께서 응답하셨을 때 더욱 감사하게 된다. 주께서는 우리로 찾고 구하게 하기 위해서 먼저 소중한 것을 알아볼 수 있는 영적인 이해력을 주신다. 그래서 찾고 구하게 하시고 하나님의 선하심으로 응답하시는 것이다. 가나안 여인은 그리스도로 인해 소중한 것을 얻기까지 찾고 구하였다.

2. 해석자가 하인에게 촛불을 켜라고 명령하였습니다. 무엇을 의미합니까? (엡 1:17)

답 : 해석자는 성령을 나타내는 표현이다. 따라서 해석자가 하인에게 촛불을 켜라고 명령하여서 밝히 보이게 하는 것은 성령의 조명하심(Illumination)을 의미하는 것이다. 성령께서 진리를 밝히 깨닫게 하시고, 영적 이해력을 갖게 하신다.

3. 참된 목자의 특징으로서 신중함을 언급한 이유는 무엇입니까?(딤후 3:15-17) 오늘날 말씀을 가볍게 취급하고 청중을 웃기는 설교자들과 비교할 때, 진정으로 참된 목자는 어떠해야 합니까?

답 : 하나님의 말씀은 구원에 이르게 하는 지혜가 있으며, 책망과 바르게 하고 의로 교육하는 수단이 된다. 하나님의 말씀은 하나님의 사람으로 온전케 하는 것이다. 참된 목자는 이러한 하나님의 말씀을 정직하고 바르게 다루는 자이

다. 따라서 하나님의 말씀을 다루는 데 있어서 신중하지 못하거나 가볍게 할 수 없는 것이다. 오늘날 청중의 느낌만을 위해 수고하는 설교자는 참된 목자라 할 수 없다.

4. 그림 속에 있는 사람의 눈은 하늘을 향해 있었습니다. 이것은 무엇을 의미합니까?(골 3:2)

답 : 하늘의 것을 사모하고 추구하는 것을 의미한다. 참된 목자는 이 땅의 세상적인 것을 추구하는 자가 아니다. 영원한 것의 소중함을 알고 있다. 그래서 하늘의 것을 바라보면서 그것의 아름다움을 바라보고 있는 것이다.

5. 손에는 무엇을 들고 있었습니까?(행 20:32)

답 : 성경을 들고 있다. 참된 목자는 하나님의 말씀을 가르치기에 부지런한 자이다. 바울은 에베소 교회에서 3년이나 밤낮으로 쉬지 않고 성경을 가르쳤다. 그리고 그들을 떠나면서 그 말씀이 교회를 든든히 세울 것으로 확신하였다. 이렇게 참된 목자는 하나님의 말씀을 철저히 가르치면서 그 말씀에 의탁하는 자이다.

6. 입술에는 무엇이라고 기록되어 있었습니까?(행 20:27)

답 : 진리의 법이라고 기록되어 있다. 그는 진리만을 말하며, 하나님의 말씀을 세상의 이야기와 함께 섞지 않는다(고후 2:18). 그리고 교인들에게 어렵고 힘든 말씀이라 할지라도 꺼리지 않고 온전히 다 전한다(행 20:27). 사람들의 인정과 기쁨을 위해 전하는 자가 아니라 오직 하나님을 기쁘시게 하기 위한 사역자이다(갈 1:10).

7. 세상을 뒤로 한 이유는 무엇입니까?(빌 3:8)

답 : 참된 목자는 세상의 영광을 뒤로 한 자이다. 그리고 세상의 명예와 물질을 추구하지 않는다. 이러한 것들을 이미 다 버렸다. 그리스도를 아는 지식을 가장 고상한 것으로 여기고 세상적인 것을 해로운 것으로 여겨 뒤로하였다.

8. 간청하는 모습은 무엇을 의미합니까?(고후 8:16)

답 : 전도자로서 사람들에게 진리를 전하면서 간절함을 가지고 있다. 그 영혼들에게 은혜가 임하기를 바라는 심령으로 진리를 전한다.

9. 황금 면류관을 쓴 이유는 무엇입니까?(딤후 4:8)

답 : 주님께서 인정하시는 사역자를 나타낸다. 말씀 전하는 것에 수고한 사역자들에게는 주께서 상을 주신다.

10. 천 명 가운데 한 명 있을까 말까 한 이유는 무엇입니까?(빌 2:21, 29-30)

답 : 참된 목자의 희귀성을 말한다. 존 번연이 이 작품을 썼던 시대에는 세상적이며 인본주의적인 목회자들이 교회 속에 넘쳐났다. 그들은 영혼의 회심에 관심이 없었으며, 또한 영혼 위에 일하시는 성령의 역사에 대해서도 무지했다. 그들은 정치적이었으며, 세상적인 영광을 추구하였다.

11. 해산의 고통을 알고 있다는 것은 어떤 자질을 의미합니까?(고전 4:15; 갈 4:19)

답 : 참된 목자는 영혼 위에 구원의 유효한 역사에 대해서 잘 알고 있었으며, 그것을 목회와 전도의 사역에 적용하였다. 한 영혼이 회심하기까지 성령께서 일하시는 원리를 잘 알고 있었으며, 성령의 역사를 분별할 수 있었다. 그래

서 한 영혼이 진정으로 회심하기까지 영혼을 돌보고 수고하였다.

12. 낳은 자녀를 어떻게 양육합니까?(살전 2:7-8)

답 : 어머니가 자녀를 모유로 수유하여 기르는 것과 같이 자신들의 목숨까지도 아끼지 않고 양육하는 것이다. 성도들의 영혼의 성장을 위해 생명의 말씀을 공급하기를 쉬지 않으며, 성도들의 영적 안전을 위해 밤낮으로 수고하고 애쓰는 것이다.

13. 초상화를 처음으로 보여 준 이유는 무엇입니까?(마 7:15)

답 : 참된 목자에 대한 설명이 첫 번째 가르침으로 있는 이유는 참된 목자의 중요성 때문이다. 참된 목자와 거짓 선지자를 분별할 수 있어야 자신의 영혼을 보호할 수 있다. 또한 참된 목자를 만나야 천성에까지 안전하게 이를 수 있다. 따라서 참된 목자를 분별하여 그의 사역 가운데 있어야 자신의 구원이 안전하다.

14. 참된 목자와 거짓 목자를 분별하는 것이 중요한 이유는 무엇입니까? (벧후 2:1)

답 : 거짓 목자에 의하여 잘못된 가르침을 받게 되면 멸망에 이르게 된다. 따라서 거짓 목자를 분별해야 한다. 거짓 목자의 특징은 탐욕에 가득 차 있으며(벧후 2:14), 자신에 대한 자랑의 말을 하며(벧후 2:18), 사람들로 자기의 종이 되게 하며(벧후 2:19), 이것을 통해서 자신의 이익을 추구한다(벧후 2:3).

15. 먼지가 가득한 방은 무엇을 나타내는 것입니까?(렘 17:9)

답 : 먼지는 원죄와 내적 부패를 의미한다. 따라서 먼지가 가득한 방은 아직 성령

의 유효한 역사가 그에게 일어나지 않은 상태를 의미한다. 자연적 인간의 상태는 이렇게 더러운 상태이다. 만물보다 거짓되고 심히 부패한 것이 인간의 마음이다.

16. 먼저 방의 먼지를 쓴 사람은 무엇을 의미합니까? 방을 쓸자 먼지가 더욱 일어나고 깨끗해지지 않은 것은 무엇을 의미합니까?(롬 7:9)

답 : 방의 먼지를 쓸기 시작한 하인은 율법을 의미한다. 하인이 방을 쓸기 시작한 것은 율법이 인간의 내면의 죄와 부패성을 드러내기 시작한 것을 말한다. 율법을 듣기 전까지 인간은 자신의 죄를 깨닫지 못하였다. 율법이 죄를 깨닫게 한다. 그런데 먼지가 더욱 일어나고 방이 깨끗해지지 않은 이유는 율법을 통해서 죄를 깨닫고, 죄를 짓지 않으려고 하지만 죄는 더욱 증가되기 때문이다. 즉, 율법을 통해서는 죄를 없앨 수 없음을 의미한다.

17. 물을 가져다 뿌린 처녀는 무엇을 의미합니까?(롬 8:3-4)

답 : 율법으로 죄를 깨닫지만 죄를 뿌리 뽑을 수 없다. 처녀는 물을 뿌려서 먼지를 가라앉히고 방을 깨끗이 하였다. 즉, 복음을 통해서 인간의 심령에 변화가 일어나고, 영적 원리가 그 심령에 새겨져서 죄를 물리치고, 죄의 지배 아래에서 해방되는 것을 의미한다.

18. 죄를 물리치고 근절시키는 것은 무엇을 통해 가능합니까?(고전 6:11) 그리고 그 결과는 무엇입니까?

답 : 죄를 물리치고 근절시킬 수 있는 것은 성령의 거룩하게 하는 역사로 가능하다(살후 2:13). 성령께서 하나님의 말씀으로 죄인의 영혼을 씻는 작업이다(딛 3:5). 그래서 영혼에 영적인 원리가 심겨지고, 그것을 통해서 죄를 미워하고 싸우는 효과가 나타난다. 물론 성령의 거룩하게 하는 역사의 효과로 그 영혼이 거룩을 추구하게 된다.

19. 정욕의 외적 모습은 어떠합니까?(약 1:14-15)

답 : 정욕은 지옥 백성의 특징을 나타낸다. 정욕은 자기 욕심에 끌려 다닌다. 자기 욕심을 마음껏 채우기 위해서 산다. 그래서 그는 쉽게 미혹되며 결국에는 멸망한다.

20. 조급함은 어떤 영적 상태를 말합니까?(딤후 3:4)

답 : 인내하지 못하고 조급하다는 것은 자신의 주장과 욕심으로 가득 차 있다는 것이다. 더욱이 정욕이라는 것은 죄성과 부패성에서 나오는 과도한 욕심이다. 이로 인하여 정욕은 조급한 심령을 가지고 있다.

21. 모든 것을 낭비하는 것은 어떤 삶을 의미합니까?(눅 15:13)

답 : 낭비의 삶은 하나님께서 그에게 물질을 주신 목적을 망각하고 있다는 것이다. 하나님께서 우리에게 물질과 이 땅에 필요한 것을 주시는 것은 우리를 물리적으로 보존하시는 뜻도 있지만, 절제하여서 선한 사업을 도모하게 하기 위한 것이다. 따라서 절제된 삶을 살아야 하며, 우리가 가지고 있는 것으로 하나님 나라의 관련된 일에 투자해야 한다.

22. 이 세상의 것만을 추구하는 것은 어떤 영적 상태입니까?(사 5:8-12)

답 : 이 땅에서 자신의 육신적 즐거움과 편안함만을 추구하는 상태이다. 자신의 재산만을 증가시키고 이웃의 어려운 삶을 돌아보지 않는 자이다. 그들은 하나님께서 그들에게 청지기 역할을 기대하고 축복하셨음에도 불구하고 하나님께서 하신 일에 대해 생각하지 않는다.

23. 인내가 복된 이유는 무엇입니까?

① 갈 5:22-23 ② 히 10:36-39; 12:16

답 : ① 확실한 구원 백성의 증거를 가지고 있다.
　　② 주께서 상을 베푸신다.

24. 참된 백성은 나중에 어떤 것들을 받습니까?(룻 3:10; 욥 8:7; 마 10:22)

답 : 참된 하나님의 백성은 인내하여 나중에 좋은 것을 하나님으로부터 받는다. 지금 고난 가운데 어렵다고 할지라도 약속을 신뢰하고 끝까지 인내하면, 반드시 하나님께서 그 약속을 이행하신다. 하나님께서 그 약속을 이행하실 때, 그것은 우리의 생각보다 훨씬 뛰어난 것이며 좋은 것이다. 욥은 인내하여 주님으로부터 결말을 얻었는데, 그것은 가장 자비로우시며 긍휼히 여기시는 하나님의 축복이었다(약 5:11).

11_ 해석자의 집 (2)

크리스천은 해석자의 집에서 그리스도의 보존하시는 은혜에 대해서 가르침을 받았다. 그리고 진정한 구원의 은혜의 증거인 제자도에 대해서도 설명을 들었다.

1) 그리스도의 보존하시는 은혜

그때 내가 꿈에서 보니 해석자가 크리스천의 손을 잡고 벽난로가 있는 곳으로 인도하고 있었다. 벽난로 옆에 어떤 자가 서 있었고, 벽난로의 불을 끄기 위해 계속 물을 끼얹고 있었다. 그러나 불은 꺼지기는커녕 점점 더 높이, 뜨겁게 타올랐다.

크리스천_ 이것은 무엇을 의미합니까?

해석자_ 불은 마음에서 역사하는 은혜의 사역입니다.[1] 그리고 물을 뿌려 불을 끄고자 하는 자는 마귀입니다.[2] 그러나 당신이 보신 것처럼 불은 더욱 높이 뜨겁게 타오르고 있습니다. 그 이유를 알 수 있겠습니까?

해석자는 크리스천을 벽 뒤로 데리고 갔는데 그곳에서 그들은 한 사람이 기름병을 들고 불 위에 계속해서 은밀히 기름을 붓는 것을 보았다.

크리스천_ 이것은 무슨 뜻입니까?

해석자_ 이분은 그리스도이십니다. 이미 마음에 시작된 은혜의 사역을 유지하려고 은혜의 기름을 계속 붓고 계십니다.[3] 그러므로 마귀가 은혜의 불을 끄기 위해 온갖 짓을 할지라도 그분의 백성의 영혼은 여전히 은혜로운 상태에 있게 됩니다(고후 12:9). 당신이 보신 대로 이분이 벽 뒤에 서서 불을 유지하는 것은, 시험받은 영혼들에게 은혜의 불을 유지하는 것이 얼마나 어려운 것인지를 가르쳐 주시는 것입니다.4

2) 용감한 사나이(제자도)5

나는 해석자가 크리스천의 손을 잡고 멋진 곳으로 데려가는 것을 보았다. 그곳에는 웅장한 궁전이 있었다. 보기에도 아름다운 궁전을 바라보면서 크리스천은 매우 기뻐했다. 궁전 위에는 어떤 사람들이 걷고 있었는데 그들은 금빛 옷을 입고 있었다.6 크리스천은 그 모습을 보고 "우리도 저기로 들어가는 것입니까?"라고 물었다.

해석자는 크리스천을 데리고 궁전의 문을 향해 올라갔다. 문 앞에는 많은 사람이 모여 서 있었다. 그들은 문 안으로 들어가고 싶어 했으나 감히 들어가지 못하고 있었다.7 문에서 약간 떨어진 곳에는 한 사람이 책상 앞에 앉아 있었는데, 그 사람 앞에는 책과 잉크스탠드가 있었다. 그 사람은 안으로 들어가고자 하는 사람의 이름을 기록하고 있었다. 또한 크리스천은 출입구에서 무장을 하고 문을 지키고 서 있는 많은 사람을 보았다. 그들은 문으로 들어가고자 하는 사람들을 어떻게 해서든지 해치려 하고 있었다. 크리스천은 상당히 놀랐다.

모든 사람이 무장한 사람들을 두려워해서 뒤로 물러서 있을 때, 마침내 크리스천은 매우 용감하게 생긴 한 남자가 책상 앞에 있는 사람에게 나아와서 "선생, 내 이름을 적으시오"라고 말하는 것을 보았다. 책상 앞에 있는 사람이 그의 이름을 기록하자, 용감하게 생긴 남자는 자신의 칼을 빼 들고 머리에 투구를 쓰고는 문 앞의 무장한 사람들을 향해 돌진했다.[8] 무장한 사람들은 필사적으로 그를 밀쳐냈으나, 그 남자는 전혀 실망하지 않고 맹렬하게 쳐들어갔다.[9] 얼마 후 그는 그를 밀쳐내려는 사람들 때문에 상처를 많이 입었지만, 그들을 뚫고 길을 내어 (행 14:22) 궁전 안으로 들어갔다.

궁전 안에서, 그리고 궁전 위를 거닐고 있는 사람들에게서 즐거운 음성이 들려 왔다.

"들어오라, 들어오라. 영원한 영광을 얻겠네."

그 남자는 궁전으로 들어갔고 그곳에 있는 사람들처럼 금빛 옷을 입었다.[10]

크리스천은 미소를 지으면서 "이것이 무엇을 의미하는지 알겠습니다"라고 말했다. "자, 이제 떠나겠습니다"라고 크리스천이 말하자, 해석자는 "아닙니다. 제가 당신에게 좀 더 보여 드릴 것이 있습니다. 보신 후에 길을 떠나십시오"라고 말했다.

Q & A

1. 벽난로의 불은 무엇을 의미합니까?(딤후 1:7; 롬 12:11)

답 : 불은 마음에서 역사하는 은혜, 즉 구원의 은혜를 의미한다. 구원의 은혜를 불로 묘사한 이유는 열심을 포함하고 있기 때문이다. 구원의 은혜가 있는 심령은 능력과 사랑과 근신하는 마음으로 주를 열심히 섬긴다.

2. 마귀가 물을 끼얹고 있었는데, 이는 무엇을 의미합니까?(계 3:15)

답 : 은혜로 인하여 열정적인 심령을 마귀가 차갑게 만들려고 애쓰는 것을 의미한다. 마귀는 우리가 구원의 은혜를 소홀히 하도록 유혹한다. 그래서 주를 향한 열정이 식어지게 한다. 마귀는 우리가 영적으로 부주의하도록 유혹하고 죄에 빠지게 해서, 결국 은혜로부터 멀어지도록 공격하는 것이다.

3. 그리스도께서 하시는 일은 무엇입니까?(빌 1:6)

답 : 그리스도께서 하시는 일은 성도에게 있는 은혜의 불을 유지하는 것이다. 그는 구원의 은혜가 마지막까지 가도록 도우신다. 그래서 성도들로 하여금 마지막 날에 주님 앞에 늠름히 설 수 있도록 보존하신다(유 1:24).

4. 그리스도께서 우리를 보존하신다고 해서 우리가 아무것도 하지 않아도 됩니까?(벧전 1:5; 유 1:3)

답 : 그리스도께서 우리를 보존하신다고 해서 우리가 영적인 의무를 이행하지 않고 게을러도 된다는 것은 아니다. 보존의 교리를 남용하여 이러한 태도를 취

하는 자들에게는 사실 구원의 은혜가 없는 것이다. 구원의 은혜가 있는 자는 그리스도께서 주신 은혜의 소중함 때문에 그리스도 안에 계속 있고자 한다. 그리스도의 은혜 안에 계속 있을 때, 그리스도의 보존의 은혜를 누리는 것이다. 그리스도 밖에서의 보존의 은혜가 아니다.

5. 용감한 사나이는 누구를 의미합니까? (눅 9:23)

답 : 용감한 사나이는 진정으로 구원받은 자의 영적 특징을 설명하는 것이다. 성경적으로 말하면 제자이다. 사도행전 11장 26절과 고린도전서 1장 2절에 의하면 그리스도인, 제자, 성도가 같은 의미의 말이다. 그런데 오늘날 교회에서 제자와 성도를 은혜의 등급이 다른 것처럼 나누어서, 성도는 일반적인 그리스도인의 의미로 사용하고, 제자는 훈련을 받아서 더 높은 은혜의 단계에 있는 사람으로 여기고 있다. 그래서 '평신도를 제자로 만든다'는 표어를 사용한다. 그러나 이것은 성경의 가르침에서 벗어난 것이며, 때로는 구원의 은혜가 없는 사람을 성도라고 부를 위험성이 있다.

6. 이들은 어떤 상태에 있는 것을 의미합니까? (계 19:8-9)

답 : 구원받은 자의 상태를 의미하고 있다. 그리스도의 의로움의 옷을 입고 있는 것을 나타내고 있다. 그들은 의로운 자들이라고 불리고 있다. 이는 그들의 행위로 된 것이 아니라 오직 그리스도를 믿음으로 의롭게 된 것이다.

7. 문 앞에서 서성대는 사람들은 어떤 사람들입니까? (눅 14:25)

답 : 문 앞에 서성거리는 자들은 아름다운 것으로 가득 차 있는 궁전에 들어가기를 원하였다. 그러나 그 안으로 들어가기 위해서는 어려움이 있다. 따라서 그 어려움 때문에 문 앞에서 서성거리고 있으며, 감히 들어가기를 시도조차 하지 못하고 있다. 예수님은 이러한 자들을 무리라고 불렀다. 무리도 그리스도를 따르지만 그들은 결코 자기를 부정하지 않고, 자기 십자가도 지지 않는

다. 이러한 자들은 교회에 있을지라도 구원받은 상태가 아니다.

8. 용감한 사나이가 희생이 따르더라도 돌진한 이유는 무엇입니까?
(마 13:45 -46; 11:12)

답 : 궁전 안에 들어가는 것의 중요성을 깨닫고 있기 때문이다. 그는 문을 통과할 때, 어려움이 있다 할지라도 그것에 개의치 않고 성안으로 돌진하였다. 하나님께서 우리에게 은혜를 베푸실 때는 먼저 구원의 귀중함을 알게 하시고, 그것을 찾고 구하게 하신다. 따라서 그것을 얻는 것에 어려움이 있다 할지라도 그것을 얻기 위해 돌진하여 들어가게 된다. 마치 침노하듯이 가서 귀한 것을 취하는 것이다.

9. 그에게 있는 은혜는 어떤 종류입니까?(눅 14:26-35)

답 : 용감한 사나이는 귀한 것을 얻기 위해 따르는 손실과 비용에 대해서 이미 계산이 끝났다. 귀한 것의 소중성을 알기 때문에 상처를 입는다 할지라도 군사들을 밀치고 성안으로 들어간 것이다. 예수님께서는 자신을 진정으로 따라오려면 먼저 앉아서 그 비용을 계산하라고 하셨다. 그리고 비용 계산이 끝난 자들만 따라오라고 말씀하셨다. 그렇지 않으면 따라 나섰다가 도중에 포기하게 된다고 하셨다. 이것은 나에게 희생과 손실이 있다 하더라도 그리스도의 귀중함 때문에 개의치 않는 것을 말한다.

10. 그렇다면 용감한 사나이는 자신의 행위로 구원받은 것입니까?(고후 6:1)

답 : 용감한 사나이는 자신의 행위로 구원받은 것이 아니다. 그에게 있는 은혜의 진정성이 나타난 것이다. 하나님께서 그리스도의 소중함을 알게 하셨다. 이것은 은혜이다. 따라서 그 은혜를 받은 자는 마땅히 자신의 것을 희생하더라도 그리스도를 취하기 위해서 수고하고 애쓰게 되어 있다. 이것은 행위가 아니라, 은혜에 대한 마땅한 응답이다.

12_ 해석자의 집 (3)

타락 교리는 성도에게 타락의 과정에 대해서 유의함으로 경계하게 해서 유익을 주는 가르침이다. 또한 마지막 심판의 가르침은 죄인에게 경고의 기능을 하고 성도에게는 경건한 삶을 살도록 도전을 준다.

1) 철장에 갇혀 있는 남자(타락)[1]

해석자는 다시 크리스천을 매우 컴컴한 방으로 데리고 들어갔다. 그곳에는 쇠 철장 안에 앉아 있는 한 남자가 있었다. 그 남자는 매우 슬퍼보였고, 땅만 내려다보고 있었다. 그리고 양손을 포갠 채 가슴이 찢어지는 듯이 한숨을 쉬고 있었다.

크리스천은 "이것이 무엇을 의미합니까?"라고 물었다. 해석자는 그 남자에게 물어보라고 말했다.[2] 크리스천이 그 남자에게 다가가서 "당신은 누구입니까?"라고 묻자 그 남자는 "나는 과거에는 이런 사람이 아니었습니다"라고 대답했다.

크리스천_ 과거에는 어떤 사람이었습니까?

그 남자_ 과거에는 나 자신이나 다른 사람이 보기에도 상당히 철저하고 화려하게 신앙고백을 했던 사람입니다.[3] 전에는 나 자신이 천성의 도시에 합당하다고 생각했고, 그곳에 갈 수 있다고 생각하며 매우 기뻐했습니다 (눅 8:13).[4]

크리스천_ 그래요, 그런데 지금은 어떻게 된 것입니까?

그 남자_ 나는 지금 절망의 사람이 되어서 쇠 철장 안에 갇혀 있는 것처럼 절망 속에 갇혀 있습니다. 나는 빠져나갈 수가 없습니다. 지금 나는 빠져나갈 수가 없어요!

크리스천_ 어떻게 이런 상황에 이르게 되었습니까?

그 남자_ 나는 깨어 있지 않았고, 근신하지도 않았습니다.[5] 내 목에는 정욕의 고삐가 놓여있었습니다.[6] 그리고 하나님의 말씀의 빛과 하나님의 선하심에 대항해서 죄를 지었습니다. 나는 성령을 근심시켰고, 성령은 나에게서 떠나셨습니다. 마귀의 유혹에 빠져 마귀가 나에게 왔습니다. 나는 하나님의 진노를 불러일으켰고, 하나님은 나에게서 떠나가셨습니다. 내 마음은 매우 강퍅해져서 회개할 수도 없게 되었습니다.[7]

그때 크리스천은 "이 사람에게 더는 소망이 없습니까?"라고 해석자에게 물었다. 해석자는 그 남자에게 물어보라고 대답했다.

크리스천_ 소망이 없습니까? 당신은 계속 절망의 쇠 철장에 갇혀 있어야 합니까?

그 남자_ 소망이 없습니다. 전혀 없습니다.[8]

크리스천_ 왜요? 찬송 받을 자의 아들은 동정심이 정말 많지 않습니까?

그 남자_ 나는 나를 새롭게 해 주신 그분을 십자가에 못 박았고(히 4:6), 그분의 인격을 경멸했으며(눅 19:14), 그의 의로우심을 멸시했습니다. 나는 그분의 피를 거룩하지 않은 것으로 여겼으며, 성령의 은혜를 모욕했습니다(히 10:28-29).[9] 따라서 모든 약속에서 나 자신을 내쫓아 버렸습니다.[10] 그래서 오직 위협만이 나에게 남았습니다. 무섭고 두려운 심판의 위협이 원수같이 나를 삼키려고 합니다.

크리스천_ 도대체 어떤 일로 이렇게 비참한 상태에 이르게 되었습니까?

그 남자_ 이 세상의 정욕과 쾌락과 이익들 때문이었습니다.[11] 이런 것들을 즐기면서 나는 행복을 기대했습니다. 그러나 그것들은 독충이 되어서 저를 물어뜯고 갉아 먹었습니다.

크리스천_ 지금이라도 회개하고 돌아설 수는 없습니까?

그 남자_ 하나님께서는 저의 회개를 거절하십니다. 하나님의 말씀은 저에게 믿을 용기를 주지 않습니다.[12] 그렇습니다. 하나님께서 직접 저를 이 쇠 철장에 가두셨습니다. 세상의 그 누구도 저를 쇠 철장 밖으로 나가게 할 수 없습니다. 영원! 영원! 영원한 고통! 영원토록 당해야 할 고통을 제가 어떻게 견디지요?

해석자_ 이 사람의 비참한 모습과 불행을 기억하십시오. 그리고 당신에게 영원한 경고로 삼으십시오.[13]

크리스천_ 이것 참, 무서운 일이군요! 하나님, 제가 깨어 있고 근신하며, 사람을 불행하게 만든 원인들을 피할 수 있는 기도를 할 수 있도록 도와주십시오![14] 선생님, 이제 제 갈 길로 떠나야 할 시간이 아닙니까?

해석자_ 잠깐만 기다리시오. 하나를 더 보여 줄 터이니, 본 후에 떠나시오.

2) 마지막 심판 날

그리하여 해석자는 다시 크리스천의 손을 잡고 어떤 방으로 인도했다. 그곳에는 침대에서 일어나 옷을 입고 있는 남자가 있었는데, 그는 덜덜 떨면서 두려워하고 있었다. 크리스천이 "이 사람은 왜 저렇게 두려워 떨고 있습니까?"라고 물었다.

해석자는 그 남자에게 자신이 떨고 있는 이유를 말하라고 명령했다.[15] 그러자 그 남자는 말하기 시작했다.

"밤에 잠이 들어 꿈을 꾸었는데, 꿈속에서 하늘이 칠흑같이 어두워지고 천둥과 번개가 치는 것을 보았습니다. 이것은 나를 고통 속으로 몰아넣었습니다. 또한 나는 꿈속에서 구름이 놀라운 속도로 날아가며, 그 가운데 큰 나팔 소리가 나고, 구름 위에 앉은 사람과 그를 시중드는 수천의 천사를 보았습니다. 그들은 모두 불꽃 가운데 있었고 하늘은 온통 타오르는 불길 속에 있었습니다. 그때 나는 '죽은 자들아, 일어나 심판을 받으러 나오라'는 소리를 들었습니다. 그리고 바위가 터져 갈라지고 무덤이 열리면서 죽은 자들이 심판을 받으러 나오는 것을 보았습니다.16 그들 중 어떤 사람들은 매우 기뻐했고, 하늘을 우러러보았습니다. 그리고 어떤 사람들은 산 아래로 숨을 곳을 찾았습니다(고전 15:52; 살전 4:16; 유 1:14; 요 5:28-29; 살후 1:7-8; 계 20:11-14; 사 26:21; 미 7:16-17; 시 95:1-3; 단 7:10).17

그때 나는 구름 위에 앉아 있는 분이 책을 펴고18 세상을 향해 앞으로 나오라고 명령하는 것을 보았습니다. 그분에게서 강렬한 불이 나왔기 때문에 그분과 사람들 사이에는 어느 정도 거리가 떨어져 있었습니다. 마치 법정에서 재판관과 죄인이 거리를 두고 있는 것과 같았습니다(말 3:2-3; 단 7:9-10). 나는 구름 위에 앉은 분이 시중을 드는 무리에게 가라지와 겨와 검불을 모두 모아서 불못에 던지라고 명령하는 것을 들었습니다(마 3:12; 13:30; 말 4:1).19 명령과 함께 지옥이 열리더니 화염이 무시무시한 소리와 함께 입구에서 내가 서 있는 곳까지 나왔습니다. 역시 구름 위에 있는 분이 '내 알곡을 모아 곡식 창고에 두어라'고 명령했습니다(눅 3:17). 그 소리에 많은 사람이 구름 위로 들려 올라갔고 저 혼자 남겨진 모습을 보았습니다(살전 4:16-17). 저도 몸을 숨기려고 했지만 할 수 없었습니다.20 왜냐하면 구름 위에 앉아 계신 분이 여전히 나를 주시하고 있었으며, 저의 죄가 계속 떠올랐고, 내 양심이 여러 측면에서 나를 고소했기 때문입니다(롬 2:14-15). 이 광경에서 나는 잠에서 깨어났습니다."

크리스천_ 그 광경을 보면서 당신은 왜 그토록 두려웠습니까?

그 사람_ 왜 그랬느냐고요? 심판 날에 대한 준비가 되지 않았기 때문입니다. 나를 가장 두렵게 한 것은 천사들이 믿음이 훌륭한 몇몇 사람을 구름 위로 끌어올릴 때 저는 뒤에 내버려졌던 것이었습니다. 또한 바로 제가 서 있는 곳에서 지옥의 문이 열렸습니다. 내 양심도 나를 괴롭혔고,[21] 재판장이 진노한 표정으로 나를 바라보고 있다는 생각으로 무서웠습니다.

그러자 해석자는 크리스천에게 "이런 모든 것을 신중하게 생각해 보셨습니까?"라고 물었다.

크리스천_ 예, 그러한 생각은 저에게 소망과 두려움을 주었습니다.[22]

해석자_ 이 모든 것을 마음에 새겨 두고, 당신이 앞으로 반드시 가야 하는 길에서 자극과 격려가 되도록 하시오.

크리스천은 허리를 동이고 길 떠날 준비를 했다.[23] 해석자는 크리스천에게 "선한 크리스천 씨, 우리의 위로자가 되시는 주님께서 항상 당신과 함께 하시고, 당신을 천성으로 인도하실 것입니다"라고 말했다.

크리스천은 길을 떠나면서 다음과 같이 말했다.

"이곳에서 나는 희귀하고 유익한 것들을 보았도다.
즐거운 광경이나 무서운 광경 모두
내가 겪어야 할 일들에서 나를 안전하게 만드는도다.
나에게 그것들을 생각하게 하고, 왜 그것들을 보여 주었는지를 이해해,
오, 선하신 해석자에게 감사드리세."[24]

Q & A

1. 앞에서 예수 그리스도의 참된 성도를 보존하는 교리가 있었습니다. 그런데 지금은 타락에 대한 가르침입니다. 이렇게 서로 모순되어 보이는 교리가 어떻게 공존할 수 있습니까? 참된 성도가 타락할 수 있다는 말입니까?
(히 6:4-6)

답 : 타락의 교리는 참된 성도가 타락하는 것을 말하는 것이 아니라 거짓 성도(위선자)가 타락하는 것을 말한다. 그는 타락 이전에 은혜를 가진 모습을 하고, 성령의 은사를 맛보며, 선한 말씀과 내세의 능력을 맛보기도 하였다.
그러나 그 심령에 진정한 은혜가 없어서 결국 타락한 것이다. 물론 타락 이전에 맛보았던 성령의 은사는 성령의 일반 사역으로서 구원의 은혜는 아니다. 그럼에도 타락의 가르침은 참된 성도에게도 경고의 기능을 한다.

2. 그 남자는 왜 이름이 없습니까?(계 20:15)

답 : 그 남자는 구원을 받은 적이 없기 때문에 생명록에 이름이 없다. 그가 신앙생활을 하고 교회에서 봉사하였다 할지라도 그에게는 진정한 구원의 은혜가 있었던 적이 없다.
다만 외적으로 은혜의 모습만을 가지고 있었다. 물론 외적으로 은혜로운 모습을 하고 있을 때, 그가 타락할 것이라는 생각을 할 수 없다. 따라서 타락한 자로 판단되는 것은 분명한 타락의 증거가 나타났을 때이다.

3. 신앙고백만으로 은혜를 분별하는 것은 어떤 일입니까?(딤 1:16)

답 : 신앙고백만을 가지고 그 사람이 은혜의 상태에 있다고 판단하는 것은 바른 것이 아니다. 반드시 행위의 열매와 효과가 나타나야 한다. 비록 그 효과가 미약하다 할지라도 반드시 살펴야 한다. 더욱이 그 남자는 자신이나 다른 사람이 보기에 상당히 철저하고 화려하게 신앙고백을 하였는데, 이것은 올바른 것이 아니었다.

4. 타락하는 자에게도 빛이 비춥니까?(히 6:4-6)

답 : 타락한 자에게도 빛이 비춘다. 더욱이 성령의 은사를 맛보기도 한다. 그러나 타락한 후에 드러나는 것은 그가 받았던 은혜가 단지 성령의 일반 사역에 해당된다는 것이다. 그래서 그의 심령은 변화되지 못했던 것을 나중에 깨닫는 것이다.

5. 타락은 어디서부터 시작됩니까?(고전 10:12; 마 23:27)

답 : 그는 화려한 신앙고백을 하였고, 자신의 구원에 대해서 확신을 가지고 있었다. 그래서 자신 스스로 선 것으로 생각하였다. 그리고 그는 자만심에 빠져 있었다. 그래서 그는 깨어 있지 않았으며, 근신하지도 않았다. 타락은 자만심으로 시작된다.

6. 타락의 늪으로 더욱 빠져드는 다음 단계는 무엇입니까?(히 3:12-13)

답 : 정욕의 유혹으로 더욱 타락의 늪으로 빠져든다. 정욕적인 삶의 유혹을 뿌리치지 못하고 스스로 그 속에 들어가서 결국 정욕의 고삐에 매이게 된다. 그리고 심령은 죄를 향해 달려가기 위해 진리에 대해서 강퍅한 심령을 갖는다.

7. 타락으로 빠져드는 것이 더 깊어지는 단계는 무엇입니까?(히 6:5-6)

답 : 하나님의 말씀의 빛과 하나님의 선하심에 대항하는 단계로 들어간다. 정욕적인 삶에 가장 큰 걸림돌이 하나님의 말씀과 살아 계신 하나님이기 때문에 악심을 품고 대항한다. 그리고 하나님의 아들을 다시 십자가에 못 박아 현저히 욕을 보인다.

8. 회개할 수 없는 이유는 무엇입니까?(호 14:2)

답 : 회개는 하나님의 말씀을 통해서 죄악을 깨닫고, 그 말씀을 가지고 여호와께 돌아오는 것이다. 하나님의 말씀을 통해서 자신의 죄를 구체적으로 깨닫고, 죄의 용서를 위해 돌아올 뿐만 아니라 죄악을 버리고 돌아오는 것이다. 따라서 하나님 말씀 자체를 내버리고 거부하는 강퍅한 상태이기 때문에 회개를 할 수 없는 것이다.

9. 더욱 악해지는 단계는 무엇입니까?(히 10:28-29)

답 : 진리를 아는 지식이 분명히 있음에도 의도적으로 죄를 짓는다. 그래서 심지어 예수님의 구속의 은혜를 밟고, 그리스도의 언약의 피를 부정한 것으로 여기며, 은혜의 성령을 욕되게 한다.

10. 타락의 책임은 누구에게 있는 것입니까?(행 13:46)

답 : 하나님의 모든 약속을 내버리고, 그것을 부정하여서 결국 타락에 이르게 된 것이다. 따라서 타락의 책임은 본인 자신에게 있다.

11. 타락의 원인을 결정적으로 제공하는 것은 무엇입니까?(히 12:16-17)

답 : 하늘의 유업을 소중하게 여기지 않으며 그것을 소홀히 다루고, 결국 가치 없는 것으로 간주하여 내버리는 것이다. 이는 한 그릇의 음식을 위해 하나님께서 주신 장자의 명분을 팔아 버린 에서와 같다. 타락이란 하나님의 은혜의 수단 아래에 있었지만 그것을 가볍게 여기고 내버리는 것이다.

12. 그 남자가 회개할 수 없는 이유는 무엇입니까?(렘 31:18)

답 : 하나님께서 회개의 은혜를 베풀어야 회개가 가능하다. 주께서 회개의 은혜를 제공해주지 않으면 아무리 인간이 수고하여도 회개할 수 없는 것이다. 주께서 돌이킬 수 있도록 은혜를 주셔야 비로소 돌이킬 수 있다.

13. 타락에 대한 가르침은 선택된 백성에게 무슨 의미입니까?(유 1:20)

답 : 타락의 가르침은 선택된 백성에게 경고의 기능을 한다. 그래서 더욱 믿음의 길에 있도록 경계하고, 타락의 과정의 고리를 끊어내는 것이다. 더욱 중요한 것은 스스로 본인의 신앙을 높이지 않고 더욱 겸손히 주의 은혜를 의지하게 한다는 것이다.

14. 타락의 가르침에 대한 크리스천의 반응은 어떤 것입니까?(빌 2:12)

답 : 자신의 능력 없음을 인정하면서, 은혜를 위해 기도하였다. 기도의 내용은 영적으로 깨어 있으며, 근신하며, 타락의 원인들을 피할 수 있도록 도와달라는 것이었다. 타락은 자만심으로부터 시작되기 때문에 우리는 더욱 겸손히 주의 은혜를 의지해야 한다.

15. 그 남자가 두려워 떨었던 이유는 무엇입니까?(마 24:37–43)

답 : 마지막 심판의 모습을 경험하고 두려워 떨었다. 그가 두려워하였던 더 큰 이유는 심판을 피할 수 있는 어떤 준비도 되지 않았기 때문이다.

16. 모든 사람이 마지막 날에 부활해서 어디로 나아갑니까?(롬 14:10)

답 : 모든 사람이 부활하여 심판대 앞으로 나아간다. 심판대 앞에서 자신들의 모든 행위가 드러날 것이다.

17. 숨을 곳을 찾은 사람들은 어떤 사람들입니까?(살후 1:8)

답 : 하나님을 모르는 자들과 예수 그리스도의 복음에 복종치 않은 자들이다. 그들에게 심판은 형벌이 동반되는 것이기 때문에 그것을 피하고자 숨을 곳을 찾았다.

18. 무슨 책들로 심판이 행해집니까?(계 20:12)

답 : 하나님의 의로우심과 공의로운 심판을 위해서 하나님의 법의 책이 펼쳐질 것이며, 하나님의 구속의 은혜를 입은 선택된 백성들의 이름이 있는 책이 열려질 것이다. 그리고 각 사람들의 행위가 기록된 책에 따라서 하나님의 공의로운 심판이 진행될 것이다.

19. 심판 다음에 어떤 일이 벌어집니까?(눅 3:17)

답 : 알곡과 가라지의 분리가 있을 것이다. 하나님의 백성이 모아질 것이며, 하나님의 영원한 심판에 해당되는 자들이 따로 모아져서 양과 염소를 따로 모으는 분리가 일어날 것이다.

20. 몸을 숨기려 했던 이유는 무엇입니까?(계 17:1)

답 : 자신의 죄악이 다 드러났으며, 하나님의 영원하신 심판에 처하게 된다는 것을 알았기 때문이다. 그래서 몸을 숨기고자 하였지만 할 수 없었다. 이때 자신의 죄가 마음속에서 고소하였기 때문에 두려워 떨고 있었다.

21. 양심이 괴로운 것은 왜 그렇습니까?(히 4:13)

답 : 모든 것이 하나님의 심판대 앞에서 벌거벗은 듯이 드러난다. 자신의 죄악들이 그대로 드러나서 아무리 숨기려고 애써도 소용없게 된다. 이때 죄악이 그를 고소하여 그의 양심은 더욱 무겁고 두려운 상태에 이르렀다.

22. 마지막 심판의 가르침이 성도에게 중요한 이유는 무엇입니까?(행 24:15-16; 히 4:1)

답 : 마지막 심판의 교리는 소망과 두려움을 준다. 하나님의 참된 백성 가운데 함께 있을 것을 생각할 때 소망을 갖게 된다. 그리고 '내가 마지막까지 이르지 못하면 어떻게 하나' 하고 두려워하게 된다. 이러한 두려움은 자신의 부족을 더욱 인정하게 하고, 은혜를 구하도록 만든다. 더욱이 마지막 심판 교리는 성도들로 하여금 현재 이 땅에서 경건하게 살도록 도전을 준다. 하나님 앞에 정직한 삶을 추구하게 하며, 사람들을 향하여 의로운 삶을 살게 한다. 왜냐하면 마지막 심판대 앞에서 모든 것이 드러나기 때문이다.

23. 하나님 말씀의 가르침의 효과는 무엇입니까?(벧전 1:13)

답 : 하나님 말씀의 가르침은 성도를 더욱 근신하게 한다. 근신한다는 것은 자신의 힘과 능력을 의지하지 않고 오직 하나님의 은혜만을 의지하는 것이다. 그리고 영적으로 부지런하게 한다. 그것은 마귀의 궤계인 게으름을 물리치는 방편이 된다.

24. 일곱 개의 가르침을 받고 감사한다는 것은 어떤 증거입니까?(갈 6:6-7)

답 : 크리스천은 이 모든 것을 가르쳐 주신 해석자에게 감사하였다. 성령께서는 우리를 가르치시고, 주의 말씀을 깨닫게 하신다. 따라서 마땅히 성령님께 감사드려야 한다. 더 나아가서 우리에게 실제적으로 하나님의 말씀을 가르쳐 주는 교사들에게 감사해야 한다. 이러한 감사는 그 가르침을 소중히 여기는 증거이기 때문이다.

13_ 십자가 체험

크리스천은 구원을 얻고자 하는 갈망으로 십자가가 있는 언덕 위로 달려 올라갔다. 그곳에서 십자가를 바라보는 순간, 그의 등에 있었던 죄 짐이 떨어져 나갔다. 죄 용서함과 구원을 체험한 것이다. 그리고 크리스천은 그리스도의 죽음과 부활로 은덕을 덧입었다.

나는 꿈속에서 크리스천이 왕의 대로로 올라가는 것을 보았다.1 왕의 대로는 양쪽으로 담이 둘려 있었는데 그 담의 이름은 구원이었다(사 26:1).2 무거운 짐을 지고 있었지만 크리스천은 그 길로 달려 올라갔다.3 등 뒤의 무거운 짐 때문에 매우 힘들었지만 크리스천은 언덕이 있는 곳까지 달려갔다. 그곳에는 십자가가 서 있었으며, 그 아래쪽에는 무덤이 입을 벌리고 있었다.

나는 꿈속에서 크리스천이 십자가 있는 곳에 올라가는 순간 그의 어깨의 짐이 떨어져 나가는 것을 보았다. 그리고 그 짐은 무덤의 입구까지 굴러 그 속으로 들어갔다.4 그리고 이제 나는 무거운 짐을 볼 수 없었다.

그때 크리스천은 마음으로 기뻐하고 즐거워하면서 말했다. "주께서 슬픔을 당하심으로 나에게 안식을 주셨습니다. 주님의 죽음으로 나에게 생명을 주셨습니다." 크리스천은 잠시 동안 서서 십자가를 바라보며 놀라워했다. 왜냐하면 십자가를 바라보자 그의 짐이 등에서 떨어져 나갔고,⁵ 그 일은 크리스천에게 매우 놀라웠기 때문이다. 따라서 크리스천은 십자가를 보고 또 보았다. 그의 머리에 있는 샘이 터져 그의 뺨으로 눈물을 계속 흘려보냈다(슥 12:10).⁶ 크리스천이 눈물을 흘리면서 십자가를 바라보고 있을 때 세 명의 빛나는 이가 그에게 와서 인사했다.

"그대에게 평안이 있을지어다." 그중의 첫 번째 빛나는 이가 "당신의 죄는 용서받았습니다"라고 말했고(막 2:5),⁷ 두 번째 빛나는 이는 크리스천의 누더기 옷을 새 옷으로 바꾸어 입혀 주었다(슥 3:4).⁸ 세 번째 빛나는 이는 그의 이마에 표식을 했고(엡 1:13),⁹ 봉인된 두루마리 하나를 주면서,¹⁰ 여행 중에 읽고 천성 문에 이르면 제시해야 한다고 말했다. 그리고 그들은 그들의 길로 떠났다. 크리스천은 기뻐서 세 번 껑충껑충 뛰면서 노래를 불렀다.

이제까지 내 죄 짐을 지고 있었네.
이곳에 오기 전까지는 잠시라도 슬픔의 짐을 벗을 수 없었는데
이 얼마나 멋진 곳인가!
이곳에서부터 내 행복이 시작되려는가?¹¹
이곳에서부터 내 등의 짐이 벗어지는가?
이곳에서부터 나를 묶었던 줄이 끊어지는가?
십자가를 축복하라!
무덤을 축복하라!
차라리 나를 위해 수치를 당하신 그분을 축복하라!¹²

Q & A

1. 왕의 대로는 누가 가는 길입니까?(사 35:8)

답 : 왕의 대로는 구속함을 입은 백성이 거룩을 추구하는 길이다. 죄 가운데 사는 자들은 이 길로 들어올 수 없으며 영적 이해력이 전혀 없는 자들도 이 길에 들어설 수 없다. 크리스천은 바로 구속의 은혜가 있는 왕의 대로로 올라가고 있었다.

2. 왕의 대로에 울타리가 쳐져 있는 이유는 무엇입니까?(사 26:1)

답 : 담이 둘려 있었는데, 그 이름이 구원이었다. 여호와께서 구원하시는 은혜를 의미한다. 그런데 담으로 되어 있어서, 세상을 바라볼 수 없게 되어 있다. 오직 구원하시는 은혜만을 바라보고 세상을 바라보지 않는 것을 의미한다.

3. 크리스천이 달려 올라가는 이유는 무엇입니까?(눅 11:8, 13)

답 : 구원의 은혜를 사모하여서 십자가가 있는 언덕으로 달려 올라가고 있다. 구원을 갈망하고 찾는 자에게 반드시 주께서 구원의 은혜를 베푸신다. 하나님 아버지께서 구원을 구하는 자에게 성령을 주시겠다고 약속하였기 때문이다.

4. 십자가 체험은 어떤 체험입니까? 왜 우리에게 중요합니까?(빌 2:14)

답 : 그리스도께서 바로 나 자신의 죄를 위해 돌아가신 것을 개인적으로 체험하는 것이다. 이는 죄를 용서하실 뿐만 아니라 하나님의 자녀로 받아주시는 것이다. 따라서 십자가 체험을 통해서 구속 백성된 것을 확신하고 이제 하나님의 선한 일에 열심을 다하는 자가 된다.

5. 십자가를 바라보자 그의 짐이 등에서 떨어져 나간 것은 무엇을 의미합니까?
(요 3:14-15; 고전 1:22-24)

답 : 십자가를 바라보는 것은 하나님께서 우리의 구원을 위하여 십자가를 은혜의 수단으로 마련하신 것을 받아들이고, 그것을 바라보는 것이다. 성령의 유효한 역사가 없다면 십자가는 거리끼는 것이며, 미련하게 보인다. 그러나 성령의 유효한 역사로 영적으로 철저히 낮아진 영혼은 십자가가 죄인을 구속하시는 하나님의 지혜와 방법임을 깨닫고 그것을 바라보게 되어 있다. 따라서 십자가를 바라보는 것은 믿음이며, 믿음으로 그리스도에게 연합되어서 용서를 받는 것이다.

6. 크리스천의 눈물은 어떤 눈물입니까?(슥 12:10)

답 : 자신의 죄로 인하여 십자가에 못 박혀 돌아가신 그리스도의 고통에 대한 진정한 슬픔의 눈물이면서 십자가에 대한 감사의 눈물이기도 하다.

7. 첫 번째 이가 준 것은 무엇입니까?(막 2:5)

답 : 죄 용서함의 선언이다. 이 선언은 유죄 선고와 죄에 대한 처벌로부터 방면되는 것을 의미한다. 이제 그리스도인의 자유를 얻는 것이다.

8. 두 번째 이가 준 것은 무엇입니까?(마 22:11; 슥 3:4)

답 : 의롭다 여김을 받는 것이다. 그리스도의 의가 전가되어서, 의인으로 받아들

여지는 것이다. 더러운 옷은 죄인의 더러움을 의미하며 그것을 벗겨내는 것
은 죄과를 제거하였다는 것을 의미한다. 그리고 새 옷을 입힌다는 것은 그리
스도의 의를 그에게 입힌다는 것이다. 물론 이것은 아름다운 옷으로써 은혜
와 영적 탁월함을 나타내는 것이다.

9. 그의 이마에 표식한 것은 무엇을 의미합니까?(엡 1:13)

답 : 성령의 인치심이다. 성령께서 영혼에 강한 영향(Overpower)을 주어서 하늘의
유업의 권리가 있음을 확신시켜주시는 것이다. 성령께서 하늘 유업을 얻을
것에 대해서 증거하심으로 그 영혼은 그것에 대해 확신을 갖는 것이다.

10. 봉인된 두루마리의 역할은 무엇입니까?(벧후 1:8-9)

답 : 그리스도인의 삶을 게으르지 않게 하며, 열심히 경건의 삶을 살도록 도전하
여서 결국 열매를 맺게 한다. 내면에 있는 은혜가 더욱 풍성해지고 성장하여
서 외적으로 그 은혜의 효과가 분명히 보이도록 하는 것이다. 이러한 은혜의
실행이 없다면 영적으로 소경이며, 구원의 지식이 없는 상태로 간주된다.

11. 십자가에서부터 행복이 시작된다는 말은 무엇을 의미합니까?(수 5:9)

답 : 십자가로 인해 모든 수치가 벗어졌으며, 모든 결점과 흠이 덮어졌다. 더욱이
심판의 두려움에서 벗어났으며, 하늘의 유업에 대해서 확신을 얻게 되었다.
따라서 십자가에서부터 행복이 시작되는 것이다.

12. 십자가에 대한 체험의 찬양은 어떤 것입니까?(출 15:1-2)

답 : 구속의 은혜를 경험한 것에 대한 마땅한 응답은 그리스도를 찬양하는 것이다.
그리스도께서 구속의 사역을 위하여 받으신 고통에 대해서 감사하고 찬양한
다. 그리스도의 구속의 사역이 우리가 죄 용서함을 받는 근거이기 때문이다.

14_ 구원의 은혜에 미치지 못하는 자들

구원의 은혜의 수단(말씀과 성령) 가운데 있지만 구원에 이르지 못하는 자들이 있다. 그들은 여러 가지 형태로 나뉘며, 특징들이 있다.

1) 미련쟁이, 게으름뱅이, 거드름쟁이

나는 꿈속에서 크리스천이 한 언덕에 이르는 것을 보았다. 크리스천은 길에서 약간 벗어난 곳에서 발목에 쇠고랑을 찬 채 잠을 자는 세 사람을 바라보고 있었다.[1] 그들의 이름은 미련쟁이, 게으름뱅이, 거드름쟁이였다.

크리스천은 누워서 잠을 자는 그들에게 다가갔다. 그리고 혹시 그들을 깨울 수 있을까 해서 소리쳤다.[2] "당신들은 돛대 위에서 잠을 자고 있는 것과 같소. 바닥이 없는 깊은 죽음의 바다가 당신들 아래에 있어요(잠 23:24). 일어나서 이리로 오시오. 원한다면 내가 당신들의 족쇄 푸는 것을 도와주겠소." 크리스천은 그들에게 또다시 말했다. "마귀가 우는 사자와 같이 오게 되면 당신들은 분명히 마귀의 희생 제물이 될 것이오"(벧전 5:8).

그들은 크리스천을 바라보면서 각자

대답하기 시작했다. 미련쟁이는 "나에게는 위험이 보이지 않아요"라고 말했고, 게으름뱅이는 "그래도 나는 좀 더 자야 되겠소"라고 대답했다. 거드름쟁이는 "모든 것은 제각기 자기 자리가 있는 것이오. 내가 당신에게 무슨 다른 대답을 해야 하겠소?"라고 말했다.³ 그리고 그들은 다시 누워 잠을 자기 시작했고, 할 수 없이 크리스천은 가던 길을 계속해서 갔다.

2) 형식주의자와 위선자

위험에 처한 상황 속에서 그들을 깨우고 충고하면서 기꺼이 도와주겠다고 하는 자신의 친절과, 그들의 족쇄를 풀어 주겠다는 제안을 그 세 사람이 무시한 것을 생각하니 마음이 평온치가 않았다. 크리스천이 불편해 하고 있을 무렵, 그는 좁은 길의 왼쪽 담을 뛰어넘어 들어오는 두 사람을 보았다. 그들은 빠른 걸음으로 크리스천에게 접근했다. 그들의 이름은 형식주의자(Formalist)와 위선자(Hypocrisy)였다. 그들은 크리스천에게 다가가서 대화를 나누자고 했다.

크리스천_ 신사 양반들, 어디서 오는 길이며, 어디로 갑니까?

형식주의자와 위선자_ 우리는 헛된 영광(Vain-glory)의 땅에서 태어났소. 그리고 영광을 얻기 위해 시온 산으로 가는 길이오.⁴

크리스천_ 왜 이 길의 입구에 있는 좁은 문으로 들어오지 않았소? 문으로 들어오지 않고 다른 길로 넘어 들어오는 자는 도둑이요, 강도라고 기록된 것을 모르시오?(요 10:1)⁵

형식주의자와 위선자_ 우리 고장 사람들은 이 길로 들어오려고 좁은 문으로 가는 것은 너무 멀다고 여긴다오. 그래서 그들은 지름길을 만들었고 담을 넘어 들어오고 있소. 우리도 그들처럼 담을 넘어 들어온 것이오.⁶

크리스천_ 그러나 주의 도성에 불법 침입한 것으로 간주되지 않겠소? 따라서 계시된 주의 뜻을 어긴 것이 되지 않을까요?⁷

형식주의자와 위선자_ 그것에 대해서는 당신이 골치를 썩일 필요가 없습니다. 왜냐하면 우리 고장 사람들은 관습으로 그렇게 해 왔으며, 필요하다면 그것이 천 년 이상 행해져 왔다는 증거를 제시할 수도 있습니다.[8]

크리스천_ 그러나 당신들의 행동이 법정에서도 관습으로 인정될 수 있을까요?

형식주의자와 위선자_ 천 년을 넘게 지켜온 관습이니 공평하신 재판장께서 합법적인 것으로 인정하시리라고 생각합니다. 뿐만 아니라 일단 우리가 이 길로 들어선 이상 무엇이 문제가 됩니까? 어디까지나 우리는 이 길에 들어선 것입니다. 우리가 알기에 당신은 문을 통과해 이 길에 있으며, 우리도 담을 넘어서 이 길에 있는 것입니다. 당신의 상황이 우리보다 나은 점이 있습니까?[9]

크리스천_ 나는 하나님의 법을 따라 행하고 있지만, 당신들은 자신들의 망상으로 무례히 행하고 있습니다. 당신들은 이 길의 주인에게 이미 도둑들로 간주되었습니다. 따라서 나는 당신들이 이 길의 목적지에서 진실한 사람들로 인정받는 것에 대해 의심합니다. 당신들은 하나님의 지시 없이 스스로 이 길로 들어왔습니다. 그리고 하나님의 자비 없이 스스로 이 길에서 떠날 것입니다.

이 말에 대해서 그들은 아무런 대답을 하지 않았다. 다만 크리스천에게 자신의 일에나 신경 쓰라고 말했다.

그때 내가 꿈속에서 보니 그들은 서로 대화 없이 각자 자신의 길을 가고 있었다. 조금 후에 두 사람은 크리스천에게 율법과 의식에 대해서 말했다. 두 사람은 크리스천이 행하는 만큼 율법과 의식들을 성실히 지킨다고 생각했다. 따라서 두 사람은 "우리가 보기에 당신과 우리 사이에 차이점이 없습니다. 다만 당신이 입고 있는 겉옷만이 다른데, 그 옷은 당신의 이웃이 벌거벗은 당신의 수치를 가려 주기 위해 준 것 같습니다"라고 말했다.[10]

크리스천_ 좁은 문으로 들어오지 않은 당신들은 율법과 의식들로 구원받을 수 없습니다(갈 3:10).11 내가 걸치고 있는 이 겉옷은 내가 가고 있는 곳의 주인 되시는 분이 당신들이 말한 대로 내 벗은 몸을 가려 주시려고 저에게 주신 것입니다. 전에 누더기 옷밖에 입어 본 적이 없는 나에게 이 겉옷은 나를 향한 하나님의 인애의 증거입니다. 뿐만 아니라 내가 천성 문에 도달했을 때, 주께서 내 누더기 옷을 벗기시고 주신 겉옷을 입고 있는 나를 알아보실 생각을 하면 커다란 위로를 받습니다.12 그리고 당신들은 못 알아보았겠지만, 내 이마에는 표식이 있는데 이 표식은 내 짐이 어깨에서 떨어지던 날, 주님과 가장 친밀한 교제를 나누는 분들 중 한 분께서 붙여 주신 것입니다. 한 가지 더 말씀드릴 수 있는 것은 나에게는 봉인된 두루마리가 하나 있다는 것입니다. 나는 여행 중에 그것을 읽고 위로 받았고, 천성의 문에 도착했을 때 그것을 증거물로 제시하면 틀림없이 문 안으로 들여보내 줄 것이라는 말을 들었습니다.13 그러나 당신들은 좁은 문을 통과해서 들어오지 않았기 때문에 이 모든 것이 없습니다.14

이 말을 듣고 두 사람은 아무 대답도 하지 않았다. 오직 서로 쳐다보며 웃을 뿐이었다.15 그때 나는 그들 모두가 올라가는 것을 보았는데, 크리스천은 앞서서 걸었으며 그들과 더는 대화를 나누지 않았고, 때때로 한숨을 쉬기도 했고 스스로를 위로하기도 했다. 또한 크리스천은 빛나는 이에게서 받은 두루마리를 자주 꺼내 읽으면서 기운을 얻었다.

Q & A

1. 세 사람은 무엇에 매여 있습니까?(잠 5:22)

답 : 죄악의 줄에 묶여 있는 상태이다. 이들은 교회 속에 있지만 자신들의 죄악을 보지 못하고 있으며, 자신들은 영적으로 안전하다고 생각하는 자들이다. 따라서 이들에게 필요한 것은 자신들의 영적 상태가 얼마나 위험한 것인가를 깨닫는 것이다. 이들에게는 율법, 죄, 하나님의 심판, 지옥에 대한 설교들이 필요하다.

2. 크리스천이 잠자는 자들을 깨우고자 했다는 것은 그의 심령이 어떤 상태라는 것을 증거합니까?(행 9:20)

답 : 크리스천이 회심을 경험한 후 곧바로 영적으로 잠자는 자를 깨우려고 애썼다. 이것은 회심을 경험한 후 영적으로 무지하거나 잠자는 자들의 영적 비참함에 대해서 깨닫고 있기 때문에 그들을 깨우려고 수고하였던 것이다. 따라서 영적으로 죽어 있는 영혼을 깨우려고 수고하는 것은 그가 진정으로 회심하였다는 증거이기도 하다.

3. 종교적으로 무관심한 세 종류의 사람들이 게으른 원인은 무엇입니까?
(엡 2:1-2)

답 : 죄와 허물로 죽어 있는 상태이기 때문이다. 그리고 마귀의 권세 아래에 있어서 영적으로 어두운 상태에 있기 때문이다. 그래서 그들은 마귀의 희생 제물이 되며, 자신들의 위험을 전혀 보지 못하고 있다. 그리고 구원에 대한 관심이 전혀 없는 상태이다.

4. 이들이 순례 길에 들어선 목적은 무엇입니까?(갈 5:26)

답 : 형식주의자와 위선자는 헛된 영광을 얻기 위해 순례의 길로 들어섰다. 헛된 영광이란 세상적인 이득을 얻는 것이며, 한편으로 자신들을 사람들 앞에서 드러내고 자랑하기 위한 것이다. 즉 세상적인 이득과 인간의 영광을 위해서 순례의 길로 들어섰다.

5. 좁은 문을 통과하지 않고 이곳에 들어왔다는 것은 무엇을 의미합니까? (요 10:1; 눅 13:3)

답 : 이들은 회개하지 않고 순례의 길로 들어섰다. 이들은 죄에 대한 깨달음도 없으며, 죄의 용서와 그리스도의 필요성에 대해서도 모른다. 따라서 이들이 순례의 길에 들어선 그 목적 자체가 불법이 되는 것이다. 그 목적은 인간적이며, 정치적인 헛된 영광을 추구하는 것이다.

6. 지름길로 들어왔다는 것은 편법(위법)을 의미합니다. 이것의 위험성은 무엇입니까?(사 30:21)

답 : 순례의 길 혹은 신앙의 길은 법이 있다. 하나님의 말씀의 범위 내에서 행하여야 한다. 이것을 바른 길이라고 부른다. 지름길로 들어왔다는 것은 하나님의 법에서 떠나 인간적이며, 세상적이라는 것이다. 그것은 하나님에게 은혜를 구하는 것이 아니라 세상적인 지혜를 가지고 자신의 뜻을 이루려는 것이다. 물론 그들은 이렇게 행하면서 하나님의 영광을 위한 것이라고 말하지만 결국 불법을 행하는 자들로 마지막에 주님 앞에서 쫓겨날 것이다(마 7:22-23)

7. 지름길을 택한 그들의 죄는 무엇입니까?(마 10:38)

답 : 이들은 하나님의 말씀에 굴복되어 있지 않은 상태이며, 자신들의 뜻으로 행

하는 자들이다. 따라서 인간적으로 편리한 지름길을 택하였는데, 이것은 회개도 없고 십자가도 지지 않는 것이다. 외적으로는 그리스도를 따르며, 순례의 길에 있다고 하지만 그리스도를 따르는 자들이 아니다.

8. 담을 넘어오는 것이 오래된 관습이라고 주장하는데, 그들은 어디에 속한 사람들입니까?(마 15:9)

답 : 이 부분에서 존 번연은 로마 가톨릭 교회를 의미하고 있다. 그들은 교회의 전통을 성경과 똑같이 여긴다. 그리고 교회가 성경 위에 있다. 따라서 교회가 그렇게 관습으로 지켜왔다면 그것은 아무 문제가 없다고 생각하는 것이다. 그러나 그것은 성경적이지 않으며, 결국 그들의 구원에 대한 가르침은 성경에서 떠난 것이다.

9. 이것은 오늘날 교회에서 유행하는 실용주의 사상입니다. 하나님의 말씀과 계명에 대해서 주의하지 않으며, 실용적 효과만 있다면 그것을 합법화시키고 있습니다. 더욱이 목적을 위해서는 어떤 방법(불법을 포함)**도 정당하다는 주장입니다. 그러나 교회의 목회와 신앙의 길에서 목적을 이루기 위해 불법을 저지르는 것은 어떤 일에 해당됩니까?**(마 7:21-23)

답 : 하나님과 교회를 위해서 사역하려면 반드시 하나님의 말씀에서 규정하고 있는 방법으로 해야 한다. 하나님의 교회를 위한다고 하면서 불법을 자행하는 것은 인간의 영광에 목적이 있기 때문이다. 이들의 심령 속에는 탐욕이 가득 차 있다(마 23:25). 이러한 방식으로 아무리 많은 사역을 이루어 내더라도, 혹은 외적 성장이 있다고 할지라도 그것은 하나님께서 보시기에 불법에 해당된다.

10. 자신들의 신앙이 잘못되지 않았다고 주장하고 있습니다. 이들의 마음은 무엇으로 가득 차 있습니까?(마 23:27-28)

답 : 이들은 자신들이 율법과 의식을 철저히 지킨다고 말하였다. 자신들의 종교적 행위를 근거해서 의롭다고 생각하고 있다. 즉, 자신 스스로의 의로움에 빠져 있는 자들이다. 자신들의 의로움을 주장하기 때문에, 크리스천이 입고 있는 의의 옷을 알아보지 못하고 있다. 한편으로 이들은 신앙이 있다는 것을 보여주기 위해서 외식하고 있는 것이다. 전형적인 위선자이다. 이러한 위선자들의 마음에는 탐욕과 방탕과 불법이 가득하다.

11. 종교적인 형식을 갖추고 있으면 구원을 받는다고 생각하는 것은 무엇에 해당합니까?(갈 3:10)

답 : 율법을 지켜서 구원받으려고 하면 스스로 위선에 빠질 수밖에 없다. 진정으로 율법을 지켜서 구원받으려고 애쓰는 자는 그것이 불가능하다는 것을 깨달을 수밖에 없다. 왜냐하면 율법을 온전히 지킬 수 없다는 것을 알게 되기 때문이다. 그럼에도 불구하고, 율법을 지켜서 구원 얻는다고 생각하는 것은 지킬 수도 없는 율법을 지키고 있다는 것이며, 이것은 자신 스스로 거짓에 빠져 있는 것이다. 따라서 외식할 수밖에 없다.

12. 크리스천이 자신의 옷에 대해 설명했습니다. 무엇을 깨닫고 있으며, 무엇을 인정하는 것입니까?(히 2:3)

답 : 크리스천은 자신의 불의를 가리기 위해서 주께서 주신 의의 옷이라고 설명하였다. 즉, 자신의 행위로 구원받을 수 없으며, 오히려 하나님의 심판에 직면할 수밖에 없는 것을 말하였다. 따라서 의롭다 함은 오직 하나님의 은혜로 받을 수밖에 없다는 것이다. 그리고 자신이 이렇게 의롭다 여김을 받았다는 사실은 순례의 길에서 힘을 주며, 결국 마지막 날에 주님께서 받아 주실 것을 확신하게 한다고 하였다. 따라서 크리스천은 구원의 은혜를 소중하게 여

기고 있는 것이다.

13. 두루마리가 천성 문에서 어떻게 증거의 역할을 합니까?(렘 31:33)

답 : 은혜 언약을 의미한다. 아버지에 의해 제공된 그리스도를 받아들임으로써 하나님께서 우리의 하나님이 되시고, 그리스도 안에서 우리에게 영원한 생명을 주시는 것이다.

14. 결국 형식주의자와 위선자에게는 무엇의 증거가 없습니까? 이들은 결국 어떻게 됩니까?(벧후 1:8-9)

답 : 그들에게는 회개와 믿음의 증거가 없다. 결국 이들은 은혜 없는 것이 드러나게 될 것이다. 즉, 순례의 길에서 어려움을 만나게 되면 결국 순례의 길에서 떠날 것이다. 순례의 길을 끝까지 가지 못하는 것은 은혜가 없기 때문이다.

15. 크리스천의 말을 비웃은 이유는 무엇입니까?(사 5:24)

답 : 그들은 하나님의 말씀을 무시하고 비웃었다. 그들 스스로의 거짓 확신에 사로잡혀 있기 때문에 정작 하나님의 말씀을 듣지 않았다. 그러므로 하나님께서 그들의 교만을 심판하실 것이다.

15_ 고난의 언덕

성도는 반드시 고난의 언덕을 통과해야 한다. 고난을 통하여 죄의 습관들이 개혁되고 더욱 은혜를 의지하게 된다.

내가 보니 그들 모두는 고난의 언덕 기슭으로 가고 있었다. 기슭에는 샘이 있었다. 또한 기슭에는 좁은 문에서부터 곧게 뻗은 길이 있었고, 그 밖에 다른 두 길이 있었다. 하나는 언덕의 기슭에서 왼쪽으로 굽어져 있었고, 다른 하나는 오른쪽으로 굽어져 있었다. 그러나 좁은 길은 언덕으로 곧바르게 올라가도록 놓여 있었다.[1] 그 언덕의 이름은 고난(Difficulty)이었다. 크리스천은 샘으로 가서 물을 마시고 새로운 기운을 얻었다(사 49:10).[2] 그리고 언덕으로 올라가기 시작하면서 다음과 같이 말했다.

언덕이 비록 높을지라도 나는 올라가기를 갈망하네.
고난이 나를 넘어뜨리지 못하네.
생명의 길이 이곳에 놓인 것을 알고 있기 때문일세.[3]
자, 용기를 내어 나약해지거나 두려워 말고,
쉽더라도 멸망으로 끝나는 잘못된 길보다는
비록 힘들지라도 더욱 좋은 바른 길로 가세.[4]

다른 두 사람(형식주의자와 위선자)도 언덕 기슭에 도착했다. 그러나 두 사람은 언덕이 가파르고 높은 것을 보고는 다른 두 길로 갔다. 두 길이 크리스천이 가는 길과 언덕의 다른 쪽에서 서로 만날 것이라고 생각하고는 두 사람은 양쪽 길로 가기로 결심했다.5 이 두 길 중 한 길의 이름은 위험(Danger)이었으며, 다른 한 길의 이름은 멸망(Destruction)이었다. 그래서 위험이라고 부르는 길을 택한 사람은 큰 숲 속으로 들어가 버렸고, 멸망의 길로 들어간 사람은 넓은 광야로 들어가 어두운 산이 가득한 곳에서 걸려 넘어져 다시 일어나지 못했다.6

나는 크리스천이 언덕 위로 올라가는 것을 보았다. 크리스천은 언덕의 경사 때문에 뛰어가다가 걸어갔으며, 걸어가다가 손과 무릎으로 기어오르고 있었다.7 그런데 언덕의 꼭대기로 올라가는 중간에 멋있는 정자가 있었다. 언덕의 주인이 피곤한 여행자들이 쉴 수 있도록 만들어 놓은 것이었다.8 그래서 크리스천은 정자에 앉아 쉬었다. 그리고 자신의 가슴팍에서 두루마리를 꺼내어 읽고 상당한 위로를 받았다. 또한 자신이 십자가 옆에 서 있을 때 받은 겉옷을 만지면서 새로운 힘을 얻기 시작했다.9

잠시 이렇게 쉬던 그는 마침내 깊은 잠에 빠지고 말았다. 깊은 잠은 거의 밤이 될 때까지 크리스천을 그곳에 붙잡아 두었고 크리스천은 잠 때문에 손에 쥐고 있던 두루마리를 떨어뜨리고 말았다.10 크리스천이 잠을 자고 있을 때 어떤 이가 와서 깨웠다. 그는 "게으른 자여 개미에게 가서 그가 하는 것을 보고 지혜를 얻으라"(잠 6:6)고 말했다. 이 소리를 들은 크리스천은 벌떡 일어나, 언덕의 꼭대기에 이를 때까지 빠르게 달려 올라갔다.

크리스천이 언덕의 꼭대기에 도착했을 때, 두 사람이 그를 향해

전속력으로 달려오고 있었다. 그들 중 한 사람의 이름은 겁쟁이(Timorous)였고, 다른 한 사람의 이름은 의심(Mistrust)이었다. 크리스천이 그들에게 말했다. "선생님들, 무슨 일입니까? 당신들은 반대 방향으로 달려오고 있습니다."11

겁쟁이_ 우리는 시온 성으로 가는 중이었는데, 위험한 장소에 이르렀습니다. 우리가 더 앞으로 가면 더 큰 어려움을 만날 것이기 때문에 돌아서서 오던 길로 다시 돌아가는 중입니다.

의심_ 맞아요. 바로 우리 앞에 사자 두 마리가 길에 누워 있었습니다. 사자들이 잠을 자고 있는지 깨어 있는지 알 수 없었고 생각할 수도 없었지만, 우리가 가까이 접근하면 우리를 갈기갈기 찢어 버릴 것만 같았습니다.

크리스천_ 당신들은 나를 두렵게 만드는군요.12 그러나 안전하게 지나가려면 어디로 가야 합니까? 만약 내가 내 고향으로 돌아간다면, 불과 형벌을 위해 예비된 그곳에서 나는 확실히 죽을 것입니다. 그러나 만약 내가 천성에 이를 수만 있다면 확실히 나는 그곳에서 안전할 것입니다. 나는 반드시 위험을 무릅쓰고 나아가야 합니다. 되돌아가면 오직 죽음뿐입니다. 앞으로 나아가면 죽음의 두려움이 있지만, 그 너머에 영원한 생명이 있습니다. 나는 앞으로 나아갈 것이오.

결국 의심과 겁쟁이는 언덕 아래로 뛰어 내려갔고, 크리스천은 가던 길을 계속 갔다.

Q & A

1. 순례 길에서 길을 선택해야 할 때 무엇으로 분별하면 됩니까?(사 30:21)

답 : 순례의 길에서 천성으로 인도하는 길은 곧게 뻗어 있는 길이다. 반드시 바른 길로 행해야 한다. 그 길이 험하고 어렵게 보일지라도 그 길을 택해서 가야 한다.

2. 고난의 언덕을 오르기 전 마신 샘물은 무엇을 의미합니까?(사 49:10; 행 21:13)

답 : 성도가 고난을 받기 전에 하나님께서 성도로 하여금 고난을 견디어 낼 수 있도록 먼저 베푸시는 은혜를 의미한다. 따라서 성도가 고난을 피하는 것이 하나님의 뜻이 아니라, 고난을 견디어 내는 것이 하나님의 뜻이다. 사도 바울은 고난을 피하여 예루살렘으로 들어가지 말라는 형제들의 권고를 듣지 않았다. 그는 주 예수 이름을 위하여 결박당할 뿐만 아니라 예루살렘에서 죽을 것도 각오하였다.

3. 순례 길 가운데 고난의 언덕이 있는 이유는 무엇입니까?(신 8:2)

답 : 하나님의 진정한 성도는 모두 고난의 언덕을 통과해야 한다. 하나님은 고난의 언덕을 통과하는 우리를 더욱 낮추어서 오직 은혜만을 의지하는 자로 훈련하신다. 한편으로 이것은 순종하는 자와 순종하지 않는 자를 구별해 내시는 작업이다. 결국 위선자들은 고난의 언덕을 택하지 않고, 따른 곁길을 택해서 멸망당한다.

4. 고난의 길을 택할 때 그 자세는 어떤 것입니까?(시 18:29)

답 : 고난에 대해서 담대하고, 주저함이 없다. 그 이유는 주를 의지하고 또 의지하기 때문이다.

5. 형식주의자와 위선자가 길을 택하는 기준은 무엇입니까?(창 13:10)

답 : 그들은 자신들의 눈에 보이는 것에 의해 판단하는 자들이다. 또한 자신들의 상상력을 동원해서 판단한다. 결코 하나님의 말씀에 근거해서 판단하지 않는다. 더욱이 이들은 고난의 길을 결코 택하지 않는다.

6. 형식주의자와 위선자가 결국 순례 길에서 벗어난 이유는 무엇입니까? (눅 14:34-35)

답 : 그들에게는 은혜가 없었다. 따라서 어느 정도 순례의 길에 들어서서 그 길을 행하는 것 같지만 결코 지속해서 갈 수 없다. 계속해서 순례의 길을 갈 수 있도록 지탱해 주는 은혜가 없기 때문이다. 그들은 결국 순례의 길에서 벗어나고 만다. 소금이 맛을 잃어버려 무엇으로도 다시 짜게 할 수 없는 상태이다.

7. 고난은 점점 강도가 높아지기도 합니다. 이때 성도들은 어떻게 해야 합니까?(엡 3:13)

답 : 고난은 때때로 강도가 세어지기도 한다. 그러나 이것은 하나님께서 성도들을 돌보지 않거나 버리신 증거가 아니다. 오히려 더욱 세진 고난을 통하여 우리에게 있는 부패성이 떨어져 나가게 하시고, 하나님의 말씀의 은혜를 맛보게 하신다. 따라서 결코 낙심해서는 안 된다.

8. 고난 가운데 때로는 우리에게 무엇이 있습니까?(고후 1:4-6)

답 : 고난 중간에 반드시 하나님의 위로가 있다. 하나님께서 성도들이 고난을 견디어 낼 수 있도록 고난 가운데 그들을 위로하시는 것이다. 그래서 성도들은 끝까지 고난을 견디어 내며, 그것을 통한 유익을 얻게 된다.

9. 고난 가운데 위로 받을 수 있는 수단은 무엇입니까?(롬 8:38-39)

답 : 구원의 은혜와 함께 은혜 언약을 기억하는 것이다. 하나님은 우리를 반드시 천성으로 인도하신다. 또한 그 어떤 어려움과 고난도 우리를 하나님으로부터 분리시킬 수 없다. 언약의 근거는 우리를 위해 죽으신 그리스도의 사랑이기 때문이다.

10. 고난 가운데 있다가 평안이 오면 어떻게 주의를 기울여야 합니까?(삼하 11:1-2) 그러나 주의를 기울이지 않을 경우 어떠한 일이 발생합니까?

답 : 영적으로 게으름에 빠지지 않도록 주의를 기울여야 한다. 게으름에 빠지면 쉽게 죄의 유혹을 받고 죄를 범할 수 있다. 따라서 은혜의 수단을 사용하여서, 영적으로 깨어 있어야 한다. 그러나 크리스천은 게으름에 빠졌다. 그리고 손에 쥐고 있던 두루마리를 떨어뜨리고 말았다. 이는 구원의 확신을 잃어버린 것을 의미한다.

11. 겁쟁이와 의심은 교회에서 어떤 사람들입니까?(민 13:32)

답 : 믿음의 수고를 싫어하고, 결국 그것을 감당하기 싫어서 불평하는 자들이다. 이들은 순례의 길을 나섰다가 결국 세상으로 되돌아간다. 그 이유는 그 심령에 은혜가 없기 때문이다. 그런데 문제는 겁쟁이와 의심과 같은 자들로 인하여 믿음이 연약한 자들이 유혹을 받아서 두려워하고 의심하는 일들이 일어나는 것이다.

12. 크리스천에게 두려움과 걱정이 찾아든 원인은 무엇입니까?(창 3:10)

답 : 게으름으로 인하여 죄에 빠졌으며, 또한 구원의 확신을 잃어버렸기 때문이다. 그래서 앞에 있는 위험에 대해서 두려워하고 걱정하였다.

16_ 게으름의 결과

영적인 게으름은 결국 죄에 빠지게 만들며, 이로써 성도는 구원의 확신을 잃어버리거나 약해지게 된다.

크리스천은 두 사람의 말이 다시 생각나서 두루마리를 읽고 위로를 얻으려고 가슴 안쪽에 손을 넣어 보았다.¹ 그러나 두루마리가 없었다. 크리스천은 큰 걱정에 빠졌고, 무엇을 어떻게 해야 할지 몰랐다. 왜냐하면 크리스천은 두루마리를 사용해서 걱정을 덜기 원했고, 그것은 천성의 도시에 들어갈 수 있는 통행증이었기 때문이다. 그래서 크리스천은 더욱 당황했고, 어찌할 바를 몰랐다.

마침내 크리스천은 언덕의 중턱에 있는 정자에서 잠을 잤던 것을 생각해 내고는, 무릎을 꿇고 자신의 어리석은 행동에 대해 하나님께 용서를 구했다.² 그리고 두루마리를 찾으려고 되돌아갔다. 그러나 다시 되돌아가는 길 내내 크리스천의 마음에 있는 슬픔을 누가 충분하게 설명할 수 있겠는가! 크리스천은 때로는 한숨을 내쉬고 때로는 눈물을 흘리면서, 잠시 피로를 풀도록 세운 정자에서 그토록 오래 잠을 잔 자신의 어리석음을 꾸짖었다.³

그는 여행하는 동안 많은 위로를 주었던 두루마리를 혹시 발견할 수 있을까 해서 돌아가는 길의 이쪽저쪽을 주의 깊게 살폈다. 그리고 마침내 자신이 잠들었던 정자가 눈에 들어 왔다. 그는 정자를 보자 잠을 잤던 죄가 다시 생각나서 슬픔이 더해졌다(계 2:5; 살전 5:7-8).⁴

그는 자신이 잠을 잔 것이 죄스러워 통곡하기 시작했다. "아, 가엾은 인생아! 대낮에 잠을 자다니! 어려움의 한가운데서 잠을 자다니! 오직 순례자들을 위로하고자 주께서 세우신 정자를, 내 육신의 만족과 편안함을 위해 사용했다니! 얼마나 많은 걸음을 헛되이 걸어야 하는가! 이스라엘 백성도 자신의 죄 때문에 홍해 길을 되돌아가는 일이 있었는데! 이 죄스러운 잠이 없었다면 기쁨으로 걸어갈 수 있는 이 길을 내가 슬픔으로 걸어가도록 만들었구나! 지금쯤 나는 멀리 갈 수 있었을 텐데! 한 번 걸어가면 되는 길을 세 번이나 걸어가도록 내가 만들었구나! 날은 저물고 밤이 다가오는구나! 아, 잠만 자지 않았던들!"5

드디어 정자에 다시 이르렀다. 크리스천은 그곳에 앉아서 한동안 울었다. 그는 슬픈 눈으로 긴 나무 의자 밑을 내려다보다가 마침내 그곳에서 두루마리를 발견했다.6

그는 떨리는 손으로 두루마리를 얼른 집어 들어 품속에 넣었다. 두루마리를 다시 손에 넣었을 때의 기쁨을 누가 표현할 수 있겠는가! 이 두루마리는 그의 영생의 확신이요, 바라던 천국의 통행증이었기 때문이다. 가슴 깊숙이 두루마리를 넣은 크리스천은 자신의 눈을 두루마리가 떨어진 곳으로 인도해 주신 하나님께 감사드렸고, 기쁨으로 눈물이 범벅이 된 채 다시 길을 떠났다.7

그는 얼마나 민첩한 발걸음으로 언덕의 나머지 부분을 뛰어 올라갔는지 모른다.8 그러나 언덕 꼭대기에 이르기 전에 해가 지고 말았다. 그래서 그는 다시 자신을 꾸짖기 시작했다. "오, 죄스러운 잠이여! 너 때문에 여행

중에 밤을 맞게 되었구나! 내 죄스러운 잠 때문에, 내가 태양이 없는 어두운 길을 걸어야 하며, 무시무시한 짐승들이 울부짖는 소리를 들어야만 하는구나!"(살전 5:6-7) [9]

그때 크리스천은 의심과 겁쟁이가 사자의 모습을 보고 놀라서 돌아가면서 그에게 한 말이 생각났다. 크리스천은 자신에게 중얼거렸다. "그런 짐승들은 밤에 먹이를 구하는데, 이 어둠 속에서 내가 그 짐승들을 만난다면 어떻게 막을 수 있단 말인가? 어떻게 내가 갈가리 찢기는 것을 피할 수 있단 말인가?"

Q & A

1. 성도가 걱정, 근심을 물리치는 데 도움이 되는 수단은 무엇입니까?(창 15:1)

답 : 하나님의 구원 백성임을 기억하는 것이다. 하나님께서 그의 백성을 지키시고 돌보실 것에 대해 묵상함으로 걱정과 근심을 물리칠 수 있다.

2. 일이 잘못되었을 때 가장 먼저 해야 할 일은 무엇입니까?(수 7:6; 계 2:5)

답 : 일이 잘못되었을 때 가장 먼저 해야 할 일은 자신을 돌아보고, 어디서부터 잘못되었는지 생각하는 것이다. 그리고 자신의 죄를 분명히 깨닫고 하나님께 용서를 구해야 한다. 이는 하나님께서 우리의 죄의 습관들을 고치는 방식이다.

3. 회개할 때 반드시 나타나야 하는 증거는 무엇입니까?(고후 7:11)

답 : 자신의 죄에 대해서 분명하게 깨달을 뿐 아니라 그 죄에 대해서 슬퍼해야 한다. 죄에 대해서 슬퍼하는 영적 현상이 있어야 죄를 미워하고 죄와 싸우는 영적 습관이 형성되기 때문이다.

4. 죄의 결과로 혹독한 아픔을 겪어서 얻을 수 있는 효과는 무엇입니까?
(요일 3:6; 살전 5:7-8)

답 : 죄의 결과로 고통을 겪게 되면서 죄를 미워하고 죄와 싸우는 영적 습관들이 형성된다. 그리고 근신하여 죄에 쉽게 유혹받지 않게 한다.

5. 이런 고통을 받게 하는 이유는 무엇입니까?(렘 2:19)

답 : 우리의 죄에 대해서 회개함을 통해서 용서를 경험하게 하신다. 그러나 죄의 효과인 고통을 맛보게 하심으로 우리의 죄 된 습성을 고치게 하신다. 고통을 맛보기 전에 우리는 죄에 대해서 쉽게 생각하는 부패성이 있다. 따라서 죄의 결과로 고통을 당하게 함으로써 죄에서 멀어지게 하신다.

6. 두루마리를 발견할 수 있었던 이유는 무엇입니까?(창 48:15-16)

답 : 하나님의 섭리이다. 하나님께서 철저히 돌보시고 인도하시는 은혜가 그 속에 있다. 하나님은 우리의 모든 환난에서 건지신다.

7. 크리스천은 다시 찾은 두루마리를 더욱 소중하게 여기고 부지런해졌습니다. 주님은 두루마리를 잃어버리도록 허락하셔서 결국 우리를 어떻게 만드십니까?(히 2:3)

답 : 두루마리를 놓친 후에 다시 찾은 크리스천은 두루마리를 가슴 깊숙이 넣었다. 즉, 분실의 경험을 통해서 두루마리의 소중함을 더욱 깨닫게 되었다. 구원의 소중함을 깨달은 크리스천은 구원의 은혜를 결코 소홀히 하지 않을 것이다. 큰 구원을 소중하게 간직할 것이다(히 2:3).

8. 두루마리를 찾은 크리스천은 더욱 민첩한 발걸음으로 뛰어갑니다. 무엇을 의미합니까?(계 3:19)

답 : 자신의 게으름으로 인한 어려움을 겪은 그는 더욱 부지런해졌다. 갔던 길을 다시 가야하기 때문에 더 빠른 걸음으로 갈 수밖에 없었다. 이는 회개한 증거이다. 자신의 게으름을 회개하고 더욱 부지런한 자가 되었기 때문이다.

9. 죄는 용서함을 받지만 죄의 결과와 흔적은 우리에게 어떤 결과를 가져옵니까?(삼하 12:10-12)

답 : 우리는 죄에 대해서 회개함으로 용서를 받는다. 그러나 하나님은 죄에 대한 효과를 맛보게 하신다. 그 목적과 이유는 죄를 미워하는 영적 습관이 형성되어서 죄와 싸우게 하기 위함이다. 따라서 자신의 게으름에 대한 아픔을 뼈아프게 맛보며, 이로 인해 겸손하게 된다(삼하 16:10).

17_ 아름다운 궁전

아름다운 궁전은 교회를 상징하는 것이다. 교회의 직원들은 먼저 크리스천의 믿음과 체험이 진실한지 여부를 확인하고, 세례교인으로 받아 주었다.

크리스천은 계속 길을 걸어 나아갔다. 자신의 불행한 실패에 대해서 슬퍼하고 있을 때 눈을 들어 바라보니, 눈앞에 매우 아름다운 궁전이 있었다. 궁전의 이름은 아름다움(Beautiful)이었으며 왕의 도로의 길가에 있었다.

내가 꿈속에서 보니 크리스천은 가능한 한 그곳에서 머무르려고 서둘러 앞으로 나아갔다. 멀리 가지 않아서 크리스천은 매우 좁은 길로 들어섰는데, 그 길에서 약 1km 정도 떨어진 곳에 문지기의 오두막집이 있었다. 길을 가면서 앞을 주의 깊게 살피자 사자 두 마리가 보였다. 그는 '겁쟁이와 의심을 되돌아가게 만든 위험이 저기에 있구나' 라고 생각했다(사자들은 쇠사슬에 묶여 있었으나, 크리스천은 아직 쇠사슬을 보지 못했다).

그때부터 크리스천은 두려워졌고, 겁쟁이와 의심처럼 되돌아가려는 생각도 했다.[1] 왜냐하면 자신의 눈앞에는 죽음만이 놓여 있다고 생각했기 때문이다. 그러나 파수꾼(Watchful)이란 이름의 문지기가[2] 자신의 오두막집에서 크리스천이 멈춰 서서 돌아가려는 듯한 모습을 보이자 이를 눈치채고 소리를 질렀다. "당신은 그렇게도 용기가 없습니까?(막 13:24-37) 사자들을 두려워 마십시오. 그것들은 쇠사슬에 묶여 있으며, 믿음이 있는지를 시험해서[3] 믿음이 없는 자를 찾아내고자 그곳에 있는 것입니다. 길의 한가운데로 오시면 어떤 해도 입지 않을 것입니다."[4]

그때 나는 크리스천이 사자에 대한 두려움으로 떨면서 걸어가는 것을 보았다. 그는 문지기가 지시한 대로 조심스럽게 길의 한가운데로 걸어갔다. 사자들은 으르렁거렸으나 크리스천에게 해를 입히지는 못했다. 크리스천은 계속 걸어가서 문지기가 있는 곳의 문 앞에 이르러 섰다. 그리고 손뼉을 쳐서 문지기를 불러냈다.5

크리스천은 문지기에게 "선생님, 이 집은 무슨 집입니까? 제가 오늘밤 여기에서 묵을 수 있습니까?"라고 물었다. 문지기는 "이 언덕의 주인께서 순례자들의 휴식과 안전을 위해서 지은 집입니다"라고 대답했다.6 또한 문지기는 그가 어디에서 왔으며, 어디로 가는지에 대해 물었다.7

크리스천_ 저는 멸망의 도성에서 왔으며 시온 산으로 가는 중입니다. 날이 저물었는데, 바라건대 제가 이곳에서 오늘밤 묵었으면 합니다.

문지기_ 당신의 이름은 무엇입니까?

크리스천_ 지금 저의 이름은 크리스천이지만, 저의 원래 이름은 은혜 없음(Graceless)이었습니다. 저는 야벳 족속으로 하나님께서 셈의 장막에서 살라고 하셨습니다(창 9:27).

문지기_ 그런데 어째서 이렇게 늦게 오셨습니까? 해가 저물었는데요.

크리스천_ 좀 더 일찍 이곳에 올 수 있었는데, 언덕에 세워진 정자에서 그만 잠이 들고 말았습니다. 아, 저는 참으로 비참한 인생입니다! 좀 더 일찍 이곳에 오지 못한 것은 잠을 자다가 구원의 증서인 두루마리를 잃어버린 줄도 모르고 그냥 산마루까지 올라갔기 때문입니다. 두루마리가 없어진 것을 알고는 슬픔을 머금고 제가 잠을 잤던 정자로 되돌아가서 두루마리를 찾아가지고 오느라 지금 왔습니다.

문지기_ 그렇다면 제가 이곳의 처녀들 중의 한 분을 부르겠습니다. 그녀가 당신의 이야기를 호의적으로 받아들인다면, 그녀는 이 집의 규칙에 따라 당신을 나머지 가족에게 데리고 갈 것입니다.[8]

그래서 파수꾼이라는 이름의 문지기는 종을 울렸다. 종소리에 분별(Discretion)이라는 신중하고 아름다운 처녀가 문으로 나왔다. 처녀는 왜 불렀느냐고 물었다.

문지기_ 이 사람은 멸망의 도시에서 시온 산으로 여행 중인데, 피곤하고 날이 저물어서 오늘밤 여기서 묵기를 저에게 요청했습니다. 그래서 저는 당신을 불러 함께 이야기를 나누게 한 후에 당신이 그를 선하게 보면, 이 집의 법에 따라[9] 당신이 허락할 수 있을 것이라고 했습니다.

그러자 분별이 크리스천에게 어디에서 왔으며 어디로 가느냐고 물었고, 크리스천은 대답했다. 또한 분별은 어떻게 이 길에 들어서게 되었으며, 오는 길에 무엇을 보았고, 누구를 만났느냐고 물었다. 크리스천은 이에 대답했다. 그리고 마침내 그녀는 그의 이름을 질문했다. 크리스천은 대답했다.[10] "크리스천입니다. 저는 오늘밤 이곳에 정말로 묵고 싶습니다. 이곳은 언덕의 주인이 순례자들의 휴식과 안전을 위해 세운 것으로 알고 있습니다." 분별은 미소를 지었지만 눈에는 눈물이 어려 있었다.[11]

Q & A

1. 되돌아갈까 하는 생각은 어떤 상황임을 의미합니까?(마 14:30)

답 : 때로는 상황의 지배를 받음으로 우리의 믿음이 약하여질 수 있다. 마치 베드로가 바람을 보고 무서워서 물에 빠져 들어간 것과 같다. 주의 말씀을 신뢰하기보다 상황의 지배를 받았기 때문이다.

2. 문지기는 누구를 의미합니까?(렘 11:7)

답 : 문지기의 이름은 파수꾼이다. 파수꾼의 임무는 경계하여 지키는 것이다. 그는 교회에 거짓된 자들이 들어오지 못하도록 보호하는 일을 하는 자이다. 그리고 하나님의 진정한 백성이 연약할 때 그를 도와주는 역할을 한다.

3. 교회의 회원(세례교인)이 되려면 반드시 무엇이 있어야 합니까?(살전 3:5)

답 : 믿음이 있는지를 시험받아야 한다. 왜냐하면 믿음에는 진정한 믿음과 거짓 믿음이 있기 때문이다. 구원의 믿음이 아닌 경우, 단지 지식만 있는 상태의 역사적 믿음이 있고, 위선자가 갖고 있는 일시적 믿음이 있다.

4. 길 한가운데로 들어간다는 것은 무엇을 의미합니까?(고전 4:6)

답 : 교회에 가입되는 것은 교회의 규정에 의한 것이다. 교회의 규정들은 하나님의 말씀의 범위 안에서 적용된 것들이다. 따라서 하나님의 말씀의 범위 안에서 적용된 교회의 규정에 따라 교회의 회원으로 받아들여지는 것이다.

5. 크리스천이 손뼉을 친 이유는 무엇입니까?(마 7:7-8)

답 : 손뼉을 친 것은 찾고 구하는 것을 의미한다. 아름다운 집에 들어가기를 갈망하고 소원하는 것이다. 이렇게 찾고 구하는 것은 아름다운 집의 소중한 가치를 깨닫고 있다는 것이다. 찾고 구하는 것을 통해서 문이 열렸을 때 하나님에게 감사하고 받은 것을 소중하게 다루게 하려는 목적이 있다.

6. 아름다운 집의 기능은 무엇입니까?(사 32:18)

답 : 교회는 성도에게 영적으로 안식과 안전을 제공해 주는 곳이다. 교회를 통해서 성도가 누릴 수 있는 복은 영적으로 평안함을 얻고, 안전 보장을 받는 것이다.

7. 문지기의 질문은 무엇을 확인하는 것입니까?(딛 2:12-13)

답 : 구원의 은혜가 있는지 그 여부를 확인하는 것이다. 그가 경건치 않은 것과 이 세상의 정욕적인 것을 버렸는지를 확인하고, 경건이 그에게 있는지 조사하는 것이다. 경건은 반드시 중생해야 나오는 것이기 때문에 구원의 여부를 확인할 때 경건의 여부를 확인해야 한다.

8. 문지기가 질문하고 대답을 들었는데도 받아들이지 않은 이유는 무엇입니까?(시 101:7)

답 : 문지기는 교회의 직원을 불러서 다시 크리스천이 진정한 구원의 백성인지

그 여부를 확인하게 하였다. 교회에 거짓 신자들과 위선자들이 많아지지 않도록 철저하게 심사하는 것이다. 위선자가 교회에 많아지면 교회의 거룩성을 상실하게 되고, 세상으로부터 비난을 면치 못하기 때문이다.

9. 교회의 영적 질서는 어떻게 보존됩니까?(히 13:17)

답 : 교회에 세워진 직원들을 통해 질서가 유지된다. 따라서 인도하는 자들에게 순종하고 복종해야 한다.

10. 분별이 질문한 항목은 무엇을 의미합니까?
'① 어디서 왔으며 ② 어디로 가는 중이며 ③ 무엇을 보았고 ④ 누구를 만났습니까?'

답 : ① 그가 살았던 곳이 멸망의 도성이라는 사실을 알고 있는지를 확인하는 것이다. 즉, 죄에 대한 각성이 있는지 그 여부를 확인하는 것이다.
② 그가 바라고 찾는 것에 대해 질문하는 것이다. 영원한 생명을 위해 순례의 길을 나섰는지를 확인하는 것이다.
③ 십자가의 체험이 있는지를 확인하는 것이다.
④ 그를 인도해준 전도자를 만났는지 확인하는 것이다.

11. 분별이 눈물을 글썽거린 이유는 무엇입니까?(눅 15:10)

답 : 구원의 은혜가 분명한 하나님의 백성을 만났기 때문이다. 죄인을 구원하시는 하나님의 은혜에 감격하여 눈물을 흘린 것이다. 교회의 직원들과 말씀사역자들은 한 영혼이 진정으로 회개하고 하나님께 돌아오는 모습을 볼 때 감격의 기쁨을 맛본다.

18_ 진정한 구원의 체험 확인

교회의 직원들은 크리스천의 믿음의 진정성과 주의 성찬에 합당한지를 확인하려고 친절하면서도 자세하게 질문했다.

잠시 후 그녀는 "내가 가서 가족 중 두세 명을 불러 오겠어요"라고 말했다. 그리고 분별은 문 쪽으로 달려가서 신중(Prudence), 경건(Piety), 자비(Charity)를 불러 왔다. 그들은 크리스천과 잠시 대화를 나눈 후 그를 가족에게 데려갔다. 여러 사람이 문 입구에서 크리스천을 맞이했고, "하나님의 복을 받은 자여, 들어오시오. 이 집은 언덕의 주인께서 당신과 같은 순례자들을 위로하려는 목적으로 세웠습니다"라고 말했다. 크리스천은 머리를 숙여 인사했고, 그들을 따라 집 안으로 들어갔다.

크리스천이 들어가서 자리에 앉자 그들은 크리스천에게 마실 것을 주었고, 저녁 식사가 준비될 때까지1 유익한 시간이 되도록 그들 중 몇 사람이 크리스천과 특별한 대화를 나누는 데 동의했다. 그들은 경건, 신중, 자비를 크리스천과 대화할 사람으로 지정했다.2 그리고 대화가 시작되었다.

경건_ 어서 오세요. 선한 크리스천 씨, 우리는 당신을 사랑하기에 오늘밤 당신을 우리 집으로 받아들였습니다. 당신이 순례 길에서 겪은 모든 것을 나눠줬으면 합니다.

크리스천_ 여러분께서 이렇게 호의를 베풀어 주시니 참 기쁩니다.

경건_ 처음에 순례자의 삶을 택하게 동기는 무엇입니까?[3]

크리스천_ 제가 사는 고장에 머문다면, 피할 수 없는 멸망이 내게 임한다는 무서운 음성을 제 귀로 들었습니다. 그래서 저의 고향을 떠나게 되었습니다.

경건_ 그렇다면 고향을 떠나올 때 어떻게 이 길을 택하게 되었습니까?

크리스천_ 그것은 하나님의 섭리였습니다. 제가 멸망의 두려움에 떨고 있을 때, 저는 어디로 가야 할지 몰랐습니다. 그러나 우연히 전도자라는 분이 떨면서 울고 있는 저에게 왔습니다. 그는 저에게 좁은 문으로 가라고 가르쳐 주었습니다. 그분이 아니었다면 저는 결코 좁은 문을 발견할 수 없었을 것입니다. 그가 가르쳐 준 길로 계속 왔더니 이 집에 이르게 되었습니다.

경건_ 그렇다면 해석자의 집에 들렸겠군요.[4]

크리스천_ 예, 그곳에서 평생 기억해야 할 여러 가지를 보았습니다. 그중에서 특별히 세 가지가 가장 인상 깊게 남았습니다. 사탄이 방해해도 그리스도께서 자신의 은혜 사역을 유지하신다는 것, 자신에게 죄를 지어 하나님의 용서의 소망에서 완전히 배제된 사람, 그리고 자신의 꿈속에서 심판 날을 맞은 사람이 인상 깊었습니다.

경건_ 그렇다면 그의 꿈에 대해서 들었습니까?

크리스천_ 예, 무서운 꿈이었습니다. 그가 꿈에 대해서 말할 때 제 마음이 아팠습니다. 그러나 한편으로는 기쁘고 힘이 났습니다.

경건_ 그것이 해석자의 집에서 본 전부입니까?

크리스천_ 아닙니다. 그분은 웅장한 궁전을 보여 주셨습니다. 그곳에는 금빛 옷을 입고 있는 사람들이 있었으며, 한 용감한 사람이 그를 들어오지 못하게 하려고 문을 지키는 무장 군사들을 헤치고 나아갔습니다. 그는 결국 들어오라는 말을 듣고 영원한 영광을 얻었습니다. 그 광경은 저의 마음을 사로잡았습니다. 저는 그 선한 선생님 집에서 일 년 열두 달이라도 머물고 싶었습니다. 그러나 저는 앞으로 나아가야만 했습니다.

경건_ 그 밖에 오시는 길에서 무엇을 보셨습니까?5

크리스천_ 해석자 집을 떠난 지 얼마 되지 않아서, 어떤 분이 나무 위에 매달려 피를 흘리는 것을 보았습니다. 그분을 보자마자 제 짐이 등 뒤에서 떨어져 나갔습니다. 그동안 저는 무거운 짐으로 신음하고 있었기 때문에, 그리고 이런 것을 전에 본 일이 없기 때문에 무척 놀랐습니다. 저는 서서 그분을 계속 바라보았습니다. 그분을 바라보는 것을 중단할 수 없었기 때문입니다. 그때 세 명의 빛나는 사람들이 저에게 왔습니다. 그들 중 한 분은 제 죄가 용서받았다고 증언했으며, 다른 한 분은 저의 누더기 옷을 벗기고, 당신이 보고 있는 이 수 놓인 겉옷을 저에게 주었습니다. 세 번째 분은 제 이마에 표식을 했고, 이 봉인된 두루마리를 저에게 주었습니다 (이렇게 말하면서 그는 자신의 가슴 속에서 두루마리를 꺼내어 그녀에게 보여 주었다).

경건_ 그 밖에도 더 많은 것을 보셨죠?

크리스천_ 제가 말씀드린 것은 최고의 광경들입니다. 그러나 저는 약간 다른 것들도 보았습니다. 즉, 저는 길에서 약간 떨어진 곳에서 발에 쇠고랑을 찬 채 누워 잠을 자던 미련쟁이, 게으름뱅이, 거드름쟁이를 보았습니다. 또한 저는 담을 넘어 들어와서 시온 산으로 가는 척하는 형식주의자와 위선자를 보았습니다. 제가 말해도 믿지 않더니, 그들은 곧 길을 잃어버리고 말았습니다. 그러나 무엇보다도 저에게 힘들었던 일들은 고난의 언덕을 올라오는 것과 사자를 통과하는 것이었습니다. 만약 문에 서 계셨던 선한 문지기께서 격려해 주시지 않았다면, 결국 저는 되돌아갔을 것입니다. 지금 제가 여기에 있는 것에 대해 하나님께 감사드리고, 저를 받아 주신 여러분께 감사합니다.6

이때 신중이 크리스천에게 몇 가지 질문하는 것이 좋겠다고 생각했고, 그의 대답을 듣고 싶어 했다.

신중_ 때때로 당신이 떠나온 고향이 생각나지 않으십니까?7

크리스천_ 예, 그러나 부끄러움과 혐오감을 더 느낍니다. "그들이 나온 바 본향을 생각하였더라면 돌아갈 기회가 있었으려니와 그들이 이제는 더 나은 본향을 사모하니 곧 하늘에 있는 것이라"(히 11:15-16).

신중_ 당신이 좋아했던 것과 대화를 나누었던 사람들에 대해서 미련이 남아 있지는 않습니까?

크리스천_ 예, 그러나 그것들은 저의 의지에 크게 거슬리는 것들입니다.8 저 자신은 물론이거니와 저의 고장 사람들 모두는 세속적이며, 육적인 향락 가운데 즐거워했습니다. 그러나 지금은 이 모든 것이 저의 슬픔이 되었으며, 제가 하고 싶은 것을 선택하라고 한다면 저는 더 이상 이런 것들을 선택하지 않을 것입니다.9 최고의 것이라 해서 행하던 것이 지금 저에게는 최악의 것이 되었습니다(롬 7장).

신중_ 이전에 당신에게 혼동을 주었던 것들이 이제는 극복되었다는 것을 가끔 발견하지 않습니까?10

크리스천_ 예, 자주 일어나지는 않지만, 그러한 일들이 일어나는 때가 저에게는 가장 귀한 시간들입니다.

신중_ 당신의 골칫거리들을 어떤 방법으로 극복하셨는지 기억하실 수 있습니까?

크리스천_ 예, 십자가에서 보았던 것을 생각할 때 극복할 수 있었으며, 저의 수 놓은 겉옷을 볼 때 이길 수 있었습니다. 또한 저의 가슴에 간직한 두루마리를 들여다볼 때 승리할 수 있었습니다. 그리고 제가 지금 어디로 가고 있는지를 생각할 때 마음이 따뜻하게 녹아들면서 극복할 수 있었습니다.11

신중_ 왜 당신은 그렇게 시온 산으로 가고 싶습니까?

크리스천_ 그곳에 가면 십자가에 달리셔서 돌아가셨던 분이 살아 계신 것을 볼 수 있다는 소망이 있기 때문입니다. 그리고 그곳에 가면 오늘날까지 나를 괴롭히고 있는 모든 것을 떨쳐 버릴 수 있다는 소망이 있으며, 죽음이 없는 그곳에서 저는 가장 친한 친구들과 살기를 바라고 있기 때문입니다(사 25:8; 계 21:4). 진실로 저는 그분을 사랑합니다. 그분 덕분에 제가 짐을 벗었습니다. 저는 내적인 허약함으로 피곤합니다. 저는 더 이상 죽음이 없는 그곳에서, "거룩, 거룩, 거룩!"을 쉴 새 없이 외치는 성도들과 함께 살고 싶습니다.[12]

Q & A

1. 저녁 식사가 준비되기까지 이야기를 나누는 것은 무엇을 의미합니까?
(고전 11:27-29)

답 : 저녁식사는 주의 성찬을 의미한다. 따라서 크리스천이 주의 성찬을 받기에 합당한지 그 여부를 확인하기 위해 교회 직원들이 대화를 갖는 것이다.

2. 세 사람은 어떠한 사람들입니까?(딤전 3:1, 9-10)

답 : 신중, 경건, 자비는 교회의 직원을 의미한다. 그 이름들은 교회 직원이 가져야 할 영적 자질을 말한다. 이들은 선한 일을 사모하는 자들이며, 깨끗한 양심에 믿음의 비밀을 가지고 있는 자들이다. 더욱이 책망할 것이 없는 자들이다.

3. 경건의 첫 질문은 무엇을 확인하기 위한 것입니까?(요 16:8)

답 : 경건의 질문은 그에게 성령의 죄를 깨닫게 하는 각성의 역사가 있는지 그 여부를 확인하는 것이었다. 그리고 죄로 인한 하나님의 심판을 깨닫고 그것을 피할 길을 찾았는지 확인하는 것이다. 우리에게 경건이 산물로 나오려면 반드시 죄에 대해 깨닫는 성령의 역사가 있어야 한다.

4. 해석자의 집을 언급하는 이유는 무엇입니까?(신 1:13)

답 : 하나님의 말씀에 대한 충분한 지식이 있는지 그 여부를 확인하는 것이다. 하나님의 말씀을 피상적으로 이해하거나 또한 부족할 경우 그 체험이 온전하지 못하기 때문이다. 지식이 부족한 경우 환상적 체험이나 혹은 감정적 체험

에 빠지며 그것을 성령의 역사로 오해할 수 있다.

5. 경건의 질문들은 대부분 무엇을 확인하려는 것입니까?(딛 1:1)

답 : 진리의 지식이 있어야 경건함이 나올 수 있기 때문에, 진리에 대해서 충분히 이해하였는지를 확인하는 것이다. 진리의 지식은 바른 교리(딛 1:9; 2:1)라고 말하며 이것에서 벗어나는 가르침들은 사람의 심령을 부패하게 하여서 결국 멸망에 이르게 한다(딛 3:11).

6. 결국 경건의 질문들 때문에 크리스천은 어떤 은혜를 받습니까?(고전 15:10)

답 : 자신이 지금까지 걸어온 순례의 길이 자신의 힘이나 능력에 의한 것이 아니라 오직 하나님의 은혜로 온 것임을 인정하고 감사하였다. 이렇게 진정한 은혜는 자신을 더욱 낮추고 하나님의 은혜를 높이게 되어 있다.

7. 신중의 질문들은 무엇을 확인하려는 것입니까?(왕하 10:29, 31)

답 : 신중의 질문들은 크리스천이 진정으로 죄에서 떠났는지를 확인하는 것이다. 때로는 신앙고백이 있지만 죄의 습관 가운데 계속 있는 자들이 있다. 이러한 자들에게는 회개가 일어나지 않은 것이다. 크리스천은 자신의 과거의 생활들을 진정으로 부끄러워하고 있으며, 또한 혐오한다고 대답함으로써 진정으로 회개한 특징이 나타났다.

8. 중생의 증거로 무엇을 확인하고 있습니까?(신 11:13)

답 : 의지가 갱신되었는지를 확인하였다. 의지가 갱신되면 세상적인 것에 대해서 반발하는 현상이 일어나고 의지가 갱신됨으로 말미암아 심령은 영적인 것에 기울어져 있다.

9. 의지의 변화는 무엇으로 나타납니까?(빌 3:7-9)

답 : 영적인 것을 택하게 된다. 의지의 갱신이 없다면 영적인 것을 결코 택하지 않으며 세상적인 것에 기울어진다. 그래서 육신을 좇으며 육신의 일을 도모한다. 그러나 의지가 갱신됨으로써 영적인 것을 선호하고, 하나님을 기쁘시게 하기 위한 것을 택한다. 따라서 의지의 갱신으로 말미암아 과거에 할 수 없던 것들을 순종하게 된다(롬 8:7).

10. 진정한 그리스도인은 죄에 대해서 어떻게 나타납니까?(요일 2:14)

답 : 죄에 대해서 싸우며, 마귀의 유혹에 대해서 저항한다. 과거에는 죄가 부르면 달려갔지만 이제는 그것을 거부하고 싸운다. 의지의 갱신으로 죄에 대해서 죽었기 때문이다(롬 6:4).

11. 죄를 극복할 수 있는 수단은 어떤 것들입니까?(벧후 1:10-11)

답 : 자신이 어떻게 하나님의 택하심을 받았으며, 그 선택이 유효하도록 성령께서 어떻게 역사하셨는지를 생각하는 것이다. 그리고 경건의 열매 맺기를 힘쓰는 것이다. 이렇게 하면 실족하지 않고 그리스도의 영원한 나라에 넉넉히 들어감을 허락받는다.

12. 진정으로 중생한 영혼에게 나타나는 증거는 무엇입니까?(고후 7:1)

답 : 하나님을 경외하면서 거룩함을 추구하게 되어 있다. 그리고 우리로 죄를 짓게 하는 모든 요소로부터 자신을 깨끗하게 하는 것이다. 이것은 두 가지로 요약될 수 있다. 죄와 싸우고 죄를 죽이는 것(Mortification), 의로움과 거룩함을 추구하는 것(Vivification)이다. 이 둘을 합하여 성화(Sanctification)라고 부른다. 성화는 우리가 의롭다 함을 받은 증거이다(히 12:14).

19_ 뼈아픈 질문들

자비는 크리스천의 가정에 대해서 질문한다. 크리스천의 믿음의 진정성은 가정생활을 통해 확인할 수 있기 때문이었다.

그때 자비(Charity)가 크리스천에게 물었다. "당신은 가족이 있습니까? 결혼하셨습니까?"

크리스천_ 아내와 어린 자녀 네 명이 있습니다.

자비_ 그런데 왜 그들을 데리고 오지 않았습니까?[1]

그때 크리스천이 울면서 말했다. "아! 제가 함께 가기를 얼마나 원했는데요! 그러나 그들 모두는 제가 순례 길을 떠나는 것을 지독히 싫어하고 반대했습니다."

자비_ 그러나 당신은 그들에게 멸망의 위험이 뒤에 있다는 것을 말해야 했으며, 그것들을 보여 주려고 노력했어야 합니다.[2]

크리스천_ 그렇게 했습니다. 또한 하나님께서 저에게 보여 주신 도성의 멸망에 대해서도 말해 주었습니다. 그러나 그들은 제가 농담하는 것으로 여기고 저를 믿지 않았습니다(창 19:14).

자비_ 당신의 말이 그들에게 축복이 되게 해달라고 하나님께 기도해 보았습니까?[3]

크리스천_ 예, 아주 간절한 심령으로 기도했습니다. 왜냐하면 저의 아내와 어린 자녀들은 저에게 매우 사랑스러운 존재들이었기 때문입니다.

자비_ 그러면 그들에게 당신이 느낀 슬픔과 멸망의 두려움을 말해 주었습니까? 왜냐하면 제가 생각하기에 당신은 멸망에 대해서 충분히 알고 있었던 것 같기 때문입니다.

크리스천_ 예, 말하고 또 말하고, 여러 번 말했습니다. 그들도 저의 안색과 눈물, 그리고 우리의 머리 위에 임박한 심판을 걱정하면서 떨고 있는 저의 모습에서 두려움을 보았습니다. 그러나 이 모든 것이 저와 함께 가도록 설득하기에는 충분하지 못했습니다.

자비_ 그들이 따라오지 않는 이유를 무엇이라고 했습니까?

크리스천_ 아내는 이 세상을 잃어버리는 것을 두려워했고, 아이들은 어리석은 청년의 정욕에 빠져 있었습니다.4 그래서 그들은 이 핑계 저 핑계 대면서 저에게서 떠나갔습니다. 그래서 이같이 저 혼자서 오게 되었습니다.

자비_ 당신의 공허한 삶이 당신의 말과 설득을 약화시켜서 그들이 떠나도록 한 것은 아닙니까?5

크리스천_ 사실 저는 저 자신의 삶을 추천할 수 없습니다. 왜냐하면 저는 제 삶 속에 있는 수많은 결함에 대해서 알고 있기 때문입니다. 또한 저는 논쟁이나 설득으로 사람을 붙잡는 것보다는 자연스런 대화와 삶을 통해서 인도하는 것이 효과적이라는 것을 알고 있습니다. 그러나 제가 말씀드릴 수 있는 것은 저의 꼴사나운 행동으로 그들이 순례에 대해 혐오감을 갖지 않도록 정말 주의를 기울였다는 것입니다. 바로 이런 모습 때문에 그들은 저에게 너무 꼼꼼한 사람이라고 말했습니다. 저는 그들을 위해서, 즉 그들이 어떤 악한 모습을 저에게서 발견하지 못하도록 제 자신을 부정했습니다. 그렇긴 하지만 그들이 저에게서 본 것이 그들에게 방해가 되었다면, 그것은 하나님께 대항해서 죄를 짓는 저의 허약함 혹은 이웃에게 저지른 저의 잘못들 때문일 것입니다.6

자비_ 참으로 가인은 자신의 아우를 미워했는데, "자기의 행위는 악하고 그의 아우의 행위는 의로움"(요일 3:12) 때문이었습니다. 만약 당신의 아내와 자녀가 이 일로 당신에게 화를 내었다면, 그들 스스로 선에 대해 복종하지 않는다는 것을 보여 준 것이며, 당신은 그들의 피에서 당신의 영혼을 구원한 것입니다(겔 3:19).7

내가 꿈속에서 보니 그들은 저녁 식사가 준비될 때까지 앉아서 서로 이야기를 나누었다. 저녁 식사가 준비되자, 그들은 식탁에 둘러앉았다. 식탁 위에는 기름진 것들과 잘 정제된 포도주가 차려졌다. 식탁에서 그들의 대화는 이 언덕의 주인에 대한 것이었다. 다시 말하면 그분께서 무엇을 행하셨고, 무슨 목적으로 행하셨으며, 왜 이 집을 지으셨는가에 대한 것이었다. 그들이 말하는 것으로 미루어 나는 그분이 위대한 용사였으며, 사망의 권세를 잡은 자와 싸워 물리치셨으나, 그 일이 자신에게 큰 위험이었다는 것을 알 수 있었다. 이로써 나는 그분을 더욱 사랑하게 되었다(히 2:14-15).8

크리스천이 마침내 말했다. "사람들이 말하듯이 나도 믿습니다. 그분은 많은 피를 흘리셨습니다. 그러나 그분께서 행하신 모든 일에 영광을 얻게 되셨고, 그분께서 행하신 것은 자신의 고장을 사랑하는 순수한 사랑에서 나온 것입니다."

그 밖에도, 집안사람들 중에는 그분이 십자가에서 돌아가신 후 그분을 만나 이야기를 나눈 자들이 있었다. 그들은 그분의 입술에서 들은 것과 그분이 이 세상의 불쌍한 순례자들을 사랑하시는 분이라는 것, 그리고 그 같은 분을 이 세상에서 찾을 수 없다는 것을 증거했다.

그들은 한 가지 예를 더 들어 자신들의 증거를 확인했다. "그분은 가난한 자들을 위해 자신의 영광을 스스로 벗어 버렸으며, 시온 산에서 홀로 거주하기를 원치 않으신다고 하셨다." 더욱이 그들은 본성상 거지로 태어났고, 사는 곳이 거름더미였던 많은 순례자를 그분께서 왕자로 만들어 주셨다고 말했다(삼상 2:8; 시 113:7).

그들은 밤이 깊도록 대화를 나눴고, 주께서 보호해 주시기를 기도드린 후 각자 자신들의 잠자리에 들었다. 그들이 해 뜨는 쪽에 창문이 나 있는 이층 침실로 순례자를 인도했다. 그 방의 이름은 평안(Peace)이었다.9 크리스천은 동이 틀 때까지 잠을 잤고, 일어나자 노래를 불렀다.

지금 내가 어디에 있는가?
이는 순례자를 위한 예수님의 사랑과 돌보심이 아닌가?
이렇게 예비하시고, 용서해 주시다니!
벌써부터 천국의 옆집에서 살고 있네!

Q & A

1. 자비가 질문하는 내용들은 무엇입니까? (벧전 2:12)

답 : 자비가 크리스천에게 질문하는 내용은 그의 삶이 다른 사람에게 선한 영향력을 미쳤는지를 확인하는 것이다. 진정한 은혜가 있다면 특별히 불신자에게 영향을 미쳐서 그들로 구원의 도에 대해서 생각하도록 만든다.

2. 복음 전도에서 반드시 말해 주어야 하는 것은 무엇입니까? (행 10:42)

답 : 복음을 믿지 않고 거부하는 것이 하나님의 심판에 직면하다는 것을 설명해 주어야 한다. 특별히 그리스도께서 다시 오셔서 모든 자를 심판하시는 것을 반드시 복음 전도에 포함시켜야 한다.

3. 전도자가 전도에 앞서서 해야 할 일은 무엇입니까? (행 16:13-14)

답 : 전도자는 전도하기에 앞서서 하나님의 섭리와 인도하심을 받기 위해서 기도해야 한다. 또한 전도의 문이 열리도록, 그리고 전하는 말씀에 그들의 듣는 귀가 열리도록 기도해야 한다.

4. 복음을 거부하는 근본적인 이유는 무엇입니까? (벧전 4:3)

답 : 세상의 즐거움과 정욕에 빠져 있기 때문이다. 따라서 복음을 듣기 위해서는 먼저 영혼의 준비가 있어야 한다. 즉, 이 세상의 즐거움을 추구하는 것과 이 세상의 부를 추구하는 것이 그 영혼에 진정한 만족을 줄 수 없다는 것을 깨달아야 한다. 이 세상의 것이 헛되며, 영원한 만족을 줄 수 없다는 것을 깨달

게 하시는 것은 성령의 역사이다(사 55:2).

5. 전도자의 삶과 그 메시지는 어떤 관계가 있습니까?(딤후 4:5)

답 : 전도자는 복음을 전하기 위해서 근신해야 한다. 왜냐하면 그가 전하는 메시지가 영향을 주기 위해서는 절제해야 하며, 말과 행실이 일치해야 하기 때문이다. 전도자의 공허한 삶은 듣는 이에게 감화를 주지 못한다.

6. 크리스천은 자신의 연약함과 부족한 부분에 대해서 어떻게 고백했습니까?(렘 14:20)

답 : 자신의 연약함과 부족함을 인정하였다. 이는 영적으로 겸손함을 의미한다. 물론 크리스천은 자기를 부정하고, 이웃들에게 잘못된 영향을 주지 않기 위해 노력하였다. 그럼에도 불구하고 자신의 완전함을 말하지 않고 부족함을 인정하였다.

7. 크리스천은 전도에 노력을 기울였음에도 불구하고 식구들은 그를 반대하였다. 따라서 그들이 망하는 것은 누구의 책임입니까?(행 13:46)

답 : 복음을 전하였음에도 불구하고 그것을 반대하여서 결국 그 영혼이 멸망하였다면 그것은 복음을 거부한 당사자의 책임으로 돌아간다. 자신 스스로가 진리로부터 마음을 닫아버렸기 때문이다. 물론 전도자는 복음의 수고를 다하였기 때문에 그의 멸망에 대해서 책임이 없다(겔 3:19).

8. 그리스도께서 하신 일에 대해서 더욱 깊이 알게 되면 어떻게 됩니까?

(엡 3:17-19)

답 : 그리스도를 아는 지식이 더욱 넘칠수록 그리스도를 더욱 사랑하게 되어 있다. 주님의 사랑을 더욱 깨달을수록 주님을 더욱 사랑하게 되어 있다.

9. 성도가 교회를 통해 얻을 수 있는 은혜 가운데 중요한 것은 무엇입니까?

(살후 3:16)

답 : 교회의 기능 중의 하나는 성도에게 안식을 제공하는 것이다. 영적으로 필요한 것을 성도에게 공급함으로써 그 영혼은 만족을 누리며, 그 가운데 평안을 얻게 된다.

20_ 교회의 기능

교회는 하나님의 말씀으로 성도를 양육하고, 전신 갑주로 무장시키며, 더 높은 영적 수준에 이르도록 하는 곳이다.

1) 도서관

아침이 되자 모두 일어났고 좀 더 대화를 나눈 후에, 그들은 크리스천에게 진귀한 물건을 보기 전까지는 떠나지 말라고 말했다. 처음에 그들은 크리스천을 데리고 도서관으로 갔다.1 그곳에서 그들은 크리스천에게 아주 오래된 기록들을 보여 주었다. 내가 기억하기로는, 그중에서 가장 먼저 언덕 주인의 족보를 보여 주었다. 그는 옛적부터 항상 계신 이의 아들(Son of the Ancient of Days)이며, 영원 전부터 계신 이였다. 거기에는 그가 지금까지 행하셨던 일의 기록이 가득했으며, 그분께서 부르셔서 사역하신 수백 명의 이름과, 오랜 세월과 자연의 재해에도 파괴되지 않은 견고한 집에 그들을 머물게 하신 기록들도 자세히 적혀 있었다.

다음으로 그들은 그분의 종들 가운데 몇몇이 행한 가치 있는 공적에 대해서 읽어 주었다. 그분의 종들이 어떻게 왕국을 굴복시켰으며, 어떻게 의를 행했으며, 어떻게 약속을 얻었는지, 어떻게 사자의 입을 막았으며, 어떻게 맹렬히 타오르는 불길을 꺼 버렸으며, 어떻게 칼날의 위험을 피하고, 어떻게 약한 자가 강한 자가 되었으며, 어떻게 용감하게 전투에 임했으며, 어떻게 이방의 적군들을 물리쳤는지에 대한 기록들이었다(히 11:33-34).

다음으로 처녀들이 이 집의 기록들 가운데 다른 부분을 읽어 주었는데,

주께서 이 세상의 누구도, 심지어 과거에 하나님의 인격과 행위를 모욕했던 자라도 어떻게 기꺼이 자신의 은혜 가운데로 받아 주셨는지를 보여주고 있었다. 또한 여러 가지 유명한 사건을 기록한 책들이 있었는데, 그중에는 동서고금을 막론하고 확실하게 성취된 예언들이 함께 있었다.2 이는 원수들에게는 두려움과 놀라운 것이며, 순례자에게는 위로와 즐거움을 주는 것이었다.

2) 무기 창고

다음 날 그들은 크리스천을 데리고 무기 창고로 갔다. 그곳에서 그들은 크리스천에게 주께서 순례자들을 위해 공급하시는 모든 종류의 무기를 보여 주었다. 칼, 방패, 투구, 흉배, 모든 기도, 영원히 닳지 않는 신이 있었다.3 그곳에는 주님을 위해 봉사하고자 하는 사람들이 하늘의 별과 같이 많을지라도 모두 무장시킬 수 있는 충분한 무기가 있었다.4

또한 처녀들은 놀라운 일들을 행했던 주의 종들 가운데 몇 사람이 갖고 있었던 무기들도 보여 주었다. 그녀들은 모세의 지팡이, 야엘이 시스라를 죽일 때 사용했던 말뚝과 방망이, 기드온이 미디안의 군대를 무찔렀을 때 사용했던 빈 항아리와 나팔, 횃불을 보여 주었다. 그리고 처녀들은 크리스천에게 삼손이 사용했던 나귀 턱뼈와 다윗이 골리앗을 죽일 때 사용했던 물매와 돌, 그리고 주께서 장차 심판하실 날에 인간의 죄를 죽이실 칼을 보여 주었다.5 이것 외에도 그들은 크리스천에게 많은 놀라운 것을 보여 주었으며, 크리스천은 매우 기뻐했다. 이 일이 있은 후 그들은 다시 잠자리에 들었다.

3) 기쁨의 산

다음 날 아침 크리스천이 일어나서 길을 떠나려는 것을 나는 꿈속에서 보았다. 그러나 세 처녀 경건, 신중, 자비는 크리스천이 다음 날까지 더 묵고

가기를 원했다. 그러면서 그들은 크리스천에게 "만약 날씨가 맑으면 당신에게 기쁨의 산을 보여 줄 수 있습니다. 그 산은 현재 있는 곳보다 천국이 더 가까운 곳이기 때문에 당신에게 더 큰 위로를 줄 것입니다"라고 말했다. 크리스천은 이에 동의하고 하루를 더 묵었다. 아침이 되어 그들은 크리스천을 집의 꼭대기로 데리고 갔다.

그리고 크리스천에게 남쪽을 바라보라고 했다. 멀리 바라보니 아름다운 산과 숲, 포도원, 모든 종류의 실과와 꽃, 샘물과 분수 등이 보였는데, 바라만 보아도 기쁨이 넘쳤다(사 33:16, 17). 크리스천은 고장의 이름에 대해 물었다. 그곳의 이름은 임마누엘의 땅이었으며, 이곳의 언덕처럼 순례자들이 공유할 수 있는 곳이라고 세 처녀는 대답했다. 그리고 그곳에 가면 천성의 도시의 문을 볼 수 있으며, 그곳에서 사는 목동들을 볼 것이라고 말해 주었다.6

이제 크리스천이 떠나려고 하자 그들은 그렇게 하라고 기꺼이 동의했다. 그러나 그들은 먼저 무기 창고에 다시 가자고 했다. 그들은 무기 창고에 가서 머리에서 발끝까지 크리스천을 무장시켰다.

이것은 크리스천이 길에서 만날 공격에 대비하기 위한 것이었다. 무장한 크리스천은 그의 친구들과 함께 문으로 걸어 나갔다. 크리스천은 문지기에게 어떤 순례자가 지나가는 것을 보았느냐고 물었다. 문지기는 보았다고 대답했다.

크리스천_ 그가 누구인지 아십니까?

문지기_ 제가 그의 이름을 물어보았더니, 성실(Faithful, 충성이라고 번역할 수 있다-역자 주)이라고 했습니다.

크리스천_ 아, 제가 아는 사람입니다. 그는 저의 고향 사람이며, 저의 이웃이었습니다. 그는 제가 태어난 곳에서 온 사람입니다. 당신이 생각하시기에 그가 얼마나 앞섰습니까?

문지기_ 지금쯤 언덕 아래에 도착했을 것입니다.

크리스천_ 그래요. 선한 문지기님, 주께서 당신과 함께하시고 축복이 당신에게 더하기를 바랍니다. 저에게 정말 많은 친절을 베풀어 주셨습니다.

크리스천이 길을 떠나려고 하자 분별, 경건, 자비, 신중이 언덕의 아래까지 그와 동행하기를 원했다. 그래서 그들은 함께 갔으며, 언덕 아래에 이를 때까지 이전에 하던 대화를 다시 했다. 크리스천이 "제가 보기에는 언덕을 올라오는 것도 어려웠는데, 내려가는 것 역시 위험한 것 같습니다"라고 말했다.[7] 신중은 "네, 겸손의 골짜기를 내려가는 것은 어려운 일입니다. 미끄러지지 않도록 하십시오. 그래서 우리가 언덕 아래까지 동행하기 위해 나온 것입니다"라고 대답했다.[8]

크리스천은 내려가기 시작했고, 정말 조심했지만 한두 번 미끄러지고 말았다.[9] 크리스천이 언덕 아래에 이르자 네 명의 처녀는 그에게 빵 한 덩어리와 포도주 한 병, 건포도 한 송이를 주었다.[10] 그리고 크리스천은 계속 길을 걸어갔다.

Q & A

1. 아름다운 집에 도서관이 있다는 것은 무엇을 의미합니까?(골 1:10, 28)

답 : 성도는 교회를 통해서 하나님을 아는 지식과 그리스도를 아는 지식에서 자라나야 한다. 그래서 교회에 하나님의 말씀의 사역자들을 세우셨다. 복음사역자들은 각 사람을 권하고, 가르치며, 그리스도 안에서 완전한 자로 세우려고 수고한다. 교회는 이렇게 학교와 같이 배우는 기능을 하고 있다. 따라서 교회는 성경을 가르치는 중요한 임무를 다하여야 한다.

2. 성경에는 무엇이 기록되어 있습니까?(히 1:1-2)

답 : 그리스도에 대한 예언이 있으며, 또한 예언의 성취됨을 보여주고 있다. 물론 아직도 성취되지 않은 약속들도 기록되어 있다. 따라서 성취되지 않은 예언들을 깨달을 때, 교회와 하나님의 성도들은 그것의 성취를 위해서 기도해야 한다.

3. 병기들이 의미하는 바는 무엇입니까?(엡 6:14-17)

답 : 그리스도인들이 영적 전쟁을 수행하기 위한 전신갑주를 의미한다. 진리의 허리띠는 확신을 의미하고, 의의 흉배는 신실한 심령을 말한다. 그리고 복음의 신발은 어떤 상황에서도 복음을 전해야 하는 것을 말한다. 믿음의 방패는 깨끗한 양심을 유지시키는 것이며, 이로써 마귀의 모든 시험을 극복한다. 구원의 투구는 구원의 은덕을 보호하는 것이며, 성령의 검은 하나님의 말씀을 의미한다.

4. 무기 창고가 의미하는 교회의 기능은 무엇입니까?(딤후 2:3-4)

답 : 교회는 성도들이 전신 갑주로 무장할 수 있도록 구비시켜주는 기능을 가지고 있다. 그래서 그리스도의 좋은 군사로서 복음을 전하고, 그리스도의 나라를 위해 충성한다.

5. 주님의 일꾼들이 사용했던 도구의 특징은 무엇입니까?(고전 1:18, 21) 따라서 주의 일꾼들은 봉사하고 수고했다 할지라도 결론을 어떻게 내려야 합니까? (눅 17:10)

답 : 모세의 지팡이, 기드온의 군사들이 사용하였던 무기들, 삼손의 나귀 턱뼈는 실제로 무기가 아니다. 그것은 전쟁 도구가 아니며, 볼품없는 것들이다. 이는 도구에 능력이 있는 것이 아니라 도구를 사용하시는 하나님으로부터 능력이 나오는 것을 보여주고 있다. 따라서 주의 일꾼들이 종일 수고하고 봉사하였다 할지라도 자신의 능력과 지혜를 찬양해서는 안 된다. 오직 은혜로 된 것이기 때문에 하나님께 공로를 돌리며, 본인은 무익한 종이었다고 고백하여야 한다.

6. 기쁨의 산을 보여 주는 이유는 무엇입니까?(딤전 4:15)

답 : 기쁨의 산이란 믿음의 수준이 높은 상태임을 의미한다. 따라서 기쁨의 산을 보여 준 것은 교회에서 높은 신앙의 수준으로 도전을 받는 것을 가르쳐주기 위한 것이다. 믿음의 진보가 있어야 한다. 성장하지 않는다는 것은 죽어가고 있다는 것이다. 살아있고 생동감 있는 믿음으로 성장해야 한다.

7. 은혜를 받은 다음 우리는 교만해질 수 있습니다. 자기 확신에 빠질 수 있으며, 이로써 부주의해서 그만 넘어질 수 있기 때문입니다. 겸손의 골짜기는 왜 중요합니까?(고전 10:12)

답 : 크리스천은 아름다운 궁전인 교회에서 모든 은혜를 마음껏 누렸다. 그는 높은 수준의 신앙에 도전을 받았으며, 영적 전쟁을 수행할 수 있도록 전신갑주로 무장되었다. 이제 그는 무엇이라도 할 수 있다는 자신감에 차 있을 수 있다. 그러나 이때 겸손의 골짜기로 인도함을 받는다. 즉, 은혜를 받고 자칫 이제 스스로 할 수 있다는 자만심에 빠져서 넘어질 수 있는 상황이다. 이것을 방지하기 위해서 겸손의 골짜기로 인도함을 받는 것이다. 은혜를 받았을 때, 그것의 진성성은 더욱 겸손해지는 것이다. 그래서 내가 할 수 있다는 자만심이 아니라 오직 하나님의 은혜를 붙잡는 자가 진정으로 은혜 받은 자이다.

8. 주님과 동행하려면 반드시 어떠해야 합니까? (약 4:6)

답 : 주님과 동행하려면 낮아져야 한다. 자신의 뜻을 주장하고, 자신의 목적을 관철하기 위해서 사람들은 나선다. 이때 그들의 심령은 주를 의지하지 않는다. 오히려 주님의 뜻을 거스르고 있는 상태이다. 따라서 주님과 동행하려면 반드시 자신을 낮추어야 한다. 하나님은 겸손한 자에게 은혜를 주시는 것이다.

9. 성도를 겸손하게 해서 무엇을 기대하는 것입니까? (신 8:2-3)

답 : 성도들을 겸손하게 해서 주님만을 의지하도록 하신다. 주께서는 성도들을 낮추실 때, 자신의 연약함과 무능을 보게 하신다. 그래서 자신이 아무것도 아니라는 사실을 인정하게 하시고, 오직 주의 은혜만을 의지하게 하신다.

10. 마귀와의 전쟁을 앞두고 처녀들이 준 것은 무엇입니까? (왕상 19:7-8)

답 : 크리스천이 앞으로 마귀와의 전쟁을 치룬 후에 극도로 피곤함을 느낄 것이다. 이것을 미리 알고 처녀들이 빵 한 덩이와 포도주 한 병, 건포도 한 송이를 주었다. 여기서 주께서 우리의 모든 필요를 미리 아시고 준비하여 주시는 은혜를 볼 수 있다.

21_ 영적 전투

크리스천은 겸손의 골짜기에서 마귀 아볼루온과 전쟁한다. 전투하는 가운데 위기를 맞이했으나 모든 기도로 극복했다. 결국 전투 후에 그는 더욱 겸손해졌으며, 승리하게 해 주신 하나님께 감사했다.

겸손의 골짜기(Valley of Humiliation)에서 크리스천은 어려움에 봉착하고 말았다. 얼마 가지 않아서 더러운 괴물 하나가 크리스천을 만나려고 오는 것을 보았기 때문이다. 괴물의 이름은 아볼루온(Apollyon)이었다. 크리스천은 두려워하기 시작했다. 그는 뒤돌아서 갈 것인지, 그대로 서 있어야 하는지 생각했다. 크리스천은 자신의 등 뒤에 보호 덮개가 없다는 것을 생각하고는 만약 뒤돌아서 도망친다면 아볼루온에게 좋은 기회가 되어서 쉽게 마귀의 화살을 맞을 것이라고 깨달았다. 따라서 크리스천은 용감하게 맞서기로 결심했다.[1] 왜냐하면 자신의 생명을 건져야 하며, 저항하는 것이 최선의 길이라고 생각했기 때문이다.

그래서 크리스천은 앞으로 나아갔고, 결국 아볼루온을 만났다. 그 괴물은 보기에도 섬뜩했다. 괴물은 생선과 같은 비늘로 덮여 있었으며(이것은 괴물의 자랑거리였다), 용처럼 날개가 있었고, 발은 곰의 발처럼 생겼다. 괴물의 배에서는 불과 연기가 나왔으며, 그의 입은 사자의 입과 같았다.[2] 괴물이 경멸하는 태도로 크리스천에게 다가가서 질문하기 시작했다.

아볼루온_ 너는 어디서 와서 어디로 가는 길이냐?
크리스천_ 나는 모든 죄악의 장소인 멸망의 도시를 떠나 시온 성으로 가는 중이다.

아볼루온_ 내가 보니 너는 내 부하 중 하나이구나. 그 고장은 모두 내 것이며, 나는 그곳의 왕이며 신이기 때문이다. 그런데 너는 어찌하여 왕을 배반하고 도망치느냐? 나는 네가 더욱 나를 섬기기를 소망한다. 그렇지 않으면 한 방에 쳐서 너를 거꾸러뜨리겠다.

크리스천_ 네가 통치하는 곳에서 태어난 것은 사실이다.[3] 그러나 너를 섬기는 것이 힘들었고, 네가 주는 삯으로는 살아갈 수 없었다. 죄의 삯은 사망이기 때문이다(롬 6:12). 그래서 나는 나이가 들자, 다른 신중한 사람들이 그랬던 것처럼 나 자신을 개선하려는 방법을 찾았다.

아볼루온_ 자신의 부하를 쉽게 잃어버리는 왕은 없다. 나는 결코 너를 놓치지 않겠다. 네가 일과 삯에 대해서 불평하니, 불평하지 말고 되돌아가거라. 우리 고장의 형편이 허락하는 대로 너를 후대해 주겠다고 여기서 약속하마.[4]

크리스천_ 그러나 나는 이미 네가 아닌 다른 분, 즉 왕 중의 왕이신 분에게 나 자신을 드렸다. 그런데 어떻게 너에게 다시 돌아가겠느냐?[5]

아볼루온_ 너는 '나쁜 곳에서 더 나쁜 곳으로 옮겨 갔다'는 속담처럼 행하고 있다. 그러나 자신들을 하나님의 종이라고 고백한 자들이 잠시 하나님께 봉사하다가 미끄러져서 다시 나에게 돌아오는 것은 흔한 일이다.[6] 너도 그렇게 될 테고, 그때 모든 것이 잘 되겠지.

크리스천_ 나는 이미 내 믿음을 하나님께 드리고, 그분께 충성하기로 서약했다. 그러니 내가 배반한다면, 반역자로 간주되어 처형 받지 않겠느냐?[7]

아볼루온_ 너는 나를 배반했다. 그러나 지금 네가 다시 돌아온다면, 나는 기꺼이 모든 것을 없던 일로 해 주겠다.

크리스천_ 내가 너에게 약속한 것은 내가 어렸을 때 한 것이다. 뿐만 아니라 나는 나를 용서해 주실 수 있는 그분의 깃발 아래에 서 있다.[8] 분명 그분은 내가 너에게 맹종해서 지었던 모든 죄악을 용서해 주실 수 있다. 이 멸망의 왕, 아볼루온아! 너에게 진리를 말하마! 나는 그분을 섬기는 일과 그분이 주시는 삶, 그분의 종들, 그분의 다스리심, 그분의 나라를 너보다 훨씬 좋아한다. 그러니 나를 설득하는 것을 멈추고 떠나라. 나는 그분의 종으로서 앞으로도 그분을 따를 것이다.[9]

아볼루온_ 흥분을 가라앉히고, 네가 가고자 하는 길에서 무엇을 만나게 될지 다시 생각해 보아라. 너도 알다시피 대부분 그의 종들은 마지막에 병에 걸렸는데, 나를 배반하고 내 길을 위반했기 때문이다. 그들 중 얼마나 많은 자가 수치스러운 죽음을 맞이했느냐! 그 밖에도 너는 그를 섬기는 것이 나를 섬기는 것보다 낫다고 여겼는데, 그는 그에게서 내 손안으로 들어온 그의 신하들을 구원하려고 나서지 않는다. 그러나 나는 모든 세상이 아는 바와 같이 권력이나 사기를 동원해서 나를 충실히 섬겼던 자들을 그에게서 수도 없이 구원해 냈다. 그래서 내가 너를 구원하려는 것이다.

크리스천_ 그분께서 당장 그들을 구원하시기를 참는 것은 그들의 사랑을 시험하시고, 그들이 마지막까지 하나님에게 붙어 있는지 그 여부를 아시려는 것이다.[10] 너는 그들이 마지막에 병에 걸렸다고 말하는데, 그것은 그들에게는 가장 영광스러운 일이다. 현세의 구원을 기대하지 않고, 그들의 왕이 자신의 영광과 천사들의 영광으로 오실 때 그들이 받을 영광을 기다리게 하는 것이기 때문이다.[11]

아볼루온_ 너는 이미 그를 섬기는 것에 불충실했거늘, 어떻게 그에게서 삶을 받을 수 있다고 생각하는 거냐?[12]

크리스천_ 마귀 아볼루온아! 내가 어떤 점에서 그분에게 불충실했단 말이냐?

아볼루온_ 우선 네가 길을 떠나 절망의 수렁에서 거의 질식하게 되었을 때 결심이 약해졌고, 너의 왕이 너의 짐을 벗겨 줄 때까지 기다려야 했는데 너는 잘못된 방법을 시도했으며, 너는 죄 된 잠에 빠져서 귀중한 증거를 잃어버렸으며, 사자들을 보고 거의 되돌아갈 뻔했으며, 네가 여행하는 중에 보고 들은 것에 대해서 말할 때 너의 모든 언행 안에는 헛된 영광을 갈망하는 것이 있었다.[13]

크리스천_ 네가 한 말 모두가 사실이다. 그렇지만 네가 말하지 않은 것이 있다. 내가 섬기고 공경하는 주님은 자비로우시며, 기꺼이 용서해 주신다. 뿐만 아니라 내가 너의 고장에서 살 때 획득하고 소유했던 약점 때문에 나는 신음하고 슬퍼했는데, 내 왕께서 용서해 주셨다.[14]

그러자 아볼루온은 벌컥 화를 내면서 말했다.

아볼루온_ 나는 네가 섬기는 왕과 원수다. 나는 그의 인격, 그의 법, 그의 백성을 미워하고 있다. 나는 너를 방해하려고 일부러 나왔다.[15]
크리스천_ 아볼루온, 행동 조심해! 나는 거룩한 길인 왕의 대로에 있어. 그래서 조심하라는 거야.

그러자 아볼루온은 길 전체를 막고 다리를 벌린 채 서 있었다.

아볼루온_ 이런 일로 나는 두렵지 않다. 죽을 준비를 하고 있어라. 내 지옥의 소굴을 두고 맹세하는데, 너는 더는 못 나아간다. 여기서 너의 영혼을 내동댕이칠 것이다.

이 말과 함께 마귀는 크리스천의 가슴을 향해 불붙은 창을 던졌다.[16] 그

21_ 영적 전투

러나 크리스천은 손에 든 방패를 갖고 창의 위험을 막아 내었다. 그리고 크리스천은 칼을 뽑아 들었다. 왜냐하면 이제 분발할 때라고 생각했기 때문이다. 아볼루온은 크리스천을 향해 여러 개의 창을 우박을 퍼붓듯이 한꺼번에 던졌다. 크리스천은 창을 피하려고 온 힘을 다했지만 머리와 손과 발에 부상을 입었다. 크리스천이 조금 뒤로 물러서자 아볼루온이 전속력으로 달려들었다. 크리스천은 다시 용기를 내서 그가 할 수 있는 한 사나이답게 저항했다. 이 치열한 전투는 반나절 동안 지속되었다. 크리스천은 거의 기진한 상태에 이르렀다. 부상을 당해 점점 더 약해졌기 때문이다.[17]

그때 아볼루온이 자신에게 기회가 온 것을 알아차리고는, 크리스천에게 바짝 다가가 끌어당겨 맞붙어 싸우면서 크리스천을 땅에다 쓰러뜨렸다. 크리스천의 손에서 검이 떨어져 나갔다. 그러자 아볼루온은 "내가 너를 이겼다"라고 말하면서 크리스천을 죽을 정도로 내리 눌렀다. 크리스천은 실망하기 시작했다.[18]

그러나 하나님께서는 이 선한 사람이 마지막에 이르기를 원하지 않으셨다. 아볼루온이 최후의 일격을 가하려고 할 때, 크리스천은 하나님의 도우심으로 재빠르게 손을 뻗어 칼을 잡고, "나의 대적이여 나로 말미암아 기뻐하지 말지어다 나는 엎드러질지라도 일어날 것이요"(미 7:8)라고 외치면서 마귀를 찔렀다.[19] 마귀는 치명상을 입은 듯 뒤로 물러섰다. 이것을 본 크리스천은 "이 모든 일에 우리를 사랑하시는 이로 말미암아 우리가 넉넉히 이기느니라"(롬 8:37)고 외치면서 다시 찔렀다.[20] 그러자 아볼루온은 용의 날개를 펴고 멀리 달아났다. 그리고 크리스천은 당분간 마귀를 볼 수 없었다(약 4:7).

어느 누구도 나처럼 직접 보고 들은 사람이 아니고는 전투 내내 아볼루온이 울부짖는 소리와 으르렁거리는 소리, 용처럼 말하는 것, 크리스천의 가슴에서 터져 나오는 한숨과 신음을 상상할 수 없을 것이다. 양날이 선 검으로 아볼루온에게 부상을 입힌 것을 알기 전까지, 그는 한 번도 유쾌한 표정을 나타내지 않았다. 마귀를 물리치고 나서야 비로소 그는 웃었으며, 하늘을 우러러 보았다. 이것은 내가 일찍이 보지 못했던 가장 무서운 광경이었다.

전투가 끝나자 크리스천은 "사자의 입에서 나를 구원해 주시고, 아볼루온과 싸울 수 있도록 도와주신 주님께 감사합니다"라고 외쳤다.[21] 그리고 다음과 같이 찬송했다.

악마의 두목인 거대한 바알세불이 나를 파멸시키고자
갑옷을 입고 분노를 품은 아볼루온을 보내서 나를 맹렬하게 공격했네.
그것은 지옥과도 같았네.
그러나 축복 받은 미가엘이 나를 도와주었고,
검의 위력으로 아볼루온을 재빨리 쫓아 버렸도다.
따라서 나로 하여금 영원한 찬양을 주님께 드리게 하시며
그의 거룩한 이름을 항상 감사하고 축복하게 하소서.

그때 어떤 사람이 생명나무 잎을 들고 크리스천에게 왔다. 크리스천이 그것을 받아서 상처 위에 붙이자 즉시 상처가 나았다.[22]

크리스천은 그곳에 앉아서 아침에 처녀들이 준 빵을 먹고 포도주를 마셨다. 기운을 다시 차린 크리스천은 검을 빼서 손에 든 채 여행을 계속했다. 다른 원수들이 있을 수 있다고 생각했기 때문이다. 그러나 골짜기를 거의 통과할 때까지 아볼루온은 물론 다른 적들을 만나지 않았다.

Q & A

1. 마귀에 대한 유일한 대처 방법은 무엇입니까?(벧전 5:8-9)

답 : 믿음을 굳게 하여 마귀를 대적하는 것이다. 만약 크리스천이 마귀가 무서워서 도망쳤다면 더욱 위험해질 수 있다. 등 뒤에 보호 덮개가 없으므로 마귀의 창을 맞고 그대로 죽을 수 있기 때문이다. 따라서 맞서서 싸우는 것이 유일한 대처 방법이다. 믿음으로 마귀의 궤계와 공격에 저항하고 뒤로 물러서지 않는 것이다. 그러면 마귀가 이기지 못함을 알고 피하게 된다(약 4:7).

2. 마귀의 모습에서 우리는 마귀가 무슨 일을 한다는 것을 알 수 있습니까? (삼상 17:10-11)

답 : 마귀는 성도들을 위협해서 두렵게 만든다. 두렵게 하는 목적은 하나님에 대한 신뢰에서 떨어져 나가게 하기 위한 것이다. 두려움 속에서 하나님을 의지하는 것을 잊어버리게 만든다.

3. 마귀의 소유권 주장에 대해서 크리스천은 어떻게 대답했습니까?(골 1:13)

답 : 정직하게 그대로 맞섰다. 만약 크리스천이 변명하거나 거짓말을 한다면 마귀는 이것을 기회로 더욱 고소하고, 이로 인하여 크리스천의 양심은 더욱 무거워질 것이다. 따라서 사실 그대로 인정하되, 그러한 죄의 상태에서 벗어났음을 담대히 말함으로 마귀의 고소에 저항하였다.

4. 마귀의 약속은 어떤 것입니까?(마 4:8-9)

답 : 마귀의 약속은 거짓말이다. 마귀는 그러한 것을 약속할 수 있는 권한이 없다. 모든 만물은 하나님의 소유로 오직 하나님에게만 있는 것이다. 또한 마귀의 종이 된 이상 그 종 된 상태에서 풀어주지 않는다. 계속해서 죄의 종 된 상태로 끌고 간다. 따라서 그가 약속하는 것은 거짓말이다.

5. 성도가 자신의 정체성을 이해하는 것은 왜 중요합니까?(롬 6:1-4)

답 : 성도의 정체성은 그를 더 이상 죄의 종으로 살아갈 수 없게 한다. 그리스도와 함께 죄에 대해서 죽었기 때문이다. 그리고 이제 그리스도와 함께 살았으므로 하나님에 대하여 살아야 하며, 의를 추구해야 한다. 죄에서 건짐을 받은 이상, 죄의 상태로 돌아갈 수 없으며, 이제 오직 하나님만 섬기는 존재가 되었으므로 우상을 섬기거나 자신을 섬겨서는 안 되는 것이다.

6. 예수님을 믿다가 포기하는 사람이 많습니까?(요 6:66)

답 : 예수님의 오병이어 기적으로 수많은 사람들이 예수님을 왕으로 세우려고 하였다. 예수님께서 그들을 피하자 그들은 예수님의 계신 곳을 알기 위해 여러 곳을 찾아 다녔다. 결국 그들이 예수님을 만났고, 예수님은 그들에게 진정으로 예수님을 찾아야 하는 이유를 설명하였다. 그 설교를 들은 많은 제자들이 예수님을 떠났다. 이렇게 흥분된 상태로 예수님을 따라다니다가 결국 포기하는 자들이 많다.

7. 예수님을 믿다가 시험을 받아 미끄러지거나 불신앙에 빠지는 것을 무엇이라고 부릅니까?(히 10:39)

답 : 뒤로 미끄러져서 침륜에 빠졌다고 말한다. 이러한 상태에서 다시 신앙의 길로 돌아 올 수 있으려면 은혜의 수단을 붙잡아야 한다. 진정한 회개를 하고, 신앙의 생동감을 찾아야 한다. 이것을 갱신이라고 부른다.

8. 예수님의 다스림과 통치하에 있기 때문에 우리는 예수님을 무엇이라고 부릅니까?(행 2:36)

답 : 그분의 깃발 아래에 있다는 것은 그분의 통치 아래에 있다는 것이다. 우리는 예수님께서 다스리시는 나라의 백성이다. 따라서 예수님의 통치와 지배를 받아야 한다. 이때 우리는 예수님을 주라고 부른다. 예수님의 통치에 굴복되어 있으며, 그의 지배를 받겠다는 고백이다.

9. 크리스천은 자신이 누구의 종이 되었다고 말하고 있습니까?(롬 6:13, 22)

답 : 크리스천은 구속의 은혜를 입어서 하나님의 종이 되었다고 고백하였다. 그래서 자신을 불의의 병기로 죄에 드릴 수 없음을 분명하게 말하였다. 따라서 하나님의 종이 되었기 때문에 그의 명령을 따라야 하며, 더욱이 자신을 의의 병기로 하나님께 드려야 하는 것이다.

10. 때로는 성도들이 고난과 핍박을 당하며, 주께 부르짖어도 곧바로 구원하시지 않는 때를 만납니다. 이때 성도들은 무엇을 기억해야 합니까?(시 66:10)

답 : 하나님은 우리를 연단하시기 위하여 즉각적으로 건지시는 것을 참으신다. 또한 이렇게 하심으로 그들이 진정으로 주를 바라보고 사랑하는지, 혹은 일시적으로 하나님께 붙어 있는지를 시험하시는 것이다(마 15:24). 따라서 성도들은 하나님의 선하신 뜻이 있음을 믿고 그 시험을 잘 견디어 내야 한다.

11. 성도들도 질병에 걸릴 수 있는 이유는 무엇입니까?(눅 16:20, 22)

답 : 성도들도 질병에 걸릴 수 있다. 이때 그 믿음의 진정성이 드러난다. 즉, 자신의 질병에 대해서 하나님께 항의하지 않으며, 하나님의 의로우심을 먼저 인정한다. 그리고 은혜를 구하는 것이다. 때로는 우리가 하나님의 뜻을 온전히 모르기 때문에 하나님의 뜻과 섭리가 드러날 때까지 인내하면서 은혜를 구해야 한다.

12. 마귀의 참소는 어떤 것입니까?(요 8:44)

답 : 마귀는 크리스천이 순례의 길에서 범하였던 죄들을 언급하면서 참소하였다. 마귀는 참소하여 우리를 거짓말로 유혹하며, 한편으로 하나님의 선하심을 의심하게 하는 전략을 사용한다. 이때 크리스천은 정직하게 자신의 연약함을 그대로 인정하였다. 그리고 자신의 연약함을 받아 주셨던 하나님의 은혜를 말함으로 마귀의 계략을 물리쳤다.

13. 마귀는 성도의 과거 죄와 약점을 들추어내는 전략을 사용하는데, 이때 성도가 가장 먼저 기억해야 하는 것은 무엇입니까?(시 103:12)

답 : 마귀가 우리의 죄를 고소할 때, 성도는 그 죄에 대해서 하나님께서 용서해 주셨음을 선언해야 한다. 하나님께서 용서하시고, 우리의 죄과를 멀리 옮기셨다고 대항하여 선언하는 것이다.

14. 마귀의 참소에 대해서 성도는 어떻게 응수해야 합니까?(롬 8:1; 엡 3:12)

답 : 그리스도 안에 있음을 담대히 선언하는 것이다. 그래서 아무리 죄에 대해 고소한다고 해도 결코 정죄되지 않음을 담대히 말해야 한다. 마귀는 참소를 통하여 우리를 위축시키고, 두려움에 빠지게 하여 주의 은혜에 대해 의심하게 만든다.

15. 크리스천이 계속 마귀에게 대적함으로써 결국 마귀는 자신의 정체를 드러냅니다. 이 원리는 우리에게 어떻게 중요합니까?(계 2:2)

답 : 마귀가 더 이상 유혹할 수 없음을 알고 자신의 정체를 크리스천에게 드러냈다. 마귀는 성도들을 유혹하여 구원의 길에서 방해하고 은혜를 손상시키려는 목적을 가지고 있다. 따라서 마귀의 거짓된 것을 시험해서 드러내야 한다. 더 이상 속이지 못하도록 거짓된 것을 드러내는 것은 우리에게 중요하다.

16. 마귀의 공격들은 어떤 것입니까?(신 1:28)

답 : 마귀의 공격은 우리가 하나님의 선하심을 의심하게 만드는 것이다. 그리고 성도들로 하여금 낙심하게 만들며, 하나님의 전능하신 능력에 대해서 회의를 갖도록 유혹한다. 이러한 공격들을 믿음의 방패로 막아야 한다.

17. 이런 상황에서 어떤 무기를 잘 사용해야 합니까?(시 119:81)

답 : 크리스천은 마귀의 공격에 대해서 믿음의 방패를 사용하였다. 그리고 효과적으로 마귀의 공격에 저항하기 위하여 성령의 검을 사용하였다. 즉, 하나님의 말씀을 가지고 마귀의 궤계를 물리치는 것이다.

18. 성령의 검을 놓치고, 마귀가 크리스천을 내리 누르자 크리스천은 실망하기 시작했습니다. 성령의 검을 놓쳤다는 것은 무엇을 의미합니까?(요 18:25)

답 : 성령의 검을 놓쳤다는 것은 하나님의 말씀을 사용하는 것에 미숙하다는 것을 의미한다. 크리스천은 마귀의 궤계를 하나님의 말씀으로 물리치는 것에 미숙하였다. 따라서 그는 실망하기 시작하였다. 약속의 말씀으로 의심의 화살을 물리쳐야 했는데, 그렇게 하지 못했기 때문이다.

19. 전신 갑주와 함께 중요한 무기는 무엇입니까?(엡 6:18)

답 : 모든 기도이다. 모든 기도란 울부짖으며 있는 힘을 다하여 드리는 기도를 의미한다. 전신 갑주를 입었다고 자동적으로 전쟁에서 이기는 것이 아니다. 기도를 하여야 한다. 주님과 주의 약속을 전적으로 신뢰하고 있는 힘을 다하여 기도를 드려야 한다.

20. 영적 전투에서 구원의 확신은 어떤 기능을 합니까?(욥 19:25; 롬 8:37)

답 : 구원의 확신은 승리를 확신하게 한다. 우리가 결코 멸망하지 않으며, 반드시 승리한다는 확신을 가지게 된다. 때로는 악이 이기고 승리할 것 같은 상황이라도 우리는 반드시 주께서 최종적으로 승리하신다는 확신을 가져야 한다. 실제로 구속의 역사 속에서 그리스도가 승리하셨으며, 최종적으로 승리하실 것이기 때문이다.

21. 겸손의 골짜기에서 마귀와의 싸움으로 크리스천은 영적으로 어떻게 되었습니까?(대하 33:12)

답 : 마귀의 싸움이 결코 육신의 힘으로 되지 않는다는 것을 철저히 깨달았다. 더욱이 성령의 검을 놓친 경험도 있었다. 따라서 주님의 은혜를 절대적으로 의존해야 하는 것을 배웠다. 결국 크리스천은 매우 겸손하게 되었다. 그래서 전투의 승리에 대한 공로를 오직 하나님께 돌리고 있다.

22. 전투가 끝난 후 크리스천은 어떻게 위로받았습니까?(욥 42:12-13)

답 : 전투로 인하여 크리스천은 부상을 입었다. 그런데 어떤 사람이 생명나무 잎을 들고 크리스천에게 주었다. 이것을 상처 위에 붙이자 즉시 상처가 나았다. 주께서 위로하시는 방법이다. 또한 회복하시는 은혜이다. 주의 회복하시는 은혜는 시간이 오래 걸리지 않고 즉시 이행된다(호 6:2).

22_ 사망의 음침한 골짜기 (1)

마귀 아볼루온과의 전투에서 칼을 놓쳤던 크리스천은 사망의 음침한 골짜기로 인도되어 군사로서 더욱 강력한 영적 훈련을 받는다.

겸손의 골짜기가 끝나자 사망의 음침한 골짜기(Valley of the Shadow)라고 부르는 또 하나의 골짜기가 나타났다. 크리스천은 반드시 이 골짜기를 통과해야 한다. 왜냐하면 천성의 도시로 가는 길이 골짜기 가운데 놓여 있었기 때문이다. 이 골짜기는 매우 외로운 장소다. 선지자 예레미야는 이 골짜기를 "광야 곧 사막과 구덩이 땅, 건조하고 사망의 그늘진 땅, 사람이 그 곳으로 다니지 아니하고 그 곳에 사람이 거주하지 아니하는 땅"(렘 2:6)이라고 묘사했다. 그러나 이 골짜기는 크리스천이 통과해야 하는 땅이었다.[1] 이제 당신이 보게 될 것처럼 크리스천은 이곳에서 아볼루온과 싸운 것보다 더 큰 어려움에 빠지게 된다.

내가 꿈속에서 보니 크리스천이 사망의 음침한 골짜기의 경계에 이르러서 두 사람을 만나고 있었다. 그 두 사람은 좋은 땅에 대해서 악한 소문을 퍼뜨리는 자들이었는데(민 13장) 서둘러 되돌아가고 있었다.[2] 크리스천이 그들에게 물었다.

크리스천_ 어디로 가시는 길입니까?

두 사람_ 돌아가시오, 돌아가! 당신이 생명과 평화를 귀하게 여긴다면 당신도 우리처럼 돌아가기를 바라오.

크리스천_ 왜요? 무슨 일이 있습니까?

두 사람_ 무슨 일? 우리는 당신이 가고 있는 이 길을 갈 수 있는 데까지 가 보았습니다. 정말 우리는 거의 돌아올 수 없는 곳까지 갔습니다. 만약 우리가 조금 더 갔다면, 당신에게 여기서 이렇게 소식도 전하지 못했을 것입니다.[3]

크리스천_ 무엇을 만났습니까?

두 사람_ 우리는 사망의 음침한 골짜기에 거의 들어갔습니다. 그러나 운 좋게도 우리 앞에 커다란 위험이 있는 것을 보았습니다(시 44:19; 107:10).[4]

크리스천_ 무엇을 보셨습니까?

두 사람_ 골짜기 자체가 역청처럼 매우 어두웠습니다. 또한 우리는 그곳에 요귀(妖鬼), 사티로스(그리스 신화에 나오는 반인반수(半人半獸)의 숲의 신: 말의 귀와 꼬리를 가졌고 술과 여자를 좋아함)와 용들이 구덩이에서 우글거리는 것을 보았습니다. 우리는 골짜기에서 계속되는 울부짖는 소리와 고함치는 소리를 들었는데, 쇠사슬에 묶인 자들이 말로 표현할 수 없는 고통 속에서 부르짖는 소리였습니다. 골짜기 위로는 절망케 하는 혼돈의 구름이 걸려 있었습니다. 죽음도 자신의 날개를 항상 펼치고 있었습니다. 한마디로 온통 두렵고 무질서한 곳이었습니다(욥 3:5; 10:26).[5]

크리스천_ 나는 당신이 말한 것을 아직 보지 못했지만 이 길은 내가 소망하는 천국으로 가는 길로, 내가 가야 하는 길입니다(렘 2:6).[6]

두 사람_ 당신이나 가시오. 우리는 우리 자신을 위해서 이 길을 선택하지 않겠소.

그래서 그들은 서로 헤어졌고, 크리스천은 길을 계속 갔다. 그러나 습격 당할지도 모른다는 두려움 때문에 그의 손에는 여전히 칼이 들려 있었다.

그때 내가 꿈속에서 보니, 골짜기의 오른쪽에 매우 깊은 도랑이 있었다. 그 도랑은 예나 지금이나 소경이 소경을 인도하다가 둘 다 비참하게 멸망

한 곳이다(사 8:14-15). **7** 다시 왼쪽을 바라보니, 매우 위험한 수렁이 있었다. 선한 사람이라도 그곳에 빠지면, 설 수 있는 곳을 발견하지 못하는 곳이다. 그 수렁에 다윗 왕도 한때 빠졌는데, 주께서 그를 끌어내 주시지 않았다면 의심할 것 없이 그도 그 속에서 질식해서 죽었을 것이다.

이곳의 길은 지극히 좁았다. 그래서 선한 크리스천은 더 큰 어려움에 봉착했다.**8** 어둠 속에서 한쪽의 도랑을 피하려다가는 다른 쪽에 있는 수렁에 빠질 위험이 있고, 수렁을 피하려다가는 도랑에 빠질 수 있었기 때문이다. 그가 계속 걸어갈 때 나는 그의 쓰디쓴 한숨 소리를 들었다. 위에서 언급한 위험들 외에도 길은 매우 어두웠기 때문에 그는 발걸음을 앞으로 옮길 때 어디로 옮겨야 할지 몰랐다.

이 골짜기의 중간쯤 되는 길가에서 매우 가까운 곳에 지옥의 입구가 있는 것을 보았다. 크리스천은 '무엇을 어떻게 해야 하나?' 라고 생각했다. 때때로 불길과 화염이 번쩍번쩍 불꽃을 튀면서 무시무시한 소음과 함께 입구에서 쏟아져 나왔다.

아볼루온과 달리 이런 위험은 크리스천의 칼을 개의치 않았다. 크리스천은 자신의 칼을 집어넣고, 모든 기도(엡 6:18)라고 하는 다른 무기에 의지했다.**9** 크리스천은 나에게도 들릴 정도로 울부짖었다. "오, 주님, 제가 주님께 간절히 구합니다. 내 영혼을 구원해 주십시오"(시 116:4). 크리스천은 한참 동안 계속 나아갔다. 그러나 여전히 불길은 그를 향해 달려들었다. 음울한 소리가 여기저기서 들려왔다. 때때로 그의 몸이 산산조각이 나거나 길 위의 진흙처럼 짓밟힐 것 같은 생각이 들었다. 이 소름 끼치는 광경과 무서운 소음들은 수 Km을 걷는 동안에도 계속 보이고, 들렸다.

Q & A

1. 사망의 음침한 골짜기는 어떤 것입니까?(렘 2:6)

답 : 사망의 음침한 골짜기는 영적으로 매우 곤고한 상태를 의미한다. 기도를 하여도 하나님께서 듣지 않으시는 것 같고, 주께서 마치 버리신 것 같으며, 주께서 저주하시는 것과 같은 생각을 갖게 하는 상태이다. 때로는 육신이 병들어 곤고하기도 하며, 재물을 잃어버려 경제적으로 어려운 상황을 만나는 상태이기도 하다. 그러나 순례의 길 가운데 있기 때문에 하나님의 성도는 반드시 통과해야 하는 곳이다. 즉, 모든 성도가 이렇게 영적으로 힘든 시기를 만난다는 것이다.

2. 악한 소문을 퍼뜨리는 자들의 특징은 무엇입니까?(민 13:30-33)

답 : 하나님의 젖과 꿀이 흐르는 땅을 악평하는 자들이다. 하나님의 약속을 신뢰하지 않고, 자신들의 편리함만을 추구하는 자들이다. 이들은 자신들만 천성으로 가지 않는 것이 아니라 다른 사람들도 가지 못하도록 미혹하는 자들이다. 결국 순례의 길을 포기하고 되돌아가는 자들이다.

3. 순례 길을 나섰다가 되돌아가는 자들의 특징은 무엇입니까?(눅 13:34-35)

답 : 순례의 길을 나섰다가 되돌아가는 자들의 특징은 은혜가 충분하지 않은 상태에서 순례의 길을 출발하였다는 것이다. 은혜가 충분하지 않기 때문에 끝까지 갈 수 없다. 따라서 예수님은 순례의 길을 출발하려고 할 때 순례의 길에서 만날 위험과 손실을 먼저 생각하라고 하셨다. 가벼운 마음으로 혹은 아무 생각 없이 순례의 길을 나서면 결국 중도에 포기하게 된다. 그리스도의 귀중성을 깨닫고 순례의 길을 나서야 한다.

4. 믿음을 없애려는 시험들의 특징은 무엇입니까?(시 44:19; 107:10)

답 : 고난과 어려움에 대해서 크게 말함으로 사람들을 두렵게 만든다. 그래서 주님을 생각하는 것에서 떠나서 걱정하게 만들고 염려하게 한다. 고난과 어려움 속에서 주님께서 연단하시는 것과 그 이후에 우리에게 약속하신 것을 이루심을 보아야 한다.

5. 두 사람의 말이 과장되었다는 결정적인 증거는 무엇입니까?(민 13:32–33)

답 : 민수기 13장 27절에서 정탐꾼들은 분명히 '과연 젖과 꿀이 흐르는 땅'이라고 보고하였으며, 심지어 그곳의 과실도 보여 주었다. 그러나 그들은 그 땅을 악평하였다. 그곳의 거민을 대장부라고 말하였고, 자신들은 메뚜기 같다고 하였다. 그 땅이 좋음에도 불구하고 정복해야 하는 수고가 그들에게는 귀찮은 것이었다. 그래서 과장하여 보고한 것이다. 이들도 순례의 길에 있는 어려움을 과장하여 되돌아가는 자들이다.

6. 크리스쳔의 응답은 어디에 근거를 둔 것입니까?(렘 2:6)

답 : 비록 어둡고 음침하지만 천성으로 가는 길에 있기 때문에 반드시 그 길을 통과하여야 한다고 말하였다. 그것은 주께서 애굽에서 건져내어 광야로 인도하신 것처럼, 우리를 구속하고 또한 연단하시는 방법이기 때문이다. 또한, 광야로 인도하신 하나님께서 반드시 함께 하실 것이기 때문에 이 골짜기를 통과해야 한다.

7. 소경이 소경을 인도했다는 도랑은 무엇을 의미합니까?(사 8:14-15; 고후 11:3; 벧후 2:1-3)

답 : 거짓 선지자가 잘못된 가르침으로 사람들을 미혹하여 멸망에 빠트리는 것이다. 거짓된 가르침은 죄를 방임하게 하고, 육신적 정욕을 조장하는 것들이다. 이것은 경건을 부정하는 가르침들이다. 그리고 거짓 선지자들은 사람들을 자신의 이익을 위해서 종이 되게 한다. 한편으로 거짓 가르침을 좋아하고 따르는 자들은(사 8:6) 함정에 빠져서 넘어지고 잡힌다.

8. 영적 침체를 맞이했을 때 무엇에 주의해야 합니까?(사 31:1-2)

답 : 영적으로 침체기에 더 큰 어려움들이 찾아 올 수 있다. 이때 그 어려움을 인간적인 지혜로 해결하려는 것을 포기해야 한다. 우선 하나님의 뜻을 찾고 구해야 한다. 그리고 하나님의 응답을 기다려야 한다. 인간적인 지혜를 사용하여서 그 어려움을 피하려고 한다면 더욱 큰 어려움을 만날 것이다.

9. 크리스천이 의지한 무기는 무엇입니까?(엡 6:18)

답 : 모든 기도를 사용하였다. 모든 기도는 하나님께 전심전력을 다하는 기도로써 오직 건지시는 이는 주님 밖에 없다는 것을 인정하는 기도이다. 이러한 기도 속에서 주님의 건지심을 경험하게 되면 오직 주님만을 찬양하게 된다.

23_ 사망의 음침한 골짜기 (2)

영혼의 구원을 위해 하나님께서 가장 먼저 하시는 일은 영혼이 죄인이라는 것과 죄의 결과로 심판을 받을 수밖에 없다는 사실을 깨닫게 하시는 것이다.

    어떤 장소에 이르자, 한 무리의 귀신이 그를 만나러 오는 소리가 들리는 듯했다. 크리스천은 멈춰 서서, 어떻게 하는 것이 가장 좋은 방법인지 깊이 생각하기 시작했다. 때로는 되돌아갈까 생각하기도 했다. 하지만 골짜기의 절반은 왔을 것이라고 다시 생각했고, 이미 수많은 위험을 극복한 것을 기억했다. 그래서 되돌아가는 것이 앞으로 나아가는 것보다 더욱 위험하다는 결론을 내리고,1 앞으로 계속 나아가기로 결심했다.2 귀신 무리들은 더욱 가까이 다가오는 것 같았다. 귀신 무리들이 그에게 거의 다가왔을 때 크리스천은 있는 힘을 다해 부르짖었다. "나는 주 여호와의 능력 안에서 걸어가겠나이다." 귀신 무리들은 도망쳤고, 다시 나타나지 않았다.

    나는 여기서 한 가지 사건을 빼놓을 수 없다. 나는 불쌍한 크리스천이 매우 당황하는 것을 보았다. 그는 자신의 음성조차 분별하지 못했다. 크리스천이 불길이 나오는 지옥의 입구를 막 지날 때 사악한 마귀 하나가 그의 뒤로 다가와서, 그에게 부드럽게 올라타더니 하나님을 모독하는 심한 말들을 속삭였다.

    크리스천은 참으로 이 말들이 자신의 마음속에서 나오는 것으로 생각했다. 자신이 그토록 사랑하는 분을 지금 모독하고 있다는 생각이, 자신이 이전에 경험했던 어떤 것보다 그를 더욱 고통스럽게 했다. 그가 비방하지 않으려고 해도 소용이 없었다. 들리는 소리를 멈출 수도 없었고, 비방하는 말들이 어디서 오는지도 분별할 수 없었다.3

아무런 위로를 얻을 수 없는 상태에서 크리스천이 상당한 거리를 걸어갔을 때, 자신보다 앞서서 가는 어떤 사람의 음성을 들은 것 같았다. "내가 사망의 음침한 골짜기로 다닐지라도 해를 두려워하지 않을 것은 주께서 나와 함께 하심이라"(시 23:4). 크리스천은 매우 기뻐했는데 그 이유는 다음과 같다.

첫째, 자신과 같이 하나님을 두려워하는 어떤 이가 골짜기를 같이 걷고 있으며,4 둘째, 비록 어둡고 음침한 상태일지라도 하나님께서 그들과 함께 계셨으니 나와도 함께 하고 계시며, 단지 이곳에 있는 장애물 때문에 하나님을 볼 수 없다는 것을 깨달았기 때문이다(욥 9:11).5 그리고 셋째, 그들을 따라잡아서 함께 갈 수 있으리라는 소망이 생겼기 때문이다.

그래서 크리스천은 계속 나아갔다. 그리고 앞서 가고 있는 자를 불렀다. 그러나 그는 무슨 대답을 해야 할지 몰랐다. 왜냐하면 그는 자기 혼자만 이 길을 가고 있다고 생각했기 때문이다. 얼마 안 있어 동이 트기 시작했다. 그때 크리스천은 "사망의 그늘을 아침으로 바꾸시고"(암 5:8)라고 소리쳤다.6

마침내 아침이 되었을 때, 크리스천은 뒤를 돌아보았다. 다시 돌아가고 싶어서가 아니라 어둠에서 통과한 위험들을 밝은 햇살 가운데서 보기 위한

것이었다. 한쪽에 있는 도랑과 또 다른 쪽에 있는 수렁 사이에 있는 길이 얼마나 좁은지를 더 분명하게 볼 수 있었다. 또한 그는 구렁텅이 속에 있는 귀신, 사티르, 용을 보았다. 그러나 그것

들은 날이 밝자 더는 따라올 수 없었기 때문에 상당히 멀리 떨어져 있었다. 성경에 기록된 대로 모든 것이 그에게 드러났다. "어두운 가운데에서 은밀한 것을 드러내시며 죽음의 그늘을 광명한 데로 나오게 하시며"(욥 12:22).[7]

크리스천은 자신이 걸어온 고독한 길의 모든 위험에서 구원받은 것에 크게 감동했다.[8] 얼마 전까지만 해도 그가 두려워했던 위험들이었지만, 햇살이 그것들을 똑똑하게 볼 수 있게 만들었기 때문에 이제 크리스천은 그것들을 더욱 분명하게 보았다.

태양이 점점 떠오르는 것은 크리스천에게 또 하나의 은혜였다. 왜냐하면 지금까지 크리스천이 지나온 사망의 음침한 골짜기의 첫 번째 부분이 위험했다고 하나, 앞으로 크리스천이 통과해야만 하는 사망의 음침한 골짜기의 두 번째 부분은 첫 번째보다 훨씬 위험하기 때문이었다.[9] 크리스천이 서 있는 곳에서부터 골짜기의 끝까지 이르는 길은 온통 덫과 올가미와 그물, 구덩이, 함정과 깊은 구멍, 비탈로 가득했다. 만약 크리스천이 골짜기의 첫 번째 부분을 지나올 때처럼 지금이 어두웠다면, 그의 목숨이 천 개라도 남아나지 못했을 것이다.[10] 그러나 내가 말했듯이 지금 태양이 떠오르고 있었다. 그래서 크리스천은 "그 때에는 그의 등불이 내 머리에 비치었고 내가 그의 빛을 힘입어 암흑에서도 걸어다녔느니라"(욥 29:3)고 찬송했다.

크리스천은 햇빛 가운데 골짜기의 끝에 이르렀다. 내가 꿈속에서 보니, 골짜기의 끝에 피와 뼈와 재들이 널려 있었고, 심지어 전에 이 길을 지나갔던 순례자들의 몸이 갈기갈기 찢겨 있었다. 크리스천이 잠시 그 이유를 생각하고 있을 때, 나는 앞에 있는 동굴을 발견했다. 동굴에는 두 거인인 교황과 이교도가 오래 전부터 살고 있었는데[11] 두 거인의 힘과 횡포에 의해서 사람들이 잔인하게 죽임을 당했고, 그들의 뼈와 피와 재들이 널려 있었던 것이다.[12] 그러나 크리스천은 이곳을 큰 위험 없이 통과할 수 있었다. 그것에 대해 나는 약간 놀랐지만, 다음과 같은 사실을 알게 되었다. 이교도는 이미 오래 전에 죽었고[13] 교황은 아직 살아 있지만 늙었으며, 젊은 날의 전투 때문에 관절이 굳어져 동굴 입구에 앉아 있는 것 외에는 아무것도 할 수 없었다.[14] 사람들에게 다가갈 수도 없어서 지나가는 순례자들을 비웃고 자신의 손톱을 물어뜯을 뿐이었다.

나는 크리스천이 길을 계속 걸어가는 것을 보았다. 동굴 입구에 앉아 있던 늙은 교황을 보고서 크리스천은 자신이 생각하는 것을 말할 수가 없었다. 딱히 늙은이가 크리스천에게 달려들지는 못했으나 크리스천을 향해 "너희는 보다 많은 사람이 불태워져서 죽기 전까지는 결코 고치지 않을 것이다"라고 말했기 때문이다. 그러나 크리스천은 평안한 마음으로 침착하게 그 앞을 지나갔고, 아무 해도 입지 않았다. 크리스천은 찬송을 불렀다.[15]

오, 세상에!(나는 이 말밖에 할 수 없네)
여기서 만난 모든 재난에서 보존받다니!
나를 구원하신 손길 위에 축복이 있기를!
내가 골짜기에 있는 동안 나를 둘러싼 어둠 속의 위험들, 귀신 무리들, 지옥, 죄, 그리고 내 길에 놓여 있던 함정과 구덩이와 덫과 그물들,
나를 잡고, 곤란에 빠뜨리고, 던지려 했던 무익함과 어리석음들.
그러나 나는 이렇게 살아 있으니,
예수께 면류관을 드리세.[16]

Q & A

1. 믿음의 길 중간에서 포기하면 어떻게 됩니까?(눅 14:34-35)

답 : 소금이 맛을 잃으면 길에 버려져 사람들의 발에 밟히게 되는 것과 같다. 사람들로부터 멸시를 받을 뿐만 아니라 더욱 흉악하여져서 처음에 순례의 길을 출발하지 않은 것이 오히려 더 나을 뻔한 상태가 된다.

2. 크리스천의 결심은 어떤 것입니까?(느 4:9, 16-20)

답 : 어려움 때문에 가는 길을 포기하지 않고, 계속해서 어려움을 극복하는 것이었다. 순례의 길 자체가 좁고 협착한 길이다. 따라서 안락하고 편안한 것을 추구하거나 기대해서는 안 된다. 더욱이 주께서는 우리가 어려움을 극복하는 것을 원하시며, 그것을 피하는 것을 바라지 않으신다. 예루살렘 성을 건축하는 일에 방해를 받았어도 결심하여 그것을 극복하였다.

3. 마귀의 이런 시험은 어떤 것입니까?(요 13:2)

답 : 마귀가 하나님에 대해서 나쁜 생각을 갖도록 유혹하는 것이다. 그래서 하나님을 원망하고 비방하고자 하는 마음을 갖게 한다. 생각을 어지럽혀서 불신앙에 빠트리려는 계략이다.

4. 같은 고난을 받고 있는 성도들을 만나면 어떤 위로를 받습니까?(고후 1:4-6)

답 : 사망의 음침한 골짜기를 걸어갈 때 그 고난의 어려움 가운데 마치 자기만 이렇게 고통받는 것으로 생각하고 영적으로 침체될 수 있다. 그러나 사망의 음

침한 골짜기는 모든 성도가 지나가는 길이다. 크리스천은 앞서서 가는 성도의 소리를 듣게 되었으며, 같은 고난 가운데 있는 성도가 있다는 것을 깨달았다. 우리는 같은 고난을 받는 성도를 통해서 위로 받는다. 그리고 성도의 고난 가운데 함께 하시는 하나님에 대해서 확신하게 된다.

5. 고난 가운데 있을 때는 마치 하나님께서 숨으신 것 같지만 실제로 하나님께서는 어떻게 은혜를 베풀고 계십니까?(욥 9:11; 신 1:31)

답 : 이스라엘이 광야를 지날 때 하나님께서 그들을 안고 광야를 통과한 것과 같다. 우리가 고난을 당할 때, 마치 혼자 그 길을 가는 것 같지만 결코 그렇지 않다. 오히려 하나님께서 더욱 친밀히 함께 하시며 그것을 견디게 해서 결국은 주님의 은혜가 큰 것을 깨닫게 하신다.

6. 사망의 음침한 골짜기는 결국 어떻게 되어 있습니까?(마 24:13)

답 : 사망의 음침한 골짜기는 끝이 있다. 그래서 성도는 끝까지 견디어 내어야 한다. 물론 고난을 당하고 있는 성도는 그 고난이 끝이 없을 것 같고, 그 무게를 견딜 수 없을 것 같다. 그러나 인내하여 견디는 자는 결국 주의 구원하심을 맛본다.

7. 크리스천은 아침을 맞이했고, 골짜기를 뒤돌아보고 도무지 자신의 능력으로는 골짜기를 통과할 수 없다는 것을 다시 확인했습니다. 그래서 깨달은 것은 무엇입니까?(삼상 7:12)

답 : 그는 사망의 음침한 골짜기를 한숨과 고통 속에서 통과하였다. 골짜기를 통과할 때 어두워서 위험을 보지 못하였지만 밝은 상태에서 보니 도무지 자신의 능력으로 통과할 수 없는 골짜기임을 깨달았다. 따라서 고통 속에서 한숨 쉬고 괴로워하였지만 철저한 주의 은혜로 통과하였음을 깨닫게 되었다.

8. 이런 사망의 음침한 골짜기를 통과한 후 얻어지는 영적 유익은 무엇입니까?(고후 1:9-10)

답 : 고난을 통해서 얻어지는 유익은 하나님께서 과거의 어려움 속에서 건지셨고, 지금도 건지시고 계시는 것을 확인하며, 따라서 장래에도 건지실 것을 확신하게 된다. 결국 사망의 음침한 골짜기를 통과한 후에는 오직 하나님만 신뢰하는 것을 배우게 된다.

9. 골짜기 끝에 이르러 비록 날이 밝았다 하더라도 이 길은 위험한 길입니다. 우리는 어떻게 해야 합니까?(고후 11:30)

답 : 고난과 위험이 계속되고 있다. 따라서 계속해서 겸손히 은혜를 구해야 한다. 자신의 연약함을 철저히 인정하고 오직 하나님의 은혜만을 구해야 한다. 바울은 극한 고난 속에서 자신의 연약함을 자랑하였다. 이는 약함 가운데 하나님의 강력으로 역사하시는 것을 경험하였기 때문이다.

10. 시험에 항상 견디고 이길 수 있도록 하나님께서 베푸시는 은혜는 어떤 종류의 것입니까?(시 66:9-12)

답 : 하나님은 우리가 시험을 견딜 수 있도록 항상 도우신다. 감당하지 못할 시험 당함을 허락하지 않으신다. 따라서 더 큰 위험에 있을 때, 밝은 상태에서 지나가도록 도우시는 것이다.

11. 사망의 음침한 골짜기 끝에 교황과 이교도가 있는 이유는 무엇입니까? 또한 같은 동굴에 있다는 것은 무엇을 의미합니까?
① 삼상 4:4, 10-11; 5:5 ② 호 4:6

답 : ① 이스라엘이 언약궤를 우상으로 섬겼다. 따라서 하나님께서 언약궤를 블

레셋에게 빼앗기는 것을 허락하셨다. 로마 가톨릭 교회는 우상적이며 미신적인 교회이다.

② 이스라엘 백성은 지식이 없었다. 하나님에 대한 지식이 없기 때문에 하나님을 우상적으로 섬긴 것이다. 로마 가톨릭 교회가 하나님에 대한 지식을 내버리는 것과 같다.

교황과 이교도가 같은 동굴에 있다는 것은, 로마 가톨릭의 의식들이 이교도로부터 왔다는 것을 의미한다.

12. 교황과 이교도를 거인으로 묘사한 이유는 무엇입니까?(마 2:16)

답 : 교황과 이교도는 교회 역사 속에서 그리스도를 대적한 대표적인 두 부류에 해당된다. 헤롯이 그리스도를 죽이기 위해서 어린아이들을 참살한 것과 같은 모습이다. 로마 시대에 이교도들은 그리스도인들을 살육하였고, 로마 가톨릭 교회는 특별히 영국의 메리 여왕 시대에 그리스도인들을 살육하였다. 메리 여왕 당시 존 폭스는 교회 역사 속에서 로마 가톨릭에 의해 순교 당한 사람들의 역사를 8권의 책으로 출판하였다(존 폭스의 『순교자 열전』).

13. 이교도의 특징은 무엇입니까?(신 4:19; 골 2:18; 사 2:16) 또한 이교도에 대한 하나님의 심판은 무엇입니까?(롬 1:28)

답 : 영적으로 미혹되어서 피조물을 섬기는 것이다. 그리고 자신들의 상상력을 동원하여 하나님을 만들어서 그것을 음란하게 섬기는 것이다. 이러한 우상숭배는 철저히 인간 자신을 위한 것이다. 따라서 하나님께서 그들의 상실한 마음을 그대로 내어버려 두어서 망하게 하신다.

14. 로마 가톨릭이 가장 중요시하는 것은 무엇입니까?(마 15:2-3)

답 : 인간의 전승을 중요시한다. 이들은 전승을 성경의 위치와 동등하게 놓고 있다. 더욱이 로마 가톨릭 교회는 성경을 교회의 권위 아래에 두고 있다. 따라

서 하나님의 말씀에 굴복하는 것이 아니라 하나님의 말씀을 자신들의 목적에 따라서 사용하며, 잘못된 교리들을 만들어 내고 있다.

15. 오늘날 개혁교회들이 로마 가톨릭과 연합하려는 운동을 벌이고 있습니다. 어떻게 대처해야 합니까? 그들은 어디에서 공통점을 찾고 있습니까? 특별히 성만찬과 로마 가톨릭의 미사는 어떻게 다릅니까?(『하이델베르크 요리문답서』 제80문항 참조)

답 : 1996년이래로 복음주의자들은 로마 가톨릭 교회와 연합하는 운동을 벌이고 있다. 복음주의자들은 연합하기 위해서 이신칭의 교리를 변경하였다. 한편으로 로마 가톨릭 교회와 연합하기 위해서 성례의 통일과 교류를 주장하고 있다. 『하이델베르크 요리문답서』(1563년) 제80문항은 로마 가톨릭의 미사가 미신적이며 우상적이라고 말하고 있다.

16. 사망의 음침한 골짜기를 빠져나오면서 모든 공을 누구에게 돌리고 있습니까? 그리고 왜 그렇게 했습니까?(계 4:10-11)

답 : 사망의 음침한 골짜기를 통과할 수 있었던 것은 온전히 하나님의 은혜였다. 그래서 크리스천은 이 모든 공을 하나님께 돌리면서 찬양하고 감사하는 것이다.

24_ 성실

크리스천은 순례 길에서 성실을 만난다. 성실은 크리스천의 동반자가 되어서 서로에게 유익을 주게 된다.

크리스천은 계속 길을 가다가 조그만 언덕을 만났다. 언덕은 순례자들이 앞을 바라볼 수 있도록 일부러 쌓아올린 것이었다.[1] 크리스천이 그곳에 올라가 앞을 내다보았을 때 성실(Faithful)이 순례 길을 가고 있었다. 크리스천은 "여보세요! 여보세요! 기다리세요. 제가 당신의 친구가 되어 드리겠어요"라고 소리쳤다. 그 말에 성실은 뒤돌아서 크리스천을 바라보았다. 크리스천은 다시 소리쳤다. "기다려요, 기다려요, 제가 당신에게 이를 때까지 기다려 주세요." 그러나 성실은 "안 됩니다. 나는 내 생명을 구하러 가는 길입니다. 피의 원수가 내 뒤에 있어요"라고 대답했다.[2]

이 말을 듣자 크리스천은 약간 마음이 흔들렸다. 그리고 있는 힘을 다해 재빨리 성실을 따라잡았고, 성실보다 앞서게 되었다. 나중 된 자가 먼저 되었다. 그때 크리스천은 헛된 영광의 미소를 지었다. 형제를 이겼다고 생각했기 때문이다. 그러나 발걸음을 주의하지 않아서 갑자기 걸려 넘어지고 말았고,[3] 성실이 와서 도와주기 전까지는 일어

날 수 없었다.

나는 꿈속에서 두 사람이 서로 사랑스럽게 길을 가면서 그들의 순례 길에서 일어난 모든 일에 대해서 달콤한 대화를 나누는 것을 보았다.[4] 크리스천이 먼저 이야기를 시작했다.

크리스천_ 존경하고 친애하는 내 형제 성실 씨, 내가 당신을 따라잡아 만나게 되어 기쁩니다. 그리고 하나님께서 우리의 마음을 부드럽게 해 주셔서, 우리가 이 즐거운 길에 동무가 되어 걸어갈 수 있게 되어 감사합니다.[5]

성실_ 사랑하는 친구여, 당신이 우리가 살던 도시를 떠날 때부터 친구가 되어 함께 떠나려고 생각했으나, 당신이 나보다 먼저 떠났기 때문에 할 수 없이 혼자 이 먼 길을 왔습니다.

크리스천_ 나를 뒤따라서 순례 길을 시작하기 전에 당신은 얼마나 오랫동안 멸망의 도성에서 머물러 있었습니까?

성실_ 저는 오래 머물러 있을 수 없었습니다. 왜냐하면 당신이 떠난 이후 도시가 머지않아 하늘에서 내려오는 불에 타 버릴 것이라는 소문이 크게 퍼졌기 때문입니다.[6]

크리스천_ 정말이에요? 당신의 이웃들이 그렇게 말했단 말이에요?

성실_ 예, 한동안 모든 사람의 입에 오르내렸습니다.

크리스천_ 그렇다면 위험을 피해 도시를 떠나온 사람이 당신 외에 아무도 없습니까?[7]

성실_ 그것에 대해서 많은 사람이 말했지만, 나는 그들이 그것을 확실히 믿지 않았다고 생각합니다. 열띤 논쟁이 있었을 때 그들 중 어떤 이들이 당신과 당신의 필사적인 여행(그들은 당신의 순례 여행을 그렇게 불렀다)을 조롱하기도 했습니다. 그러나 나는 우리 도시가 하늘에서 내려온 불에 의해 멸망할 것이라고 믿었고(지금도 여전히 믿고 있습니다) 그래서 도망쳐 나왔습니다.

크리스천_ 변덕쟁이라는 이웃 사람에 대해 들어 보셨습니까?

성실_ 예, 크리스천 씨. 나는 그가 절망의 수렁까지 당신을 따라갔다고 들었습니다. 어떤 이가 말하기를 그는 그곳에 빠졌다고 합니다. 그러나 그는 자신이 빠졌던 사실이 알려지는 것을 원치 않았습니다. 그러나 나는 그가 진흙으로 더렵혀진 것을 보고 확신했습니다.

크리스천_ 이웃 사람들은 그에게 뭐라고 말하던가요?

성실_ 되돌아온 후 그는 모든 계층의 사람에게서 조롱을 받았습니다. 어떤 이는 비웃으면서 멸시했습니다. 그리고 아무도 그에게 일을 주지 않았습니다. 지금 그는 도성을 떠나기 전보다 일곱 배나 악한 상태에 있습니다.[8]

크리스천_ 그런데 사람들은 그가 저버린 길을 똑같이 멸시하면서 왜 그를 반대합니까?

성실_ 아! 사람들은 그가 변절자이고 신앙고백에 진실하지 않았으니, 목을 매달아야 한다고 말했습니다. 그가 생명 길을 포기했기 때문에, 하나님께서 심지어 원수들을 움직여 그를 꾸짖게 하심으로 하나의 교훈으로 만드신 것으로 생각합니다(렘 38:18-19).[9]

크리스천_ 당신이 도성을 빠져나오기 전 그와 함께 이야기를 나눈 적이 있습니까?

성실_ 길에서 한 번 그를 만났습니다. 그러나 자신이 한 일이 부끄러웠는지 다른 한쪽으로 곁눈질하고 갔습니다. 그래서 저도 그에게 말하지 않았습니다.

크리스천_ 그래요, 제가 처음 길을 출발할 때는 그 사람에게 소망을 품었습니다. 그러나 지금은 도성이 멸망 속으로 던져질 때 그도 함께 멸망할 것이 두렵습니다. 왜냐하면 참된 속담에서 말하는 것이 그에게 일어났기 때문입니다.[10] "개가 그 토하였던 것에 돌아가고 돼지가 씻었다가 더러운 구덩이에 도로 누웠다"(벧후 2:22).

성실_ 저도 그의 멸망이 두렵습니다. 그러나 그렇게 될 것을 누가 막을 수 있겠습니까?

　크리스천_ 그래요, 성실 씨. 그에 대한 이야기는 그만하고, 우리에 대해 더 직접적인 이야기를 하지요. 당신이 오시는 길에 만난 것에 대해서 이야기해 주십시오. 당신이 무엇인가를 만났을 것으로 압니다. 그렇지 않았다면 그것은 이상한 일이니까요.

Q & A

1. 순례 길에서 앞을 멀리 바라볼 수 있게 한 이유는 무엇입니까?(벧후 1:9)

답 : 천성으로 가는 길을 내다볼 수 있게 하기 위한 것이다. 영적으로 게으른 자들은 이렇게 앞을 내다보지 않는다. 그래서 경건의 열매가 맺히도록 힘쓰지 않는다. 자신들의 상태로 만족하고 성장하기 위해서 은혜의 수단들을 사용하지 않는다. 따라서 멀리 바라본다는 것은 성장하기를 갈망하고 은혜의 수단을 사용하기에 부지런한 것을 의미한다.

2. 크리스천이 기다려 달라고 요청하는데도 성실이 서둘러 가는 이유는 무엇입니까?(민 35:25)

답 : 순례의 길에서 방해 받지 않기 위한 것이다. 마귀는 순례의 길에서 지체하게 만드는 전략을 사용한다. 그래서 성실은 피의 원수가 따라오는 것으로 생각하였던 것이다. 즉, 성실은 크리스천이 부르는 소리를 마귀가 유혹하는 소리로 알고 그것에 방해 받지 않기 위해서 듣지 않고 부지런히 걸어간 것이다.

3. 크리스천이 넘어지게 되는 영적 원인이 어디에 있습니까?(갈 5:26)

답 : 크리스천이 성실을 추월한 다음에 헛된 영광의 미소를 지었다. 자신 스스로를 남보다 낫다고 생각하고 교만하여진 것이다. 이러한 교만으로 인하여 영적 주의력을 잃어버리고 그만 넘어지게 되었다. 성도 간에 헛된 영광을 구하면 서로 시기하게 되어 있다. 이것은 교회를 분쟁으로 몰아가는 원인을 제공한다.

4. 달콤한 대화가 주는 의미는 무엇입니까?(말 3:16)

답 : 여호와를 아는 백성들의 경건한 대화는 서로를 세워 준다. 경건한 대화가 주는 유익이 많다. 서로에게 도전을 줄 뿐만 아니라 영적 경험을 서로 나눔으로 풍성함을 더한다. 이들은 성령께서 심령을 부드럽게 해 주셔서 서로 솔직하게 자신들의 영적 경험을 나눌 수 있었다.

5. 대화의 내용은 어떤 것이어야 합니까?(엡 4:29)

답 : 덕을 세우는 말과 선한 말을 통하여 서로에게 유익을 주어야 한다. 더러운 말이나 비방하는 말들을 삼가야 한다. 영적으로 부주의한 자들은 집집마다 다니며 해서는 안 될 말들을 하여 교회를 어지럽힌다.

6. 성실이 순례 길을 나서게 된 이유는 무엇입니까?(창 19:15)

답 : 죄에 대한 하나님의 엄중한 심판을 깨닫고, 죄 용서함과 심판을 피하기 위해서 순례의 길을 나섰다. 죄에 대한 각성이 그로 하여금 순례의 길을 가게 하였다. 따라서 구원이라는 것은 죄에서 구원함을 말한다(마 1:21).

7. 다른 사람들이 멸망의 도성을 떠나지 않은 이유는 무엇입니까?(막 2:16-17)

답 : 그들이 자신들의 죄를 보지 못하였기 때문이다. 따라서 심판에 대해서도 깨닫지 못하며, 구원의 필요성도 알지 못했다. 하나님께서 우리에게 구원의 은혜를 베푸실 때, 성령의 역사로 죄에 대한 각성이 일어나게 하시고, 죄의 용

서의 필요성을 깨닫게 하신다. 그래서 그리스도로 나아가도록 역사하시는 것이다.

8. 순례 길을 가다가 포기한 자에게 어떤 결과가 나타납니까?(마 12:45)

답 : 영적으로 이전보다 더욱 악한 상태에 빠졌다. 왜냐하면 사람들이 그를 조롱하기 때문에 그는 자신을 변호해야 했다. 따라서 순례의 길에 대해서 더욱 강력한 비난을 하게 되며, 일곱 배나 더욱 악해진 상태가 되었다.

9. 하나님께서는 심지어 원수들을 움직여서 자신의 뜻을 성취하십니다. 목적이 무엇입니까?(렘 38:18-19)

답 : 하나님께서 바벨론을 사용하셔서 이스라엘을 심판하시는 것과 같은 원리이다. 하나님이 기뻐하시지 않는 심판의 방법이다.

10. 결국 변덕쟁이는 어떤 자입니까?(벧후 2:22)

답 : 변덕쟁이는 타락한 자이다. 순례의 길을 나섰다가 어려움을 만나서 다시 세상으로 돌아간 자이다. 마치 개가 토하였던 것으로 돌아가는 것과 같다.

25_ 유혹들

크리스천은 성실이 지금까지 순례 길에서 경험한 것을 들음으로써 영적으로 더욱 풍성해진다.

성실_ 제가 알기에 당신은 절망의 수렁에 빠졌지만, 저는 절망의 수렁을 피해 위험 없이 좁은 문까지 올라왔습니다. 다만 바람둥이(Wanton)라는 여인을 만났는데, 그녀가 저에게 못된 짓을 하려고 했습니다.[1]

크리스천_ 그녀의 그물을 피했다니 참으로 다행입니다. 요셉도 그녀 때문에 어려움에 처했으나, 당신처럼 그녀를 피하다가 생명을 잃어버릴 뻔했습니다(창 39:11-13). 그런데 그녀가 당신에게 어떻게 행했습니까?

성실_ 당신도 어느 정도 알고 계시겠지만, 감각을 즐겁게 하는 그녀의 말은 당신이 생각할 수 없을 정도였습니다. 그녀는 모든 향락을 약속하면서 제가 그녀를 거절하지 못하도록 만들었습니다.[2]

크리스천_ 하지만 그녀가 착한 양심의 만족을 주겠다는 약속은 하지 않았지요?

성실_ 잘 아시는군요. 그녀는 온갖 육신과 정욕의 만족을 약속했습니다.

크리스천_ 당신이 그녀를 피한 것에 대해 하나님께 감사합니다. "음녀의 입은 깊은 함정이라 여호와의 노를 당한 자는 거기 빠지리라"(잠 22:14).

성실_ 그렇지만 제가 완전히 그녀를 피한 것인지는 잘 모르겠습니다.

크리스천_ 왜요? 저는 당신이 그녀의 유혹에 빠지지 않았다고 생각하는데요?

성실_ 아닙니다. 저는 저 자신을 더럽히지 않았습니다.³ 전에 보았던 오래된 문장을 기억했기 때문입니다. "그(녀)의 걸음은 스올로 나아가나니"(잠 5:5). 저는 그녀의 외모에 유혹되지 않으려고 눈을 감았습니다(욥 31:1).⁴ 그러자 그녀는 저에게 욕을 퍼부었습니다. 그리고 저는 길을 계속 갔습니다.

크리스천_ 그 외에 다른 공격은 받지 않았습니까?

성실_ 제가 고난의 언덕이라고 부르는 곳의 기슭에 이르렀을 때, 매우 늙은 노인을 만났습니다. 노인은 제가 무엇을 하는 자였으며 어디로 가는지 물었습니다. 저는 순례자이며 천성의 도시를 향해 가는 중이라고 대답했습니다. 그랬더니 노인은 "너는 정직한 친구 같아 보이는데, 내가 주는 삯을 받으며 같이 살지 않겠느냐?"고 말했습니다.

그래서 저는 노인의 이름과 사는 곳을 물어보았습니다. 노인은 자신의 이름이 첫 사람 아담(Adam the First)이며,⁵ 기만의 도시(Town of Deceit)에 산다고 대답했습니다(엡 4:22). 그래서 제가 다시 "제가 해야 할 일은 무엇이며, 일한 것에 대해 얼마나 삯을 줄 수 있습니까?"라고 물었습니다. 노인은 "일은 많은 쾌락이며, 삯은 내 상속자가 되는 것이다"라고 대답했습니다.⁶ 그래서 저는 무슨 집에서 살며, 다른 종들은 얼마나 있느냐고 더 물었습니다. 노인은 저에게 자신의 집에서는 세상의 맛있는 것들을 계속 먹을 수 있고, 종들은 자기 자신의 자손들이라고 했습니다. 그리고 노인에게는 육신의 정욕, 안목의 정욕, 이생의 자랑이라는 딸이 있는데 제가 원한다면 그들 모두와 결혼해도 된다고 했습니다(요일 2:16).⁷ 그래서 저는 "저와 얼마나 오래 살기 원합니까?"라고 물었습니다. 그러자 그는 자기가 살아 있는 한 같이 살아야 한다고 대답했습니다.

크리스천_ 그래서 결국 노인과 당신은 어떻게 되었습니까?

성실_ 그야 물론 처음에는 저 자신도 어느 정도 노인과 같이 가고자 하는 마음이 있었습니다.⁸ 노인이 매우 공정하게 말한다고 생각했기 때문입니다. 그러나 제가 노인과 이야기하고 있을 때 그의 이마에 '그의 행위와 함께 옛 사람을 벗어 버려라' 라고 쓰여 있는 것을 보았습니다.

크리스천_ 그래서 다음에 어떻게 했습니까?

성실_ 노인이 무슨 말을 해도, 그가 나를 자신의 집으로 데리고 가서 종으로 팔아 버릴 것이라는 생각이 내 마음에 불같이 일어났습니다.9 그래서 저는 노인에게 말하지 말라고 했는데, 왜냐하면 그의 집 근처에도 가고 싶지 않았기 때문입니다. 그러자 노인이 저에게 욕설을 퍼부으면서, 저의 길을 방해하기 위해 사람을 뒤따라 보낼 것이라고 말했습니다. 제가 노인에게서 떠나려고 돌아서자, 노인이 제 몸을 붙잡고 등을 세차게 잡아당겼는데, 마치 제 몸이 떨어져 나가는 것 같았습니다. 그래서 저는 "오호라 나는 곤고한 사람이로다"(롬 7:24)라고 소리쳤고, 얼른 산으로 뛰어 올라갔습니다. 마침내 제가 산의 중턱 즈음에 이르러서 뒤돌아보니 어떤 사람이 바람처럼 빠르게 저의 뒤를 따라오고 있었습니다. 결국 그는 바로 정자가 있는 부근에서 저를 따라잡았습니다.

크리스천_ 아, 그 정자요. 제가 쉬기 위해 앉았다가 잠에 빠져서 가슴에 간직했던 두루마리를 잃어버렸던 곳입니다.

성실_ 선한 형제여, 제 말을 끝까지 들어 보세요. 그 남자가 저를 따라잡자마자 내리치는 바람에 저는 죽은 자처럼 쓰러져 누워 있었습니다. 다시 정신을 차리고 나서 저는 그에게 나에게 왜 이러느냐고 물었습니다. 그는 내가 은밀히 첫 번째 아담에게 마음이 끌렸기 때문이라고 말했습니다.10 이 말과 함께 그는 다시 내 가슴을 치명적으로 때렸고, 저는 뒤로 자빠져서 죽은 자처럼 그

의 발꿈치 밑에 누워 있었습니다. 그리고 다시 정신을 차린 후 그에게 자비를 베풀어 달라고 울부짖었습니다. 그러나 그는 자비를 베푸는 방법을 모른다면서 다시 저를 때려눕혔습니다.[11] 어떤 분이 다가와서 그를 만류하지 않았다면, 그는 분명 저를 죽여 버렸을 것입니다.

크리스천_ 그를 만류한 사람은 누구입니까?[12]

성실_ 처음에는 알아보지 못했지만, 그가 옆으로 지나갈 때 저는 그의 양손과 옆구리에 있는 구멍을 보았습니다. 그것을 보고 저는 그분이 주님이시라는 것을 알았습니다. 그래서 저는 언덕 위로 올라갈 수 있었습니다.

크리스천_ 당신을 따라잡은 사람은 모세입니다. 그는 자신의 법을 어긴 이들에게 용서를 베푸는 방법을 모르며, 결코 용서하지 않습니다.

성실_ 저도 그것을 잘 알고 있습니다. 제가 그를 만난 것은 이번이 처음이 아닙니다.[13] 제가 고향에서 편안히 살고 있을 때 그가 저에게 와서 말하기를, 만약 제가 이곳에 계속 머문다면 우리 집을 모조리 태워 버리겠다고 했습니다.

크리스천_ 당신이 모세를 만났던 곳에서 언덕의 꼭대기에 있는 집을 보지 못했습니까?

성실_ 예, 제가 그곳에 이르렀을 때 집 앞에 사자도 있었습니다. 그러나 정오였기 때문에 저는 사자들이 자고 있다고 생각했습니다. 그리고 해가 지기까지는 시간이 많이 있었기 때문에 문지기를 지나쳐 언덕 아래로 내려갔습니다.

크리스천_ 문지기가 저에게 당신이 지나쳐 가는 것을 보았다고 했습니다. 그러나 당신이 그 집을 방문했으면 좋을 뻔했습니다. 그렇다면 그들은 당신이 죽는 날까지 잊지 못할 보기 드문 진품을 보여 주었을 것입니다. 그런데 겸손의 골짜기에서 아무도 만나지 못했습니까?

Q & A

1. 크리스천은 절망의 수렁에 빠졌지만 성실은 피할 수 있었습니다. 그러나 성실은 바람둥이라는 여인을 만났습니다. 크리스천과 성실의 차이는 무엇입니까?(딤후 2:22)

답 : 성실은 젊은 청년이다. 따라서 청년의 정욕을 피해야 한다. 청년으로서 정욕을 피하고 의와 경건을 추구해야 한다.

2. 바람둥이의 유혹은 어떤 성질이 있었습니까?(잠 7:9-10, 13-14)

답 : 어두울 때 은밀하게 유혹한다. 간교한 말로 유혹하며, 유혹할 자를 찾아 기다린다. 여러 가지 고운 말로 유혹하며, 입술의 호리는 말로 꾄다. 도무지 거절하기가 쉽지 않도록 유혹한다.

3. 우리의 영혼은 어떻게 해서 더럽혀집니까?(마 15:18-19)

답 : 성실은 바람둥이의 유혹을 받고 마음에 더러운 생각을 하지 않았다. 악한 생각과 더러운 생각들이 우리의 영혼을 더럽힌다. 따라서 마음을 청결하게 하는 것이 그리스도인의 의무이다. 하나님의 거룩한 것과 신령한 것들을 마음에 가득 채워야 한다.

4. 성실은 바람둥이의 유혹을 어떻게 피했습니까?(욥 31:1) 유혹은 어떤 특징이 있습니까?(겔 16:15)

답 : 그는 유혹을 받지 않기 위하여 의지의 결단을 하였다(거듭난 의지이기 때문에 가능하다). 유혹의 특징은 화려함이다. 화려한 것으로 사람의 마음을 빼앗아 죄를 짓도록 유도한다.

5. 노인의 이름이 첫 사람 아담이라는 것은 무엇을 의미합니까?
(엡 4:22; 고전 15:45-46)

답 : 중생하였어도 우리 심령에 남아 있는 죄성, 혹은 부패성이다. 남아 있는 죄성이 계속해서 우리를 죄 짓도록 유도한다. 따라서 옛 사람을 성령으로 죽여야 한다(롬 8:13).

6. 노인을 따를 때 실제적인 품삯은 무엇입니까?(롬 6:23)

답 : 죄의 삯은 사망이다. 이 죽음은 영적인 죽음일 뿐만 아니라 육신적인 죽음까지도 포함한다. 육신을 따라 행한다면 결국 하나님 나라를 유업으로 받지 못할 것이다(갈 5:21).

7. 이 세 가지는 어떤 것입니까?(요일 2:16)

답 : 육신대로 사는 것 즉, 죄성 혹은 부패성 가운데 행하는 것을 의미한다. 세상 사람들은 이 세 가지를 사랑한다. 이 세 가지는 육신의 즐거움으로 살며, 결코 만족할 수 없는 정욕 가운데 사는 것을 말한다. 그리고 세상적인 야망을 추구하는 것을 의미한다. 중생한 자는 중생의 역사로 그 심령에 영적인 원리가 새겨졌기 때문에 결코 육신대로 살 수 없다. 따라서 남아 있는 죄성이 유혹하더라도 성령의 도우심으로 육신을 죽이는 작업이 반드시 필요하다.

8. 마음이 끌린 것은 죄입니까, 아닙니까?(마 5:28; 삼하 11:2)

답 : 유혹을 받아 마음에 욕심을 품게 되면 이미 죄를 지은 것이다. 비록 그가 그것을 실행에 옮기지 않았다 하더라도 마음으로 죄를 지은 것이다.

9. 마음속에서 강력하게 생각난 것은 무엇을 의미합니까?(롬 2:15; 딤전 3:9)

답 : 양심이 죄를 고발하는 것이다. 선한 양심은 거듭난 양심으로써 우리가 하나님의 법을 어긴 것을 고발한다. 만약 이것을 무시하게 되면 그 양심은 결국에 파선된다(딤전 1:19).

10. 결국 죄에 끌렸던 그의 마음은 어떻게 됩니까?(롬 7:24)

답 : 거듭났지만 죄성이 남아 있어서 여전히 죄의 유혹을 받는다. 이것을 죄의 몸이라고 부른다(롬 6:6). 따라서 이것에 대한 탄식이다. 할 수 없이 그리스도의 은혜가 계속해서 필요하다.

11. 율법은 중생한 자에게도 어떤 기능을 합니까?(롬 7:12)

답 : 율법은 중생한 자에게 여전히 죄를 깨닫게 하는 기능을 한다. 그러나 중생 이전과 차이가 있는 것은 중생한 자에게 정죄할 수 없다는 것이다. 한편으로 중생한 자에게 율법은 성화의 수단이 된다.

12. 율법의 저주에서 면하게 해 주신 분은 누구입니까?(롬 8:1)

답 : 그리스도이시다. 그리스도 안에서 죄의 저주로부터 해방되었다. 중생한 자에게 율법은 저주와 정죄를 할 수 없다. 그리스도 안에 있기 때문이다.

13. 거듭나기 전에 율법은 어떤 기능을 했습니까?(갈 3:13)

답 : 거듭나기 전에 율법은 죄를 알게 하고 책망하는 기능을 하였다. 이때 율법은 하나님의 심판으로 그리고 정죄함으로 위협하였다.

26_ 불만과 수치

영혼의 구원을 위해 하나님께서 가장 먼저 하시는 일은 영혼이 죄인이라는 것과 죄의 결과로 심판을 받을 수밖에 없다는 사실을 깨닫게 하시는 것이다.

성실_ 불만(Discontent)이라는 자를 만났습니다. 그자는 자기와 함께 돌아가자고 저를 설득했습니다. 불만이 돌아가자고 한 이유는 이 골짜기에서는 영광을 얻을 수 없기 때문이었습니다. 더욱이 이 골짜기를 애써서 통과하는 것은 교만(Pride), 오만(Arrogancy), 자기기만(Self-conceit), 세상 영광(Worldly-glory)과 같은 저의 모든 친구에게 불순종하는 것이며, 불만이 아는 사람들을 매우 화나게 만드는 것이고, 저 자신을 바보로 만드는 것이라고 말했습니다.[1]

크리스천_ 그래요, 그래서 당신은 어떻게 대답했습니까?

성실_ 저는 불만에게 "그들이 나의 친족들이어서 내가 그들과 친했을지 몰라도[2] 내가 순례자가 된 이후 그들은 나와 의절했고, 나도 그들을 거절했기 때문에 그들은 나에게 더는 아무것도 아니다"라고 했습니다.

더욱이 저는 불만이 겸손의 골짜기에 대해서 잘못 알고 있다고 말해 주었습니다. 왜냐하면 '겸손은 영광에 앞서고, 교만은 멸망을 앞서' 기 때문입니다. 그래서 저는 불만이 가장 가치 있게 여기고 있는 것을 택하기보다는 차라리 가장 지혜로운 자들이 영광스럽게 여기고 있는 이 골짜기를 통과할 것이라고 말했습니다.[3]

크리스천_ 그 골짜기에서 다른 사람은 만나지 못했습니까?

성실_ 예, 수치(Shame)라는 자를 만났습니다. 그자는 저의 순례 길에서 만난 모든 사람 중에 가장 잘못된 이름을 가진 자였습니다. 다른 사람들은 논쟁을 조금 한 후에 마음을 돌이키지만, 뻔뻔한 얼굴을 하고 있는 수치는 결코 그렇지 않았습니다.

크리스천_ 왜요? 그자가 당신에게 무엇이라 말하던가요?

성실_ 말도 마세요! 그자는 종교 자체에 대해서 반대했습니다. 그자는 사람이 종교를 갖는다는 것은 한심하고, 천하며, 비열한 일이라고 말했습니다. 그리고 부드러운 양심은 남자답지 못한 것이며, 허세를 부리는 자유에서 자신을 구속해 자신의 말과 행위를 돌아본다면 이 시대의 용감한 정신을 가진 자들에게서 조롱받을 것이라고 말했습니다.4

그는 반대하기를, 권세 있는 자나 부자 혹은 지혜로운 자들 중에서 내 의견에 동의하는 자는 거의 없으며(고전 1:26; 3:18; 빌 3:7-8), 그들 중 어느 누구도 하지 않을 것이며(요 7:48), 무엇을 얻을 수 있을지 확실히 모르면서 자신이 좋아하는 것을 기꺼이 버리고 모든 것을 잃어버릴 모험을 하는 바보가 되라고 설득당하지 않을 것이라고 말했습니다.

더욱이 그는 대부분의 순례자들이 천하고 낮은 신분이며, 그들은 자신이 사는 시대의 자연과학에 대한 이해가 부족하고 무지한 자들이라고 하면서 반대했습니다.5 아무튼 그는 내가 여기서 말하지 못할 정도로 많은 것에 대해서 말했는데, 설교를 들으면서 흐느껴 울고 애통하는 것과, 집으로 돌아가서 한숨짓고 괴로워하는 것은 수치스러운 일이라고 했습니다.6 작은 잘못에도

이웃에게 용서를 구하는 것과, 어떤 것이라도 취한 후에 다시 배상하거나 돌려주는 것은 부끄러운 일이라고 했습니다.[7]

또한 더 멋진 말을 사용하긴 했지만 수치는 종교가 사람을 이상하게 만든다고 주장했는데, 조그만 악행이라도 자신의 탓으로 돌리고, 같은 믿음의 형제라고 해서 천한 사람들을 존경하니, 이 또한 부끄러운 일이 아니냐고 말했습니다.[8]

크리스천_ 그래서 당신은 그에게 뭐라고 말했습니까?

성실_ 처음에 저는 무엇을 말해야 할지 몰랐습니다. 예, 그가 저를 곤란하게 만들었습니다. 그래서 저의 얼굴은 벌개졌습니다. 수치라는 자는 더욱 압박해 거의 나를 격퇴시키려 했습니다.[9] 그러나 마침내 저는 "사람 중에 높임을 받는 그것은 하나님 앞에 미움을 받는 것이니라"(눅 16:15)는 말씀을 생각하기 시작했습니다. 또한 이 수치라는 자가 사람에 대해서 이야기했지, 하나님과 하나님의 말씀에 대해서는 아무것도 말하지 않은 것을 알게 되었습니다.[10] 더욱이 저는 최후의 날에 죽음 혹은 생명으로 결정되는 것이 이 세상의 허세에 의해서가 아니라 가장 높으신 자의 법과 지혜에 의한 것임을 생각했습니다.

따라서 저는 하나님께서 말씀하신 것이 최고라고 생각했습니다.[11] 비록 이 세상의 모든 사람이 반대해도 하나님의 말씀은 정말 최고입니다. 보세요, 하나님께서는 자신의 종교를 사랑하시고, 부드러운 양심을 좋아하십니다. 하나님 나라를 위해 스스로 바보가 되는 자가 가장 지혜로운 자입니다.[12] 하나님을 사랑하는 가난한 사람들은 이 세상에서 하나님을 미워하는 큰 부자들보다 부요합니다.

그래서 저는 저의 구원의 원수인 수치에게 "수치야, 물러가라. 내 주권자이신 주님을 대항하고 너를 받아들일 것 같으냐? 만약 그렇게 한다면, 주께서 다시 오실 때 내가 어떻게 그분을 바라볼 수 있겠느냐? 내가 지금 주님의 길과 종들을 부끄러워한다면, 어떻게 내가 그분의 축복을 기대할 수 있겠느냐?"(막 8:38)라고 소리쳤습니다.

그러나 정말로 수치라는 자는 뻔뻔한 악인이었습니다. 제가 악착같이 그를 뿌리치려고 했으나, 저를 떠나지 않고 계속 저의 귀에다 종교의 여러 가지 약점을 속삭였습니다.13 그러나 마침내 저는 이 같은 수작들이 헛된 수고라고 그에게 말했습니다. 그가 경멸하는 것들은 저에게 가장 영광스러운 것이었기 때문입니다. 결국 저는 이 귀찮은 존재를 뿌리쳤습니다. 그리고 그를 떨쳐냈을 때 노래했습니다.

> 하늘의 부르심에 순종하는 사람들이 만나는 시험들이 다양하고 많구나.
> 육신을 즐겁게 하는 시험들이 오고 또 오고 새롭게 오니,
> 지금 혹은 다른 때에 시험들에 사로잡혀 굴복되어 던져지는구나.
> 순례자들이여, 순례자들이여,
> 우리 모두 부단히 경계하고, 대장부처럼 시험들을 물리치세.14

크리스천_ 형제여, 당신이 그 악한 자를 그토록 용감하게 물리쳤다니 기쁩니다. 당신이 말한 것처럼 그자는 무엇보다도 나쁜 이름을 갖고 있다고 생각합니다. 그는 뻔뻔한 자입니다. 왜냐하면 그가 길에서 우리를 따라왔고, 모든 사람 앞에서 우리를 부끄럽게 하려고 시도했고, 우리가 선한 것을 부끄럽게 생각하도록 만들었기 때문입니다. 만약 그 자신이 철면피가 아니었다면 그러한 시도를 결코 하지 못했을 것입니다. 자, 우리는 계속 그를 대적해야 합니다.15 왜냐하면 그가 아무리 배짱이 있다 할지라도 바보들만 선동할 뿐이요, 그 밖에 아무도 속일 수 없기 때문입니다. 솔로몬 왕은 "지혜로운 자는 영광을 기업으로 받거니와 미련한 자의 영달함은 수치가 되느니라"(잠 3:35)고 했습니다.

성실_ 저는 우리 모두가 수치에 대항할 수 있도록 반드시 하나님께 도움을 구해야 한다고 생각합니다. 하나님께서는 우리가 이 땅에서 진리에 대

해 용감하게 되기를 원하고 계십니다.

크리스천_ 옳은 말씀입니다. 그러나 그 골짜기에서 또 다른 사람을 만나 보지 못했습니까?

성실_ 아니요, 저는 햇빛이 있는 가운데 나머지 길과 사망의 음침한 골짜기를 통과했기 때문에 만나지 못했습니다.

크리스천_ 당신에게 다행한 일이었습니다. 제가 확신하건대, 저의 경우는 전혀 달랐습니다. 저는 그 골짜기에 들어서면서부터 오랫동안 마귀 아볼루온과 무시무시한 전투를 벌였습니다. 저는 정말 마귀가 저를 죽일 것이라고 생각했습니다. 특별히 그가 나를 쓰러뜨리고, 짓밟을 때 마치 산산조각 나는 것 같았습니다. 그가 나를 던졌을 때 저의 손에서 검이 떨어져 나갔고, 그는 나를 확실히 죽이겠다고 말했습니다. 그러나 저는 하나님께 울부짖었고, 주님은 저의 기도를 들으시고 모든 어려움에서 구원해 주셨습니다. 제가 사망의 음침한 골짜기에 들어서서 골짜기의 절반을 통과할 때까지 거의 빛이 없었습니다. 저는 그곳에서 죽는 줄로 생각하고 또 생각했었습니다. 그러나 마침내 동이 텄고, 태양이 떠올라서 저는 더 쉽고 평안하게 남은 길을 끝까지 갈 수 있었습니다.

Q & A

1. 겸손의 골짜기에서 성실은 어떤 사람들을 만났습니까? 그러한 인물들의 시험은 어떤 특징이 있습니까? 겸손과는 어떻게 대비됩니까?(미 6:8; 잠 18:12)
① 불만 ② 교만 ③ 오만 ④ 자기기만 ⑤ 세상 영광

답 : ① 하나님께서 우리에게 요구하시는 것은 자족이다. 불만은 우리로 감사하지 못하게 하고, 욕심으로 살아가게 만든다.
② 하나님께서 우리에게 요구하시는 것은 겸손이다. 교만은 우리의 마음을 부추겨 하나님에게 순종치 않게 만든다.
③ 하나님께서 우리에게 요구하시는 것은 인애를 사랑하는 것이다. 오만은 우리로 스스로 높여서 이웃을 멸시하고 무시하게 한다.
④ 하나님께서 우리에게 요구하시는 것은 우리의 심령의 부패됨을 인정하는 것이다. 자기기만은 우리가 무엇인가 된 것처럼 생각하게 하여 스스로 속이게 만든다.
⑤ 하나님께서 우리에게 요구하시는 것은 하나님의 영광을 위해 사는 것이다. 세상 영광은 심령에 하나님에 대한 생각을 없게 만든다.

2. 과거의 죄 된 생활과 습관이 시험으로 올 때 진정으로 거듭난 자의 태도는 어떻습니까?(롬 6:2)

답 : 죄에 대해 죽어 있기 때문에 반응하지 않는 것이다. 즉, 죄의 유혹에 대해서 달려가지 않는 것이다. 그리스도께서 성령으로 우리 속에 내재된 죄의 지배에서 벗어나게 하셨기 때문이다. 그리스도께서는 중생의 역사로 죄의 주관하는 힘을 거두어 가셨다(딛 3:5-6). 따라서 죄는 우리 안에서 적극적으로 활동하지 못한다.

3. 스스로 낮추는 길을 택하면 어떤 결과를 얻을 수 있습니까?(벧전 5:6; 마 18:4)

답 : 겸손히 행하면 하나님께서 높여주시는 결과를 얻을 수 있다. 따라서 영광을 추구하는 것이 아니라 겸손을 추구해야 한다.

4. 수치가 비난한 것은 무엇입니까?(겔 36:26)

답 : 성령의 역사에 의하여 심령이 부드러워진다. 부드러워진 심령은 죄에 대해서 민감하여 죄를 짓지 않으려고 애쓰며, 하나님의 계명을 지키고자 노력을 기울인다. 수치는 이것을 비난하였다. 따라서 수치의 유혹은 성령의 역사로 인한 은혜를 부끄럽게 여기도록 만드는 것이다.

5. 수치가 두 번째로 비난한 것은 무엇입니까?(고전 1:26)

답 : 수치는 순례자들의 사회적 신분 상태가 천하고, 세상의 자연과학에 대한 이해가 부족할 뿐만 아니라 무지한 자들이라고 비난하였다. 실제로 주의 부르심을 보면 귀한 자가 아니라 천한 자를 부르셨다고 말씀하고 있다. 이는 하나님께서 세상의 지혜는 아무것도 아니고 오직 하늘로부터 오는 신령한 구원의 지혜가 중요하다는 것을 말씀하기 위한 것이다. 수치는 이러한 유혹으로 은혜를 세상의 기준으로 판단하게 해서 부끄럽게 만들려고 했다.

6. 수치가 세 번째로 비난한 것은 무엇입니까?(잠 1:23)

답 : 수치가 비난한 것은 하나님의 말씀을 듣고 애통하는 것과 한숨짓고 괴로워

하는 것이었다. 이는 성령의 역사로 인한 죄의 깨달음으로부터 오는 것이다. 성령의 역사로 인하여 온전한 회개로 나아가는 과정에서 일어나는 것이다. 따라서 수치는 진정한 회개를 부끄럽게 여기도록 유혹했다.

7. 수치가 계속해서 비난하는 것은 무엇입니까?(딤전 1:19; 3:9)

답 : 형제에게 잘못을 행하고 손해를 끼쳤다면 가서 용서를 구하고 손해를 회복해야 하는 것이 그리스도인의 의무이다. 이것은 회개의 증거이다. 만일 회개하였다고 하면서 형제에게 용서를 구하지도 않고, 입힌 손해를 회복하지 않는다면 그것은 거짓 회개이다. 따라서 수치의 비난은 회개의 열매를 맺지 못하게 하는 유혹이다.

8. 수치가 또 비난한 것은 무엇입니까?(롬 12:10)

답 : 수치가 비난한 것은 형제에 대해서 용서를 구하고, 서로 존경하는 것이었다. 이는 거듭난 양심 가운데 나오는 것이다. 천한 사람일지라도 그리스도 안에서 형제이기 때문에 서로 존경해야 한다. 그리스도 안에서 신분의 고하가 없기 때문이다(갈 3:28). 수치의 유혹은 사람들로 외식하게 만드는 것이다.

9. 수치가 시험하는 목적은 무엇입니까?(막 8:38)

답 : 수치는 결국 그리스도와 그리스도의 말씀을 부끄럽게 해서 자신의 신앙고백을 부끄럽게 여기게 만들고 결국 숨기게 하려는 목적을 가지고 있다. 수치의 시험과 유혹은 그리스도를 부정하게 만드는 매우 위험한 것이다. 따라서 우리의 믿음을 세상 앞에서 부끄럽게 여기거나 수치스럽게 생각하는 것은 벌써 유혹에 굴복되었다는 것이다. 그리스도에 대한 신앙고백을 담대히 여기고, 자랑스럽게 여겨야 한다. 그리고 진리에 대해서 용감해야 한다.

10. 수치는 철저히 인간의 관점에서 하나님에 관련된 것을 부끄럽게 생각하도록 만드는 시험을 합니다. 그는 철저한 인본주의 논리를 펴는 자입니다. 따라서 무엇을 분별해야 합니까?(요일 4:5)

답 : 세상의 관점에서 말을 하기 때문에 세상적인 자들은 수치의 말에 동의할 것이다. 인본주의자들은 수치의 말에 박수를 보낼 것이다. 그러나 하나님의 관점에서 볼 때 이것은 하나님을 부정하는 것이다. 따라서 수치는 하나님으로부터 우리를 떨어지게 하려고 유혹했다. 그러므로 믿음으로 대항하여 물리쳐야 한다. 신앙적인 것을 귀하게 여기고 자랑스럽게 여김으로 수치의 유혹을 분쇄할 수 있다.

11. 사람들이 하나님을 섬기고 예수님을 믿는 것을 부끄럽게 만들 때 어떻게 응답해야 합니까?(행 4:19)

답 : 인간적이며 세상적인 말을 기준으로 삼을 수 없다. 오직 하나님 말씀에 입각해서 신앙적인 것을 자랑스럽게 여겨야 할 것이다. 하나님께서 말씀하신 것이 최고임을 말하여야 한다. 그리고 세상이 자신들의 관점을 강요한다 하더라도 그들의 말을 들을 수 없음을 분명히 선언해야 한다.

12. 세상적인 사람들이(이들은 심지어 교회 속에도 있다) 세상의 기준으로 믿음에 관련된 것들을 비난할 때, 어떻게 대처해야 합니까?(고전 1:24-25)

답 : 하나님의 능력과 지혜가 인간의 지혜와 비교할 수 없음을 증거해야 한다. 그들의 인간적 논리가 얼마나 제한적인가를 드러내는 것이다. 그러나 한편으로 그들에게 영적 각성이 일어나지 않아서 세상적인 관점으로 믿음을 해석하고 있음을 분별해야 한다.

13. 종교의 약점들은 누구에 의해서 발생된 것입니까?(롬 2:23–24)

답 : 종교의 약점들은 위선자들에 의해서 발생된 것이다. 진정한 하나님의 백성이 아닌 자들이 교회 속에 있으면서 문제들을 만들어 낸다. 따라서 이들로 인하여 하나님의 이름이 모독을 받으며, 교회가 비방을 당한다. 물론 이러한 것을 방지하기 위해서 교회는 이러한 위선자들을 고치는 것에 주의를 기울여야 한다. 그리고 진정으로 구원의 은혜가 있는 자들로 교회를 구성해야 한다.

14. 성도에게 계속해서 오는 시험들의 특징은 어떤 것입니까?(눅 22:28)

답 : 하나님의 부르심에 순종하는 사람들에게 오는 시험들은 다양하고 많다. 그리고 그 시험은 계속해서 오고 또 온다. 때로는 시험을 극복하여 승리하지만, 때로는 시험에 굴복되기도 한다. 따라서 부지런히 경계하고, 믿음으로 담대히 시험들을 물리쳐야 한다.

15. 성도들은 수치와 같은 자들에게 어떤 전략을 사용해야 합니까?(약 4:7)

답 : 성도들은 수치와 같은 자들을 대항하여 물리쳐야 한다. 결국 수치는 어리석은 자들만 유혹할 것이며, 진정한 성도를 속일 수 없다. 성도가 대적하여 물리친다면 수치는 더 이상 속일 수 없음을 알고 물러갈 것이다.

27_ 수다쟁이

성실은 입술의 고백만 있으며 하나님의 말씀을 듣지만 심령의 변화가 없고 세상의 지식으로 자신의 신앙을 포장하는 수다쟁이를 만나서 대화한다.

내가 꿈속에서 보니, 그들은 계속 길을 걸어가고 있었다. 성실이 문득 한쪽을 보니 수다쟁이(Talkative)라는 자가 그들과 약간 떨어진 거리에서 그들 옆을 걷고 있었다. 이곳의 길은 그들 모두가 걸어가기에 충분히 넓었다.[1] 수다쟁이는 키가 컸으며, 가까이서 보는 것보다 멀리서 보는 것이 훨씬 잘 생겨 보였다. 성실이 수다쟁이에게 말을 걸었다.

성실_ 친구여, 어디로 가십니까? 당신도 천국으로 가는 길입니까?

수다쟁이_ 나도 같은 곳으로 가는 길입니다.

성실_ 이것 참 잘 되었군요. 우리가 당신의 좋은 동행자가 되어 드리고 싶은데요.

수다쟁이_ 제가 기꺼이 당신들의 동행자가 되어 드리지요.

성실_ 그러면 자, 이리로 오시오. 같이 갑시다. 유익한 대화를 나누면서 시간을 보내도록 합시다.

수다쟁이_ 당신들처럼 다른 사람들과 좋은 것에 대해 이야기하는 것은 저에게는 정말 즐거운 일입니다. 그처럼 선한 일에 관심이 있는 분을 만나서 기쁩니다. 여행 중에 그러한 일로 시간을 보내는 사람은 정말 별로 없습니다. 많은 사람이 유익하지 못한 것에 대한 이야기를 선택합니다. 이것이 저

에게는 고민거리였습니다.²

성실_ 참으로 슬퍼할 일입니다. 하늘에 계신 하나님에 대한 이야기로 입술과 혀를 사용하는 것만큼 가치 있는 것이 세상에 또 있겠습니까?

수다쟁이_ 당신이 그렇게 확신에 찬 말을 하니, 참으로 마음에 듭니다. 내가 한마디 추가한다면³ 가장 즐겁고 유익한 것은 하나님에 대해 이야기하는 것이 아닙니까? 만약에 사람이 놀라운 일들로 기뻐한다면 이처럼 즐거운 일이 또 있겠습니까?

예를 들어 사람이 역사 혹은 신비한 것에 대해 이야기하는 것에서 기쁨을 발견한다면, 혹은 기적과 경이로운 일과 표적에 대해 이야기하는 것을 좋아한다면, 어디에서 그렇게 즐거운 기록들을 찾을 수 있겠습니까? 바로 그런 일이 달콤하게 기록된 성경에서 찾을 수 있지요.

성실_ 사실입니다. 우리가 의도하는 바는 그러한 것들을 이야기함으로써 유익이 되게 하는 것입니다.

수다쟁이_ 그것이 바로 제가 말씀드린 것입니다. 그러한 것들을 이야기하는 것은 가장 유익한 일이요, 그렇게 함으로써 사람들은 세상의 것들이 헛되다는 것과 하늘의 것이 유익하다는 지식을 얻게 됩니다. 따라서 일반적으로, 그러나 더 특별히 이렇게 함으로써 사람들은 거듭남의 필요성, 우리 행위의 불충분성, 그리스도의 의의 필요성을 배우게 됩니다.

그 밖에도 이야기를 통해 사람들은 회개하는 것, 믿는 것, 고통받는 것이 무엇을 의미하는지 배우게 되며, 복음의 위대한 약속들과 위로들이 무엇인지를 깨닫게 되어 위로를 얻게 됩니다. 더욱이 이야기함으로써 사람들은 잘못된 견해를 논박하는 것과 진리를 변호하는 것과 무지한 자들을 가르치는 것을 배우게 됩니다.

성실_ 모두 옳은 말씀입니다. 이런 말들을 당신에게서 들으니 기쁩니다.

수다쟁이_ 아! 이런 지식이 부족한 게 원인이 되어서, 영생을 얻기 위한 믿음의 필요성과 우리 영혼 위에 역사하는 은혜의 필요성을 이해하는 사람은 거의 없습니다. 무지하여 율법 아래에 사는 자는 결코 천국을 얻을 수 없습니다.

성실_ 그러나 잠깐만요, 그와 같은 하늘의 지식은 하나님의 선물입니다. 아무도 인간의 노력 또는 그것들을 이야기하는 것만으로는 천성의 지식을 얻을 수 없습니다.

수다쟁이_ 그 모든 것을 저도 잘 알고 있습니다.4 하늘에서 주어지지 않는 한 인간은 아무것도 얻을 수 없기 때문입니다. 모든 것이 은혜지, 행위가 아닙니다. 나는 이것을 증명하기 위해서라면 백 개의 성경 구절이라도 당신에게 말해 줄 수 있습니다.

성실_ 그렇다면 이 시점에서 한 가지 주제를 정해 놓고 그것에 대해서 대화를 나누면 어떻겠습니까?

수다쟁이_ 당신이 원하는 대로 하십시오. 나는 하늘의 것들 혹은 세상의 것들, 도덕적인 것들 혹은 복음적인 것들, 거룩한 것들 혹은 불경스러운 것들, 과거의 것들 혹은 장래의 것들, 외국의 것들 혹은 국내의 것들, 보다 본질적인 것들 혹은 부수적인 것들, 그리고 우리에게 유익을 주는 모든 것에 대해서 이야기하고 싶습니다.5

성실은 그 즉시 놀라기 시작했다. 그리고 크리스천에게 다가가서(왜냐하면 크리스천은 혼자 말 없이 줄곧 걸었기 때문이다) 조용히 속삭였다. "참으로 용감한 동행자를 얻었습니다! 틀림없이 이 사람은 매우 뛰어난 순례자가 될 것입니다."

크리스천_ (이 말을 듣고 크리스천은 조심스럽게 미소를 지으면서) 당신이 그토록 감탄하는 이 사람은 스무 개의 혀를 갖고 그를 알지 못하는 자들을 속일 것입니다.6

성실_ 그렇다면 당신은 그를 알고 있습니까?

크리스천_ 알고 있지요! 예, 그가 자신을 아는 것보다 더 잘 알고 있습니다.7

성실_ 도대체 그는 누구입니까?

크리스천_ 그의 이름은 수다쟁이입니다. 그는 우리 고장에서 살았습니다. 나는 당신이 그자를 처음 본다고 해서 이상하게 여겼지만 우리 고장이 크기 때문에 그렇다고 생각했습니다.

성실_ 누구의 아들입니까? 어디쯤에 살고 있습니까?

크리스천_ 그는 달변(Say-well)의 아들이며, 수다 거리(Prating Row)에서 살았습니다. 그리고 그는 수다 거리의 수다쟁이로 모든 사람에게 널리 알려져 있었습니다. 그는 말솜씨가 뛰어나지만 한심한 자입니다.

성실_ 글쎄요, 매우 훌륭한 사람처럼 보였는데요?8

크리스천_ 그를 속속들이 알지 못하는 사람에게는 그렇게 보이지요. 그는 외지에서는 최고의 사람이지만 자신의 집 근처에서는 추악한 자입니다.9 당신이 그자를 훌륭한 사람이라고 말씀하시니 화가가 그린 그림이 연상됩니다. 화가의 그림은 멀리서는 멋있게 보이지만 아주 가까이에서는 아무런 만족을 주지 못합니다.

성실_ 그런데 당신이 웃으시는 것을 보니 농담하시는 것 같습니다.

크리스천_ 비록 제가 미소를 짓기는 했지만, 하나님께서는 이런 문제에 대해서 농담하거나 잘못 비난하는 것을 금하시고 계십니다.10 제가 그에 대해 더 자세히 알려 드리겠습니다.

이 사람은 지금 당신과 이야기를 나눈 것처럼 어떤 사람하고도 이야기를 나누며, 어떤 말이라도 하는 자입니다. 술자리에 앉았을 때도 이야기하며, 술을 많이 마시면 마실수록 그의 입술에는 더 많은 말이 넘칩니다. 그의 마음이나 집, 대화에서 종교는 없습니다. 모든 것이 그의 혀에 있습니다. 그리고 그의 종교는 혀로 소음을 만들어 내는 것입니다.11

성실_ 정말 그렇습니까? 그렇다면 제가 이 사람에게 크게 속았습니다.

크리스천_ 속았습니다! 이제 속으신 것을 확신하실 수 있습니다. "그들은 말만 하고 행하지 아니하며"(마 23:3)와 "하나님의 나라는 말에 있지 아니하고 오직 능력에 있음이라"(고전 4:20)는 말씀을 기억하십시오.12 그가 기도, 회개, 믿음, 거듭남에 대해서 말했으나 오직 말뿐입니다.

저는 그의 가정에 있으면서 그를 안팎으로 지켜보았습니다. 그러니 제가 그에 대해서 말하는 것은 사실입니다. 그의 가정에는 달걀흰자의 맛과 같은 종교의 껍데기만 있었습니다.13 기도도 없었고, 죄를 회개한 증거도 없었습니다.14 짐승이 그보다 하나님을 훨씬 잘 섬기고 있습니다.

그는 그를 아는 모든 사람에게 오점과 비난의 대상이며, 종교의 수치입니다. 그가 사는 마을 전체에서 그에 대해 좋은 말을 하는 사람은 거의 없었습니다. 그 때문에 종교가 비난받았습니다(롬 2:24-25).15

그를 아는 모든 사람은 그가 밖에서는 성자요, 집에서는 악마라고 합니다. 그의 불쌍한 가족도 그가 구두쇠이며, 욕쟁이라는 것과 하인들에게 부당한 대우를 하는 것을 알고 있습니다.16 그러나 그들은 그에게 어떻게 해야 할지, 어떻게 말해야 할지를 모르고 있습니다. 그와 거래를 해 본 사람들은 그와 거래하는 것보다 터키 사람과 거래하는 것이 더 낫다고 합니다. 터키 사람들과는 공정한 거래를 할 수 있기 때문입니다. 이 수다쟁이는 가능한 한 사람들을 속이고 기만하며 사기를 칩니다.17

그 밖에도 자신의 아들이 자기의 행적을 따라오도록 가르치고 있으며, 자식들 중 누구라도 소심한 자(그는 부드러운 양심을 가진 자를 그렇게 불렀다)를 발견하면 그들을 바보, 멍청이라고 불렀습니다.18 그리고 그들에게 일을 주지 않았으며, 절대 다른 사람 앞에서 칭찬하지도 않았습니다. 그의 악한 생활은 많은 사람을 걸려 넘어지게 만들었습니다. 만약 하나님께서 막지 않으셨다면, 보다 많은 사람이 파멸에 이르렀을 것입니다.

성실_ 내 형제여, 저는 당신을 믿을 수밖에 없습니다. 당신이 그를 알고 있다고 말했기 때문이기도 하지만 크리스천의 양심으로 그를 평가했기 때문입니다. 저는 당신이 악의를 품고 그런 말을 했다고 생각하지 않습니다. 바로 당신이 말한 그대로이기 때문입니다.

크리스천_ 제가 당신보다 그에 대해 몰랐다면, 저도 당신이 처음에 그에 대해 생각했던 것처럼 똑같이 생각했을 것입니다. 만약 이런 보고를 종교를 거부하는 원수들에게서 들었다면, 저는 악인들이 선한 사람들의 이름들과 고백에 퍼붓는 중상이라고 생각했을 것입니다. 그러나 제가 아는 그의 모든 악한 행위를 통해 저는 그의 죄를 증명할 수 있습니다.

이 밖에도 선한 사람들은 그를 부끄럽게 여기고 있으며, 그들은 그를 형제나 친구라고 부르지도 않습니다. 그를 아는 사람들은 그의 이름을 부르는 것조차 창피한 일로 여깁니다.

Q & A

1. 순례자가 가는 길에 수다쟁이가 들어왔습니다. 그런데 그곳은 그들 모두가 걸어가기에 충분하였습니다. 무엇을 의미합니까?(계 3:1)

답 : 교회가 외적으로 번성하였을 때, 위선자들이 쉽게 들어올 수 있음을 의미한다. 위선자들이 교회에 들어와서 자신의 정체를 숨기고 신앙생활하는 것처럼 나타낼 수 있다. 그런데 교회가 영적으로 느슨하여졌을 때 이러한 위선자들이 많이 들어온다. 사데교회는 이름도 있는 교회였으며, 사업도 많이 하던 교회였지만 주님 보시기에 죽은 교회였다. 실제로 사데교회는 구원받은 백성이 소수에 불과한(계 3:4) 위선자가 넘치는 교회였다.

2. 다른 사람을 낮추면서 간접적으로 자신을 높이고 있습니다. 이것은 교묘한 영적 교만입니다. 이처럼 자신을 드러내기에 애쓰는 자들의 입술의 열매는 무엇입니까?(롬 1:30)

답 : 이는 교만한 자의 특징이다. 교만한 자의 특징은 자기를 자랑한다. 자신을 드러내기 위해서 다른 사람을 낮추고, 결국에는 자기를 자랑한다.

3. 듣기보다는 자기를 나타내기 위해 말을 많이 하는 수다쟁이에게서 나타나는 증거는 무엇입니까?(잠 10:19)

답 : 다른 사람보다 더 많이 알고 있다는 것을 나타내기 위해 상대방의 말을 듣기보다는 그것 위에 추가하여 말을 한다. 그러나 이는 스스로 지혜 없음을 나타내는 것이다.

4. 자기 자신을 자랑하는 것에 바쁜 나머지 수다쟁이에게는 겸손이 없었습니다. 진정으로 하나님의 말씀을 배우고 깨달으면 우리 영혼에 어떤 현상이 나타나야 합니까?(빌 2:3)

답 : 수다쟁이가 말을 많이 하는 것은 자신에게 지식이 없다는 것이다. 지식이 없음을 감추기 위해서 말을 많이 하는 것이며, 그 마음에는 허영심이 가득 차 있는 것이다. 그러나 진정으로 하나님의 말씀을 깨달으면 자신이 아무것도 아니라는 것을 인정하게 되고 더욱 겸손해져서 다른 사람을 나보다 낫게 여기게 된다.

5. 수다쟁이는 지식 때문에 어떤 특징을 갖고 있습니까?(고전 8:1; 딤전 6:4)

답 : 수다쟁이는 그 모든 것을 자기도 잘 알고 있다고 하였다. 수다쟁이는 부족한 지식을 가지고 교만하여졌다. 그래서 어느 누구에게도 지지 않으려고 한다. 따라서 다툼과 허영심이 마음에 자리 잡고 있다. 교만하여 아무것도 알지 못하고 변론과 언쟁을 좋아하는 자이다.

6. 많은 사람이 피상적인 지식이나 잘못된 지식과 편견 때문에 속아 넘어갑니다. 진정한 가르침인지의 여부를 어떻게 확인합니까?(요일 4:6)

답 : 그 가르침이 진리인지 아니면 오류인지를 구별하는 것은 사도들의 가르침을 따라가는지 그 여부를 통해서 확인할 수 있다. 오직 사도들의 가르침 위에 성령이 역사하셔서 구원이 있게 하신다. 오류의 가르침에는 미혹의 영 혹은 오류의 영이 역사하여 구원이 없다.

7. 수다쟁이의 가장 큰 문제점은 무엇입니까?(잠 26:12)

답 : 수다쟁이의 가장 큰 문제점은 자기 자신을 모르는 데 있다. 자기 스스로 지

혜로운 척을 하지만 그는 미련한 자이다. 그래서 수다쟁이는 자신 스스로를 속이며, 이웃을 속이고, 결국에는 하나님도 속이는 자이다.

8. 따라서 무엇을 분별해야 합니까?(요일 4:1)

답 : 외형적으로 훌륭하게 보일 지라도 그가 하나님의 영에 속하였는지 아니면 미혹의 영에 속하였는지를 분별하여야 한다. 그렇지 않으면 속을 수 있다.

9. 결국 수다쟁이는 어떤 사람입니까?(마 23:27)

답 : 수다쟁이는 전형적인 위선자이다. 자신의 지식을 자랑하면서 믿음이 있는 척하였다. 더욱이 그를 잘 알지 못하는 자들에게는 최고의 사람으로 자신을 포장한다. 그러나 자신의 집 근처에서는 추악한 자로 소문이 나 있다. 즉 위선자이다.

10. 마태복음 7장 1절에 비판하지 말라고 말씀하고 있습니다. 그렇다면 크리스천의 판단은 잘못된 것입니까?(말 3:18; 요일 4:1)

답 : 크리스천의 판단은 영을 분별하는 것이다. 진정한 믿음의 은혜가 있는지 혹은 거짓의 은혜나 잘못된 지식 가운데 있는지 그 여부를 분별하는 것이다. 이렇게 분별하는 목적은 위선자에게 속아 넘어가지 않기 위한 것이며, 목회자의 경우에는 교회의 회원권을 부여할 것인가 아니면 거절할 것인가의 여부를 결정하기 위한 것이다.

11. 결국 수다쟁이에게는 무엇이 부족합니까?(겔 36:26)

답 : 수다쟁이에게는 그의 심령이 변화된 혹은 성령의 역사로 갱신된 증거가 없다. 겸손하지도 않으며, 오직 말에만 신앙이 있고 진정한 행함이 결여되어

있기 때문이다.

12. 말만 하고 행하지 않는 자들은 결국 그 심령 속에 은혜가 없기 때문이며, 은혜가 없는 것을 감추려고 더욱 말을 많이 하게 됩니다. 그래서 수다쟁이라고 부르는 것입니다. 수다쟁이에게 은혜가 없다는 것은 무엇으로 알 수 있습니까?(고전 4:20)

답 : 하나님의 진정한 백성의 증거는 고백에만 있는 것이 아니라 경건의 능력이 있어야 한다. 그러나 위선자들은 그 심령이 성령으로 갱신되지 않았기 때문에 경건을 추구하려고 해도 할 수 없다. 경건의 능력이 없는 것이다. 그래서 그에게 은혜가 없다는 것이다.

13. 그 심령 속에 경건의 원리나 능력의 체험이 없기 때문에 나타나는 현상은 무엇입니까?(왕하 18:20)

답 : 그 심령에 영적인 원리가 심겨지지 않았기 때문에 그는 종교적 흉내만을 낼 뿐이다. 이때 종교적으로 보일 수 있는 가장 좋은 방법은 말을 많이 하는 것이다. 그래서 그에게는 오직 입술에만 신앙이 있는 것이다.

14. 한 영혼이 진정으로 회개했는지 그 여부는 무엇으로 알 수 있습니까? (고후 7:11)

답 : 그 영혼이 진정으로 회개한 증거는 죄를 슬퍼하고, 미워하며, 죄에 대해서 싸우는 것이다. 이것이 있어야 진정으로 회개한 것으로 볼 수 있다.

15. 위선자 한 사람 때문에 교회는 어떤 비난을 받습니까?(롬 2:24-25)

답 : 위선자로 인하여 교회가 세상으로부터 비방과 멸시를 받는다. 물론 하나님의 거룩한 이름도 모독을 받는다. 따라서 교회는 위선자를 분별하여 회개케 하거나 혹은 회개치 않을 경우 교회에서 징계를 시행해야 한다.

16. 우리에게 은혜가 있는지는 어디에서 드러나게 됩니까?(행 10:1)

답 : 우리의 신앙생활의 진정성을 속일 수 없는 곳이 가정이다. 그가 가정에서 경건 생활을 유지하고 있는지를 살피면 알 수 있다. 더욱이 우리의 경건 생활 가운데 그것의 진위 여부는 언어생활로 드러나며, 경제적으로는 구제와 섬김으로 나타나며, 자신의 일꾼들에게 대하는 태도로 확인해 볼 수 있다.

17. 수다쟁이는 수다를 떨면서 은혜가 있는 것처럼 해서 무엇을 얻으려고 합니까?(딤전 6:5)

답 : 수다쟁이는 자신이 은혜가 있는 것처럼 위장하여서 다른 사람을 속이고, 결국에는 자신의 이득을 취하는 자이다. 따라서 사람을 속이기 위해서 철저히 자신이 믿음이 있다는 것을 보여주기 위해서 외식하는 것이다.

18. 진정한 그리스도인이라는 증거 중의 하나는 부드러운 양심입니다. 부드러운 양심은 어떤 기능을 합니까?(삼상 24:4-6)

답 : 부드러운 양심은 하나님 앞에서 정직한 삶을 살게 하며, 사람들에게 의로운 삶을 추구하게 한다. 따라서 미세한 성령의 음성에도 반응하여 순종하며, 자신의 잘못과 죄에 대해서 즉각적으로 반응하여 회개하는 것이다.

28_ 영을 분별하라

성실은 수다쟁이에게 진정한 은혜가 있는지 그 여부를 살피는 작업을 한다. 이런 작업을 '심령을 살피다(Searching heart)'라고 부른다. 영혼을 깨우치고 치료하려면 반드시 해야 하는 일이다.

성실_ 말하는 것과 행동하는 것은 별개인 것을 알았습니다. 이제부터 이런 구별에 더욱 주의해야겠습니다.

크리스천_ 말과 행동은 영혼과 육체가 다른 것처럼 정말로 별개의 것입니다. 영혼이 없는 육신이 시체와 같듯이, 말만 홀로 있는 것 역시 시체에 불과합니다. 신앙의 정신은 실천적인 것입니다.[1] "하나님 아버지 앞에서 정결하고 더러움이 없는 경건은 곧 고아와 과부를 그 환난중에 돌보고 또 자기를 지켜 세속에 물들지 아니하는 그것이니라"(약 1:27). 이 수다쟁이는 이것을 알지 못하고, 듣는 것과 말하는 것으로 좋은 크리스천이 될 수 있다고 생각합니다. 따라서 그는 자신의 영혼을 속이고 있습니다. 듣는 것은 단지 씨를 뿌리는 것이며, 말하는 것만으로는 진실로 마음과 삶 가운데 열매가 있다고 증명하기에 불충분합니다.

마지막 심판 날에 열매로서 각자 심판받는다는 것을 우리 스스로 분명히 해야 합니다(마 13:25).[2] 그날에 "당신은 믿었습니까?"라고 질문받지 않고 "당신은 행하는 자였습니까? 아니면 말만 하는 자였습니까?"라고 질문받고, 행위에 따라서 심판받을 것입니다. 이 세상의 마지막은 추수에 비유할 수 있습니다. 당신도 아시는 바와 같이 추수 때 사람들은 오로지 열매에 관심을 둡니다.[3] 믿음에 속하지 않은 것이 받아들여질 수 있다는 것이 아닙니다. 제가 이것을 말씀드리는 것은 당신에게 수다쟁이의 고백이 마지막 날에 얼마나 무의미한가를 보여 주기 위한 것입니다.

성실_ 당신의 말씀을 들으니, 모세가 정결한 짐승에 대해서 묘사한 것이 생각납니다(레 11장; 신 14장). 굽이 갈라져 쪽발이 되고 새김질하는 것은 정결한 짐승이며, 굽만 갈라졌거나 새김질만 하는 것은 부정한 짐승입니다. 토끼는 새김질은 하지만 굽이 갈라져 있지 않기 때문에 부정한 짐승입니다. 이는 진실로 수다쟁이를 닮았습니다. 그는 지식을 찾고 구하면서 말씀을 새김질하고 있습니다. 이는 새김질하는 것과 같습니다. 그러나 그는 죄인의 길에서 떠나지 않고 있는데, 이는 개 혹은 곰의 발처럼 굽이 갈라져 있지 않은 것과 같습니다. 따라서 수다쟁이는 토끼와 같이 부정한 자입니다.[4]

크리스천_ 제가 알고 있는 한에서는 당신이 그 본문들에서 진정한 복음의 의미를 말씀하셨습니다. 제가 다른 구절들을 추가로 말씀드리겠습니다. 사도 바울은 말만 하기를 좋아하는 자들을 "소리 나는 구리와 울리는 꽹과리"라고 부르면서 이것에 대해 "생명 없는 것이 소리를 (낸다)"라고 했습니다(고전 14:7). 생명이 없다는 것은 진실한 믿음과 복음의 은혜가 없다는 것입니다.[5] 따라서 그들의 이야기가 천사의 말과 음성 같다 하더라도 생명이 없다면, 하늘에 있는 생명의 자녀들 가운데서 결코 함께 살 수 없을 것입니다.

성실_ 그렇습니다. 처음에 저는 그와 동행하는 것을 그렇게 썩 좋아하지 않았습니다. 지금 저는 그가 넌덜머리가 납니다. 그를 어떻게 떨쳐 버리지요?

크리스천_ 저의 충고를 받아들여 제가 말씀드린 대로 하십시오. 하나님께서 그의 마음을 움직여 돌이키지 않는 한 그는 곧 자신의 동행자에게 싫증 낼 것입니다.

성실_ 저보고 무엇을 하라는 것입니까?

크리스천_ 자, 그에게 가십시오. 그리고 신앙의 능력에 대해 심각하게 대화하십시오.[6] 그리고 (그는 분명 동의할 것입니다) 그에게 단순히 이런 종교의 능

력이 그의 마음과 집, 혹은 대화에 있는지 여쭤어 보십시오.

성실_ (성실은 다시 수다쟁이에게 다가갔다) 그래, 지금 기분이 어떻습니까?

수다쟁이_ 감사합니다, 좋습니다. 이야기를 계속했더라면 지금까지 우리가 많은 이야기를 나눌 수 있었는데, 그렇지 못해 아쉽습니다.

성실_ 원하시면, 지금 이야기를 시작합시다. 당신이 저에게 질문하는 것을 맡기셨으니 이 질문으로 시작합시다. 하나님의 구원의 은혜가 사람의 마음속에 있을 때, 그것을 어떻게 발견할 수 있습니까?7

수다쟁이_ 종교의 능력에 대해 이야기하자는 말씀이군요. 정말 좋은 질문입니다. 제가 기꺼이 대답해 드리겠습니다. 간단히 대답하자면, 첫째로 하나님의 은혜가 마음속에서 일할 때 그것은 죄에 대항해 부르짖게 합니다. 둘째로……

성실_ 아닙니다. 잠깐만요. 우선 한 가지만 생각합시다. 제가 생각하기에 당신은 "은혜는 영혼이 죄를 혐오하도록 만들어서 스스로를 나타냅니다"라고 말해야 합니다.

수다쟁이_ 아니, 죄에 대항해 부르짖는 것과 죄를 미워하는 것 사이에 무슨 차이가 있습니까?

성실_ 오! 큰 차이가 있습니다. 사람이 죄의 정책에 대해서 항의할 수 있지만, 그것을 미워하지 못할 수 있습니다. 그러나 경건한 반감에 의하지 않고서는 죄를 미워할 수 없습니다.8

저는 강단에서 죄에 대항해 부르짖는 많은 소리를 들었습니다. 그러나 그들은 여전히 마음과 집과 대화를 통해 죄 가운데 거하고 있었습니다. 요셉의 주인의 부인은 마치 자신이 매우 거룩한 것처럼 큰 소리로 외쳤으나,

그녀는 요셉과 부정한 짓을 범하려고 했습니다(창 39:15). 어떤 이가 죄에 대해서 외칠 수 있습니다. 마치 어머니가 자신의 무릎에 있는 아이에게 "허튼 계집이다. 품행이 나쁘다"라고 소리 지르다가, 다시 아이를 껴안고 입 맞추는 것과 같습니다.[9]

수다쟁이_ 내가 보기에 당신은 올가미를 놓고 있습니다.

성실_ 아닙니다. 그렇지 않습니다. 저는 오로지 바른 말을 하고 있습니다. 당신이 말하고자 했던 마음속에 있는 은혜의 작용의 두 번째 증거는 무엇입니까?

수다쟁이_ 복음의 신비에 대한 많은 지식입니다.

성실_ 그 표식이 첫 번째가 되었어야 합니다. 그러나 첫 번째든지 마지막이든지, 이것도 잘못되었습니다. 왜냐하면 복음의 비밀에 대한 많은 지식을 얻을 수 있기 때문입니다. 그러나 영혼에 은혜의 작용이 없을 수 있습니다(고전 13장). 그렇습니다.

만약 어떤 이가 많은 지식은 있지만 그가 아무것도 아니라면 그는 결과적으로 하나님의 자녀가 아닙니다.[10] 그리스도께서 "너희는 이 모든 것을 아느냐?"라고 물으셨을 때, 제자들은 "예"라고 대답했습니다. 그리스도께서는 추가로 "이것을 행하는 자가 복되다"라고 말씀하셨습니다. 주께서는 그것을 아는 것에 대해서 복되다고 하지 않으시고 행하는 것이 복되다고 하셨습니다. 왜냐하면 주인의 뜻을 알고도 행치 않는 자가 있듯이, 행함이 따르지 않는 지식이 있기 때문입니다. 어떤 이에게 천사와 같은 지식이 있다 하더라도 그리스도인이 아닐 수 있습니다.[11] 따라서 당신이 말한 표식은 사실이 아닙니다. 정말로 수다쟁이나 자랑을 좋아하는 자들은 아는 것을 자신의 만족으로 삼습니다. 그러나 아는 대로 행하는 것이 하나님을 기쁘시게 해드리는 일입니다.

그렇다고 해서 지식이 없어야 좋은 마음이 될 수 있다는 것이 아닙니다. 지식이 없는 마음은 아무것도 아닙니다.[12] 따라서 지식이 필요합니다. 지식에는 여러 가지가 있습니다. 단지 사색하는 것만으로 머물러 있는 지식이 있는가 하면, 은혜의 믿음과 사랑이 동반된 지식이 있는데, 이 지식은 사람에게 마음에서 하나님의 뜻을 행하도록 만듭니다.13 전자는 수다쟁이가 섬기는 것입니다. 그러나 진정한 그리스도인은 후자가 없이는 만족함이 없습니다. "나로 하여금 깨닫게 하여 주소서 내가 주의 법을 준행하며 전심으로 지키리이다"(시 119:34).

수다쟁이_ 당신은 또다시 나에게 올가미를 놓고 있습니다. 그것은 덕이 되지 않습니다.

Q & A

1. 진정한 구원의 믿음은 항상 무엇을 동반합니까?(롬 1:5)

답 : 진정한 구원의 믿음은 항상 순종을 동반한다. 성령의 유효한 역사로 인하여 믿음이 형성될 때, 그 심령에 영적인 원리가 심겨지기 때문에 순종이 일어나게 되어 있다. 따라서 신앙의 정신은 실천적인 것이다.

2. 신앙고백의 진정성은 무엇으로 확인됩니까?(벧후 1:8-9)

답 : 열매로 확인된다. 신앙고백만 있고 그 열매가 없는 경우에는 믿음이 없다고 간주한다(요일 2:4, 9). 예수님께서도 열매로 나무를 확인하겠다고 하셨다(마 12:33). 따라서 믿음이 있다고 하면서 경건과 성화의 증거가 없다면 그 고백은 헛된 것이다.

3. 수다쟁이의 특징은 고백은 있지만 행위가 없는 것입니다. 행위를 동반하지 않은 고백만을 하던 자들의 최후는 어떻습니까?(마 7:19-22)

답 : 아름다운 열매를 맺지 못하는 나무는 찍혀 불에 던져질 것이다. 고백만 있으며 행위가 동반되지 않은 자는 거짓 고백자로 심판에 처하게 될 것이다. 많은 사람들이 자신의 신앙고백으로 의롭다 여김을 받았다고 생각한다. 그러나 실제로 그에게 성화가 없다면 칭의가 아예 일어나지 않은 것이다. 칭의와 성화가 연결되어 있기 때문에 성화가 없다는 것은 칭의가 일어나지 않았다는 것이다(히 12:14).

4. 말과 행위가 일치하지 않는 자들은 결국 어떤 자들입니까?(약 2:16-17)

답 : 죽은 믿음의 소유자들이다. 영혼 없는 몸이 죽은 것과 같이 행함이 없는 믿음은 죽은 것이다. 따라서 진정한 믿음은 신앙고백과 생활이 일치하는 것이다.

5. 복음을 통해서 진정으로 변화된 영혼에게 나타나는 효과는 무엇입니까? (고후 5:17)

답 : 복음이 전 인격에 영향을 주어 변화되었다. 그래서 변화된 삶이 분명하게 나타난다. 따라서 누구든지 그가 새롭게 변화된 것을 인지할 수 있다. 만약에 새로운 피조물이 되었다고 하면서 그 변화가 분명하지 않고 눈에 똑똑히 드러나지 않는다면 그에게 심령의 갱신의 역사가 있었다고 할 수 없다.

6. 진정으로 구원의 은혜를 체험했다면 무엇이 나타나야 합니까?(벧후 1:3; 딤후 3:5)

답 : 구원의 은혜가 있다면 반드시 경건이 있어야 한다. 그것은 성령의 유효한 역사로 인하여 심령에 영적인 원리가 심겨지며, 성령의 중생의 역사가 죄를 씻는 작업이기 때문이다. 경건이란 하나님을 경외하는 가운데, 죄와 싸우는 것이다(고후 7:1).

7. 성실의 질문은 무엇을 확인하기 위한 것입니까?(고전 6:11)

답 : 성령의 구원의 유효한 역사는 거룩케 하는 것이다. 그 영혼을 거룩하게 하기 위해서 성령께서 죄를 깨닫게 하시고, 책망하신다. 이로 인하여 죄에 대해서 슬퍼하고, 미워하는 영적 원리가 심겨진다. 이러한 은혜의 증거들이 있는지를 살피기 위한 질문이다.

8. 죄를 아는 것 혹은 인정하는 것과 죄를 미워하는 것은 어떤 차이가 있습니까?(막 6:20)

답 : 헤롯왕은 자신의 죄를 알고 있었다. 세례 요한이 그의 죄를 꾸짖었으며 헤롯은 세례 요한을 의로운 자로 여기고 그의 책망을 달게 들었다. 그러나 죄에서 떠나지는 않았다. 결국 세례 요한을 죽이는 죄까지 범하게 되었다. 따라서 죄를 아는 것과 죄를 미워하는 것에는 분명한 차이가 있다.

9. 죄를 알지만 죄에 대해 느슨한 태도는 어떤 결과를 가져다줍니까? (삼상 2:22-25, 29)

답 : 엘리 제사장이 자신의 아들들의 범죄함을 알고 그들을 책망하였다. 그러나 그의 책망은 죄에 대해서 꾸짖는 정도로 끝나고 말았다. 엘리 제사장은 하나님보다 아들들을 더욱 중히 여겼다. 따라서 아들들에 대한 그의 책망은 죄를 미워하고, 죄와 싸우는 정도가 아니었다. 죄에 대한 심각성이 그에게 없었다.

10. 하나님 말씀의 지식은 있지만 구원의 은혜가 없는 경우는 어떤 것이 있습니까?(눅 10:26)

답 : 하나님의 말씀의 지식은 있지만 실제로 성령의 구원에 대한 유효한 역사가 없다면 구원받은 상태가 아니다. 이런 경우 청교도들은 유사 그리스도인(Almost Christian)이라고 불렀다. 이들의 지식은 그들의 심령에 어떤 영향력을 주지 못하는 것이다. 율법사는 율법에 대한 지식이 있었지만 그에게 전혀 적용이 되지 않았다.

11. 그리스도를 안다고 하면서도 행함이 없다면 이는 구원받은 상태입니까?
(요일 2:4)

답 : 그리스도를 안다고 하면서 계명을 지키지 않거나 혹은 행함이 없다면 그는 구원받은 상태가 아니다. 진정으로 구원받은 백성은 하나님을 사랑하게 되어 있으며, 하나님을 사랑하는 것은 그의 계명을 즐겁게 지키는 것이기 때문이다(요일 5:1-3).

12. 지식이 없다면 그것은 어떤 것입니까?(롬 10:2)

답 : 하나님 말씀에 대한 지식이 없다면 그것은 아무것도 아니다. 하나님 말씀에 대한 지식이 있고 그것에 성령의 역사로 인하여 회개와 믿음이 일어나기 때문이다. 그러나 지식이 없음에도 불구하고 종교적 열심이 있을 수 있다. 그것은 맹목적 믿음이며, 이것은 하나님의 의를 모르고 자기 의를 세우는 것이다.

13. 구원의 지식은 어떤 특징을 가집니까?(살전 1:3, 5)

답 : 구원의 지식은 하나님의 말씀의 지식이 있는 가운데 성령께서 역사하셔서 큰 확신을 얻게 한다. 그리고 이렇게 믿음이 발생되어서 믿음의 역사와 사랑의 수고가 동반된다. 따라서 믿음의 증거가 모든 사람에게 분명히 보인다.

29_ 은혜의 효과와 증거

성령의 유효한 역사에 의하여 그 심령이 갱신될 때 그 효과는 분명하다. 그리고 그 증거는 신앙고백과 함께 있는 경건한 삶이다.

성실 그러면 은혜의 작용이 마음에 있을 때 나타나는 또 다른 표식을 말씀해 주십시오.

수다쟁이 그만두겠습니다. 왜냐하면 서로 동의하지 않을 것을 알고 있기 때문입니다.

성실 당신이 원하시지 않는다면, 제가 말씀드려도 되겠습니까?

수다쟁이 당신 마음대로 하십시오.

성실 영혼에서 일어난 은혜의 작용은 그 자체로 은혜를 갖고 있는 자신에게나 옆에 있는 사람에게 나타납니다. 은혜를 갖고 있는 자에게는 다음과 같은 효과가 나타납니다. 죄를 깨닫게 하고, 특별히 자신의 본성이 더러워진 것과 불신앙의 죄를 인식하게 되는데, 만약 그가 하나님의 손에 있는 자비를 발견하지 못한다면, 정죄 받는다는 것을 확실히 깨닫게 해 주기 위한 것입니다(요 16:8–9; 롬 7:24; 막 16:16).[1] 이런 깨달음과 인식은 그의 심령에서 역사함으로 죄에 대해서 슬퍼하고 부끄럽게 합니다.[2] 더욱이 이로 인해 세상의 구주를 발견하게 하고, 생명을 위해 그리스도에게 가까이 가는 것을 절대적으로 필요하게 합니다.[3] 이때 그리스도를 갈망하고 목말라하며, 약속이 이루어질 것을 갈망합니다(시 38:18; 렘 31:19; 갈 2:16; 행 4:12; 마 5:6; 계 21:6).[4] 구주에 대한 믿음이 강하냐, 약하냐에 따라서 기쁨과 평화, 거룩에 대한 사랑, 그를 더욱 알고자 하는 열망, 또한 이 세상에서 주님을 섬기고자 하는 열망이 좌우됩니다. 그러나 비록 제가 은혜 자체가 자신에게 증거가 된다고 말씀드렸어도, 이것이 은혜의 사역이라고 결론 내리는 사람은 극히 드뭅니다. 왜냐하면 그의 본성이 타락했고, 이성을 남용해 이런 문제를 잘못 판단하기 때문입니다. 따라서 은혜를 받은 자는 이것이 은혜의 사역이라고 확고한 결론을 내리기에 앞서서, 그에게 매우 건전한 판단이 요구됩니다.

은혜의 증거는 다음과 같이 나타납니다.

1. 그리스도에 대한 믿음을 체험적으로 고백함으로써(롬 10:10; 빌 1:27; 마 5:19).[5]
2. 고백에 대해서 책임 있는 삶으로써. 즉 거룩한 삶, 경건한 마음, 경건한 가족(만약 그에게 가족이 있다면), 이 세상에서의 경건한 대화로 나타납니다. 이런 것들은 보통 내적으로 자신의 죄 때문에 자신을 미워하게 하고, 자신의 가정에서도 은밀하게 죄를 누르게 합니다.[6] 위선자들이나 수다쟁이와 같이 말로만 하는 것이 아니라 믿음과 사랑 안에서 하나님 말씀에 자신을 실제적으로 굴복시킴으로써 이 세상에 경건을 증진시킵니다(요 14:15; 시 50:23; 욥 42:5-6; 겔 20:43).[7]

자, 선생님, 은혜의 사역과 그것의 증거에 대해서 간단히 말씀드렸습니다. 만약 무언가 반대하실 것이 있으면 말씀해 주십시오. 그렇지 않다면 당신에게 두 번째 질문을 하겠습니다.

수다쟁이_ 아닙니다. 지금 저는 반대하는 입장이 아니라 듣고 있을 뿐입니다. 두 번째 질문을 해 보시지요.

성실_ 두 번째 질문은 이렇습니다. 당신은 은혜의 작용에 대한 저의 설명 중에 첫 번째 것을 경험하셨습니까? 그리고 당신의 삶과 언어생활은 일치합니까? 혹은 당신의 종교가 행위와 진리에 있지 아니하고 말 혹은 혀에 있지는 않습니까? 당신이 나에게 대답해 줄 마음이 있다면 하나님께서 "아멘"이라고 인정해 주시는 것 이상으로 말씀하지 마시고, 오로지 당신의 양심이 옳다고 할 수 있는 것만 말씀해 주십시오. 왜냐하면 "옳다 인정함을 받는 자는 자기를 칭찬하는 자가 아니요 오직 주께서 칭찬하시는 자니라"(고후 10:18)고 말씀하고 있기 때문입니다.8 그 밖에도 당신의 생활과 모든 이웃이 당신이 거짓말하고 있다고 말하는데, 당신이 이렇다 저렇다고 말하는 것은 큰 죄악입니다.

수다쟁이_ (수다쟁이는 처음에는 얼굴이 붉어지기 시작했다. 그러나 마음을 굳게 하고는 다음과 같이 대답했다) 당신은 지금 경험, 양심, 하나님을 언급하면서, 그리고 자신이 말한 것의 정당성을 위해 하나님께 호소하고 있습니다. 저는 이런 식의 대화는 예상하지 못했습니다. 더욱이 이런 질문에 대해서 대답할 마음도 없습니다. 당신이 내 교리문답 선생이 아닌 이상 내가 이런 질문에 대답해야 할 의무가 없기 때문입니다. 그리고 당신이 교리문답을 한다고 할지라도, 나는 당신이 내 심판관이 되는 것을 거부합니다. 그러나 나는 당신이 왜 이런 질문들을 하는지 묻고 싶습니다.9

성실_ 왜냐하면 나는 당신이 나서서 말하는 것을 보았으며, 당신이 개념 외에 무엇을 얼마나 알고 있는지 몰랐기 때문이오. 뿐만 아니라, 솔직히 말씀드린다면 당신의 종교는 말뿐이며, 당신의 생활양식은 당신 입술의 고백이 거짓말이라는 것을 증명한다는 소문을 들었기 때문이오. 사람들은 당신을 그리스도인들 사이에 있는 오점이라고 말하며, 당신의 경건하지 못한 생활 때문에 종교가 더욱 나쁜 평판을 받으며,

이미 어떤 이들은 당신의 악한 행동들 때문에 걸려 넘어졌고, 많은 이가 멸망의 위험에 처했다고 말합니다. 당신의 종교, 술집, 탐욕, 부정함, 헛된 맹세, 거짓말, 헛된 친구들과 사귐은 모두 공존하고 있습니다. '창녀 한 명이 모든 여성의 수치가 된다'는 속담처럼 당신은 모든 신앙고백자의 수치입니다.[10]

수다쟁이_ 당신이 나에 대한 소문을 듣고 그렇게 성급하게 판단하니, 나는 당신이 안달쟁이나 우울증 환자라고 결론 내릴 수밖에 없습니다. 나와 대화하기에 적합한 사람이 아니니, 이제 헤어집시다. 잘 가시오.

크리스천_ (성실에게 다가가서) 제가 당신에게 대화가 어떻게 될지 말씀드렸지요? 당신의 말과 그의 정욕은 일치할 수 없습니다. 그는 자신의 삶을 개혁하기보다는 차라리 당신을 떠났습니다. 그러나 제가 말씀드린 것처럼 그가 떠나버렸으니 가도록 내버려 두세요.[11] 손해 보는 것은 그자뿐입니다. 그는 우리가 그에게서 받을 고통을 면하게 해 주었습니다. 왜냐하면 그가 계속 동행했더라면(제 생각으로 그는 그렇게 했을 것입니다) 우리에게 오점이 되었을 것입니다. 또한 사도도 "경건의 모양은 있으나 경건의 능력은 부인하니 이같은 자들에게서 네가 돌아서라"(딤후 3:5)고 말했습니다.

성실_ 그러나 저는 우리가 그자와 잠깐 대화한 것을 기쁘게 생각합니다. 그자가 다시 생각하는 일이 일어날 수도 있습니다. 그러나 제가 그에게 명백하게 말해 주었으니, 그가 망하더라도 그의 피에 대해서 저는 책임이 없습니다.

크리스천_ 그자에게 명백히 설명하신 것은 잘하신 일입니다. 요즈음에는 사람들을 성실히 대하는 사람이 거의 없습니다. 그래서 종교가 많은 사람에게서 미움을 사고 있습니다. 말로만 종교를 갖고 있는 어리석은 수다쟁이들과 헛된 생활로 방탕한 자들이 경건한 자들의 교제 가운데 들어와서 세상을 당혹스럽게 하고, 기독교를 욕되게 하며, 신실한 성도들을 근심시키고 있습니다.[12] 저는 모든 사람이 당신이 하신 것처럼 명백하고 신실하게 다루어 주기를 바랍니다. 그러면 사람들은 종교에 대해서 더 마음을 열든지, 성도의 교제가 그들에게 부담되어 떠나든지 할 것입니다.[13]

그러자 성실이 다음과 같이 찬송했다.

수다쟁이, 처음에는 얼마나 자신의 깃털을 세웠는가!
얼마나 용감하게 말했는가!
얼마나 건방지게 모든 자를 자신 앞에 굴복시켰는가!
성실이 마음에 역사하는 은혜의 작용에 대해 말하자마자,
둥근 달이 이지러지듯이 떠나고 말았네.
마음에 역사하는 은혜를 아는 자 말고는 모두가 그렇게 될 것이네.

이렇게 그들은 계속 길을 가면서 오는 도중에 보았던 것에 대해서 이야기했다. 이는 여행을 안락하게 해 주었다. 그렇지 않았다면 분명히 이 여행은 그들에게 지루했을 것이다. 왜냐하면 그들은 광야를 통과하고 있었기 때문이다.

Q & A

1. 부르심에는 구원에 이르게 하는 유효한 부르심(Effectual calling)이 있습니다. 유효한 부르심이 있으려면 반드시 무엇이 있어야 합니까?(요 16:8-9; 롬 7:24; 막 16:16)

답 : 구원의 유효한 부르심은 성령께서 죄에 대해서 책망하고 질책하는 역사로부터 시작된다. 성령의 역사로 인하여 죄에 대해서 깨닫게 되며, 자신에게 어떠한 의로운 행위가 없음을 알게 된다. 그리고 자신의 죄에 대한 결과로서 하나님의 심판이 불가피하다는 것을 깨닫게 된다. 그래서 구원을 찾고 갈망하게 된다.

2. 성령의 죄에 대한 각성의 역사는 어떠한 효과를 가져다줍니까?(시 38:18; 렘 31:19)

답 : 성령의 죄에 대한 책망의 역사는 죄를 깨닫게 할 뿐만 아니라 죄에 대해서 슬퍼하게 만든다. 그리고 죄에 대해서 수치를 느끼게 된다. 이렇게 죄에 대해서 슬퍼하는 현상이 일어나게 함으로써 그 심령에 죄를 미워하고 싸우게 하는 영적 습관을 형성시키는 것이다.

3. 죄에 대한 각성은 죄인으로 무엇을 찾게 만듭니까?(행 2:37)

답 : 죄를 깨닫는 것은 죄에 대한 하나님의 심판을 깨닫는 것이다. 따라서 영적으로 각성된 죄인은 죄에 대한 용서와 하나님의 심판으로부터 피할 수 있는 방법을 찾게 된다. 구원의 은혜를 갈망하게 된다. 이때 복음을 통해서 그리스도를 깨닫는다. 즉, 그리스도 안에 구원의 은혜가 마련된 것을 알게 된다. 그

래서 죄인은 그리스도를 절대적으로 필요로 하고, 그리스도에게 나아가며, 그리스도를 붙잡는 것이다.

4. 구원의 갈망은 무엇입니까?(갈 2:16; 행 4:12; 마 5:6; 계 21:6)

답 : 자신의 행위로 혹은 율법을 지켜서 구원을 이룰 수 없음을 철저히 깨닫고 오직 하나님의 은혜로 받아들여지기를 구하는 것이다. 이것이 구원의 갈망이다. 이때 그리스도 안에 하나님의 은혜가 있음을 깨닫고 그리스도를 붙잡는 것이다.

5. 그리스도에 대한 믿음을 체험적으로 고백하는 것은 어떤 것입니까?(마 5:6; 슥 12:10)

답 : 간절히 구원을 구하는 가운데, 그리스도 안에 마련된 구원의 은덕을 깨닫고 그리스도에게로 간다. 이때, 그리스도의 십자가 죽음이 바로 자신의 죄 때문에 된 것이라는 것을 깨닫고 그리스도에 대한 감사의 눈물을 흘리는 것이다.

6. 죄를 미워하고 죄와 싸우는 것은 은혜의 증거를 살피는 데 얼마나 중요한 것입니까?(롬 8:13)

답 : 중생의 역사로 죄가 씻기면(딛 3:5), 죄를 미워하고 싸우는 영적 습관이 형성된다. 그래서 회심 이후에 죄를 미워하고 싸우는 성화가 가능한 것이다. 결국 구원의 은혜가 있느냐 없느냐는 성화를 통해서 확인할 수 있는데, 죄를 미워하고 싸우는 것이 성화의 한 부분이기 때문이다.

7. 결국 유효한 부르심의 효과는 무엇입니까?(요 14:15; 시 50:23; 욥 42:5-6; 겔 20:43)

답 : 진정으로 거듭났다면 그리스도와 하나님을 사랑하고, 그의 계명들을 지키게 된다. 그리고 구원에 대한 감사로 헌신하게 된다. 이제 주를 뵈었으므로 그 앞에 경건하게 살고자 애쓰며, 더욱이 죄와 악을 미워하고 그것에 물들지 않도록 주의를 기울이게 된다.

8. 수다쟁이는 자기 자신을 어떻게 속이고 있습니까?(고후 10:18)

답 : 수다쟁이는 자기 스스로가 믿음이 있다고 생각하고 있는 자이다. 그러면서 자신을 돌아볼 생각조차 하지 않고 있다(고후 13:5). 그러나 진정으로 구원의 은혜가 있는 자는 자기를 칭찬하지 않는다. 더욱이 수다쟁이는 이웃으로부터 거짓말쟁이라는 말을 듣고 있기 때문에 그에게 구원의 은혜가 있다고 할 수 없다.

9. 수다쟁이는 경책과 꾸짖음을 어떻게 피하고 있습니까?(행 24:25)

답 : 성실이 은혜의 방편과 과정에 대해 하는 말을 듣기 싫어하고 있다. 자신에게는 이러한 성령의 역사가 없기 때문이다.

10. 수다쟁이와 같은 자들이 교회에 많으면 교회는 결국 어떤 평판을 얻게 됩니까?(유 1:4)

답 : 수다쟁이와 같은 자로 인하여 교회는 훼방을 받으며, 세상으로부터 외면을 당하게 된다. 이들로 인하여 교회는 경건의 능력을 잃어가는 것이다. 낮은 도덕적 수준으로 인하여 사람들은 교회에 대해서 외면할 것이다.

11. 교회는 수다쟁이와 같은 자들을 어떻게 처리해야 합니까?

(요일 2:19; 딤후 3:5)

답 : 수다쟁이와 같은 자들이 회개하지 않은 상태에서 교회에 남아 있으면, 교회는 훼방을 받게 된다. 낮은 도덕적, 영적 수준 때문에 사람들에게 소망을 주지 못하기 때문이다. 따라서 교회의 거룩성은 위협 받는다. 교회의 거룩성을 위해서 수다쟁이와 같은 자를 징계해야 하고 분리시켜야 한다. 이는 한편으로 그들이 회개의 기회를 얻게 하려는 것이다.

12. 수다쟁이를 분리시켜야 하는 이유는 무엇입니까?(요일 2:19)

답 : 수다쟁이가 기독교를 욕되게 하며, 신실한 성도들을 근심시키기 때문이다. 그렇지 않으면 교회가 고통 가운데 있게 된다.

13. 수다쟁이가 떠나는 이유는 무엇입니까?(요 3:20)

답 : 이는 수다쟁이를 신실하게 다루는 방법이다. 회개의 메시지를 강력하게 전달하여 회개하거나 혹은 교회를 떠나게 해야 한다. 물론 그들 스스로가 이러한 상황 속에서 교회를 떠나는데, 자신들의 악행이 드러나서 더 이상 있을 수 없기 때문이다.

30_ 허영의 시장 (1)

두 순례자는 많은 사람이 믿음의 파선을 경험하는 허영의 도시에 들어간다. 믿음의 사람에게 세상이 얼마나 무서운 시험인지를 보여 주고 있다.

그들이 광야를 거의 빠져나올 즈음, 우연히 성실이 뒤를 돌아보다 어떤 사람이 따라오는 것을 발견했다. 성실은 그를 알고 있었다. 성실이 크리스천에게 "누가 우리에게 오고 있는지 아십니까?"라고 물었다. 크리스천은 그를 바라보면서 "내 좋은 친구이신 전도자입니다"라고 말했다. 성실은 "예, 저에게도 역시 좋은 친구시지요. 저에게도 좁은 문으로 가는 길을 알려 주셨거든요"라고 말했다. 전도자가 그들에게 와서 인사했다.[1]

전도자_ 사랑하는 자들이여, 평화가 있기를 바랍니다. 그리고 여러분을 도와주신 분들에게도 평화가 있기를 바랍니다.

크리스천_ 환영합니다. 어서 오십시오, 내 좋은 전도자님. 선생님의 모습을 뵈었을 때 저에게 베푸신 친절과 저의 영원한 생명을 위해 피곤하게 여기지 아니하시고 수고하신 것이 생각났습니다.

성실_ 천 번이라도 환영합니다. 오, 사랑하는 전도자님, 이렇게 동행해 주시니 불쌍한 순례자인 우리가 매우 바라던 일입니다.

전도자_ 내 친구들이여, 우리가 헤어진 이후로 어떻게 여행하셨습니까? 무엇을 만났으며, 어떻게 행동하셨습니까?

크리스천과 성실은 길에서 일어났던 모든 일과 무엇이 얼마나 어려운 일이었는지, 그리고 이곳에 도착하게 된 경위를 전도자에게 말했다.2

전도자_ 당신들이 시험을 만났으나 승리하셨다니 정말 기쁩니다. 많은 약점이 있었지만 오늘까지 이 길을 계속 오셨군요. 나와 당신들에게 매우 기쁜 일입니다. 저는 씨를 뿌렸고 당신들은 거둘 것입니다. 그날이 오면, 씨를 뿌린 자와 거두는 자가 함께 즐거워할 것입니다.3 당신들이 끝까지 붙잡고 "포기하지 아니하면 때가 이르매(거둘 것입니다)"(갈 6:9; 요 4:36). 면류관이 당신들 앞에 놓여 있습니다. 이것은 썩지 않는 것입니다. 따라서 달음질해 얻도록 하십시오(고전 9:24-27). 이 면류관을 위해 출발한 사람들 가운데 멀리 간 사람도 있고, 어떤 이들이 들어와서 그들의 면류관을 빼앗기도 했습니다. 그러니 당신들은 면류관을 꼭 붙잡고, 다른 사람들이 당신들의 면류관을 빼앗지 못하도록 하십시오(계 3:11).

당신들은 아직 마귀의 사정거리에 있습니다. 죄에 대해서 싸우기는 했으나 피 흘리기까지 저항하지는 않았습니다.4 하나님 나라가 항상 당신들 앞에 있게 하십시오. 보이지 않는 것들에 대해 확고히 믿으십시오. 당신들 안에 세상이 들어오지 못하도록 하고, 무엇보다도 당신들의 마음을 살피고, 정욕에 사로잡히지 않도록 하십시오.5 왜냐하면 만물보다 거짓되고 심히 부패한 것이 마음이기 때문입니다. 당신들의 얼굴을 굳게 하십시오. 하늘과 땅의 모든 권세가 당신들 편에 있습니다.

그때 크리스천은 전도자의 권고에 감사했다. 그리고 자신들의 남은 여행길에 도움이 되도록 좀 더 말씀해 달라고 요청했다. 그들은 전도자가 선지자로서 그들에게 일어날 일들과 그것들을 어떻게 극복하고 저항해야 하는지 말해 줄 수 있다는 것을 알고 있었기 때문이었다.6 성실도 크리스천의 이런 요청에 동의했다. 그래서 전도자는 다음과 같이 말하기 시작했다.

전도자_ 내 아들들이여, 복음의 진리의 말씀 가운데 하나님 나라에 들어가려면 많은 환란을 겪어야 한다는 말씀을 들었지요? 다시 말씀드리면, 당신들은 모든 도시에서 어려움과 환란을 당할 것입니다. 따라서 환란과 여러 가지 어려움 없이 순례 길을 갈 수 있다고 생각하지 마십시오.[7] 내가 이미 당신들에게 증거한 것에서 이 진리를 발견했을 것입니다. 당신들이 보시다시피 이제 당신들은 광야를 거의 빠져나왔습니다. 따라서 당신들은 곧 도성에 도착할 것이고 그곳에 들어가야 합니다.

그 도성 사람들은 당신들을 적으로 간주해서 당신들을 죽이려고 할 것입니다. 당신들 모두, 아니면 한 사람이라도 반드시 피로써 믿음을 증거해야 합니다. 죽음에 이르기까지 충성하십시오. 왕께서 생명의 면류관을 주실 것입니다. 그곳에서 죽게 되는 자는 비록 죽음이 끔찍하고 고통이 매우 크지만 자신의 동료보다 더 큰 영광을 얻을 것입니다.[8] 왜냐하면 천성의 도시에 더 빨리 도착할 뿐만 아니라 다른 동료가 여행에서 당할 많은 고통을 피할 수 있기 때문입니다. 당신들이 그 도시에 들어가면 제가 여기에서 말한 것들이 이루어지는 것을 발견할 것입니다. 그때 제가 한 말을 명심하시고 사나이답게 행동하십시오. 그리고 당신의 영혼들이 잘 되도록 하나님, 곧 신실하신 창조주께 의탁하십시오.

그때 나는 꿈속에서 그들이 광야를 빠져나와서 도시를 바라보는 것을 보았다. 그 도시의 이름은 허영(Vanity)이었다. 도시에서는 시장이 열렸는데, 그 시장은 허영의 시장(Vanity Fair)이라고 불렸다. 시장은 1년 내내 열렸으며, 허영의 시장이란 이름은 그곳에서 허영이 더 경박하게 유지되었으며, 팔리는 모든 것이 허영에서 온 것이었기 때문이다. 지혜자의 말과 같이 "모든 것이 헛되도다"(전 1장; 2:11, 17; 11:8; 사 40:17).[9]

이 시장은 새로 세워진 것이 아니라 오래 전부터 있었던 것이다. 그 유래는 다음과 같다. 약 오천 년 전에 지금의 정직한 두 순례자처럼 천성을 향해 가는 순례자들이 있었다.10 바알세불, 아볼루온, 마귀 군대는 자신들의 동료와 함께 순례자들이 만들어 놓은 길이 허영의 도시를 통과한다는 것을 알아차리고 여기에 시장을 개설했다. 시장에서는 모든 종류의 헛된 것이 팔렸으며, 1년 내내 장이 열렸다. 이 시장에서 팔리는 상품은 집, 땅, 무역, 좋은 장소, 명예, 승진, 귀족 칭호, 나라, 왕국, 욕정과 모든 종류의 쾌락으로서 매춘부, 포주, 아내, 남편, 자녀, 주인, 종, 수명, 피, 육신, 영혼, 금, 은, 진주, 보석 등등 여러 가지였다. 더욱이 이 시장에서는 항상 마술사, 사기꾼, 도박꾼, 배우, 멍청한 자, 부랑자, 악당, 불량배 등을 볼 수 있었다. 또한 이곳에서는 도둑, 살인자, 간음하는 자, 거짓 맹세하는 자와 피에 물든 자도 볼 수 있었다.11

임시로 열리는 다른 시장처럼 이곳에는 팔리는 상품에 따라서 적당한 이름이 붙여진 거리들이 있었다. 그래서 이곳에서 나라와 왕국의 이름이 붙여진 거리에 가면 곧 그 나라의 상품들을 발견할 수 있었다. 여기에는 영국 거리, 프랑스 거리, 이탈리아 거리, 스페인 거리, 독일 거리들이 있었는데, 온갖 종류의 사치품이 팔리고 있었다. 그러나 다른 시장과 마찬가지로 가장 중요한 상품으로서 로마 상품들이 가장 많이 팔리고 있었다.12 영국 사람과 몇몇 다른 사람만이 로마 상품을 싫어했다.

내가 이미 말했듯이 천성으로 가는 길은 정욕적인 시장이 열리는 이 도시를 통과하게 되어 있어서, 천성으로 가고자 하는 이는 이 도시를 통과  하지 않으려면 세상 밖으로 나가는 수밖에 없었다(고전 5:10).13 만왕의 왕이신 예수님도 자신의 나라로 가시려고 이 도시를 통과하셨는데, 그날도 장이 열렸다. 내가 생각하건대, 이 시장의 주인 바알세불은 예수님을 초청해서 허영을 사도록 했을 것이다. 만약 예수님께서 도시를 통과하면서 바알세불에게 경배했다면, 마귀는 예수님을 이 시장의 주인으로 만들었을 것이다(마 4:8; 눅 4:5-7).

예수님은 존경받으실 만한 분이었기에 바알세불은 예수님을 이 거리 저 거리로 데리고 다니며 잠깐 동안 이 세상의 모든 왕국을 보여 주었고, 가능한 한 예수님을 유혹하고 흥정해서 헛된 것을 사도록 시도했다. 그러나 예수님은 상품들에 마음을 두지 않으셨고, 이런 헛된 것들에 대해서 조금도 개의치 않으시고 도시를 떠나셨다.14 이 시장은 오래 전에 세워져서 지속되었으며 매우 큰 시장이었다.

Q&A

1. 전도자는 세 번째로 크리스천에게 나타났습니다. 왜 전도자가 나타났습니까?(행 21:13; 약 1:12)

답 : 시험을 앞두고 순례자들에게 경계하기 위해서 나타났다. 즉, 순례자들이 믿음으로 시험을 극복하도록 격려하기 위해서 왔다. 시험을 극복하게 되면 주께서 믿음이 있는 것으로 인정하시며, 하나님을 사랑하는 것으로 여기시고 그것에 대해서 생명으로 약속하신다.

2. 시험을 앞두고 지금까지 받은 은혜를 기억하는 것은 어떤 의미가 있습니까?(신 7:18-19)

답 : 하나님께서 오늘날까지 베푸신 은혜를 기억하는 것은 주께서 계속해서 그와 같이 역사하실 것이며, 은혜를 베푸실 것이라는 확신을 가져다주기 때문이다. 더욱이 착한 일을 시작하신 이가 그 일이 이루어지기까지 역사하실 것을 확신하고 시험을 맞을 준비를 하는 것이다(빌 1:6).

3. 전도자가 시험에 앞서 미리 경고하고 위험을 알려 주는 이유는 무엇입니까?(히 13:17)

답 : 전도자의 의무이다. 자기가 인도하는 영혼을 위해서 깨어 있으며, 이들에게 있을 시험과 위험에 대해서 미리 경고하여 그것을 극복할 수 있도록 도와주는 기능을 하는 것이다.

4. 죄와 싸우는 일은 어느 정도까지 해야 합니까?(히 12:4)

답 : 죄와 피 흘리기까지 싸워야 한다. 때로 심각한 죄에 직면하게 될 때 목숨을 내놓기까지 싸워야 한다.

5. 성도를 향한 세상의 공격은 어떤 것이 있습니까?(요일 2:16)

답 : 성도를 향한 세상의 공격은 마음에 정욕이 일어나게 하는 것이다. 그래서 정욕에 사로잡혀서 죄를 짓게 만든다. 세상은 우리의 부패된 심령에 욕망을 부추기는 방법으로 공격을 한다. 따라서 세상이 우리 마음에 들어오지 못하도록 경계해야 한다.

6. 말씀의 깊이가 있는 사역자는 자신의 백성이 어떤 특정한 상황 속에서 어떻게 결정해야 할지 지도할 수 있습니다. 그 이유는 무엇입니까?(요일 2:13)

답 : 그들은 전도자를 선지자라고 말하고 있다. 선지자는 순례자들에게 일어날 일들과 그것을 어떻게 극복하고 저항해야 하는지 말해 줄 수 있다. 이는 말씀의 사역자가 마귀의 궤계를 알고 있으며(고후 2:11), 또한 하나님의 깊은 뜻과 경륜에 대해서 익히 알고 있기 때문이다.

7. 하나님 나라에 들어가기까지 성도가 세상에서 고난과 어려움을 겪는 이유는 무엇입니까?(행 14:22)

답 : 성도가 하나님 나라에 들어가기까지 고난과 어려움을 겪는 이유는 그들이 아직 육신으로서 이 세상에 살며, 원수 마귀가 시험하기 때문이다. 그럼에도 성도는 고난과 어려움을 통해서 더욱 거룩하여지며, 하늘 영광을 더욱 사모하게 된다.

8. 죽기까지 충성하는 자에게는 어떤 상이 주어집니까?(계 2:10)

답 : 생명의 면류관을 주실 것을 약속하고 있다. 따라서 고난을 두려워해서는 안 된다. 심지어 마귀가 옥에 던져 시험을 한다하더라도 끝까지 신앙에 충성한 다면 주께서 영원한 생명을 주실 것이다.

9. 세상이 성도들을 유혹해서 결국 영적으로 어떤 상태에 이르도록 만듭니 까?(시 39:6)

답 : 세상은 성도들을 유혹해서 세상적인 것에 몰두하게 만든다. 그리고 육신적 으로 살아가도록 만든다. 세상에 빠지게 되면 헛된 일에 분주하게 되는 것이 그 특징이다. 즉, 이 세상의 재물을 얻는 것에 몰두하게 하고, 세상의 즐거움 에 취하도록 만든다. 이러한 유혹에 빠지게 되면 영적인 것에 게을러지며, 은혜의 수단에서 떠나 결국 세상적인 사람이 된다.

10. 허영의 시장 개설 목적은 무엇입니까?(엡 2:2)

답 : 순례자들을 넘어뜨리기 위한 목적으로 개설되었다. 순례자들이 세상 풍속을 따르게 하고, 공중의 권세 잡은 자들에게 매이게 하려고 개설되었다. 따라서 그리스도인들에게 세상은 마귀, 육신과 함께 3대 원수 중의 하나이다.

11. 이런 물건들과 사람들은 순례자가 어떻게 하도록 만듭니까?(전 6:11)

답 : 사람들로 세상의 헛된 일에 몰두하게 해서 결국 하나님을 잊어버리고 하나님 으로부터 떠나도록 한다. 시장에서는 모든 종류의 헛된 것이 팔렸으며, 1년 내내 시장이 개설되었다. 그토록 세상의 시험이 순례자들에게는 강력한 것 이다. 더욱이 시장에서 거래되는 물건 가운데 필수품의 목록도 있다. 이러한 필수품도 하나님보다 우선시 되면 그것이 곧 세상이 되는 것이다.

12. 허영의 시장에서 가장 인기 있는 상품은 무엇입니까?(갈 3:2-3)

답 : 로마 가톨릭의 가르침이었다. 눈에 보이는 의식 중심으로 무언가 신비스러운 느낌을 주고, 자신의 행위에 근거한 구원을 가르치기 때문에 인간적으로 더욱 합리적이다. 예배에서 시각적인 어떤 느낌을 제공하므로 사람들에게 인기가 있다.

13. 성도가 허영의 시장을 피해서 다른 길로 천성에 갈 수는 없습니까?(고전 5:10) 그렇다면 어떻게 살아가야 합니까?(시 62:10)

답 : 성도들은 반드시 허영의 시장을 통과해야 한다. 성도는 세상에 살지만 세상에 속해 있지 않다(요 15:19). 따라서 성도가 이 땅에서 살아갈 때, 세상에 물들지 않도록 영적 주의를 다하여야 한다. 허망한 것을 추구하지 않으며, 재물을 얻는 것이 삶의 목적이 되어서는 안 된다.

14. 예수님께서 허영의 시장에 전혀 마음을 두지 않았던 이유는 무엇입니까? (요 17:16)

답 : 예수님께서 세상에 속하지 않으셨기 때문이다. 따라서 그리스도를 따르는 성도도 마찬가지로 세상에 속하지 않는다. 성도는 세상의 헛된 것들에 마음을 두지 않아야 한다. 때로는 이 땅에서 부족한 삶이라 할지라도 그것에 대해서 개의치 않는 삶을 살아야 한다. 그것은 일시적인 것들에 불과하기 때문이다.

31_ 허영의 시장 (2)

순례자들은 반드시 허영의 시장을 통과해야 한다. 허영의 시장을 통과하면서 그들은 신앙고백에 담대했으며, 세상의 것들에 대해서 마음을 두지 않았다.

내가 말한 것처럼 지금 두 순례자는 이 시장을 반드시 통과해야 했다. 그들이 시장으로 들어가자 시장의 모든 사람이 동요했다. 도시 전체가 그들에 대해서 왁자지껄했다. 여기에는 몇 가지 이유가 있었다.

첫째, 순례자들이 입은 옷은 시장에서 거래되는 옷과 달랐다.[1] 그래서 시장 사람들은 순례자들을 뚫어지게 응시했으며, 어떤 이들은 순례자들을 멍청한 자들이라고 말했고, 어떤 이들은 미치광이, 또 다른 이들은 촌스러운 외국인이라고 말했다.

둘째, 사람들은 순례자의 의복을 이상하게 여겼을 뿐만 아니라 그들의 말도 이상하게 생각했다.[2] 순례자들이 하는 말을 이해할 수 있는 사람이 거의 없었기 때문이다. 순례자들은 가나안 말을 사용했으나, 시장 사람들은 이 세상의 사람들이었기 때문이다. 그래서 시장의 이 끝에서 저 끝에 있는 모든 사람이 그들을 야만인으로 보았다.

셋째, 상인들이 두 순례자를 불쾌하게 여겼던 것은 그들이 상품을 경시했고, 상품에 전혀 관심을 두지 않았기 때문이다. 상인들이 순례자들에게 물건을 사라고 부르면, 순례자들은 손가락으로 귀를 틀어막고 "내 눈을 돌이켜 허탄한 것을 보지 말게 하시고"(시 119:37)라고 부르짖으면서 하늘에서의 거래가 중요하다는 의미로써 하늘을 올려다보았다(빌 3:19-20).[3]

한 상인이 조롱하면서 순례자의 움직임을 바라보다가 말했다. "무엇을 사려고 합니까?" 두 순례자는 그자를 진지하게 바라보면서 "우리는 진리를 구하고 있습니다"(잠 23:23)라고 대답했다.4 그러자 사람들은 두 순례자를 더 멸시했다. 어떤 이는 순례자들을 조롱했고, 어떤 이는 비웃었으며, 어떤 이는 꾸짖었고, 어떤 이는 다른 사람들에게 그들을 때리라고 소리쳤다. 마침내 소동이 일어났고, 시장은 크게 시끄러워졌으며, 모든 것이 혼란에 빠졌다.

드디어 시장 주인에게 소식이 전해졌고, 그는 곧바로 자신의 가장 친한 친구들 중 몇 명을 파견해서 누가 시장을 뒤집어 놓았는지 조사하도록 했다. 두 순례자는 조사받기 위해 끌려갔고, 그들 앞에 있는 조사관들은 그들이 어디에서부터 왔고, 어디로 가며, 이상한 옷을 입고 무엇을 했는지 물었다. 두 순례자는 자신들이 순례자이며, 이 세상에서는 낯선 이방인이고, 천성의 예루살렘이 있는 자신의 고향으로 가는 중이라고 대답했다(히 11:13-16).5 그리고 도시의 사람들에게나 상인들에게 어떤 나쁜 짓도 하지 않았고 자신들에게 욕하는 그들을 향해 자신들의 길을 가게 해 달라고 말했으며, 다만 어떤 이가 무엇을 사려느냐고 물었을 때 진리를 사고 싶다고 대답했다고 설명했다.

그러나 두 순례자를 조사하도록 지명된 자들은 그들을 믿지 않았고, 그

들이 정신병자나 미친 자여서 시장을 혼란에 빠뜨렸다고 생각했다. 그들은 순례자를 잡아서 때렸다. 진흙으로 순례자들을 더럽혔으며, 그들을 철장에 집어넣었다. 두 순례자는 시장에서 모든 사람들의

구경거리가 되었다. 순례자들은 얼마 동안 사람들의 놀림거리와 악의와 복수의 대상이 되었으며, 시장 주인은 순례자들이 당하는 모든 일에 대해 계속 비웃고 있었다.

그러나 순례자들은 인내했으며, 욕을 욕으로 갚지 않았다. 오히려 그 반대로 그들을 축복했고, 나쁜 말에 대해서 선한 말을 했으며, 모욕에 대해서는 친절로 응답했다.6 시장에 있는 어떤 이들은 순례자들을 더 주의 깊게 관찰해 보았는데, 이들은 다른 사람보다 편견이 없었다. 그래서 이들은 순례자들을 계속해서 학대하는 것은 비열한 행동이라고 비난하기 시작했다. 그러자 다른 사람들은 화를 내면서 그들도 똑같이 나쁜 자들로 간주했다. 그리고 그들도 공모자이기 때문에 똑같은 처벌을 받아야 한다고 말하면서 그들을 향해 덤벼들었다.

그러나 이들은 순례자들이 조용하고 착실하며 누구에게도 해를 끼칠 의도가 없는 것으로 보이기 때문에, 순례자를 핍박하고 있는 시장의 상인들이 철장 속에 갇혀야 마땅하며, 시장의 상인들이 형틀에 묶여야 한다고 말했다. 양편에서 여러 말이 오간 후에, 지혜롭고 착실하게 보이려고 행동했던 자들이 서로 주먹을 날리면서 싸웠고 상처를 입혔다.

불쌍한 두 순례자는 조사관들 앞으로 다시 끌려갔다. 그리고 방금 전 시장에서 일어난 소동에 대해 유죄 판결을 받았다. 조사관들은 두 순례자를 무자비하게 때렸고, 쇠고랑을 채웠으며, 쇠사슬로 묶어서 시장을 오르락내리락하게 했다. 이것을 본보기로 삼아 다른 사람들을 두렵게 만들어서 누구도 순례자들을 위해 말하거나, 순례자들의 편에 서지 못하도록 하기 위해서였다.

그러나 크리스천과 성실은 더 지혜롭게 처신했으며, 그들을 향해 쏟아지는 모욕과 수치를 온유함과 인내로써 받아들였다. 이런 그들의 행동은 소수의 사람들이 순례자의 편에 서도록 했고 반대편 사람들을 더욱 화나게 했다.7 순례자를 적대하는 사람들은 순례자를 죽이자고 결론을 내렸다. 그들은 순례자들이 소란을 피웠으며, 시장 사람들을 혼돈에 빠뜨렸기 때문에 철장이나 형틀로는 부족하고, 반드시 죽여야 한다면서 순례자들을 위협했다.

그들에게 추가적인 명령을 내리기 전까지 철장에 다시 가두라는 지시가 내려졌다. 그래서 순례자들은 철장에 갇혔고, 그들의 발은 대에 묶였다.

여기에서 순례자들은 자신들의 신실한 친구인 전도자에게서 들은 말을 다시 기억했다. 그리고 전도자가 그들에게 일어날 일에 대해 말한 것을 생각하면서 자신들이 가는 길과 고통을 더욱 확신하게 되었다. 또한 순례자들은 다가올 고통이 누구의 몫이 되더라도 그 고통을 받는 사람은 최고의 행복을 가지는 것이라고 하면서 서로 위로했다. 그리고 모든 것을 다스리시는 하나님의 최고의 지혜로운 처분에 자신들을 맡기었다. 그리고 처분이 내려지기까지 자신들이 처한 상황에 크게 만족하고 있었다.[8]

Q & A

1. 순례자들과 허영의 도시 사람들의 의복이 다른 이유는 무엇입니까?(롬 1:17)

답 : 순례자들은 그리스도의 의의 옷을 입고 있었다. 이로 인하여 마지막 심판 때에 하나님의 백성 가운데 있을 것이다. 그러나 허영의 도시 사람들은 불의한 자들로 드러나서 하나님의 영원한 심판에 처하게 될 것이다.

2. 두 번째로 순례자들과 허영의 사람들은 무엇이 다릅니까?(벧전 4:11)

답 : 순례자들의 말은 하늘에 관련된 언어였다. 그러나 허영의 도시 사람들의 말은 온통 이 세상의 것들에 대한 것이었다. 허영의 도시 사람들의 언어생활은 이 세상의 헛된 것들이 전부이다.

3. 순례자들이 허영의 시장에서 파는 물건에 대해서 어떤 태도를 보였습니까?(시 119:37; 빌 3:19-20)

답 : 순례자들은 허영의 시장에서 파는 물건들을 경시하였고, 상품들에 대해서 전혀 마음을 두지 않았다. 그들은 허탄한 것에 눈길조차 주지 않았다. 이 세상의 허망함에 대해서 잘 알고 있었기 때문이다. 따라서 그들은 영원한 것에 마음을 두었고 그것을 바라보았다.

4. 순례자들이 가장 귀중하게 여기는 것은 무엇이었습니까?(잠 23:23)

답 : 순례자들은 진리를 구하고 있었다. 여기에서 진리라는 것은 하나님을 아는 지식, 그리스도를 아는 지식, 그리고 믿음과 구원에 대해서 꼭 필요한 지식

을 의미한다. 그것을 결코 다시 팔지 않는다는 것은 그 지식의 소중성을 알고 잊어버리지 않겠다는 것이다.

5. 순례자들이 그들을 조사하는 조사관에게 담대히 말한 것은 무엇입니까? (히 11:13-16)

답 : 자신들이 이 세상을 나그네로 살아간다는 것이었다. 그리고 여행의 목적지가 천성의 예루살렘이라고 말하였다. 그들이 그리스도를 주로 믿는 이유와 그들 안에 있는 소망의 이유에 대한 대답이었다. 그리스도인들은 이것에 대한 대답을 항상 준비해야 한다(벧전 3:15).

6. 두 순례자가 이렇게 해야 하는 이유는 무엇입니까?(벧전 3:9) 이런 행동의 효과는 무엇입니까?

답 : 심령 속에 있는 은혜와 진리를 나타내는 방식이다. 또한 이것을 위해 부르심을 받았다. 이로 인하여 아직 그리스도를 모르는 자들이 그리스도를 발견하게 하는 기회를 제공하기 때문이다(벧전 2:12).

7. 두 순례자는 모욕과 수치에 대해 어떻게 응답하였습니까? 하나님의 종들이 받는 모욕은 어떤 특징을 가지고 있습니까?(시 89:51; 15:18)

답 : 하나님의 종들이 모욕과 수치를 받는 것은 원수들로부터이다. 더욱이 세상을 따라가지 않는 그리스도의 종들은 세상이 미워하게 되어 있다. 따라서 온유함과 인내로 받아들였다. 이것은 두 순례자에게 이상한 일이 아니라 당연한 것이기 때문이다. 이렇게 두 순례자들이 온유함으로 인내하고 있을 때, 주님께서는 비록 소수이지만 구원받을 백성을 일으키고 계신다.

8. 고난 가운데 감사할 수 있었던 이유는 무엇입니까?(벧전 5:7)

답 : 모든 것을 하나님의 주권에 맡겼기 때문이다. 더욱이 아무리 어려운 상황이라 할지라도 전능하신 주님께서 자신의 종들에게 가장 좋은 방법으로 구원하실 것을 믿었으며, 의심하지 않았기 때문이다.

32_ 허영의 시장 (3)

허영의 시장에는 순례자들을 미워하고 핍박하는 자들이 수없이 많다. 그들은 한결같이 진리를 미워하고 악을 좋아하는 자들이다.

    재판 시간이 정해졌고, 순례자들은 유죄 판결을 받기 위해서 법정으로 끌려갔다. 재판이 시작되었을 때 순례자들은 그들의 적들 앞으로 인도되었고, 죄상의 진위 여부를 추궁 당했다. 재판장의 이름은 선을 미워하는 자(Lord Hate-Good)였다. 그들의 고발은 형식에서 다소 차이가 있었으나 그 내용에서는 같았다. 그 내용은 다음과 같다. "이들은 우리의 상업에 원수이며, 방해자다. 이들은 도시에 폭동과 분열을 조장했으며, 자신들의 가장 위험한 견해로 당파를 조성해 우리 왕의 법률을 경멸하도록 만들었다."

    그때 성실이 대답하기 시작했다. 그는 단지 지극히 높은 자보다 더 높으신 하나님에게 대적하는 것에 대해서 반대했을 뿐이라고 대답했다. 그리고 소동을 일으킨 것에 대해서 자신은 화평의 사람으로서 아무것도 하지 않았으며, 사람들이 자신들에게 동조한 것은 우리의 진리와 무죄함을 보았기 때문이며, 이것은 잘못된 것에서 올바른 것으로 돌아선 것이라고 대답했다. 당신들이 말하는 왕에 대해서는, 그가 우리 주의 적인 바알세불이기 때문에 나는 그와 그의 타락한 천사들에 대해서 도전할 수밖에 없다고 대답했다.[1]

    그들의 왕인 바알세불을 위해 죄수들에게 반박하려는 자는 나와서 증언하라는 선언이 내려졌다. 그래서 증인 세 명이 나왔는데, 그들은 질투

(Envy), 미신(Superstition), 아첨꾼(Pickthank)이었다. 그들은 죄수들을 알고 있느냐고 질문받았으며, 그들의 왕인 바알세불을 위해 죄인들을 반박하라고 요청받았다.

그때 질투가 앞으로 나와서 말하기 시작했다.

질투_ 재판장님, 저는 오랫동안 이 사람을 알고 있으며, 이 영예로운 법정에서 맹세코 진실한 증언을 하겠습니다. 이 사람은…….

재판장_ 잠깐, 선서부터 하시오.

그들은 선서를 했고, 질투는 말하기 시작했다.

질투_ 재판장님, 이 사람은 이름이 그럴싸해도 우리나라에서 정말 비열한 자 중의 한 사람입니다. 그는 왕이나 백성, 법과 관습을 존중하지도 않으며, 일반적으로 믿음과 거룩의 원리라고 불리는 자신의 불충한 사상을 모든 사람이 소유하도록 자신이 할 수 있는 모든 일을 행하는 자입니다.2 특별히 언젠가 제가 그에게서 들었는데 기독교와 허영의 도시 관습은 정반대이기 때문에 서로 화합할 수 없다고 했습니다. 재판장님, 이렇게 말하는 것으로 보아서 그는 우리의 자랑스러운 모든 행위뿐만 아니라 그 일들을 행하는 우리를 정죄하고 있습니다.

재판장_ (재판장이 질투에게 말했다) 할 말이 더 있는가?

질투_ 재판장님, 할 말이 많지만 법정을 지루하게 만들고 싶지 않습니다. 그러나 다른 신사 분들이 증거하실 때 필요하다면 하겠습니다. 아니 차라리 그에게 처분 내리기에 무엇인가가 부족하다면, 그에 대한 저의 증언을 보충하겠습니다.

그래서 재판장은 질투에게 대기하라고 명령했다.

그때 그들은 미신을 불렀다. 그리고 죄인의 얼굴을 자세히 보라고 명령했다. 또한 그들은 미신에게 자신의 왕인 바알세불을 위해 그를 고소하라고 말했다. 미신은 선서한 후에 증언을 시작했다.

미신_ 재판장님, 저는 이 사람에 대해서 많이 알지 못할 뿐만 아니라 알고 싶지도 않습니다. 제가 알기에 그는 매우 성가신 친구입니다. 어느 날 이 도성에서 그를 만나 대화를 나누었는데, 그는 우리의 종교가 무가치하며 우리의 종교는 하나님을 결코 기쁘시게 할 수 없다고 말했습니다. 재판장님께서도 잘 아시겠지만 그자의 말에 의하면 우리는 헛된 예배를 드리고 있으며, 여전히 죄 가운데 있고, 결국 정죄될 것이라고 합니다. 제가 반드시 말하고자 했던 바가 바로 이것입니다.[3]

다음으로 아첨꾼이 선서했다. 재판장은 바알세불을 위해서 그리고 죄인을 고소하기 위해 그가 알고 있는 것에 대해 말하라고 명령했다.

아첨꾼_ 재판장님, 그리고 이곳에 있는 모든 신사 여러분, 나는 이자를 오랫동안 알고 있습니다. 그리고 저는 그가 하지 말았어야 하는 말도 들은 바 있습니다. 왜냐하면 그는 우리의 왕이신 바알세불을 비방했고, 그의 영예로운 친구들인, 옛 사람 경(Lord Old Man), 육신적 즐거움 경(Lord Carnal Delight), 사치 경(Lord Luxurious), 헛된 영광 경(Lord Desire of Vain Glory), 내 오랜 친구 음란 경(Lord Lechery), 탐욕 경(Sir Having Greedy)과 우리의 나머지 귀족을 경멸하는 말을 했습니다. 더욱이 그는 모든 사람이 자신의 마음을 가지게 되면, 이런 귀족들은 더는 이 도시에서 살 수 없게 될 것이라고 했습니다. 이외에도 재판하기 위해 지명된 재판장님을 비방하는 것을 두려워하지 않았으며, 재판장님을 경건하지 못한 악인이라고 불렀습니다. 그는 많은 중상으로 우리 도시 대부분의 신사 분을 욕했습니다.

아첨꾼이 말을 마치자, 재판장은 법정에 선 죄인에게 말했다. "부랑자요, 이단자이며, 반역자인 이 악인아! 정직한 신사 분들이 너에 대해 증거한 것을 들었느냐?"

성실_ 저 자신을 변호하는 몇 마디 말을 해도 되겠습니까?

재판장_ 어이, 이 악당아! 너는 더 살 가치가 없는 놈이다. 이 자리에서 당장 죽여야 마땅하지만, 모든 사람이 너에 대한 우리의 온유함을 볼 수 있도록 네가 말하는 것을 들어 주겠다. 더러운 악당아, 말해 보아라.

성실_ 첫째로, 질투 씨가 말한 것에 답변하겠습니다. 나는 규칙, 법, 관습, 또는 사람이 하나님 말씀에 대해 맞지 않는 것은 바로 기독교에 반대된다는 것 이외에 어떤 말도 하지 않았습니다. 만약 내가 잘못 말했다면, 내가 잘못되었다는 것을 확신시키십시오. 그러면 나는 당신들 앞에서 내 말을 철회할 준비가 되어 있습니다.

둘째로, 미신 씨가 나에 대해서 고소한 것에 대해 이 말만은 하겠습니다. 하나님을 예배하는 것에는 믿음이 요구됩니다. 그러나 하나님 뜻의 신적인 계시가 없이는 믿음이 있을 수 없습니다. 따라서 신적인 계시에 맞지 않는 그 어떤 것을 예배에 끼워 넣는 것은 단지 인간의 믿음에 불과하며, 영생에 어떤 유익도 없는 믿음입니다.4

셋째로, 아첨꾼 씨가 말한 것에 대해 내가 드릴 말씀은(내가 비방하고 헐뜯었다는 것에 대해서는 언급을 그만두고) 이 도성의 왕과 그의 신하들과 모든 무리는 이 고장과 도시에 있는 것보다 지옥에 있는 것이 더 어울릴 것입니다. 주여, 저에게 긍휼을 베풀어 주시옵소서!

그러자 재판장은 배심원들을 불렀다. 배심원들은 옆에 서서 듣고 바라보고 있었다. "배심원 여러분, 여러분도 알다시피 이자는 우리 도시를 온통 시끄럽게 만들었습니다. 또한 여러분은 덕망 있는 신사 분들이 이자에 대해서 증언하신 것을 들었습니다. 또한 여러분은 이자의 대답과 고백을 들었습니다. 이자를 목매달 것인가, 살려 둘 것인가는 여러분의 마음에 달려 있습니다. 그러나 나는 우리나라 법을 여러분에게 설명하는 것이 옳다고 생각합니다. 우리 왕의 신하인 바로 왕 시대에 법령이 있었습니다. 우리를 대적하는 종교가 확산되거나 너무 강해지는 것을 막기 위해서 그들의 남자 아이들을 강에 던지라는 법령이었습니다(출 1장). 우리 왕의 또 다른 신하인 느부갓네살 왕 시대에 법령이 있었는데, 자신의 금 신상에 절하거나 예배하는 것을 싫어하는 모든 자를 뜨거운 용광로에 처넣도록 규정했습니다(단 3장). 또한 다리오 왕 시대에도 법령이 있었는데, 어떤 기간에 다리오 외에 어떤 신을 부르는 자는 사자 굴에 던져 넣도록 규정한 것입니다(단 6장).5 지금 이 반역자는 모든 법령을 생각으로 위반했을 뿐 아니라(이것도 참을 수 없는데) 말과 행동으로도 위반했습니다. 따라서 이자를 결코 용서해서는 안 됩니다. 바로가 법령을 만든 이유는 아직 범죄가 분명하지 않지만 결국 범죄가 발생할 것을 가정하고 불행을 막기 위한 것이었습니다. 느부갓네살 왕과 다리오 왕의 법령에 비추어 보더라도, 여러분이 보시다시피 이자는 우리의 종교를 문제 삼고 있으며, 이자가 고백한 것은 반역죄에 해당하기 때문에 이자에게 사형을 언도하는 것이 마땅합니다.

배심원들은 의견을 모으려고 법정에서 잠시 밖으로 나갔는데, 그들의 이름은 다음과 같다. 맹인(Mr. Blind-man), 무가치(Mr. No-good), 악의(Mr. Malice), 정욕 사랑(Mr. Love-lust), 느슨함(Mr. Live-loose), 무모(Mr. Heady), 교만(Mr. High-mind), 증오(Mr. Enmity),

거짓말쟁이(Mr. Liar), 잔인(Mr. Cruelty), 진리 혐오(Mr. Hate-light), 무자비(Mr. Implacable)였다.6 배심원은 모두 개인적으로 피고에 대해서 마음속으로 유죄 판결을 내렸기 때문에, 곧 만장일치로 재판장 앞에서 피고가 유죄라고 판결하기로 결론을 내렸다.

배심원 중에서 배심장(陪審長)인 맹인이 먼저 나와서 말했다. "나는 이자가 이단자라는 것을 분명하게 알고 있습니다." 그때 무가치가 "이런 놈은 세상에서 없애야 합니다"라고 말했고, 악의는 "예, 나는 이자를 쳐다보기도 싫소"라고 말했다. 정욕 사랑이 "나도 이자를 바라보는 것을 견딜 수 없소"라고 하자 느슨함도 "나 역시 견딜 수 없소. 그자는 항상 내 생활 방식을 정죄했기 때문이오"라고 말했다. 무모가 "저자를 목매답시다. 목매달아야 합니다"라고 외치자 교만은 순례자들을 향해 "비열한 자식 같으니!"라고 욕했다. 증오는 "저 인간을 보면 내 마음에 분노가 끓어오릅니다"라고 했고, 거짓말쟁이는 "저자는 부랑자요"라고 외쳤으며, 잔인은 "저자를 목매다는 것은 그에게 과분한 일이오"라고 소리 질렀다. 진리 혐오가 "저놈을 어서 죽여 없애 버립시다"라고 말하자, 무자비가 "이 세상의 모든 것을 나에게 준다 하더라도, 나는 저 인간과 화해할 수 없소. 그러므로 어서 저자에게 사형 평결을 내립시다"7라고 했다.

이렇게 해서 그들은 사형 평결을 내렸고, 성실은 사형 선고를 받았다. 성실은 가장 잔인한 죽음에 처해지게 되었다. 그들은 성실을 끌고 밖으로 나갔다. 그들의 법에 따라서 그들은 처음에 성실에게 채찍질을 가했다. 그리고 주먹으로 때렸다. 그다음에 그들은 칼로 성실의 피부를 도려냈다. 그러고는 성실에게 돌을 던졌고, 성실의 몸을 칼로 찔렀다. 그리고 마지막으로 성실을 불에 태워 죽였다. 이렇게 성실은 최후를 맞이했다.

그런데 내가 보니까 군중 뒤에서 마차 한 대와 말 두 필이 성실을 기다리고 있는 것이 보였다. 원수들이 성실을 죽이자마자, 성실은 마차에 태워져서 나팔 소리와 함께 일직선으로 구름을 통과해 천성의 문으로 가는 가장 가까운 지름길로 들려 올려졌다. 그러나 크리스천은 사형 집행이 연기되어서, 감옥으로 다시 돌려보내졌다. 크리스천은 감옥에서 얼마간 있었으나, 모든 것을 지배하시고 억제하시는 하나님이 그들의 분노를 누그러뜨리셨고, 결국 크리스천은 탈출해서 가던 길을 계속 갈 수 있었다.[8] 크리스천은 다음과 같이 노래를 불렀다.

성실 씨, 그대는 주께 충성했습니다.
그대는 주와 함께 복을 받았습니다.
충성되지 못한 자들이 헛된 즐거움과 함께 있다가
결국 지옥의 고통 속에서 울부짖고 있지 않습니까?
충성에 대해 노래하라, 노래하라.
그대의 이름은 기억에 남으리.
비록 그들이 그대를 죽였으나, 그대는 아직도 살아 있습니다.

Q & A

1. 성실의 담대함은 어디에서부터 나오는 것입니까?(행 4:19-20)

답 : 하나님의 말씀에 순종하는 것과 진리에 대한 확신으로부터 담대함이 나왔다
(행 19:8).

2. 세상은 하나님 백성의 거룩한 삶을 미워합니다. 왜 그렇습니까?(막 6:20)

답 : 하나님 백성의 거룩한 삶으로 인하여 그들의 불의와 죄악이 드러나기 때문이다. 그리스도 안에서 경건하게 살고자 하는 자는 세상으로부터 핍박을 받게 되어있다(딤후 3:12).

3. 로마 가톨릭에는 미신과 같은 예배 의식이 있습니다. 그러한 우상적인 예배는 결코 하나님을 기쁘시게 할 수 없습니다. 진정한 예배의 가장 중요한 요소는 무엇입니까?(요 4:24, KJV 참조)

답 : 미신이 고발하는 것은 개혁 교회가 로마 가톨릭 교회의 예배에 대해 지적한 것에 반발하는 말이다. 개혁 교회는 로마 가톨릭 교회의 예배를 미신적이며 우상적인 것으로 규정하였다. 그 이유는 그들은 인간적인 방법으로 고안하여 놓은 예배를 드리기 때문이다. 진정한 예배에서 가장 중요한 것은 진리 가운데 예배하는 것이다. 하나님에 대한 바른 지식이 바른 예배로 인도한다. 따라서 로마 가톨릭의 우상적인 예배는 하나님에 대한 지식의 결여로부터 오는 것이다.

4. 하나님 말씀에 규정하고 있지 않은 것을 예배에 포함시키는 것은 어떤 일입니까?(행 7:41)

답 : 예배를 타락시키는 것이다. 이는 예배를 우상적으로 만드는 것이기 때문이다. 인간이 고안한 예배는 하나님의 속성과 맞지 않다. 인간의 상상력을 동원하여 만들어 놓은 신을 예배하는 우상적인 예배이기 때문이다.

5. 하나님의 참된 백성을 압박하려는 인간들의 정치적인 태도는 무엇입니까? (단 5장)

답 : 모든 것을 자신의 마음대로 주관하기 위한 욕망과 교만으로 인하여, 진정한 하나님을 섬기는 그의 백성을 정치적으로 핍박하는 것이다. 왜냐하면 하나님의 백성들은 왕의 말보다 전능하신 하나님의 말을 듣기 때문이다.

6. 참된 신앙의 증거에 대해서 반대하는 원수들은 어떤 종류의 사람입니까? (시 2:1)

답 : 배심원의 이름들은 믿음의 도를 반대하는 악인들의 특징을 말한다. 진리에 대해 무지하면서, 진리를 핍박하고 악을 도모하는 자들의 특징이다. 따라서 진리를 대적하기 위해서 계략을 베푸는 자들이다.

7. 이들의 심령을 지배하는 것은 무엇입니까?(딤전 1:20)

답 : 진리를 반대하고 대적하며 훼방하는 정신이 그들을 지배한다. 따라서 진리에 대해서 거짓을 말하고, 진리를 전하는 자들을 핍박하고 죽이고자 한다.

8. 성실은 비록 순교했지만, 크리스천은 하나님의 섭리로 탈출할 수 있었습니다. 그러면 하나님께서는 그들을 사랑하는 데 차별을 두십니까?(행 12:2, 11)

답 : 성실은 순교를 통해서 천성의 문으로 가는 가장 가까운 지름길로 갔다. 그는 더 이상 이 땅에서 죄로부터 고난과 어려움을 받지 않는다. 그러나 크리스천은 하나님의 간섭 속에서 탈출할 수 있었다. 여기에서 하나님은 성실과 크리스천을 차별하시는 것이 아니다. 하나님의 주권 속에서 모두 축복하시는 것이다. 크리스천은 하나님의 뜻 속에 남아서 이 땅에서 믿음의 수고를 하면 된다.

33_ 두 마음

두 마음과 그의 친척은 종교를 통해서 세상적인 이득을 얻으려는 자들이다. 그들의 마음에는 복음으로 변화된 흔적이 없다. 그들은 거짓 고백자들이다.

　이제 내가 꿈속에서 보니 크리스천이 홀로 걸어가지 않고, 소망이란 이름을 가진 자와 함께 걸어가고 있었다. 소망은 크리스천과 성실이 허영의 시장에서 고통당하면서도 담대하게 말하고 행동하는 것을 보고 순례 길을 가기로 결심했다.¹ 소망은 크리스천과 형제 언약을 맺고, 크리스천과 동행하고 싶다고 말했다.²

　따라서 한 사람이 진리를 증거하다가 죽자, 그의 재에서 다른 한 사람이 일어나서 크리스천의 순례 길에 동무가 되었다. 또한 소망은 크리스천에게 허영의 시장에서 더욱 많은 사람이 순례 길에 나설 것이라고 말했다.³

　나는 순례자들이 허영의 도시를 빠져나오자마자, 그들이 앞서 가는 한 사람을 따라잡는 것을 보았다. 그 사람의 이름은 두 마음(By-ends)이었다. 순례자들은 그에게 "어느 고장 사람입니까? 얼마나 이 길로 오셨습니까?"라고 말을 걸었다. 그는 순례자들에게 달변의 도시(Fair Speech)에서 천성의 도시로 가는 길이라고 대답했다. 그러

나 그는 자신의 이름을 순례자들에게 말하지 않았다.4

크리스천_ 달변의 도시! 그곳에 선한 사람이 살고 있습니까?(잠 26:25)5

두 마음_ 예, 그렇게 생각합니다.

크리스천_ 죄송합니다만 선생님, 제가 선생님을 어떻게 불러야 합니까?

두 마음_ 저는 당신들에게 낯선 사람이고, 당신도 저에게 낯선 사람입니다. 만약 당신들이 이 길로 갈 것 같으면, 내가 당신들의 동무가 되어 드리겠소. 만약 그렇지 않다면, 저 혼자 가도 됩니다.

크리스천_ 저도 달변의 도시에 대해서 들었습니다. 제가 기억하기로, 사람들은 그곳을 부자 동네라고 말합니다.

두 마음_ 예, 맞습니다. 저의 부유한 친척이 그곳에 많이 살고 있습니다.6

크리스천_ 실례지만, 당신의 친척들이 누구인지 물어보아도 되겠습니까?

두 마음_ 도시의 거의 모든 사람이 저의 친척입니다. 특별히, 변절(Lord Turn-about), 기회주의자(Lord Time-server), 달변(Lord Fair-speech)이 있는데 달변의 조상들이 이곳에 처음으로 정착했기 때문에 그의 이름을 따서 도시 이름을 지었습니다. 그 밖에도 구변(Mr. Smooth-man), 두 얼굴(Mr. Facing-both-ways), 무신경(Mr. Any-thing)이 저의 친척이며,7 두 혀를 가진 자(Mr. Two-tongues)는 저의 외삼촌으로서 제가 사는 교구의 목사입니다.8 아버지 쪽에 대해서 사실을 말씀드리면, 지금 현재 뛰어난 신사가 되었지만, 내 증조부께서는 뱃사공이었습니다. 한쪽으로는 물길을 보고 다른 한쪽으로는 노를 저었습니다. 대부분 저의 재산은 같은 직업으로 번 것입니다.

크리스천_ 당신은 결혼하셨습니까?

두 마음_ 예, 저의 아내는 매우 정숙한 여인입니다. 그녀는 거짓 꾸밈(Lady Feigning) 부인의 딸입니다. 따라서 저의 아내는 명문가 출신이며 교양이 넘치고, 모든 사람에게 즉 귀족에서 농부에게 이르기까지 어떻게 처신해야 할지를 잘 알고 있습니다. 우리는 종교에서 엄격한 종류의 사람들과 약간

다릅니다. 그러나 이것은 사소한 두 가지 요점에서의 차이입니다. 첫째로, 우리는 결코 세상의 풍조를 거스르는 법이 없습니다.[9] 둘째로, 우리는 종교가 은빛 시대를 만나 잘 나갈 때 항상 최선을 다해 열심을 냅니다. 우리는 태양이 길거리에 빛을 비출 때와 사람들이 종교를 찬양할 때 하나님과 동행하기를 좋아합니다.[10]

그때 크리스천은 자신의 동료인 소망에게 약간 다가가서 말했다. "내 생각에 저 사람은 달변의 도시에 사는 두 마음 같습니다. 만약 저 사람이 두 마음이라면, 우리는 이곳의 모든 거주자 중에서 매우 악한 자와 동행하게 되었습니다." 그러자 소망이 대답했다. "그에게 물어보세요. 내 생각에 그는 자신의 이름을 부끄러워하지 않을 것입니다." 그래서 크리스천은 그에게 다시 다가가서 말했다. "선생, 당신은 이 세상의 모든 것을 아는 것처럼 말씀하시는데, 만약 내가 잘못 판단하지 않았다면 당신이 누구인지 알 수 있을 것 같습니다. 당신은 달변의 도시에 사는 두 마음이지요?"

두 마음_ 그것은 내 이름이 아닙니다. 다만 나와 잘 어울리지 못하는 사람들이 나에게 붙여 준 별명입니다. 그래서 나는 나보다 앞서 살다 간 다른 착한 사람들이 참았던 것처럼 그러한 모욕을 기꺼이 견디고 있습니다.

크리스천_ 그런 이름으로 부르도록 당신이 원인을 제공한 것은 아닙니까?

두 마음_ 결코 아닙니다. 아니에요! 그들이 나를 그렇게 부르도록 원인을 제공한 것이 있다면, 나는 항상 운이 좋게도 현실을 파악하는 능력이 뛰어나다는 것입니다.[11] 어떤 일이 일어나도 뛰어난 판단력 때문에 그것이 나에게는 기회가 됩니다. 이런 일로 사람들이 나를 비난해도 나는 그것을 하나님의 축복으로 생각합니다. 왜냐하면 나에게는 그러한 비난을 받을 만한 악의가 전혀 없기 때문입니다.

크리스천_ 당신은 내가 오랫동안 들어 온 바로 그 사람입니다. 내가 생각하기에 당신의 이름은 우리가 생각할 수 있는 어떤 것보다 더욱 적당한 것입니다.

두 마음_ 그래요, 당신이 그렇게 생각한다면 별 도리 없지요. 그렇지만 당신이 나를 당신의 동행자로 허락한다면, 당신은 내가 얼마나 좋은 동행자인지를 알게 될 것입니다.

크리스천_ 당신이 우리와 가려면, 당신은 시대와 사조를 거스르고 가야 합니다.12 내가 생각하기에, 그것은 당신의 의견에 어긋나는 것입니다. 또한 당신은 종교가 은 신발을 신고 있을 때와 마찬가지로 누더기 옷을 입고 있을 때도 반드시 따라가야 합니다. 주께서 쇠고랑 차고 계실 때나 박수갈채를 받고 거리를 걸으실 때나 항상 주의 곁에 있어야 합니다.13

두 마음_ 강요하지 마십시오. 또한 내 믿음을 주관하지 마십시오. 그것은 내 자유에 맡겨 두시고, 자, 어서 같이 갑시다.

크리스천_ 내가 제안한 대로 당신이 행하지 않는다면, 한 발자국도 같이 갈 수 없습니다.14

두 마음_ 나는 내 오래된 원칙들을 절대로 포기할 수 없소. 그것들은 해가 되지 않으며 오히려 유익하기 때문이오. 당신이 나와 함께 가지 않으면, 나는 당신이 나를 붙잡기 전처럼 나 혼자 갈 것이오. 어떤 사람이든 나를 붙잡는다면 나는 그의 동무가 될 것이오.

Q & A

1. 소망이 순례의 길을 가기로 어떻게 결심할 수 있었습니까?(벧전 2:12)

답 : 성실의 순교로부터 성령의 감화를 받았다. 성실의 담대한 신앙고백을 통해서 그는 생명의 길의 소중성을 깨닫고 그 길을 택하기로 결심하였다. 이는 주께서 그에게 영적 이해력을 주셨으며, 하늘 유업의 소중성을 알게 하였기 때문에 가능한 것이었다(엡 1:18-19).

2. 순례 길에서 동반자가 중요한 이유는 무엇입니까?(잠 27:17)

답 : 성실이 순교하고, 크리스천은 순례의 길에서 홀로 남게 되었다. 이때 소망을 순례의 동반자로 붙여 주심으로 순례의 길에 서로 돕도록 하셨다. 소망은 특별히 크리스천이 절망에 빠지고 영적 무기력에 빠졌을 때 큰 도움을 주게 된다. 또한 크리스천이 죽음을 앞두고 구원에 대한 의심에 빠졌을 때에도 소망을 불러일으켜 주었다.

3. 순교자의 피는 어떤 기능을 합니까?(계 6:10-11)

답 : 순교자의 피는 증거의 기능을 한다. 순교자의 피는 그리스도가 순교자 자신의 생명보다 귀하다는 것을 증거하는 기능을 한다. 즉, 그리스도와 영원한 생명의 소중성을 증거한다. 따라서 주께서 구원하실 백성을 권고하실 때, 순교자의 피를 도구로 사용하신다.

4. 자신의 이름을 밝히지 않은 이유는 무엇입니까?(유 1:11)

답 : 자신의 정체를 숨기는 이유는 종교를 이용하여 세상적인 이득을 얻고자 하는 자신의 목적을 숨기기 위해서이다.

5. 달변의 도시 사람들의 특징은 무엇입니까?(잠 26:25)

답 : 그들은 달변가이다. 매우 말을 잘한다. 그러나 그 속에 일곱 가지 가증한 것이 들어있다. 따라서 그들이 좋은 말을 할지라도 속지 말아야 한다.

6. 달변의 도시 사람들이 부자인 이유는 무엇입니까?(미 6:11-12)

답 : 그들은 부정한 방법으로 이득을 추구하는 자들이며, 부정한 이득을 얻기 위해서 거짓을 말하는 것에 능하기 때문이다.

7. 두 마음 친척들의 특징은 무엇입니까?(딤후 4:10)

답 : 그들은 종교적인 모습을 가지고 이득을 취하는 자들이다. 따라서 신앙에 있어서 일관적이지 않고, 변절하며, 기회주의적이며, 진리에 대해서 신경을 쓰지 않는 자들이다. 결국 신앙적인 모습을 하고 있다가 세상으로 가는 자들이다.

8. 두 혀를 가진 자는 누구를 의미합니까?(요 10:12)

답 : 삯꾼 목자를 의미한다. 그는 더러운 삯을 위하여 말을 바꾼다. 진리에는 관심이 없으며, 오직 세상적인 이득을 위해 일하는 자이다.

9. 세상 풍조를 거스르지 않는 이유는 무엇입니까?(약 4:4)

답 : 세상과 짝하여서 이득을 얻기 위한 것이다. 이들은 성경의 원리나 원칙에는 관심도 없으며 오직 자신들의 이득에만 마음을 두고 있기 때문에, 항상 세상의 풍조를 따라간다.

10. 화창한 날에만 하나님과 동행하는데, 이들의 목적은 무엇입니까?(마 6:24)

답 : 이들은 재물에 목적이 있기 때문에 화창한 날에만 교회 안에 있다. 만약 교회가 환란 가운데 있거나 핍박과 어려움 속에 있다면 이들은 자신들의 목적을 이룰 수 없기에 교회 안에 남아있지 않는다.

11. 두 마음의 본질은 어떤 것입니까?(막 14:11)

답 : 가룟 유다가 돈을 받고 예수 그리스도를 넘긴 것과 같다. 물질의 목적을 가지고 예수님의 제자로 들어왔다가 그것을 이룰 수 없게 되었을 때, 마지막 기회라도 붙잡으려는 것과 같다. 항상 현실적으로 판단하여 물질의 이득을 추구한다.

12. 진리의 길은 세상의 사조와 어울릴 수 있습니까?(렘 6:16)

답 : 진리의 길은 세상과 맞지 않고 오히려 역행하는 길이다. 세상의 사조와 유행을 따라가지 않는 길이며 처음에 있던 대로 변하지 않는 길이다.

13. 그리스도인의 믿음의 진정성은 언제 드러납니까?(빌 1:29)

답 : 고난 가운데 끝까지 그리스도를 믿고 따르는 것으로 믿음의 진정성이 드러난다. 믿음의 길은 그리스도와 함께 고난 받는 길이다. 우리에게 은혜를 베푸시는 목적 가운데 하나는 그리스도를 위하여 고난을 받게 하는 것이다.

14. 크리스천이 이렇게 단호한 이유는 무엇입니까?(딛 1:9)

답 : 바른 교훈에 있지 않고, 변화된 삶도 없으며, 세상을 추구하는 자와 결코 같이 가서는 안 된다. 그것은 진리를 모호하게 만드는 것이며, 교회의 거룩성을 훼손하는 것이기 때문이다.

34_ 두 마음의 친구들

두 마음과 그의 친구들은 교회 안에서 세상 이익을 추구하는 자들이다.

그때 내가 꿈속에서 보니, 크리스천과 소망은 두 마음을 버려두고 그와 어느 정도 거리를 유지하면서 그보다 앞서 갔다. 두 순례자 중 한 사람이 뒤를 돌아보았는데 남자 세 명이 두 마음을 쫓아오는 것을 보았다. 세 사람은 두 마음에게 이르렀고, 두 마음은 그들에게 몸을 낮추어 인사했다. 세 사람도 두 마음에게 정중히 답례했다.

세 사람의 이름은 세상 사랑(Mr. Hold-the-world), 돈 사랑(Mr. Money-love), 수전노(Mr. Save-all)였다.[1] 두 마음은 이들과 전부터 알고 지내던 사이였다. 이들은 어릴 때 학급 친구들로, 탐욕(Coveting) 지방 북쪽에 있는 이익 사랑(Love-gain) 도시의 학교 학장인 이득 사랑(Mr. Gripeman)의 제자였다. 학장은 그들에게 폭력과 속임수와 아첨과 거짓말, 종교의 탈을 쓰고 이득을 얻는 기술을 가르쳤고, 네 명의 신사는 학장에게서 많은 기술을 습득했다. 그 결과로 네 사람 모두 각기 그와 같은 학교를 가질 수 있었다.

내가 이미 말한 것처럼 그들은 서로 인사했고, 돈 사랑이 두 마음에게 말했다.

돈 사랑_ 우리 앞에 가는 자들이 누구입니까?(크리스천과 소망이 아직 그들의 시야 안에 있었기 때문이다)

두 마음_ 저들은 먼 지방에서 온 사람들로 자신들의 방식으로 순례 길을 가고 있는 중이오.

돈 사랑_ 왜 저들은 멈추지 않는 것이오? 우리가 저들의 좋은 동반자가 될 터인데 말이죠. 그들을 위해서나 우리를 위해서 함께 순례 길을 갔으면 좋겠습니다.

두 마음_ 우리도 정말로 그렇게 되기를 바라지요. 그러나 저 사람들은 매우 엄격하고 자신들의 생각만을 주장하고 다른 사람의 의견을 가볍게 여깁니다. 경건하지 못한 자는 자신의 모든 것을 버리지 않는 한 절대 자신들과 동행할 수 없다고 말합니다.2

수전노_ 우리가 읽은 대로 어떤 이들이 지나치게 의롭다 했는데, 바로 그들이군요. 이렇게 엄격한 자들은 자신들 외의 모든 것을 판단하고 정죄합니다. 그런데 저들이 당신과 얼마나 많이 차이가 났습니까?

두 마음_ 저들은 날씨가 어떻든지 여행을 계속해야 한다고 고집을 부렸지만, 저는 순풍과 밀물을 기다려야 한다고 했습니다. 저들은 하나님을 위해서 모든 어려움을 무릅쓰지만, 저는 저의 생명과 재산의 안전을 위해서 모든 수단과 방법을 취합니다. 또한 저들은 비록 모든 사람이 자신들을 반대

34_ 두 마음의 친구들

해도 자신들의 생각을 굳게 지키려고 하지만, 저에게 종교는 안전을 제공할 때만 의미가 있습니다. 그리고 저들은 누더기 옷을 입고 경멸을 당해도 종교를 지키지만, 저는 종교가 황금 신발을 신고 태양 빛 아래에서 사람들에게서 찬사를 받을 때만 종교를 가집니다.[3]

세상 사랑_ 착한 두 마음 씨, 끝까지 그렇게 생각하십시오. 저는 자신이 갖고 있는 것을 지킬 수 있는 자유가 있는데, 지혜롭지 못해서 잃어버리는 것은 바보라고 여깁니다. 우리는 뱀과 같이 지혜로워야 합니다. 태양이 빛날 때 건초를 만드는 것이 최상입니다. 그리고 꿀벌들이 겨울 내내 가만히 있다가 꿀을 얻게 되었을 때 어떻게 활발히 움직이는지를 보십시오. 하나님께서는 때때로 비를 주시고 햇빛을 주십니다. 비가 내릴 때 그 속을 걸어가는 자는 어리석은 자입니다. 그래서 우리는 좋은 날씨를 만났을 때 걸어가면서 만족을 얻어야 할 것입니다. 저는 하나님의 선한 축복이 보장되어 있는 종교를 가장 좋아합니다.[4]

이성적으로 생각해 보십시오. 하나님은 우리에게 이 땅에서 좋은 것을 축복하시기 때문에, 하나님의 영광을 위해서 우리가 축복을 취해야 하는 것 아닙니까? 아브라함과 솔로몬은 종교를 갖고 부자가 되었습니다.[5] 그래서 욥도 착한 사람은 "황금을 진흙과 같이 쌓아 둘 것이다"라고 말했습니다(욥 22:24). 만약 저 사람들이 당신이 말한 대로라면, 저들은 욥과 같지 않은 사람들일 것입니다.[6]

수전노_ 제가 생각하기에 이 문제에 우리 모두가 동의합니다. 따라서 그것에 대해서 더는 언급할 말이 없습니다.

돈 사랑_ 그렇습니다. 정말로 이 문제에 대해서 더 이상 말할 필요가 없습니다. 우리는 성경과 이성을 믿지만 저 사람은 둘 다 믿지 않으며, 자신의 자유에 대해서도 모르고, 자신의 안전을 구하지도 않습니다.[7]

두 마음_ 내 형제들이여, 여러분이 아시다시피 우리는 모두 순례 길에 있습니다. 나쁜 이야기에서 더 나은 전환을 위해서, 제가 여러분에게 심각한 질문을 하겠습니다. 어떤 사람이 목회자나 상인이라고 가정하고, 바로 그 앞에 이 세상의 축복을 얻을 기회가 생겼는데, 그것을 얻으려고 최소한 외형적으로라도 전에 관심을 두지 않았던 신앙의 몇 가지 부분에 비상한 열심을 가지게 되었으며, 자신의 목적을 이루기 위해 이런 수단들을 사용했다면 그가 정직한 사람입니까?

<u>돈 사랑</u>_ 당신이 의도하는 바를 알겠습니다. 신사 여러분, 모두가 허락하신다면 제가 답변하겠습니다. 당신의 질문에 대해서 첫 번째로 말할 수 있는 것은 목회자에 대한 것입니다(세상적인 인본주의 목사를 지지하는 괴변이다-역자 주). 상당한 실력을 갖춘 목회자이지만 너무 적은 사례비를 받는다고 가정해 보십시오. 결국 그는 더 많은 사례비를 받기 원할 것이며, 그것을 얻을 기회가 있다면 그는 더 많이 연구할 것이며, 더 자주 그리고 열심히 설교할 것입니다. 그리고 사람들의 기질이 요구하는 대로, 자신의 원칙의 어느 부분들을 변경할 것입니다.[8] 내가 생각하기에, 자신의 부르심에 충실한 그 사람에게는 이렇게 할 충분한 이유가 있으며, 그보다 더한 일을 한다 하더라도 정직한 사람이라 할 것입니다. 그러한 이유로,

1. 그가 더 많은 사례비를 받고자 하는 마음은 합법적입니다(이는 모순되지 않습니다). 이것은 하나님의 섭리에 의해서 그에게 제공된 것이기 때문에 그는 이것을 취할 수 있습니다. 양심에 문제가 되지 않는다면 그는 취할 수 있습니다.[9]
2. 이것 외에도 많은 사례비를 받으려고 더 연구하고, 더 열심 있는 설교자가 되는 것은 그를 훌륭하게 만드는 것입니다. 맞습니다. 그를 더 진보하게 만드는 것으로써 하나님의 뜻과 일치합니다.[10]
3. 사람들의 기질에 맞추려고 자신의 원칙을 변경해서 사람들을 섬기는 것은 그에게 자기를 부정하는 성품이 있으며, 부드럽고, 사람의 마음을 얻는 기질을 가진 것으로 목회의 기능에 더 적합한 것입니다.[11]
4. 결론적으로, 목회자가 큰 것을 위해 작은 것을 변경하는 것은 탐욕적인 것으

로 판단해서는 안 됩니다. 차라리 자신에게 진보를 가져다주고, 열심히 함으로써 자신의 부르심에 충성된 자라고 여겨야 합니다. 그리고 기회를 선하게 사용한 자라고 간주해야 합니다.12

그리고 이번에는 질문의 두 번째 부분인 상인에 대해서 대답하겠습니다. 이 세상에서 한 가난한 사람이 신앙적으로 되어서 그의 장사를 변경하고, 부유한 아내를 얻거나 더 많은 고객을 확보한다고 가정한다면, 내가 생각하기에 이것은 매우 합법적이라고 할 수 있습니다. 왜냐하면,

1. 그 수단이야 어떠하든 간에 신앙적이 되는 것은 덕스러운 일이기 때문입니다.
2. 부유한 아내를 얻거나 더 많은 고객을 얻는 것은 불법이 아닙니다.
3. 이뿐만 아니라 신앙적으로 되어서 이런 것들을 얻는 것은 좋은 일이며, 자신을 착하게 만드는 일로 바람직한 일입니다. 따라서 신앙적으로 되어서 좋은 아내를 얻는 것과 좋은 고객을 확보하는 것, 그리고 이득을 취하는 것은 선한 것입니다. 이런 것들을 얻기 위해서 신앙적이 되는 것은 좋은 일이요 유익한 계획입니다.

두 마음의 질문에 대한 돈 사랑의 대답은 그들 모두에게 박수갈채를 받았다. 따라서 그들은 이득을 얻으려고 신앙을 가지는 것은 건전한 것이며 유익한 것이라고 결론 내렸다. 그리고 그들은 누구도 이것에 반박할 수 없다고 생각했다. 그리고 크리스천과 소망이 아직 그들이 부를 수 있는 거리에 있었기 때문에, 두 사람을 따라잡는 즉시 질문하고 공박하기로 했다. 왜냐하면 크리스천과 소망은 전에 두 마음에 대해서 반대했기 때문이다.

그들은 크리스천과 소망을 불렀다. 크리스천과 소망은 멈춰 섰고, 그들이 다가오기까지 그곳에 서 있었다. 그들은 크리스천과 소망에게 다가가면서 이번에는 두 마음이 질문하지 않고 세상 사랑이 질문하기로 결정했다.

그들이 생각하기에 두 마음에 대한 크리스천과 소망의 대답이 두 마음을 화나게 만들었고 그들에게서 떨어지도록 만들었기 때문이다.

다가가서 짧게 인사를 나눈 후에 세상 사랑이 크리스천과 그의 동료인 소망에게 질문했다. 그리고 질문에 대해서 가능한 대로 대답하라고 말했다.

크리스천_ 신앙 면에서 어린아이일지라도 그런 질문 만 개라도 대답할 수 있을 것입니다. 왜냐하면 요한복음 6장 26절에서 볼 수 있듯이 떡을 얻기 위해서 그리스도를 따르는 것은 불법입니다.[13] 그리스도를 이용하고, 신앙을 가장해서 이 세상의 것을 얻고 즐기는 것은 참으로 혐오스러운 것입니다. 그러한 것은 이교도와 위선자, 마귀와 마법사가 하는 일입니다.

1. 이교도인 하몰과 세겜이 야곱의 딸과 가축에 대해서 마음을 품고 있었을 때 그것을 얻는 유일한 방법은 할례를 받는 것이었습니다. 그래서 그들은 자신들의 동족에게 "만약 우리 가운데 모든 남자가 그들이 할례를 받은 것과 같이 할례를 받는다면 그들의 모든 육축이 우리의 것이 되지 않겠는가?"라고 말했습니다. 그들은 종교를 이용해서 야곱의 딸과 가축을 얻으려고 했습니다. 창세기 34장 20-23절을 읽어 보십시오.
2. 위선적인 바리새인들도 종교적인 자들이었습니다. 그들은 사람들에게 나타내기 위해서 오래 기도했는데, 그들의 목적은 과부의 가산들을 집어 삼키는 것이었습니다. 하나님의 심판에서 그들은 큰 정죄를 받았습니다(눅 20:46-47).
3. 악마인 유다 역시 이런 방식의 종교를 갖고 있었습니다. 그의 종교는 돈주머니를 위한 것이었으며, 그가 의도하는 바를 소유했을 때 그는 버림받았으며, 내던져져서 영원한 지옥의 자식이 되었습니다.
4. 마술사였던 시몬도 이런 방식의 종교를 갖고 있었습니다. 그는 돈을 주고 성령을 사려고 했는데, 그것으로 돈을 벌 생각을 하고 있었습니다. 베드로의 입에서 정죄의 선고가 내려졌습니다(행 8:19-20).

5. 이 세상을 위해서 종교를 취한 자는 결국 이 세상을 위해서 종교를 내던져 버릴 것입니다. 일례로 유다는 세상을 얻기 위해서 종교적으로 되었다가, 같은 목적으로 종교와 스승이신 예수님을 팔아 버렸습니다. 따라서 질문에 대해서 긍정적으로 대답하거나 당신들이 했던 것처럼 그러한 대답을 옳다고 받아들이는 것은 이교도적이며 위선적이고 마귀적인 것입니다. 그리고 당신들이 그렇게 행한다면 행위대로 심판받을 것입니다.14

그때 그들은 크리스천에게 어떻게 대답할지를 몰라 서로 쳐다보고 있을 뿐이었다. 소망은 크리스천의 대답에 동의하면서 아무 말도 하지 않았다. 그래서 상당한 침묵이 그들 가운데 흘렀다. 두 마음과 그의 친구들은 망설이면서 뒤로 물러섰다. 크리스천과 소망은 그들을 뒤로하고 앞서 나갔다. 그리고 크리스천이 소망에게 말했다. "저들은 사람들의 선고에도 아무 말을 할 수 없는데, 하나님의 선고 앞에서 어떻게 설 수 있겠습니까? 질그릇과도 같은 내 말에도 입을 다물 수밖에 없는데, 삼키는 불꽃에 의해 책망받을 때 저들은 어떻게 되겠습니까?"

Q & A

1. 이 세 사람은 어떤 공통점이 있습니까?(눅 16:13; 딤전 6:10; 골 3:5)

답 : 세상 사랑, 돈 사랑, 수전노는 모두 돈을 사랑하는 자들이다. 따라서 탐욕과 정욕이 가득 차있는 자들이다.

2. 경건하지 않은 자들이 경건한 자들을 향해 항상 비난하는 말들이 있습니다. 그것은 무엇입니까?(롬 1:30)

답 : 경건치 않은 자들은 경건한 자들을 엄격주의자 혹은 율법주의자라고 비난한다. 왜냐하면 경건한 자는 하나님의 계명을 지키고자 애쓰는데, 이러한 모습이 경건치 않은 자들에게는 마치 율법을 지켜서 구원받으려는 모습으로 비추어지기 때문이다. 경건한 자들이 하나님의 계명을 지키고 경건하게 살고자 하는 것은 구원을 얻기 위해서가 아니라 구원받은 것에 감사하기 위한 것이다.

3. 태양 빛 아래에서 사람들에게 찬사를 받을 때만 종교를 갖는 것은 그들이 어떤 자라는 것입니까?(마 23:6-7)

답 : 그들이 위선자라는 것을 스스로 드러내는 것이다. 사람들에게 영광을 구하고, 세상적인 이득을 위해 신앙적인 모습을 하고 있는 전형적인 위선자들이다.

4. 진정한 그리스도인과 세상적인 교인은 어디에서 차이가 납니까?(골 3:1-2)

답 : 진정한 그리스도인은 천성을 생각하며, 이 땅의 임시적인 것들에 매여 있지

않다. 그러나 세상적인 그리스도인들은 천성에 마음이 없으며, 이 땅의 것들을 얻기 위해서 그리스도를 찾고 구한다.

5. 종교를 가짐으로써 부자가 되려는 것은 어떤 것입니까?(마 19:24; 16:26)

답 : 복음의 진정한 의미를 모르는 것이다. 복음은 죄로부터 구원을 받는 것이다. 그러나 이들은 종교를 이용하여 부자가 되고, 자기의 세상적인 목적을 이루려고 한다. 오늘날 교회 속에서 유행하고 있는 건강과 부의 복음이 여기에 해당된다. 이러한 다른 복음은 교회 속에서 세속적인 자들을 양산하게 된다.

6. 이들은 성경을 남용하고 오용함으로써 자신들이 진정한 성도라고 믿고 있습니다. 잘못된 교리와 가르침, 거짓 확신을 갖고 있다가 결국 어떻게 됩니까?(유 1:12-15)

답 : 이들은 성경의 구절들을 자신의 목적에 따라 오용하고 남용하는 자들이다. 이러한 자들은 잘못된 교리에 근거해서 자신들이 진정한 성도라고 믿지만 이것은 잘못된 확신에 불과하다. 잘못된 거짓 확신을 가지고 있다가 결국 멸망에 이르게 된다.

7. 이들은 그리스도를 따르는 일에서 반드시 요구되는 것을 모르고 있습니다. 그것이 무엇입니까?(눅 9:23)

답 : 그리스도를 따름에 있어서 자기를 부인하고, 자기 십자가를 지는 것을 모르고 있다. 이들은 십자가 없는 복음을 말하고 오직 자기 성취를 위한 거짓된 복음을 가지고 있다.

8. 이런 자는 어떤 자입니까?(갈 1:10)

답 : 다른 복음을 가르치는 자들이다. 사람들을 기쁘게 하기 위해서 복음을 변질시킨다. 그래서 사람들로부터 인기를 누리고, 사람들의 영광을 취하는 자들이다(갈 6:12). 다른 복음은 거짓 복음이다. 이것을 믿고 따르는 자는 모두 육신으로 마치게 되며, 그 결과는 사망이다.

9. 자기 이익만을 도모한다면 그는 어떤 자입니까?(사 56:11)

답 : 거짓 목자들이다. 그들은 돈의 탐욕으로 가득 차 있으며, 이익을 위해 항상 자기 길을 가는 자들이다. 그들은 자기 이익만을 도모하는 자들이다(유 1:18).

10. 사도 바울은 사역하는 가운데 물질에 대해 어떤 태도를 보였습니까? (행 20:33)

답 : 바울은 누구의 은이나 금이나 의복을 탐하지 않았다고 말하였다. 더욱이 그는 선교 여행에 필요한 경비를 스스로 마련했다고 하였다.

11. 진리보다는 인간들에게 기준을 두고 목회를 한다면, 세상적인 교인들에게서 어떤 반응을 얻을 수 있습니까?(딤후 4:3)

답 : 세상적인 사람들로부터 환영받으며 인기 있는 목회자가 될 것이다. 세상적인 사람들은 자신의 욕심을 위해서 이러한 목회자를 원할 것이다. 그들은 자신들의 탐욕을 드러내거나 진리로 책망하는 목회자를 싫어하고 반대할 것이다.

12. 이들의 주장에서 선과 악의 기준이 어디에 있습니까?(렘 5:28)

답 : 자신들에게 이익이 되면 선한 것이 되고, 손해를 끼치는 것은 악이 된다. 그

리고 어떤 수단이라도 사용해서 실용적인 효과가 나오면 그것은 선이 되는 것이다. 이들은 하나님의 말씀으로부터 선과 악의 기준을 삼지 않고 있다.

13. 오늘날 예수 믿으면 건강하게 되고 부자가 된다고 주장하는(건강과 부의 복음) 것은 어떤 것입니까?(요 6:26)

답 : 다른 복음이다. 떡을 얻어먹기 위해서 그리스도를 찾아서는 안 된다. 영원한 생명을 위해서 그리스도를 찾아야 한다(요 6:32).

14. 하나님의 백성 가운데 섞여 있으면서 탐욕을 추구했던 자들은 어떻게 되었습니까?(민 11:4, 34)

답 : 이들은 모두 하나님의 심판을 받았다. 그들은 과거의 죄 된 삶을 추억하였고, 그것을 구하였다. 결국 하나님의 심판인 재앙으로 모두 죽었다.

35_ 데마와 은광

두 순례자는 세상 때문에 중도에 순례 길을 포기한 데마의 유혹을 받는다.

　크리스천과 소망은 다시 두 마음의 일행보다 앞서 갔고 두 순례자는 멋있는 평원에 도착했다. 평원의 이름은 '안락'이었다. 이곳에서 두 순례자는 매우 만족했다. 그러나 평원은 좁고 짧았기 때문에 금방 끝나고 말았다.[1] 그 평원의 앞쪽에 '부정한 이득'(Lucre)이라고 부르는 작은 언덕이 있었는데 거기에는 은광이 있었다. 은이 희귀해서 은광을 보려고 사람들이 옆길로 들어섰다.[2] 그러나 은광 입구에 너무 가까이 다가섰다가 땅이 무너지는 바람에 사람들이 죽고, 어떤 이는 불구자가 되어 죽는 날까지 자신의 몸을 스스로 움직일 수가 없었다.

　그때 내가 꿈속에서 보니 길에서 약간 벗어난 곳에서 데마(신사처럼 생겼음)가 지나가는 사람들을 불렀다. 데마는 크리스천과 소망에게 "이리로 돌아오시오. 내가 당신에게 보여 드릴 것이 있소"라고 말했다.[3]

　크리스천_ 가는 길에서 벗어나서 볼 만한 가치가 있는 것이 무엇이오?
　데마_ 여기에 은광이 있소. 몇 사람이 보물을 위해 그것을 파고 있소. 만약 당신이 온다면 힘들이지 않고 부자가 될 수 있소.[4]
　소망_ (크리스천에게) 우리 가 봅시다.
　크리스천_ 안 됩니다. 저는 이 장소에 대해서 이전부터 들어 왔습니다. 정말 많은 사람이 이곳에서 죽었습니다. 보물은 그것을 찾는 자를 삼키고 맙니다. 왜냐하면 이것은 그들의 순례 길을 방해하는 것이기 때문입니다.[5]

크리스천_ (데마에게) 위험하지 않소? 순례 길을 방해하지는 않소?(호 14:8)

데마_ 주의를 기울이는 자에게는 그렇게 위험하지 않아요(이 말을 하면서 그는 얼굴을 붉혔다).[6]

크리스천_ (소망에게) 한 걸음도 벗어나지 맙시다. 계속해서 우리의 갈 길을 갑시다.

소망_ 제가 당신에게 보증하건대, 두 마음이 이곳에 오면 그는 우리가 받은 초청을 받을 것이고, 결국 그것을 보기 위해서 발길을 그곳으로 옮길 것입니다.

크리스천_ 의심의 여지가 없습니다. 그의 원칙이 그를 그곳으로 인도할 것이며, 백이면 백 그곳에서 죽게 될 것입니다.

그때 데마가 다시 부르면서 "왜 이곳으로 오셔서 보시지 않습니까?"라고 말했다.[7]

크리스천_ (크리스천은 단호하게 대답했다) 데마 씨, 당신은 이 길 즉 바른 길의 주인에 대해서 원수이며, 스스로 벗어난 길을 택함으로써 주님의 재판장 중의 한 분에 의해서 이미 정죄되었습니다(딤후 4:10). 그런데 왜 우리를 같은

정죄함으로 인도하려는 것입니까? 그뿐만 아니라 우리가 바른 길에서 돌아선다면, 우리의 주가 되신 왕께서는 분명히 그것을 감찰하시어 우리로 부끄러움에 처하게 만들 것이며, 우리는 그분 앞에 도무지 서지 못할 것입니

다.[8]

데마_ (소리치면서) 나도 당신들과 형제요. 만약 당신들이 잠시 지체해서 기다려 준다면, 나도 당신들과 함께 가고 싶소.

크리스천_ 당신의 이름은 무엇입니까? 내가 불렀던 데마가 아닙니까?

데마_ 맞소. 내 이름은 데마요. 나는 아브라함의 자손이오.[9]

크리스천_ 나는 당신을 잘 알고 있습니다. 게하시가 당신의 증조부이며, 유다가 당신의 아버지로 당신도 그 발자취를 따라왔습니다(왕하 5:20; 마 26:14-15; 27:1-5). 당신이 하는 일은 마귀의 장난과도 같으며, 당신의 아버지는 반역자로서 스스로 목매어 죽었고, 당신도 그보다 나은 상을 받을 수 없을 것입니다. 우리가 왕에게 나아갔을 때 이런 당신의 행위를 말씀드릴 것이니 분명히 알아 두십시오.

이렇게 말하고 크리스천과 소망은 길을 계속 갔다. 바로 이때 두 마음과 그의 친구들이 다시 눈에 보였다. 그들은 데마의 유혹에 곧바로 데마에게로 달려갔다. 그리고 은광 언저리에서 안을 보다가 갱 속으로 떨어졌는지, 은을 캐려고 내려갔는지, 구덩이에서 쉴 새 없이 나오는 축축한 가스에 질식되었는지 확신할 수는 없지만 두 번 다시 이 길에서 그들을 볼 수 없었다.

그러자 크리스천은 노래를 불렀다.

두 마음과 은광은 모두 동의해서
하나는 부르고, 다른 하나는 달려가네.
탐욕을 나누다가 세상으로 들어갔고
천국 길을 포기했네.

내가 꿈속에서 보니 이 평원의 다른 한쪽에 오래된 비석이 있었는데, 순례자들이 그곳에 이르는 것을 보았다. 오래된 비석은 길옆에 생소하게 서 있었다. 비석의 이상한 형태 때문에 순례자들은 관심을 보였다. 비석은 마치 한 여인이 돌기둥으로 변한 모습과도 같았다. 순례자들은 그곳을 바라보고 또 바라보았다. 그러나 그것이 무엇을 의미하는지 말할 수 없었다.

마침내 소망이 비석 위에 진귀한 필체로 새겨진 글귀를 찾아냈다. 소망은 학자가 아니었기 때문에 학식이 있는 크리스천을 불러서 그 의미를 찾아내도록 했다. 크리스천이 다가와서 글자들을 서로 맞추었더니, '롯의 아내를 기억하라'는 뜻이었다. 그래서 크리스천은 그것을 소망에게 읽어 주었다. 그리고 두 순례자는 롯의 아내가 소돔 땅을 안전하게 빠져나오다가 탐욕스러운 마음 때문에 뒤를 돌아보아서 소금 기둥이 된 것이라는 결론을 내렸다(창 19:26). 뜻밖의 놀라운 광경은 순례자들이 다음과 같은 대화를 나누게 했다.

크리스천_ 아 형제여! 이것은 참으로 시기적절한 광경입니다. 데마가 우리에게 부정한 이득의 언덕을 보게 하기 위해서 초청한 후에 이것을 보게 되었습니다. 만일 데마가 우리에게 오라고 했을 때 당신의 마음이 끌렸던 것처럼 우리가 갔다면 우리도 이 여인과 같이 되었을 것이며, 나중에 오는 사람들에게 구경거리가 되었을 것입니다.[10]

소망_ 제가 어리석었던 것을 사과합니다. 제가 지금 롯의 아내처럼 되지 않은 것이 놀랍습니다. 그녀의 죄나 저의 죄가 별로 차이가 없지 않습니까? 그녀는 단지 뒤를 돌아다보았지만 저는 가서 보고 싶은 욕망이 있었습니다. 하나님의 은혜에 감사드립니다. 그렇지만 저의 마음속에 그러한 것들이 있다니 참으로 부끄럽습니다.[11]

크리스천_ 우리가 여기에서 본 것을 주의해서 앞으로 일어날 일에 도움이 되도록 합시다. 이 여인은 소돔 땅에서 빠져나와서 심판을 피했지만, 우리가 보는 바와 같이 소금 기둥이 되어서 다른 것에 의해 멸망당했습니다.

소망_ 맞습니다. 그녀는 우리에게 경고이며 본보기가 되었습니다. 경고라는 것은 우리가 그녀가 지었던 죄를 피해야 한다는 것이고, 본보기라는 것은 이런 경고를 보고 우리가 죄를 예방하지 않으면 심판이 우리에게 임한다는 표식이 됩니다.[12] 고라, 다단과 아비람과 그들을 따르던 250명은 죄와 함께 멸망했는데 이들 역시 다른 사람에게 조심하라는 경고 혹은 본보기가 됩니다(민 26:9-10). 그러나 무엇보다도 한 가지가 생각납니다. 어떻게 데마와 그의 동료들이 그렇게 보물들을 확신 있게 바라볼 수 있었습니까? 이 여인은 단지 뒤를 돌아보는 것만으로도 소금 기둥이 되었고(그녀는 길에서 한 걸음도 벗어나지 않았습니다) 특별히 그녀에게 임한 심판은 본보기가 되었는데, 그들이 그것을 볼 수 있는 거리 내에서 어떻게 사람들을 유혹할 수 있었습니까?

크리스천_ 참으로 놀라운 일입니다. 그들의 마음이 유혹하는 것에 필사적이라는 것을 증명합니다. 그들과 비교하기에 적합한 사람은 재판관 앞에서 소매치기하는 자 혹은 교수대 아래에서 남의 지갑을 째는 자들입니다. 그들은 하나님 앞에서 큰 악을 저지르는 소돔 사람들과 같습니다. 하나님께서 소돔 땅을 에덴동산과 같이 만들어 주셔서(창 13:10) 그들에게 은혜를 베푸셨는데도(창 13:13) 그들은 하나님 목전에서 악을 행했습니다. 따라서 하나님을 진노하게 만들었으며, 하늘에서 가장 뜨거운 재앙을 불러일으켰습니다. 가장 이성적으로 결론을 내린다면, 하나님의 목전에서 죄를 지으면서 그들에게 경고하는 이런 본보기를 무시하는 자들은 가장 무서운 심판을 받을 것입니다.[13]

소망_ 한 치의 의심도 없이 맞는 말입니다. 당신이나 저나 이런 본보기가 되지 않았다는 것이 하나님의 큰 은혜입니다. 이것은 우리가 하나님께 감사하게 하고, 하나님 앞에서 두려워하게 하며, 항상 롯의 아내를 기억하게 합니다.

Q & A

1. 멋있고 평안한 평원이 금방 끝나는 이유는 무엇입니까?(히 6:12)

답 : 순례의 길에서 게으르지 않게 하기 위한 하나님의 방법이다. 쉽고 편안 것에 익숙해지면 영적으로 게으름에 빠지기 쉽다. 이는 우리의 부패성으로 인한 것이다. 따라서 순례의 길 가운데 안식을 주시지만 계속해서 믿음의 경주를 위해 안식이 짧게 끝나기도 한다.

2. 은광이 위험한 이유는 무엇입니까?(시 119:118)

답 : 은광은 보는 순간 욕심이 불일 듯 일어나게 만든다. 은에 눈이 멀어서 영적 주의력을 잃어버리게 하며, 절벽에 떨어지도록 만든다. 즉, 은광은 파멸을 향하여 달려가게 하기 때문에 위험하다. 이렇게 세상적인 것에 눈이 멀면 하나님의 말씀을 버리게 되며, 하나님의 말씀으로부터 떠나 세상으로 돌아가게 만든다.

3. 우리를 유혹하는 것들의 특징은 무엇입니까?(창 6:2; 수 7:21; 삼하 11:2)

답 : 세상에서 우리를 유혹하는 것은 보기에 아름답고 화려한 것이다. 이것은 우리를 안목의 정욕에 사로잡히게 한다. 그래서 결국 범죄하게 만든다.

4. 순례의 길에서 항상 받는 유혹은 어떤 것입니까?(마 7:13)

답 : 쉽고 편한 길을 제시받는 것이다. 그래서 순례의 길에서 떠나도록 만든다. 힘들이지 않고 부자가 될 수 있다는 유혹은 순례의 길에서 항상 받는 유혹이다.

5. 소망은 데마의 유혹에 미혹되어 가보자고 하였습니다. 그러나 누구의 도움을 받아 유혹에 완전히 넘어가지 않습니까?(잠 1:1-4)

답 : 소망은 크리스천에 비해 아직 많은 영적 경험이 없었다. 따라서 위선자의 유혹에 쉽게 노출되었다. 유혹에 마음이 이끌렸던 것이다. 바로 이때 크리스천이 데마의 유혹을 설명하였다. 소망에게는 훈계와 교훈이 필요하다.

6. 데마는 위험한데도 위험하지 않다고 거짓말합니다. 성도를 유혹할 때 쓰는 마귀의 전략은 무엇입니까?(렘 23:17)

답 : 마귀는 위험을 감추고 유혹을 한다. 그의 얼굴이 빨개졌다는 것은 거짓말을 하고 있다는 것이다. 이렇게 거짓말로 유혹하는 것이 그의 전형적인 계략이다.

7. 유혹의 성질은 어떻습니까?(창 39:10)

답 : 마귀는 우리가 유혹에 빠질 때까지 계속해서 유혹을 한다. 요셉을 유혹했던 보디발의 아내도 그랬고, 삼손을 유혹하였던 드릴라도 그렇게 하였다(삿 16:16).

8. 유혹을 이기는 방법이나 수단은 무엇입니까?(창 39:9)

답 : 죄를 범하였을 경우 그것에 대한 결과를 생각해야 한다. 특히 하나님께 죄를 범한 것이며, 범죄함으로 인하여 하나님 앞에 도무지 설 수 없을 것을 생각하는 것이다. 죄악의 결과가 하나님 앞에 설 수 없게 하며, 사람들과의 관계

에도 고통을 가져다 줄 것을 생각하면 유혹을 이길 수 있다.

9. 외형적인 요소로 자신을 하나님의 백성이라고 주장한다고 해도, 반드시 무엇이 있어야 하나님의 백성입니까?(롬 2:29)

답 : 데마는 자신이 유대인으로서 하나님의 백성임을 주장하였다. 그러나 그는 변화된 심령을 가지고 있지 않았다. 하나님의 백성의 진정성은 심령의 변화가 있느냐의 여부에 달려 있다.

10. 같은 내용의 가르침이 반복되는 것은 무엇을 의미합니까?(빌 3:1)

답 : 천로역정에서 때로는 같은 내용이 반복된다. 롯의 아내의 비석 앞에서 다시 데마의 유혹을 말하는 것은 이러한 유혹의 위험성을 다시 반복하여 우리를 안전하게 하는 것이다.

11. 소망은 자신이 롯의 아내와 다를 바가 없다는 것을 깨닫습니다. 그래서 결국 무엇을 인정하게 됩니까?(시 77:10)

답 : 자신의 연약함을 인정하고, 자신의 내면에 있는 부패성을 깨닫게 된다. 따라서 롯의 아내는 소금 기둥이 되었으나, 자신이 그러한 심판을 받지 않은 것은 전적으로 하나님의 은혜라고 말한다.

12. 성경에서의 심판에 대한 경고는 어떤 기능이 있습니까?(고전 10:11)

답 : 같은 죄를 짓지 않게 하기 위한 것이다. 우리로 하여금 죄에 대해서 경계하게 한다.

13. 하나님의 경고를 무시하면서 계속 죄를 짓는 자들에게는 어떤 형벌이 있습니까?(대하 25:16)

답 : 하나님의 경고를 무시하고 계속해서 죄를 짓는 자들은 하나님께서 멸하기로 작정을 하시고 결국에는 가장 무서운 심판을 행하신다.

36_ 생명수의 강과 샛길 초원

두 순례자는 하나님과의 교제의 풍성함을 의미하는 생명수 강에서 기쁨을 만끽한다. 그러나 험한 길을 만나게 되고, 그들은 쉬운 길을 택한다.

내가 보니, 그들은 시원한 강으로 가고 있었다. 다윗 왕은 이 강을 하나님의 강이라고 불렀고, 사도 요한은 생명수의 강이라고 불렀다(시 65:9; 계 22장; 겔 47장). 두 순례자는 강둑에 눕기도 했고, 그곳을 즐겁게 거닐기도 했다.

또한 그들은 강물을 마시기도 했는데, 매우 시원한 물이었으며 그들의 지친 영혼을 생동감 있게 해 주었다.[1] 뿐만 아니라 강의 양쪽 둑에는 매우 푸른 나무들이 있었는데, 열매들이 달려 있었다. 나무 잎사귀는 약으로 사용되고, 나무 열매들은 맛있었다. 두 순례자는 과식해서 생기는 질병과 여행 때문에 피가 뜨겁게 되어 생기는 질병을 막으려고 나무 잎사귀를 먹었다. 또한 강의 양쪽에는 일 년 내내 푸른 초장이 있었으며 아름다운 백합화가 피어 있었다. 두 순례자는 초장에 누워 잠을 잤으며, 여기서는 안전하게 누워 있을 수 있었다.[2] 그들은 잠에서 깨자 다시 열매를 먹었으며, 강물을 마셨고, 또다시 누워 잠을 잤다(시 23:2; 사 14:30). 이렇게 그들은 여러 날을 지냈다. 그들은 다음과 같이 노래를 불렀다.

보라 수정과 같은 강물이 미끄러지듯 흘러가는구나.
순례자들을 위로하려고 왕의 대로를 따라 흘러가는구나.
푸른 초장은 향기를 발하며 순례자들을 위해 진미를 내는구나.

나무들이 맺은 과일과 잎이 얼마나 맛있는지 안다면
곧 자기의 모든 것을 팔아서 이 밭을 사리라.

그들은 여행을 계속하기로 결심했고(왜냐하면 그들의 여행이 아직 끝나지 않았기 때문이다) 먹고 마신 후에 떠났다.

이제 내가 꿈속에서 보니 그들이 멀리 가지 않았는데, 강과 길이 잠시 분리되었다. 그곳에서 그들은 적지 않게 실망했다. 그러나 길을 벗어나지는 않았다. 강에서 멀어질수록 길은 험했고, 여행으로 발이 아팠다. 두 순례자는 길 때문에 매우 실망했다(민 21:4). 3 길을 계속 가면서 더 좋은 길이 나오기를 바랐다. 얼마 후 그들 앞에 길의 왼쪽으로 초원이 나왔다. 그리고 초원으로 넘어 들어갈 수 있는 계단이 있었다. 그 초원의 이름은 '샛길 초원(By-path Meadow)'이었다. 그때 크리스천이 소망에게 말했다. "이 초원이 우리의 가는 길을 따라간다면, 그리로 들어갑시다."4 그들은 초원으로 넘어갈 수 있도록 담장에 걸쳐 있는 층계로 올라갔다. 그리고 초원을 바라보았다. 담장의 다른 쪽에 순례 길과 함께 놓인 오솔길이 있었다. "저의 소원대로 여기에 쉬운 길이 있습니다. 선한 소망 씨, 이리 오셔서 함께 갑시다."

소망_ 그러나 이 길이 우리에게 길을 벗어나게 한다면 어떻게 하지요?
크리스천_ 그렇지 않을 것입니다. 보세요, 순례 길과 같이 가고 있지 않습니까?5

결국 소망은 크리스천에게 설득되어서 크리스천을 따라 층계 계단을 넘어 초원의 오솔길로 들어갔다. 그들의 발은 매우 편해졌다.6 그리고 그들은 그들 앞에 한 사람이 걸어가고 있는 것을 보았다. 그 사람의 이름은 헛된 확신(Vain-confidence)이었다.7 두 순례자는 그 사람을 불렀다. 그리고 이 오솔길이 어디로 가는 길이냐고 물었다. 그 남자는 천성의 문으로 인도한다고

대답했다. "보세요, 제가 당신에게 그렇게 말하지 않았습니까? 우리는 바른 길에 있습니다"라고 크리스천이 말했다.⁸ 그러나 밤이 되서 계속 어두워져 앞에 가던 사람을 볼 수 없었다.

앞서 가던 헛된 확신은 그 앞에 있는 길을 보지 못하고 그만 깊은 웅덩이에 빠졌다(사 9:16). 그 웅덩이는 그 땅의 주인이 헛된 영광을 추구하는 어리석은 자들을 잡으려고 의도적으로 파 놓은 것이었다. 헛된 확신은 웅덩이에 떨어져서 몸이 산산조각 났다.⁹

크리스천과 소망은 헛된 확신이 떨어지는 소리를 들었다. 그래서 무슨 일이 일어났는지 알려고 그를 불렀지만, 대답은 없었고 오로지 신음 소리만 들렸다. 그러자 소망이 "지금 우리는 어디에 있는 것입니까?"라고 물었다. 그의 동료인 크리스천은 자신이 소망을 잘못된 길로 인도한 것인지 의심이 들어 아무런 말도 하지 않았다. 그때 비가 내리기 시작하면서 천둥 번개가 매우 무섭게 쳤다. 물이 길 위로 철철 넘쳤다.¹⁰

그러자 소망이 신음하면서 말했다. "그냥 내가 생각했던 대로 길을 갔어야 했는데!"

크리스천_ 이 초장 길이 순례 길에서 벗어나게 만들지 누가 생각이나 했겠습니까?

소망_ 저는 처음부터 이것을 걱정했습니다. 그래서 제가 당신에게 부드럽게 경고한 것입니다. 제가 더 분명하게 말하고 싶었지만, 당신이 저보다 연장자여서 그렇게 하지 못했습니다.¹¹

크리스천_ 착한 형제여, 거리낌 없이 말하십시오. 제가 길을 벗어나게 해서 이렇게 급박한 위험에 처하도록 만들었으니, 정말 미안합니다. 내 형제여, 저를 용서해 주십시오. 제가 나쁜 의도로 이렇게 한 것은 아닙니다.[12]

소망_ 형제여, 안심하십시오. 제가 당신을 용서합니다.[13] 그리고 상황은 더 나아질 것입니다.

크리스천_ 제가 이렇게 자비로운 형제와 함께 있어서 참 기쁩니다. 그러나 이렇게 여기에 서 있어서는 안 됩니다. 어서 서둘러 돌아갑시다.[14]

소망_ 착한 형제여, 제가 앞서 가겠습니다.

크리스천_ 아닙니다. 당신이 괜찮다면 제가 앞서 가겠습니다. 위험을 당해도 제가 먼저 당해야 합니다. 왜냐하면 저 때문에 길을 벗어났기 때문입니다.

소망_ 아닙니다. 당신이 앞서서는 안 됩니다. 당신의 마음은 상해 있기 때문에 다시 잘못된 길로 갈 수 있습니다.[15]

이때 그들은 그들을 격려하는 음성을 들었다. "네가 전에 가던 길을 마음에 두라 돌아오라"(렘 31:21). 그러나 이때 물이 크게 불어나서 돌아간다는 것은 매우 위험하다고 판단했다(그때 나는 우리가 있는 길에서 벗어나는 것이 나갔던 곳에서 돌아오는 것보다 훨씬 쉬운 것이라고 생각했다). 그러나 그들은 위험을 무릅쓰고 되돌아가기로 했다. 날은 어두워졌고, 물은 크게 범람했다. 그래서 되돌아가는 길에서 아홉 번 내지 열 번 정도는 물에 빠져 죽을 뻔했다.

Q & A

1. 생명수의 강에서 지친 영혼이 생동감을 얻었습니다. 무엇을 의미합니까?
(시 65:9-10)

답 : 은혜의 계절을 의미한다. 하나님께서 교회에 성령을 쏟아 부어 주심으로 인하여 교회가 영적으로 부흥을 만나는 것을 의미한다. 이때 많은 영혼들이 회심을 경험하며, 이미 회심한 자들은 영적 갱신을 경험하게 된다.

2. 주께서 수고한 백성에게 주시는 복은 무엇입니까? (히 4:3)

답 : 주께서 수고한 백성들에게 위로와 안식을 제공하신다. 따라서 이 땅에서 주의 백성들은 수고하여야 한다.

3. 어렵고 힘든 길을 만났을 때 성도는 어떻게 해야 합니까? (민 21:4; 롬 5:3-5)

답 : 길로 인하여 불평하지 말아야 한다. 어려운 가운데 즐거워하고 인내해야 한다. 인내는 결국 소망을 낳게 되어 있다.

4. 크리스천이 소망에게 말하는 것은 어떤 판단에서 나온 것입니까? (롬 8:6)

답 : 육신적인 생각과 판단이다. 순례의 길에서 곁길이라는 것은 순례의 길에서 벗어나게 하는 것이다. 그럼에도 그 길이 순례의 길과 만날 것으로 예상하여 택하고자 하였다.

5. 크리스천이 범한 죄는 무엇입니까?(사 30:1; 53:6)

답 : 크리스천이 샛길 초원으로 들어가기를 주저하는 소망에게 자기주장을 펴고 있다. 그리고 자신의 판단을 강요하였다. 이는 죄이다. 하나님에게 문의하지 않고 자기주장과 생각을 강요하는 것은 형제를 넘어뜨리는 것이다.

6. 실제적으로 순종의 길에서 벗어나도 잠깐은 어떠합니까?(욘 1:3)

답 : 때로는 불순종의 길을 들어섰음에도 불구하고 당분간 어려움을 만나지 않고 지내기도 한다. 이로 인하여 자신의 불순종을 합리화할 수 있다. 그러나 그것은 잠깐에 불과하다. 결국에는 불순종으로 인한 어려움이 찾아오게 되어 있다.

7. 헛된 확신은 무엇을 의미합니까?(사 2:22)

답 : 인간적인 판단으로 샛길 초장으로 들어섰고, 또한 인간의 조언을 구하는 그들에게 오직 헛된 확신만 있다는 것을 가르쳐 주기 위한 것이다. 인생의 판단을 구하거나 의지해서는 안 된다. 오직 하나님의 뜻과 인도를 구해야 한다.

8. 육신적인 판단으로 헛된 확신을 갖고 잘못된 길로 들어섰습니다. 그 헛된 확신은 결국 무엇을 가져다줍니까?(잠 25:19)

답 : 인간을 의지하는 것은 헛된 확신에 있다는 것이다. 그것은 부러진 이와 위골된 발과 같아서 환란 날에 전혀 도움을 주지 못한다.

9. 헛된 확신이 구덩이에 빠진 이유는 무엇입니까?(사 9:16; 마 23:15; 눅 6:39)

답 : 사람을 잘못된 길로 인도한 자는 반드시 하나님의 심판을 받게 되어있다. 거짓 선지자들은 잘못된 교리로 사람들을 오류로 인도한다. 사람들을 웅덩이에 빠트리는 것이다. 결국에는 본인도 웅덩이에 빠져 함께 멸망한다. 다른 사람을 잘못된 길로 인도한 자들이 받는 심판이다(마 23:15).

10. 비가 내리면서 천둥 번개가 매우 무섭게 치고, 물이 길 위로 철철 넘쳤습니다. 무엇을 의미합니까?(욥 33:16)

답 : 순례의 길에서 벗어나 잘못된 길로 들어선 것에 대한 경고이다. 하나님은 이러한 경고를 통해서 잘못된 길에서 더 나아가지 못하게 하시고 바른 길로 되돌아가게 하신다. 이러한 경고를 무시하고 계속해서 간다면 더 큰 어려움을 만날 것이다(민 32:15).

11. 사람의 형편을 보고서 진리에 대해서 머뭇거릴 것이 아니라 어떻게 해야 합니까?(행 20:27)

답 : 거리낌이 없이 말해야 한다. 왜냐하면 그것은 생명과 관련되어 있기 때문이다. 크리스천이 연장자여서 소망이 주저함으로 이러한 결과들이 발생하였다.

12. 크리스천은 소망에게 어떻게 용서를 구했습니까?(약 5:16)

답 : 크리스천은 자신의 잘못을 인정하고 소망에게 용서를 구했다. 이것은 형제에게 잘못을 저질렀을 경우에 그 관계의 회복을 위해서 필수적인 것이다.

13. 소망은 크리스천을 어떻게 용서해 주었습니까?(마 18:21-22)

답 : 용서를 구하는 크리스천을 기꺼이 용서하였다. 이는 하나님 백성의 공동체가 어려움에 빠졌을 때 가장 먼저 해야 할 일이다. 죄에 대한 것을 먼저 해결해야 한다.

14. 잘못된 길로 접어들었다고 판단하면 어떻게 해야 합니까?(렘 31:21)

답 : 잘못된 길에서 멈추고 다시 바른 길로 되돌아가야 한다. 잘못된 길에서 새로운 길을 찾아서는 안 된다. 전에 가던 길로 돌아와서 그 길로 계속해서 가야 한다.

15. 소망의 은혜롭고 지혜로운 조치입니다. 소망의 은혜로운 심령 상태는 어떻습니까?(갈 6:2)

답 : 소망은 영적으로 혼동을 겪고 있는 크리스천의 짐을 지고자 하였다. 영적으로 혼동된 상태에서의 결정들은 또다시 혼동으로 인도하기 때문에 소망의 제안은 지혜로운 것이다.

37_ 의심의 성과 절망 거인

쉬운 길을 택했던 두 순례자는 홍수를 만났다. 그들은 순례 길로 되돌아가려고 애썼지만 갈 수 없었으며, 다시 잠에 빠져서 절망 거인에게 붙잡히는 더 큰 어려움을 만나게 되었다.

크리스천과 소망은 온 힘을 다했지만 그 밤에 그들이 넘어온 층계 계단까지 갈 수 없었다. 그래서 결국 조그마한 피난처 아래에서 날이 새기까지 앉아 있었다.¹ 그러나 피곤했기 때문에 잠에 빠지고 말았다.² 그들이 누워 자고 있는 곳에서 멀지 않은 곳에 의심의 성(Doubting Castle)이라고 부르는 성이 있었고, 그 성의 주인은 절망 거인(Giant Despair)이었다.³ 두 순례자는 지금 절망 거인의 땅에서 자고 있었다.

절망 거인은 아침에 일찍 일어나 자신의 땅을 돌아보다가 자신의 땅에서 자고 있는 크리스천과 소망을 붙잡았다. 거인은 거칠고 난폭한 목소리로 두 순례자에게 일어나라고 명령했다. 그리고 그들이 어디서 왔으며 자신의 땅에서 무엇을 했는지 물었다. 두 사람은 거인에게 자신들이 순례자이며  길을 잃었다고 대답했다. 그러자 거인이 "너희는 내 땅을 침범해 짓밟고 누워 잤기 때문에 나와 같이 가야겠다"라고 말했다. 거인은 그들보다 힘이 세었기 때문에 두 순례자는 거인에게 끌려갔다. 두 순례자는 아무 말도 할 수 없었다. 잘못이 자신들에게 있다는 것을 알고 있었기 때문이다. 거인은 두 순례자를 몰아 자신의 앞에 가게 했고, 그들을 자신의 성의 어두운 지하 감옥에 가두었다(시 88:18).

두 순례자는 감옥의 더러움과 악취를 견딜 수가 없었다. 이곳에서 두 순례자는 수요일 아침부터 토요일 밤까지 빵 한 조각과 물 한 방울 없이, 한 줄기 빛도 없이, 어떻게 해야 할지 물어볼 사람도 없이 누워 있어야 했다. 그들에게는 친구나 아는 사람에게서 격리되었다는 것이 최악의 상황이었다.4 감옥에서 크리스천은 갑절로 슬펐다. 왜냐하면 자신의 잘못된 조언 때문에 이런 곤경에 빠졌기 때문이다.5

절망 거인에게는 아내가 있었는데, 그녀의 이름은 무기력(Diffidence)이었다.6 절망 거인이 잠자리에 들어갔을 때 그는 자신이 한 일에 대해서 아내에게 이야기했다. 즉, 자신의 땅을 침범한 두 사람을 잡아서 자신의 지하 감옥에 처넣은 것을 말했다. 그리고 그는 자신이 그들을 어떻게 처치하는 것이 좋을지 물었다. 그러자 그녀는 그들이 어떤 자들이며, 어디에서 왔고, 어디로 가는 자들인지 남편에게 물었다. 거인이 그녀에게 대답하자 그녀는 남편에게 아침에 일어나서 그들을 무자비하게 때리라고 조언했다.

그래서 거인은 아침에 일어나서 야생 사과나무 몽둥이를 가지고 지하 감옥에 있는 순례자들에게 내려갔다. 순례자들이 거인에게 기분 나쁜 말을 하지도 않았는데, 거인은 그곳에서 개에게 하듯이 그들에게 욕설을 퍼부었다. 그리고 순례자들에게 달려들어서 무섭게 때렸다. 순례자들은 매 맞는 것 외에는 어떤 것도 할 수 없었고 바닥에 내동댕이쳐졌다. 이렇게 한 후 거인은 순례자들이 자신들의 어려움에 대해서 애곡하고 슬퍼하도록 내버려 두었다.7 그래서 두 순례자는 종일 한숨과 쓰디쓴 애통함으로 시간을 보냈다. 다음 날 밤, 거인의 아내는 남편과 그들에 대해 이야기를 나누었다. 거인의 아내는 그들이 살아 있다는 말에 그들이 스스로 목숨을 끊도록 만들라고 거인에게 충고했다.

아침이 왔을 때 거인은 전과 같이 확고한 마음으로 그들에게 내려갔다. 그들이 전날 매 맞은 상처로 괴로워하는 것을 본 거인은 그들에게 말했다. "이 장소에서 결코 빠져나갈 수 없으니 칼이나 밧줄이나 독약으로 스스로 목숨을 끊어라. 왜 이런 고통을 받느냐?"라고 말했다.

그러나 순례자들은 나가게 해 달라고 말했다. 그 말을 듣자 거인은 화난 얼굴로 그들에게 달려들었다. 거인은 분명히 그들을 죽이려는 듯 보였다. 그러나 거인은 갑자기 발작이 일어나서(때때로 화창한 날에 발작이 일어났다) 잠시 손을 쓸 수 없었다. 따라서 거인은 물러갔고, 순례자들은 전과 같이 어떻게 해야 할지 고민했다. 옥에 갇힌 두 사람은 거인의 권면에 따라야 할지 말아야 할지 의논하기 시작했다. 그들의 대화는 다음과 같다.

크리스천_ 형제여, 우리가 어떻게 해야 하겠습니까? 우리가 지금 사는 삶은 비참합니다. 이렇게 사는 것이 좋은지, 스스로 목숨을 끊는 것이 좋은지 모르겠습니다. "이러므로 내 마음이 뼈를 깎는 고통을 겪으니 차라리 숨이 막히는 것과 죽는 것을 택하리이다"(욥 7:15). 저에게는 지하 감옥보다 무덤이 더 편합니다. 거인의 말을 따를까요?

소망_ 정말입니다. 우리의 상황은 비참합니다. 이렇게 사느니 죽는 것이 저에게는 더욱 나을 것 같습니다. 그러나 한번 생각해 보십시오. 우리가 가고자 하는 고장의 주인께서는 "너희는 살인하지 말라"고 말씀하셨습니다. 우리는 다른 사람을 죽여서는 안 됩니다. 그러니 우리 자신을 죽이라는 거인의 충고를 더더욱 받아들일 수 없습니다. 뿐만 아니라 다른 사람을 죽이는 자는 단지 그의 몸만을 죽이는 것이지만 자기 자신을 죽이는 자는 몸과 영혼을 동시에 죽이는 것입니다. 그리고 내 형제여, 무덤에 있는 것이 편할 것이라고 말씀하셨는데, 살인자가 가는 곳이 지옥이라는 것을 잊으셨습니까? 살인자에게는 영생이 없습니다.[8]

그리고 다시 생각해 보십시오. 모든 법이 절망 거인의 손에 있는 것은 아닙니다. 내가 아는 바로 우리처럼 절망 거인에 붙잡힌 어떤 이들은 그의 손에서 탈출했다고 합니다. 세상을 지으신 하나님께서 절망 거인을 죽게 만드실지, 어느 때든지 그가 우리를 가둔 것을 잊게 하실지, 조만간 우리 앞에서 그에게 발작을 일으키셔서 손발을 못 쓰게 하실지 누가 알겠습니까? 만약 그에게 발작이 일어난다면 나는 용기를 내서 온 힘을 다해 그의 손에서 빠져나갈 것입니다. 전에 그렇게 하지 못한 내가 바보스럽습니다. 그러니 내 형제여, 인내하십시다. 잠시 참고 견딥시다. 우리가 즐겁게 풀려날 시간이 올 것입니다. 우리 스스로를 죽이는 살인자가 되어서는 안 됩니다.⁹

 소망은 이런 말로 크리스천의 마음을 가라앉혔다. 그래서 그들은 어둠 속에서 그날의 슬픔과 괴로움을 견뎌 냈다.
 저녁이 되자 절망 거인은 갇힌 자들이 자신의 충고를 따랐는지 여부를 살피려고 다시 지하 감옥으로 내려갔다. 절망 거인은 그곳에서 순례자들이 모두 멀쩡하게 살아 있는 것을 발견했다. 두 순례자는 빵과 물을 먹지 못했고, 매 맞은 상처 때문에 숨을 쉬는 것 외에 아무것도 못했지만, 내가 말할 수 있는 것은 절망 거인이 그들이 살아 있는 것을 발견했다는 것이다. 절망 거인은 무섭게 화를 내면서 말했다. "너희가 내 충고를 무시했으니 태어나지 않은 것보다 최악의 것이 너희에게 있을 것이다."
 이 말에 두 순례자는 크게 떨었다. 내가 보기에 크리스천은 기절한 것 같았다. 그러나 다시 정신을 차린 후에 그들은 거인의 충고를 따라야 할지, 말아야 할지에 대해서 다시 이야기했다. 크리스천이 다시 망설이는 모습을 보이자, 소망이 다음과 같이 두 번째로 대답했다.

 소망_ 형제여, 기억하십시오. 당신은 여기까지 정말 용감하게 오지 않았습니까? 아볼루온이 당신을 부서뜨릴 수 없었고, 사망의 음침한 골짜기에서 당신이 듣고 보고 느낀 것들도 당신을 무너뜨릴 수 없었습니다. 당신은 이미 큰 어려움과 두려움과 놀라움들을 이겨 내었습니다! 그런데 지금 당신은 두려워하고 있습니다!

내가 당신과 함께 이 지하 감옥에 있는 것을 보십시오. 저는 본성적으로 당신보다 훨씬 약한 사람입니다. 또한 이 거인은 당신과 마찬가지로 저에게도 상처를 입혔고, 빵과 물을 주지 않았으며, 나도 당신처럼 어둠에서 신음하고 있습니다. 그러나 좀 더 견딥시다. 허영의 시장에서 어떻게 남자답게 행동했는지 기억하십시오. 당신은 그곳에서 쇠사슬도, 철장도, 피의 죽음도 두려워하지 않았습니다. 최소한 그리스도인답지 못한 수치스러움은 피하도록 우리가 할 수 있는 한 견디어 봅시다.10

밤이 다시 찾아왔다. 거인과 그의 아내는 잠자리에 들었다. 거인의 아내는 갇힌 자들이 거인의 충고를 따랐는지 물었다. 거인은 대답했다. "그놈들은 지독한 고집불통들이야. 자신들의 목숨을 끊기보다는 모든 고생을 견디겠다는 거야." 거인의 아내가 말했다. "내일 그들을 끌고 성안의 뜰로 데리고 가서 당신이 이미 죽인 자들의 뼈와 해골들을 보여 주세요. 그리고 이 주간의 마지막 날에 당신이 그들의 동료들에게 한 것처럼 그들을 갈가리 찢을 것이라는 것을 그들이 믿게 하세요."

아침이 되었을 때 거인은 그들에게 다시 내려가서, 그들을 끌고 성안의 뜰로 데리고 가서 자신의 아내가 부탁한 대로 그들에게 뼈와 해골들을 보여 주었다.

거인은 말했다. "이들은 너희처럼 순례자들이었다. 너희처럼 내 땅을 침범했기 때문에 적절하다고 생각한 때 내가 그들을 갈가리 찢어 죽였다. 그러니 열흘 안에 너희도 이렇게 죽을 것이다. 자, 다시 지하 감옥으로 내려가라." 이 말과 함께 거인은 그들이 감옥으로 내려가는 동안 그들을 계속 때렸다. 두 순례자는 토요일 내내 전과 같이 비참한 모습으로 누워 있었다. 밤이 왔을 때, 절망 거인과 그의 아내인 무기력은 잠자리에 들었다. 그들은 다시 두 순례자들에 대해서 이야기했다. 늙은 거인은 자신의 매질과 충고로도 그들을 죽이지 못할까 봐 걱정했다. 거인의 말에 아내는 대답했다. "나도 걱정됩니다. 그들이 누군가가 자신들을 구해 줄 것이라고 바라거나 자물통을 부술 수 있는 도구를 가지고 탈출할 소망을 갖고 있는 것 아닙니까?" 거인은 "당신이 그렇게 생각하고 있다면, 내일 아침 내가 그들을 조사해 보겠소"라고 말했다.

토요일 밤 자정쯤 되자 두 순례자는 기도하기 시작했고, 기도는 거의 동이 틀 때까지 계속되었다.11 아침이 되기 바로 직전,12 착한 크리스첸은 갑자기 놀라면서 격렬하게 말했다. "이런 어리석은 자 같으니! 자유롭게 도망칠 수 있었는데, 이 악취 나는 지하 감옥에 누워 있었다니!13 저의 품에 약속(Promise)이라는 열쇠가 있는데 의심의 성에 있는 어떤 문도 열 수 있습니다."14 소망이 말했다. "이것 참 기쁜 소식입니다. 착한 형제여, 열쇠를 꺼내어서 열어 보세요."15

크리스첸은 자신의 품에서 열쇠를 꺼내어 지하 감옥의 문을 열기 시작했다. 열쇠를 돌리자 자물쇠 고리가 빠지면서 문이 쉽게 열렸다. 그리고 크리스첸과 소망은 빠져나왔다.

성안의 뜰로 나가는 바깥문도 역시 열쇠로 쉽게 열 수 있었다. 마지막으로 철로 된 성문에 이르렀다. 굳게 잠겨 있었지만 이 문 역시 열쇠로 열 수 있었다. 그리고 빨리 빠져나가기 위해서 열린 문을 밀었다. 그러나 성문이 열리면서 삐걱거리는 소리가 났고 이 소리에 절망 거인이 깼다. 절망 거인은 두 순례자를 잡으려고 급

히 일어났지만 다시 발작이 일어나서 사지를 쓸 수 없어서 순례자들을 뒤쫓아 갈 수 없었다.[16]

순례자들은 계속해서 달려갔고, 왕의 대로에 이르렀다. 거인의 관할권에서 벗어났기 때문에 이제 그들은 안전했다.

계단을 넘어선 그들은 나중에 오는 사람들이 절망 거인의 손에 빠지지 않도록 이 계단에다가 무엇인가를 해야겠다고 궁리하기 시작했다. 두 순례자는 그곳에 기둥을 세우기로 하고, 기둥에다가 다음과 같은 문구를 새겨 넣었다. '이 계단을 넘어서면 의심의 성으로 가게 됩니다. 절망 거인이 의심의 성을 지키고 있으며, 그자는 천성의 도시의 왕을 멸시하고, 그의 거룩한 순례자들을 죽이려고 합니다.' 그것을 읽고 뒤에 오는 많은 사람이 위험을 피했다.[17] 이 일을 마친 후 그들은 다음과 같이 노래를 불렀다.

우리가 가던 길에서 벗어나서
발견한 것은 우리가 금지된 땅을 걷고 있는 것이었네.
뒤에 오는 자에게 주의하게 해서
그들이 우리와 같이 부주의에 빠지지 않게 하세.
그들이 그곳을 침범해서 감옥에 갇히지 않도록 하세.

Q & A

1. 그리스도를 피난처로 삼지 않으면 어떤 결과가 생깁니까? 우리의 피난처는 누구입니까?(삼하 22:3)

답 : 그리스도 외에 다른 곳에 피난처를 두게 되면 어려움을 만나게 되어 있다. 두 순례자는 하나님의 경고를 받아서 되돌아가는 길이었지만, 잘못된 피난처를 택하였고 그로 인하여 어려움을 만나게 되었다.

2. 성도의 의무를 다하지 않을 때의 위험성은 무엇입니까?(마 25:26)

답 : 그들은 깨어 있어야 했으며, 피곤하지만 계속해서 순례의 길까지 나아가야 했다. 그러나 잘못된 피난처를 택하였고 그곳에서 또 다시 육신의 연약함에 굴복했다. 그로 인하여 두 순례자는 극심한 절망의 상태에 빠지게 된다.

3. 의심의 성과 절망 거인의 이름이 의미하는 바는 무엇입니까?(창 32:6)

답 : 영적으로 의심과 절망의 상태에 빠진 것을 의미한다. 쉬운 길을 택하였고, 그로 인하여 더욱 어려운 길을 만나서 이러한 상태에 이르게 되었다.

4. 하나님께서 자신의 백성을 징계하실 때 나타나는 현상에는 어떤 것들이 있습니까?(시 88:8; 히 12:6)

답 : 하나님께서 사랑하시는 자들을 징계하실 때 그들을 가장 가까운 자들로부터 분리시키신다. 이는 인간적 위로를 구하는 모든 길을 차단하고 오직 하나님만 바라보게 하고 그의 죄를 고치는 방법이다.

5. 크리스천이 갑절로 심적 부담감을 느낀 이유는 무엇입니까?(사 53:6)

답 : 크리스천은 더욱 절망의 상태에 있었다. 자기주장으로 인하여 당하는 고난이었기 때문이다.

6. 죄의 결과로 의심과 절망이 찾아옵니다. 그리고 나서 또 무엇이 찾아옵니까?(나 2:10)

답 : 죄의 결과로 의심과 절망이 찾아온다. 그리고 또 찾아오는 것은 영적 무기력증이다. 절망 상태에서 영적인 수단을 찾지 않고 더욱 영적 침체에 빠지는 것이다. 이러한 영적 무기력증에 빠지지 않기 위해서는 약속을 의지하고 기도해야 한다. 그러나 두 순례자는 슬퍼하고 절망만 하고 있었다.

7. 절망 거인이 두 순례자에게 목적하는 바는 무엇입니까?(히 3:12)

답 : 하나님의 신실하심을 의심하고 그로 인하여 심령이 강퍅하여져서 하나님으로부터 멀어지게 하는 것이다.

8. 자살은 죄입니다. 더욱이 자살이 심각한 죄인 것은 회개의 기회를 얻을 가능성이 거의 없기 때문입니다. 이런 자살의 배경에는 무엇이 있습니까? (롬 2:5; 행 1:25)

답 : 자살은 자기 고집으로 멸망하는 것을 의미한다. 그것은 죄책감에서 회개로 나아오지 않는 자기 고집이며, 절망의 상태에서 주를 의지하고 신뢰하는 것으로 나오기를 거부하는 것이다. 그래서 자살은 자기 고집으로 망하는 것이다.

9. 두 순례자에게 지금 필요한 은혜는 무엇입니까?(롬 5:3-5)

답 : 절망의 상태에서 은혜의 수단을 사용하여 소망 가운데 있는 것이다. 이들은 지금 은혜의 수단을 사용하는 것마저도 잊어버리고 있다.

10. 소망을 포기하고자 하는 유혹을 받을 때 무엇을 기억해야 합니까?(마 24:13)

답 : 끝까지 견디는 자는 구원을 얻는다는 것을 기억해야 한다.

11. 절망 거인의 역할은 결국 두 순례자의 믿음을 무기력하게 만들고, 하나님의 선하심을 의심하도록 만드는 것입니다. 성도가 이런 시험을 만났을 때 이길 수 있는 방법은 무엇입니까?(욘 2:1-2)

답 : 기도하는 것이다. 절망의 상황 속에서 기도는 하나님의 도우심을 경험하는 은혜의 수단이다.

12. 탈출할 수 있는 시점은 무슨 날입니까? 그것의 중요성은 무엇입니까? (계 1:10)

답 : 수요일 아침에 절망 거인에게 붙잡혀서 토요일 밤부터 기도하기 시작해서 주일 새벽까지 기도하였다. 그리고 주일에 절망 거인의 성에서 탈출할 수 있었다. 즉, 주일의 중요성을 의미한다. 주일은 주께 예배하는 날이며, 우리의 영혼에 필요한 모든 것을 구매하는 날이다. 이날은 우리를 주께 온전히 드리는 날이다. 세상적인 것으로부터 자유하는 날이며, 죄에서 안식하는 날이다.

13. 결국 문제 해결은 이미 우리에게 있었는데 무엇을 하지 않아서 고통받은 것입니까?(요일 5:14-15)

답 : 하나님께서는 우리의 문제 해결을 위해서 모든 수단들을 마련해 놓고 계시다. 그러나 우리가 영적으로 게을러서 그러한 것들을 놓치는 경우가 많다. 두 순례자는 기도라는 은혜의 수단을 무시하고 절망 속에 있었다.

14. 기도와 약속은 어떤 관계가 있습니까?(시 119:49-50)

답 : 곤란 가운데 하나님의 말씀은 우리를 위로하시고 소망 가운데 있게 한다. 소망은 우리로 기도하도록 도전을 준다. 더욱이 기도는 믿음을 더욱 확고하게 해서 고난을 극복할 수 있도록 힘을 준다.

15. 지극히 극한 상황 혹은 절망의 상황이더라도 무엇을 의지하면 됩니까? (롬 4:21)

답 : 약속을 신뢰하고 끝까지 견디어 내면 반드시 하나님의 섭리와 건지심이 나타난다. 주의 약속은 그리스도의 피로 보증되어 있다. 따라서 아무리 절망적인 상황이라 할지라도 약속을 신뢰하고 인내하면 건짐을 받는다.

16. 두 순례자는 열쇠로 문을 열어 탈출할 수 있었으나, 삐걱거리는 문소리 때문에 거인이 깨어났습니다. 다시 잡힐 위기에 처했으나 이들이 마지막으로 절망 거인의 손에서 빠져나갈 수 있었던 이유는 무엇입니까?(빌 1:6)

답 : 절망 거인이 문을 여는 소리에 깨어서 두 순례자들을 다시 잡기 위해 뒤쫓아 왔다. 그때 바로 발작이 일어나서 더 이상 따라 올 수 없었다. 이 장면은 비록 그들이 기도했다고 할지라도 기도해서 건짐을 받은 것이 아니라 오직 하나님의 은혜로 건짐을 받은 것을 의미한다. 한편으로 주께서 구원하실 때 완

전히 이루기까지 보호하시고 돌보시는 것을 의미한다.

17. 왕의 대로로 돌아온 그들은 다른 순례자들이 곁길 초장으로 들어가지 못하도록 팻말을 세웠습니다. 이로 인하여 많은 순례자들이 위험을 피할 수 있었습니다. 무엇의 중요성을 말합니까?(딤후 4:2)

답 : 경고하며 권하는 것의 중요성을 나타내고 있다.

38_ 기쁨의 산과 목자들

순례자들은 많은 역경과 고난을 극복하면서 본인들도 모르는 사이에 신앙 수준이 상당히 높아졌다. 그래서 기쁨의 산에서 더 높은 수준의 가르침을 받게 된다.

계속 길을 가던 크리스천과 소망은 기쁨의 산(Delectable Mountains)에 도착했다. 이 산은 전에 언급했던 언덕의 주인에게 속한 것이었다.[1] 그래서 두 순례자는 산으로 올라가서 정원과 과수원과 포도원, 샘물들을 바라보았다. 그곳에서 물을 마시고 몸을 씻었으며, 포도원에 들어가 자유롭게 포도를 따먹었다. 산의 꼭대기에 올라갔을 때 목자들이 양떼들을 먹이고 있었다. 그들은 왕의 대로의 길가에 있었다. 두 순례자는 목자들에게 가서 자신들의 지팡이에 몸을 기댄 채(피곤한 순례자들이 서서 이야기할 때는 보통 이렇게 했다)[2] "기쁨의 산은 누구의 것입니까? 당신들은 누구의 양들을 먹이고 있습니까?"라고 물었다.

목자들_ 이 산들은 임마누엘의 땅으로, 그의 성이 보이는 곳에 있습니다. 이 양들은 그분의 것으로, 그분은 양들을 위해서 자신의 목숨을 버렸습니다.

크리스천_ 이 길이 천성으로 가는 길입니까?

목자들_ 당신들은 바른 길에 있습니다.

크리스천_ 천성까지는 얼마나 떨어져 있습니까?

목자들_ 어떤 이들에게는 너무 멀지만 그곳에 갈 사람들은 정말로 이르게 될 것입니다.[3]

크리스천_ 그 길이 안전합니까, 위험합니까?

목자들_ 안전하게 행하는 자에게는 안전하지만, 위반하는 자들은 그곳에서 걸려 넘어질 것입니다(호 14:9).⁴

크리스천_ 이곳에 피곤하고 지친 순례자들을 위해 쉴 만한 곳이 있습니까?

목자들_ 이 산의 주인께서 우리에게 분부하시기를, "손님 대접하기를 잊지 말라"(히 13:2)고 하셨습니다.⁵ 따라서 여러분 앞에 좋은 곳을 마련해 두었습니다.

내가 꿈속에서 보니, 목자들은 그들이 여행자임을 알아차리고는 그들에게 질문했다. 그들은 다른 곳에서 했던 것처럼 질문에 대답했다. 질문은 다음과 같았다. "어디서 오는 길입니까? 어떻게 이 길로 들어서게 되었습니까? 무슨 방법으로 이곳까지 오셨습니까?" 왜냐하면 순례 길을 시작한 사람 중에서 이 산까지 이른 사람은 극히 소수였기 때문이다.⁶ 목자들은 그들의 대답을 듣고 매우 기뻐했고, 그들을 사랑스럽게 바라보았으며, "기쁨의 산에 온 것을 환영합니다"라고 말했다.

목자들의 이름은 지식(Knowledge), 경험(Experience), 경계(Watchful), 신실(Sincere)이었다.⁷ 목자들은 순례자의 손을 잡고 자신들의 천막으로 데리고 가서 잘 준비된 식사를 함께 했다. 더욱이 목자들은 "우리는 당신들이 이곳에 잠시 머물면서 우리와 함께 친해지고, 이곳 기쁨의 산에서 나오는 좋은 음식물로 위로를 삼기 원합니다"라고 말했다. 밤이 늦어서 두 순례자들은 머물겠다고 말했고, 그날 밤 그곳에서 쉬었다.

내가 꿈속에서 보니, 아침에 목자들이 크리스천과 소망을 불러서 함께 산을 걷자고 했다. 그래서 순례자들은 목자들과 전망이 좋은 길을 잠시 함께 걸었다. 그때 목자 중 한 사람이 다른 목자에게 "우리가 이 순례자들에게 놀라운 것을 보여 줄까요?"라고 물었다.[8] 목자들은 그렇게 하기로 결론을 내리고, 순례자들을 데리고 우선 오류(Error) 언덕의 꼭대기로 갔다.[9] 언덕의 끝은 낭떠러지였는데, 목자들이 순례자들에게 언덕 아래 바닥을 보라고 했다. 크리스천과 소망이 아래를 내려다보자, 위에서 떨어져 산산조각이 난 몇 사람이 보였다. 크리스천이 "이것은 무슨 의미입니까?"라고 물었다.

목자들은 "몸의 부활에 대해서 이미 지나갔다고 떠드는 후메내오와 빌레도의 말을 듣고 오류에 빠졌던 자들에 대해서 들어 보지 못했습니까?"(딤후 2:17-18)[10]라고 물었다. 순례자들은 "예"라고 대답했다. 목자들은 또 말했다. "이 산의 바닥 아래에 산산조각 난 사람들이 바로 그들입니다.[11] 당신들이 보는 바와 같이 오늘날까지 매장되지 않은 채로 있는 것은 다른 사람들이 가파른 경사면을 올라갈 때 주의를 기울이도록, 혹은 낭떠러지 근처에 가까이 이르렀을 때 경계하도록 본보기로 둔 것입니다.

그때 내가 보니 목자들이 순례자들을 또 다른 산꼭대기로 데려가고 있었다. 그 산의 이름은 조심(Caution)이었다.[12] 목자들이 순례자들에게 멀리 바라보라고 했다. 순례자들이 바라보자 몇몇 사람이 무덤 사이를 오르락내리락하는 것이 보였는데, 그들은 소경이었다. 왜냐하면 그들은 때때로 무덤에 걸려 넘어졌고, 거기서 빠져나오지 못했기 때문이다. 그때 크리스천이 "이것은 무엇을 의미합니까?"라고 물었다.

목자들_ 당신들은 이 산들의 약간 아래쪽 길 왼편에 있는, 초장으로 들어가는 계단을 보지 않았습니까?

순례자들_ 보았습니다.

목자들_ 그 계단에는 절망 거인이 지키고 있는 의심의 성으로 인도되는 길이 있습니다. (무덤 사이에서 헤매는 사람들을 가리키면서) 저 사람들은 당신들처럼 순례 길을 떠나 계단이 있는 곳까지 왔습니다. 그리고 그곳에서 순례 길이 너무 험하기 때문에 순례 길에서 벗어나 초장으로 들어가는 길을 택했고, 그곳에서 절망 거인에게 붙잡혀서 의심의 성에 내던져졌습니다. 지하 감옥에 얼마간 갇혀 있다가 거인이 마침내 그들의 눈을 뽑았고, 무덤들이 있는 저곳에 데려다가 오늘날까지 그곳에서 방황하도록 만든 것입니다. 이것은 지혜자의 말씀이 성취된 것입니다. "명철의 길을 떠난 사람은 사망의 회중에 거하리라"(잠 21:16).

크리스천과 소망은 눈물을 글썽이며 서로 바라보았다. 그러나 목자들에게는 아무 말도 하지 않았다.13 내가 꿈속에서 보니, 목자들이 순례자들을 데리고 간 또 다른 곳은 바닥이었는데, 언덕 측면에 문이 있었다. 목자들은 문을 열어서 순례자들이 들여다보도록 했다. 순례자들이 들여다보니 매우 어둡고 연기가 자욱했다. 또한 불이 으르렁거리는 소리와 고통에 찬 울부짖음이 들려왔고 유황 냄새가 났다.

크리스천_ 이것은 무엇을 의미합니까?

목자들_ 이것은 지옥으로 빠지는 샛길입니다. 위선자들이 들어가는 길입니다. 장자권을 팔아 버린 에서와 자신의 주인을 팔아넘긴 유다, 복음에 대해서 중상모략을 한 알렉산더, 거짓말을 하고 시치미를 뗀 아나니아와 삽비라와 같은 자들이 가는 길입니다.14

소망_ 그 사람들은 모두 우리와 같이 순례자 모습을 하고 있지 않습니까?

목자들_ 그렇습니다. 오랫동안 그렇게 해 왔습니다.15

소망_ 저들은 순례 길에서 얼마나 멀리까지 왔다가 저렇게 비참하게 내던짐을 당했습니까?

목자들_ 어떤 사람은 멀리 왔고, 또 다른 사람들은 이 산까지 오지 못했습니다.

그때 순례자들은 서로 말했다. "강하신 분에게 힘을 달라고 부르짖어야 하겠습니다."16

목자들_ 예, 당신들이 힘을 가지게 된다면, 그것을 사용할 필요가 있을 것입니다.

이제부터 순례자들은 앞으로 나아가기를 원했고, 목자들도 순례자들이 그렇게 하기를 원했다. 그래서 그들은 함께 산의 끝을 향해 함께 나아갔다. 그리고 목자들은 서로 말을 주고받았다. "만약 순례자들이 우리의 망원경을 통해 볼 수 있는 기술이 있다면, 여기서 순례자들에게 천성의 도시의 문을 보여 줍시다."17

순례자들은 목자들의 제안을 즐겁게 받아들였다. 따라서 목자들은 순례자들을 데리고 '맑음'(Clear)이라고 불리는 언덕의 꼭대기로 올라갔다.18 그리고 순례자들에게 자신들의 망원경을 주었다.

순례자들은 바라보려고 했으나, 목자들이 그들에게 마지막에 보여 준 것이 생각나서 손이 떨렸다.19 장애물 때문에 그들은 망원경을 통해서 견실하게 볼 수 없었으나, 그들은 문과 같은 것을 보았고 그곳의 영광을 어느 정도 볼 수 있었다. 그리고 그들은 노래를 부르면서 길을 떠났다.

이와 같이 목자들을 통해서 비밀들을 계시하셨네.
다른 모든 사람에게는 감추어져 있는 것이네.
만약 당신이 감추어져 있는 것과 비밀스러운 것을 알기 원한다면
목자들에게 오시오.

순례자들이 떠나려고 할 때, 목자들 중의 한 사람이 그들에게 길 안내도를 주었고, 다른 목자는 그들에게 아첨쟁이를 주의하라고 당부했다. 세 번째 목자는 순례자들에게 마법의 땅에서 잠들지 않도록 주의하라고 말했으며, 네 번째 목자는 하나님께서 그들에게 축복하시기를 기원했다. 그리고 나는 꿈에서 깨어났다.[20]

Q & A

1. 기쁨의 산은 영적으로 높아진 수준을 의미합니다. 순례자들이 영적으로 높아진 수단은 무엇이었습니까?(시 119:71)

답 : 고난을 통해서 순례자들이 영적으로 성장하였다. 순례의 길에서 고난은 우리를 높은 영적 수준으로 이끈다.

2. 지팡이에 기댄 것은 무엇을 의미합니까?(출 4:17, 20)

답 : 주를 의지하는 것을 의미한다. 모세의 지팡이는 하나님의 지팡이가 되었다. 과거에 자기가 사용하던 지팡이가 아니라 주를 의지하는 지팡이가 되었다.

3. 끝까지 순례 길을 가는 사람들에게 중요한 은혜의 수단은 무엇입니까? (행 20:32)

답 : 말씀을 붙잡고 가는 것이다. 그 말씀이 우리를 든든히 세워 나간다. 그리고 하나님의 말씀은 헛되이 돌아오지 않는다. 반드시 열매를 맺는다(사 55:11). 그래서 결국 구원받을 자는 약속의 말씀을 붙들고 마지막까지 이르게 된다.

4. 순례 길에서 위반하는 자들은 어떤 자들입니까?(호 14:9)

답 : 주의 도를 위반하는 자들은 걸려 넘어진다. 이들은 인간적 수단을 사용하는 자들이며, 때로는 불법을 행하는 자들이다.

5. 나 자신 속에 은혜가 있다는 것은 어떤 삶의 방식으로 나타납니까?(히 13:2)

답 : 나그네를 대접하는 것은 그리스도인의 덕행 중의 하나이다. 가장 연약하고 힘없는 상태의 사람들을 돌아보는 것은 그리스도인의 은혜의 표현이다.

6. 순례 길을 나선 사람 중에 이 산까지 이른 사람이 많습니까, 적습니까?
(눅 13:23-24; 마 22:14)

답 : 적다고 말하였다. 그리스도께서 구원받는 자가 적으냐는 질문에 좁은 문으로 들어가라고 하면서 들어가기를 구하여도 못 들어가는 자가 많다고 하였다. 이 말씀은 좁은 문의 중요성을 아는 자가 적으며, 결국에 좁은 문의 중요성을 깨닫는다 하더라도 늦어서 못 들어간다는 것이다. 그만큼 진정한 구원의 은혜를 알고 구하는 자는 적다.

7. 목자들의 이름은 무엇을 의미합니까?(딤전 4:12-16)

답 : 복음 사역자가 갖추고 있어야 할 필수적인 영적 자질을 의미한다. '지식'은 성경에 능한 것을 의미하고, '경험'은 성령께서 영혼 위에 일하시는 원리에 대해서 능통한 것을 말한다. '경계'는 회중의 영혼 상태를 살피고 위험한 일을 경고하는 것을 의미하며, '신실'은 경건하고 투명하게 삶을 살며 순수하고 경건한 의도를 갖고 있는 것을 의미한다.

8. 목자들이 두 순례자에게 보여주는 것은 무엇입니까?(히 5:14)

답 : 두 순례자는 높은 신앙의 수준을 말하는 기쁨의 산에 도달하였다. 이제 이들에게 필요한 가르침은 좀 더 딱딱한 가르침이다. 그래서 목자들이 딱딱한 가르침을 제공하는 것이다.

9. 오류의 언덕은 무엇을 의미합니까?(벧후 2:1)

답 : 잘못된 오류의 가르침을 받아서 멸망한 것을 의미한다. 이렇게 오류에 빠진 자들은 스스로 거짓된 가르침을 좋아하고, 진리를 받아들이지 않는다(살후 2:11-12).

10. 한편으로 잘못된 가르침을 가르치는 자는 어떤 자입니까?(딤후 2:17-18)

답 : 거짓 교사와 선지자들이다. 이들은 진리를 무너트리기 위해서 세상에 많이 나왔다(요일 4:1). 이들의 거짓 가르침으로 인하여 사람들의 믿음이 무너졌다.

11. 잘못된 교리와 가르침을 받으면 그 결과는 어떻게 됩니까?
(요일 4:6; 살후 2:12)

답 : 미혹의 영이 잘못된 가르침 위에 역사하여 그들에게는 구원이 없다. 그리고 그들은 거짓된 것을 믿고 스스로 속아서 멸망에 이르게 된다.

12. 신앙생활에서 주의를 기울이고 조심해야 하는 것은 어떤 것들입니까?
(눅 21:34)

답 : 순례의 길에서 벗어나게 하는 것을 경계하고 주의를 기울이는 것을 의미한다. 그것은 방탕함과 술 취함과 생활의 염려이다.

13. 목자들의 설명에 두 순례자가 눈물을 글썽거렸던 이유는 무엇입니까?

(딤전 1:13-14)

답 : 자신들도 절망 거인에게 붙잡혀서 고생을 하였으나, 주의 은혜로 벗어나게 된 것을 생각하고 감사의 눈물을 흘렸다.

14. 지옥으로 빠지는 샛길은 누가 가는 길입니까?(벧후 2:1)

답 : 거짓 교사의 가르침에 속아서 죄에 방임하였던 자들이다. 그들은 살아계신 주를 부인하고 임박한 멸망을 스스로 취한 자들이다.

15. 위선자들은 일정 기간 믿음이 있는 척합니다. 어떻게 분별할 수 있습니까?(딤후 4:10, 15; 행 5:4)

답 : 그들은 일정 기간 동안에 믿음이 있는 것처럼 보인다. 그러나 은혜가 없기 때문에 끝까지 가지 못하고 중도에 세상으로 돌아간다. 따라서 은혜의 지속성이 결여된 것으로 분별할 수 있다.

16. 위선자에 대한 설명을 들은 순례자들의 태도는 어떠했습니까?

(고전 10:11-12)

답 : 자신들도 역시 교만해서는 안 된다는 것을 깨닫는다. 그리고 끝까지 신앙을 지키는 것이 자신들의 힘으로 되는 것이 아님을 깨닫고 은혜를 찾고 구하는 모습으로 나타났다.

17. 망원경을 통해서 무엇을 봅니까? 망원경은 무엇입니까?(요 5:39)

답 : 성경을 통해서 영생 얻음을 깨닫는 것이다. 또한 성경을 통해서 그리스도를

아는 지식을 획득하고, 천성을 분명하게 바라보는 것이다.

18. '맑음' 이 의미하는 바는 무엇입니까?(마 13:23; 눅 24:45)

답 : 그리스도의 계시에 대한 분명한 이해를 의미한다. 그리스도께서 엠마오 도상의 제자들에게 마음을 열어 성경을 깨닫게 하신 것과 같이 성경을 분명하게 깨닫는 것이다.

19. 순례자들이 손을 떤 이유는 무엇입니까?(계 18:1)

답 : 천성의 영광의 아름다움을 보고 손을 떨었다.

20. 목자들의 이름과 그들이 순례자에게 준 물건은 어떤 관계가 있습니까? (딤후 4:2)

답 : 지식의 목자는 길 안내도를 주었으며, 경험의 목자는 아첨쟁이를 주의하라고 당부했다. 경계의 목자는 마법의 땅에서 잠들지 않도록 주의하라고 했다. 그리고 신실의 목자는 그들을 위해 축복하였다. 진정한 목자는 이러한 영적 자질을 구비하여 사역한다.

39_ 무지와 배신자

순례자들은 교회 안에 있지만 구원의 도에 대해 무식한 무지와 믿음의 도에서 떠나 배반하는 배신자를 만나게 된다.

나는 잠이 들었고 다시 꿈을 꾸었는데, 크리스천과 소망이 천성을 향해 뻗어 있는 왕의 도로를 따라서 산을 내려가고 있는 것을 보았다. 산의 약간 아래쪽 왼편으로 자만(Conceit)이라는 고장이 있었다.[1]

그 고장에서 순례자가 걷고 있는 길로 들어오는 약간 굽은 샛길이 있었는데 여기서 크리스천과 소망은 매우 활발한 한 청년을 만났다. 그 청년은 자만의 고장에서 왔으며, 이름은 무지(Ignorance)였다.[2] 그래서 크리스천은 청년에게 어느 고장에서 오는 길이며 어디로 가느냐고 물었다.

무지_ 선생, 나는 이곳에서 왼쪽으로 약간 떨어진 고장에서 태어났으며, 천성의 도시로 가는 중입니다.

크리스천_ 당신은 어떻게 천성의 문에 이를 것입니까? 당신은 그곳에서 어려움을 당할 것입니다.

무지_ 다른 착한 사람들이 했던 것처럼 할 것입니다.[3]

크리스천_ 천성의 문에서 당신은 무엇을 보여 줄 것입니까? 천성의 문이 열릴 수 있는 근거가 무엇입니까?

무지_ 나는 주의 뜻을 알고 있으며, 지금까지 착하게 살아왔소. 나는 마땅히 지급할 것을 지급했으며, 기도했고 금식했으며, 십일조를 드렸으며, 구제했으며, 천성을 위해 고향을 떠나왔습니다.

크리스천_ 그러나 당신은 순례 길의 입구에 있는 좁은 문으로 들어오지 않고, 굽은 샛길로 이곳에 들어오지 않았소?[4] 따라서 두렵건대 당신이 당신 스스로를 좋게 생각할지라도, 계산하는 그날이 오면 당신은 천성의 도시에 들어가는 것을 허락받는 대신에 도둑과 강도 혐의를 받을 것이오.

무지_ 신사 양반, 당신은 나에게 전혀 낯선 사람이오. 나는 당신을 모르오. 당신 나라의 종교를 따르는 것으로 만족하시오. 나는 내 고장의 종교를 따를 것이오. 바라건대 모두 잘 되길 바라오.

당신이 말한 그 문이 우리 고장에서 굉장히 멀리 떨어져 있다는 것은 온 세상이 다 아는 바요. 나는 우리 고장에서 어느 누구도 좁은 문으로 가는 길을 알고 있다고 생각하지 않소. 또한 우리 고장 사람들은 좁은 문으로 가야 할지, 가지 말아야 할지에 대해 관심도 없소. 왜냐하면 우리는 우리 고장에서 이곳으로 들어오는 상쾌하고 푸른 샛길이 있기 때문이오.[5]

크리스천은 그 남자가 지혜로운 척하지만 스스로를 속이고 있는 것을 보면서 소망에게 속삭였다. "네가 스스로 지혜롭게 여기는 자를 보느냐 그보다 미련한 자에게 오히려 희망이 있느니라"(잠 26:12). 그리고 계속해서 말했다. "우매한 자는 길을 갈 때에도 지혜가 부족하여 각 사람에게 자기가 우매함을 말하느니라"(전 10:3).[6]

크리스천_ 자, 우리가 그 남자와 이야기를 계속할까요? 아니면 지금 그를 떠나서 그가 이미 들은 것에 대해서 생각하도록 내버려 두고 가다가 그를 위해 나중에 다시 멈추어서, 우리가 어느 정도 그를 도울 수 있는지 알아볼까요?

그러자 소망이 말했다. "무지가 잠시 우리가 말한 것을 생각하게 합시다.7 그리고 그가 선한 충고 받는 것을 거절하지 못하게 해서, 가장 중요한 것에 대해서 무지한 상태로 두지 맙시다. 비록 하나님께서 만드셨지만, 이해력 없는 자들을8 하나님께서는 구원하시지 않을 것이라고 말씀하셨습니다."9

소망_ (추가로 말했다) 내가 생각하기에 한 번에 모든 것을 그에게 말하는 것은 좋지 않습니다. 만약 당신이 동의하신다면, 지금 우리가 그를 지나쳐서 가다가 조만간 그가 받을 만한 때 말합시다.

그래서 두 사람은 계속 길을 갔고, 무지는 뒤에서 따라왔다. 두 순례자가 무지를 지나친 지 얼마 되지 않아서 매우 어두운 좁은 길로 들어섰다. 그곳에서 순례자들은 일곱 귀신이 한 사람을 일곱 가닥의 줄로 묶어서, 그들이 전에 언덕에서 보았던 지옥으로 빠지는 문으로 데리고 가는 것을 보았다(마 12:45; 잠 5:22).

착한 크리스천은 벌벌 떨기 시작했고, 크리스천의 친구인 소망도 무서워 떨었다. 귀신 무리들이 그 남자를 끌고 갈 때 크리스천은 자신이 알고 있는 사람인지 확인하려고 그를 쳐다보았다. 크리스천은 그 남자가 아마도 배교 마을(Apostasy)에 살던 배신자(Turn-away)일 것이라고 생각했다.10 그러나 크리스천은 그 남자가 잡힌 도둑처럼 부끄러워하면서 얼굴을 숙이고 있었기 때문에 그의 얼굴을 완전하게 볼 수 없었다. 소망은 그 남자가 지나갈 때, 그

의 등 뒤에 붙어 있는 '바람둥이 고백자, 저주받을 배교자'라는 종이를 보았다.[11]

Q&A

1. 자만의 고장에서 샛길을 따라 순례의 길로 들어온다는 것은 무엇을 의미합니까?(잠 26:12)

답 : 자만의 고장 사람들은 좁은 문과 십자가 언덕을 통과하지 않고, 샛길로 순례의 길에 들어왔다. 즉, 자신들에게 구원의 은혜가 없는데도 자기 자신들은 구원받은 백성이라고 생각하는 것이다. 이들은 스스로 속고 있는 상태이다.

2. 무지는 어떤 자입니까?(롬 10:2-3)

답 : 자신의 종교적 행위에 근거해서 구원받는다고 생각하는 자이다. 지식이 없는 열심을 가지고 있으며, 자신의 종교적 행위로 인하여 스스로 의로움에 빠져 있다.

3. 무지는 어떻게 구원을 얻는다고 생각하고 있습니까?(갈 2:16; 5:4)

답 : 행위로 구원받는다고 생각한다. 율법의 행위를 지켜서 구원받으려고 하는 것이다. 그래서 그는 자기가 기도했으며, 금식하였고, 십일조를 드렸고, 구제하였으며, 천성을 위해 고향을 떠나 온 것이 천성에서 받아들여지는 근거라고 하였다.

4. 무지에게는 무엇이 없습니까?(요 3:3)

답 : 무지에게는 성령의 유효한 역사가 없다. 죄를 깨닫는 각성의 역사도 없었으며, 십자가 사건의 믿음도 없었다.

5. 무지가 순례 길에 들어왔지만, 순례 길을 어떻게 이해하고 있습니까?(마 7:13)

답 : 무지는 쉽게 믿는 풍조에 빠져 있다. 힘들고 어려운 좁은 문과 십자가 언덕을 통과하기보다는 쉽게 순례의 길로 들어올 수 있는 샛길을 선호하고 있다.

6. 무지는 자기 자신에게 구원의 은혜가 없다는 것을 모르고 있습니다. 그러나 자신은 구원받았다고 생각합니다. 무지에게서 나타나는 특징은 무엇입니까?(잠 26:12; 전 10:3)

답 : 구원의 은혜가 없음에도 불구하고 자신은 구원받았다고 생각하는 것이다. 이는 스스로를 속이고 있는 상태이다.

7. 무지가 자기 자신의 상태를 깨닫게 하는 데 필요한 것은 무엇입니까? (고후 13:5)

답 : 우선 자신에게 구원의 은혜가 있는지 스스로 자기 점검을 해야 한다. 그때 성령께서 역사하신다면 비로소 자기가 구원의 은혜가 없는 상태임을 깨닫게 되고, 구원의 은총을 찾고 구하는 일이 일어날 것이다.

8. 하나님의 말씀을 이해하지 못하는 자들이 버림받는 이유는 무엇입니까? (마 13:13)

답 : 하나님의 말씀을 깨닫는 것 자체가 구원의 은혜로 나아가는 길이다. 그러나 하나님의 말씀을 전혀 깨닫지 못하고 알지 못하는 것은 성령의 역사를 허락하지 않은 것이며, 결국 죄를 고치지 못해서 멸망하는 것이다.

9. 구원의 은혜에서 반드시 필요한 것은 무엇입니까?(마 13:23)

답 : 성령의 유효한 역사이다. 그것으로 말씀을 깨닫고 믿어져서 구원의 은혜가 적용되는 것이다. 따라서 반드시 하나님의 말씀을 깨닫는 것이 필요하다(요 10:27).

10. 배신자는 어떤 시대에 많이 나타납니까?(계 2:10; 7:14)

답 : 배신자는 환란의 때에 많이 나타난다. 그 안에 은혜가 없기 때문에 환란의 시대에 견디지 못하고 배교하는 것이다.

11. 배신자가 믿음이 있는 척했던 고백은 무엇이었습니까?(히 6:4-6)

답 : 배신자는 한때 신앙고백을 하고 믿음이 있는 모습을 보여주었다. 그러나 배교하였다면 믿음이 있어 보였던 그때의 행위들은 위선자로서 보여준 것이다.

40_ 작은 믿음과 큰 믿음

믿음에는 작은 믿음과 큰 믿음 두 종류가 있다. 물론 작은 믿음도 구원받지만, 그리스도의 풍성함과 승리의 삶을 만끽하지 못한다. 그러나 큰 믿음은 비록 믿음의 수고가 많지만 승리의 삶을 누린다.

그때 크리스천이 소망에게 말했다. "지금 저는 이 근처에서 착한 사람이 당한 일에 대해 들었던 것이 생각이 납니다. 그 사람의 이름은 작은 믿음(Little-faith)이었는데, 착한 사람이었고, 진실(Sincere)이라는 도시에서 살았습니다. 작은 믿음에게 일어난 일은 다음과 같습니다. 우리가 지금 지나가는 통로에는 넓은 문에서 내려오는 샛길이 있습니다. 그 길은 죽은 자의 골목길(Dead Man's Lane)이라고 불립니다. 왜냐하면 살인자들이 보통 그곳에서 살인을 저지르기 때문입니다. 우리가 지금 순례 길을 가는 것처럼 작은 믿음도 순례 길을 가다가 그곳에 앉게 되었고 잠이 들었습니다.1

그때 넓은 문에서 억센 건달 세 명이 샛길을 따라 내려왔습니다. 세 건달의 이름은 약한 마음(Faint-heart), 불신(Mistrust), 범죄(Guilt)였습니다.2 세 건달은 작은 믿음을 보고 그가 있는 곳으로 속도를 내어 달려왔습니다. 그때 작은 믿음은 잠에서 깨어나 순례 길을 떠나려고 했는데, 세 건달이 달려오면서 작은 믿음에게 위협하는 말로 서라고 명령했습니다. 이때 작은 믿음은 하얗게 질려서 싸울 힘도 없었고, 도망칠 기력도 없었습니다.3 그때 약한 마음이라는 자가 작은 믿음에게 돈을 내놓으라고 말했습니다. 작은 믿음은 주저했습니다. 그는 자신의 돈을 잃어버리는 것을 혐오했기 때문입니다. 불신은 작은 믿음에게 달려들어서 작은 믿음의 주머니에 손을 집어넣어 은

전 주머니를 빼내었습니다.

그때 작은 믿음은 '도둑이야! 도둑이야!' 라고 소리 질렀습니다. 그 소리를 듣고, 범죄가 곤봉으로 작은 믿음의 머리를 내리쳤습니다. 작은 믿음은 땅에 쓰러졌으며, 죽은 것처럼 피를 많이 흘렸습니다.4 그동안 건달들은 옆에 서 있었습니다. 그러나 길에서 어떤 이가 오는 소리를 듣고는 그가 좋은 확신(Good-confidence)이라는 도시에 사는 큰 은혜(Great-grace)가 아닌가 해서 작은 믿음을 버려둔 채 부리나케 달아났습니다.5 잠시 후 정신이 돌아온 작은 믿음은 일어나 휘청거리면서 길을 갔습니다. 이것이 이야기의 전부입니다."

소망_ 건달들이 작은 믿음이 가진 모든 것을 빼앗아 갔습니까?

크리스천_ 아닙니다. 건달들은 그의 보석이 있는 곳을 찾아내지 못했습니다. 그래서 작은 믿음은 그것들을 지킬 수 있었습니다. 그러나 제가 듣기에 착한 작은 믿음은 자신의 손실에 크게 괴로워했다고 합니다. 도둑들이 여행비의 대부분을 탈취해 갔기 때문입니다. 제가 말씀드린 것처럼 그는 보석을 빼앗기지 않았고6 약간의 돈이 남아 있었지만 여행을 마치기에는 턱없이 부족했습니다(벧전 4:18). 제가 들은 게 사실이라면 그는 구걸해서 자신의 목숨을 연명했을 겁니다. 그는 남은 여행 대부분을 구걸과 그가 할 수 있는 모든 것을 하면서 굶주린 채 지냈습니다.7

소망_ 천성의 문에 입장할 수 있는 작은 믿음의 증명서를 도둑들이 빼앗아 가지 않았다는 것이 놀랍지 않습니까?

크리스천_ 놀라운 일입니다. 도둑들은 그것을 빼앗아 가지 못했습니다. 도둑들이 증명서를 빠뜨린 것은 그가 잘 숨겼기 때문이 아닙니다. 왜냐하면

40_ 작은 믿음과 큰 믿음

도둑들이 덤벼들 때 그는 너무 당황한 나머지 어떤 것도 숨길 수 없었기 때문입니다. 따라서 도둑들이 증명서 빼앗는 것을 빠뜨린 것은 그의 노력이라기보다는 선한 섭리입니다.[8]

소망_ 그러나 도둑들이 보석을 가져가지 못한 것은 그에게 위로가 되었겠군요.

크리스천_ 그가 그것을 사용했다면, 이는 그에게 큰 위로가 될 수 있었습니다. 그러나 이 이야기를 나에게 전해 준 사람에 의하면 그는 나머지 여행길에서 그것을 거의 사용하지 않았다고 합니다. 돈을 빼앗긴 것에 대해서 낙심했기 때문이죠. 정말로 그는 중요한 부분을 잊고 있었습니다. 그러다 가끔 보석 생각이 나면 그것으로 위로를 받았지만, 곧 돈을 잃어버린 생각이 나면 그 생각이 모든 것을 삼켜 버렸습니다(벧전 1:9).[9]

소망_ 저런, 불쌍한 사람 같으니. 그에게 큰 슬픔이 되었겠군요.

크리스천_ 예, 정말로 큰 슬픔이었습니다. 우리가 그처럼 이상한 장소에서 강탈당하고 상처를 입었다면 우리 가운데 어느 누구라도 슬퍼하지 않겠습니까? 그 사람이 슬픔과 낙심으로 죽지 않은 것이 놀랍습니다! 제가 듣기로, 그는 나머지 여행길을 슬프고 쓰라린 불평 가운데 갔다고 합니다. 그는 만나는 사람마다 붙잡고 자기가 어디서 어떻게 강도를 당했는지 말했고, 강도들이 행한 일들과 자신이 잃어버린 것, 상처를 입은 일, 목숨을 잃어버릴 뻔했던 일을 이야기했답니다.

소망_ 그러나 자신의 여행에 필요한 것들을 위해, 육신의 편안함을 위해 보석 일부를 팔거나 저당 잡히지 않은 것은 놀라운 일입니다.[10]

크리스천_ 당신은 마치 이 세상에 대해서 전혀 모르는 사람처럼 말하는군요. 그가 그것을 저당 잡히고 무엇을 얻을 수 있습니까? 혹은 누구에게 그것을 저당 잡히거나 팔 수 있겠습니까? 그가 강도 만난 곳의 어떤 고장에서도 그의 보석은 귀중히 여겨지지 않습니다. 더욱이 그는 그것들을 팔아 어려움을 면하고 싶은 마음도 없었습니다. 뿐만 아니라 천성의 문에서 그의 보석을 제시하지 못한다면, 천성의 유업을 받지 못한다는 것을 그는 잘 알고 있었습니다. 그리고 그것은 도둑 만 명에게 수모를 당하는 것보다 더욱 나쁘다는 것을 알고 있었습니다.[11]

소망_ 내 형제여, 왜 당신은 그렇게 가시 돋친 듯이 말합니까? 에서는 팥죽 한 그릇 때문에 장자권을 팔았습니다. 장자권은 그에게 가장 귀중한 보석이었습니다. 에서가 그렇게 했다면, 작은 믿음이 그렇게 못할 이유가 없지 않습니까?(히 12:16)

크리스천_ 에서는 정말로 자신의 장자권을 팔았습니다. 그리고 그 외에도 많은 것을 팔았는데, 그렇게 함으로써 비겁한 자들이 하는 것처럼 자신을 가장 중요한 축복에서 제외시켰습니다. 그러나 당신은 에서와 작은 믿음을 구별해야 하며, 그들의 신분에도 차이가 있는 것을 분별해야 합니다.

에서의 장자권은 상징적인 것이지만 작은 믿음의 보석은 그렇지 않습니다. 에서는 자신의 배를 신으로 섬겼지만 작은 믿음은 그렇게 하지 않았습니다. 에서는 육적인 미각을 만족시키려 했지만 작은 믿음은 그렇게 하지 않았습니다. 그 밖에도 에서는 자신의 정욕을 채우려는 것 외에 아무것도 보지 못했습니다. "에서가 이르되 내가 죽게 되었으니 이 장자의 명분이 내게 무엇이 유익하리요"(창 25:32).

그러나 작은 믿음은 비록 믿음이 작았지만, 작은 믿음을 가지고 방종의 삶을 피했고 장자권을 판 에서와 같이 보석들을 팔기보다는 그의 보석을 소중히 여겼습니다.[12] 당신은 에서가 믿음, 아니 작은 믿음이라도 있었다는 것을 어디에서도 읽어 보지 못했을 것입니다. 그러므로 육신이 요동칠 때 (믿음이 없는 자는 저항할 수 없다) 그의 장자권과 영혼, 그리고 모든 것을 지옥의 마귀에게 팔아 버리는 것은 놀랄 일이 아닙니다. 왜냐하면 이런 것은 마치 발정한 암나귀와 같기 때문입니다. "너는 광야에 익숙한 들암나귀들이 그들의 성욕이 일어나므로 헐떡거림 같았도다 그 발정기에 누가 그것을 막으리요"(렘 2:24). 그들의 마음이 육신의 정욕에 붙잡히면 그들은 어떤 희생이 있

더라도 그것을 채울 것입니다.13

　그러나 작은 믿음은 전혀 다른 기질을 소유했습니다. 그의 마음은 신적인 것에 있었고, 그의 생활은 영적인 것과 하늘의 것을 사모하는 것에서 나왔습니다.14 따라서 이 같은 기질을 가진 사람이 설령 꼭 사야 할 것이 있다 할지라도 헛된 것으로 마음을 채우기 위해서 보석을 팔겠습니까? 사람이 자신의 배를 건초 더미로 채우기 위해서 단돈 10원이라도 쓰겠습니까? 아니면 당신이 산비둘기를 설득해 까마귀처럼 살도록 할 수 있겠습니까? 믿음이 없는 자는 자신의 육신의 정욕을 위해서 자신이 갖고 있는 것과 자신을 저당 잡히고 팔 수 있지만, 비록 작은 믿음이라도 구원의 믿음이 있는 자는 그렇게 할 수 없습니다.15 따라서 형제여, 당신이 여기에서 잘못 생각했던 것입니다.

　소망_ 저의 잘못을 인정합니다. 그렇지만 당신의 엄격한 의견이 저를 화나게 만듭니다.

　크리스천_ 왜요? 당신은 마치 한 번도 밟아 보지 않은 길을 자신의 생각으로 고정시키고 이리저리로 달려가는 활발한 새와 같습니다. 그러나 이제 그만 넘어갑시다. 토론한 것을 심사숙고하면 당신과 나 사이의 모든 것이 원만하게 될 것입니다.

　소망_ 그러나 크리스천 씨, 제 생각에 강도들은 단지 겁쟁이라는 생각이 듭니다. 생각해 보세요. 길에서 누가 오는 소리를 듣고 그렇게 도망칠 수밖에 없었나요? 왜 작은 믿음은 용감하지 못했습니까? 제가 생각하기에, 그들과 한 번 맞서 보고 더 이상 방책이 없을 때 항복해도 되었을 텐데요.

　크리스천_ 많은 사람이 그들을 겁쟁이라고 말합니다. 그러나 그러한 시험을 만났을 때 그렇게 하는 사람은 거의 없습니다.16 용감한 마음에 대해서 말씀드리겠습니다. 작은 믿음은 용감한 마음이 없었습니다. 내 형제여, 내가 듣기에 만약 당신이 그러한 일을 당하면 한 번 싸워 본 후에 항복하겠다는 것인데 이는 진실로 배부른 소리입니다. 그들이 우리에게서 멀리 떨어져 있기 때문에 이런 생각을 하는 것입니다. 만약 그들이 작은 믿음에게 나타난 것처럼 당신에게 나타난다면, 그때는 당신도 생각이 달라질 것입니다. 다시 생각해 보십시오. 그들은 행인을 터는 도둑들입니다. 그들은 무저갱의 왕을 섬기는 자들이며, 왕은 필요하다면 그들을 도우며, 그의 목소리는 우는 사자와 같습니다(시 7:2; 벧전 5:8).

나는 작은 믿음과 같은 일을 당한 적이 있습니다. 굉장히 무서운 일이었습니다. 그 악한 세 명이 나에게 덤벼들었습니다. 나는 그리스도인답게 처음부터 저항했습니다.17 그들은 소리쳤고, 자신들의 왕이 나타났습니다. 나는 속담에 이른 것과 같이 단돈 10원을 위해서 내 목숨을 내놓으려고 했습니다. 그러나 하나님의 도우심으로 나는 증거의 갑옷을 입었습니다. 하지만 비록 내가 갑옷을 입었을지라도, 사나이처럼 행동하는 것이 어려운 일임을 알았습니다. 전투에 직접 참여하지 않고서는 자신이 사나이처럼 싸울 것이라고 말할 수 없습니다.

소망_ 그러나 당신이 아시다시피, 그들은 큰 은혜가 오는 줄로 생각하고 도망치지 않았습니까?

크리스천_ 사실입니다. 그들이나 그들의 주인은 큰 은혜가 나타나면 자주

그렇게 달아납니다. 놀랄 일은 아닙니다. 왜냐하면 큰 은혜는 왕의 투사이기 때문입니다. 나는 당신이 작은 믿음과 왕의 투사의 차이를 구별하리라 믿습니다. 모든 왕의 신하들이 왕의 투사는 아니며 그렇게 될 수도 없는데, 큰 은혜처럼 전쟁의 위업을 달성하려고 노력해도 투사가 되지 못할 수도 있습니다. 어린아이가 다윗처럼 골리앗을 물리칠 수 있다고 생각하십니까? 혹은 굴뚝새에게 황소와 같은 힘이 있다고 생각하십니까? 어떤 이는 강하고 어떤 이는 약합니다. 어떤 이는 큰 믿음을 갖고 있으며, 또 다른 이는 작은 믿음을 갖고 있습니다. 이 남자는 적은 믿음을 가진 사람 중 한 사람이었고, 그래서 궁지에 빠진 것입니다.

소망_ 큰 은혜가 도둑들을 대했으면 좋았을 텐데요.

크리스천_ 그렇게 되었다 하더라도, 큰 은혜도 힘들었을 것입니다.[18] 큰 은혜가 무기를 잘 사용한다 할지라도, 그들에게 칼끝이 향하고 있을 경우에만 그들을 막을 수 있기 때문입니다. 만약 약한 마음, 불신 혹은 다른 자들이 둘러싼다면 상황은 어려워질 것입니다. 그들이 큰 은혜의 발꿈치를 칠 수 있기 때문입니다. 당신이 아시다시피, 사람이 넘어지면 무엇을 할 수 있겠습니까? 큰 은혜의 얼굴을 잘 살펴보면 상처와 흉터들을 볼 수 있는데, 내가 말씀드린 것에 대한 증거입니다. 나는 언젠가(그가 전투 중에 있을 때) 그가 "우리가 힘에 지나도록 심한 고생을 받아 살 소망까지 끊어졌다"라고 말하는 것을 들었습니다.

이 악한 불한당들과 그의 동료들이 다윗을 어떻게 근심시키고, 슬프게 만들었습니까? 헤만과 히스기야도 그 당시 투사였고, 불한당들에게 공격을 받았을 때 무진 애썼지만 그들의 겉옷은 상당히 손상되었습니다. 베드로도 그 당시에 자신이 할 수 있는 것을 하겠다고 나섰습니다. 그러나 베드로가 사도들 가운데 으뜸이었다 할지라도,[19] 불한당들은 베드로를 조정해 그가 소녀의 말에 두려워하도록 만들었습니다.

뿐만 아니라 그들의 왕은 그들의 호각 소리에 귀를 기울이고 있습니다.

그래서 소리를 듣지 못한 적이 결코 없습니다. 만약 자신의 부하들이 어려움에 처하게 된다면, 가능한 한 왕은 그들을 돕고자 나타납니다. 그래서 왕에 대해서 다음과 같이 말합니다.

"칼이 그에게 꽂혀도 소용이 없고 창이나 투창이나 화살촉도 꽂히지 못하는구나
그것이 쇠를 지푸라기 같이, 놋을 썩은 나무 같이 여기니
화살이라도 그것을 물리치지 못하겠고 물맷돌도 그것에게는 겨 같이 되는구나
그것은 몽둥이도 지푸라기 같이 여기고 창이 날아오는 소리를 우습게 여기며"
(욥 41:26-29).

이럴 때 사람이 무엇을 할 수 있겠습니까? 만약 사람이 욥의 말을 하고 말을 탈 수 있는 용기와 기술이 있다면 그가 큰일을 할 수 있을 것입니다.

"말의 힘을 네가 주었느냐 그 목에 흩날리는 갈기를 네가 입혔느냐
네가 그것으로 메뚜기처럼 뛰게 하였느냐 그 위엄스러운 콧소리가 두려우니라
그것이 골짜기에서 발굽질하고 힘 있음을 기뻐하며
앞으로 나아가서 군사들을 맞되
두려움을 모르고 겁내지 아니하며 칼을 대할지라도 물러나지 아니하니
그의 머리 위에서는 화살통과 빛나는 창과 투창이 번쩍이며
땅을 삼킬 듯이 맹렬히 성내며 나팔 소리에 머물러 서지 아니하고
나팔 소리가 날 때마다 힝힝 울며 멀리서 싸움 냄새를 맡고
지휘관들의 호령과 외치는 소리를 듣느니라"(욥 39:19-25).

그러나 당신과 나 같은 말단의 사람들은 원수를 만나는 것을 원치 않고, 다른 사람들이 곤경에 처한 이야기를 들을 때 우리가 잘할 수 있는 것처럼 자랑해서도 안 됩니다. 또한 우리 자신이 사나이답다는 생각으로 마음을

높여서도 안 됩니다. 왜냐하면 그러한 자에게는 시험을 당할 때 더욱 어려운 일들이 일어나기 때문입니다. 내가 앞에서 언급했던 베드로는 허황된 마음으로 충동되어 다른 모든 사람보다 주를 위해 큰일을 하고 견딜 수 있다고 큰소리쳤습니다. 그러나 이런 악당들에 의해 격퇴되어 넘어졌습니다.

따라서 우리가 왕의 대로에서 그러한 강도들이 행한 것을 들을 때, 우리가 해야 할 일은 두 가지입니다.

1. 무장을 하고, 방패를 확실히 가지고 나가야 합니다. 왜냐하면 작은 믿음이 리워야단(사 27:1, 바다의 괴물을 일컫는 말이다. 하나님의 원수로서 교회와 하나님의 백성을 파괴하는 원수를 빗대기 위해서 사용했다–역자 주)의 강력한 공격을 물리칠 수 없었던 것은 그러한 무장이 없었기 때문입니다. 정말로 우리가 무장하지 않는다면 마귀는 우리를 전혀 두려워하지 않습니다. 따라서 마귀를 물리치는 기술을 가진 이는 이렇게 말했습니다. "모든 것 위에 믿음의 방패를 가지고 이로써 능히 악한 자의 모든 불화살을 소멸하고"(엡 6:16).
2. 우리는 왕께서 우리를 호위해 주시도록 기도하는 것이 좋습니다. 그러면 그분께서 우리와 함께 가실 것입니다. 주님께서 함께하심으로 다윗은 사망의 음침한 골짜기에서 기뻐할 수 있었습니다. 모세는 하나님 없이 한 걸음을 나아가기보다는 차라리 그가 선 곳에서 죽는 것이 낫다고 말했습니다(출 33:15). 오, 내 형제여, 주께서 우리와 함께 가신다면 원수 수만 명이 우리에게 달려든다 할지라도 두려워할 것이 무엇이겠습니까?(시 3:5-8; 27:1-3) 그러나 그분이 함께하시지 않는다면 훌륭한 조력자들도 죽임을 당하게 될 것입니다(사 10:4).[20]

나는 전에 싸움을 한 적이 있습니다. 그런데 당신이 보는 바와 같이 내가 살아 있는 것은 주님의 선하심 때문입니다. 나는 나 자신이 사나이답다고 자랑할 수 없습니다. 나는 그러한 첨예한 공격을 만나지 않았으면 좋겠습니다. 나는 우리가 모든 위험을 극복하지 못한 것을 두려워하고 있습니다. 그러나 사자와 곰이 나를 삼키지 못했으며, 하나님께서 할례 받지 아니한 블레셋에서 구원하실 것을 소망합니다. 그때 크리스천이 노래를 불렀다.

불쌍한 작은 믿음 씨!
도둑들 가운데 있었습니까?
강탈당했습니까?
믿는 자들은 이것을 기억하시오.
더 큰 믿음을 갖고 수만 명을 물리치시오.
아니면 최소한 세 명을 물리치시오.

Q&A

1. 작은 믿음은 어느 곳에서 잠이 들었습니까? 이는 무엇을 의미합니까?
(벧전 1:13)

답 : 작은 믿음은 순례의 길을 가다가 죽은 자의 골목길이라는 곳에 이르렀다. 그리고 이곳에서 잠이 들었다. 죽은 자의 골목길은 넓은 길에서 순례의 길로 들어오는 샛길이다. 즉, 작은 믿음은 순례의 길에서 세상과 매우 가까운 곳에 이르렀다. 그런데 문제는 이곳에서 잠이 들어버린 것이다. 즉 근신하지 않았으며, 깨어 있지 않았다.

2. 믿음이 약해졌을 때 나타나는 세 가지 영적 특징은 무엇입니까? (건달의 이름 참조)

답 : 세상에 가까이 갔고 또한 근신하지 않는 가운데 3명의 건달을 만났다. 그래서 작은 믿음은 '약한 마음'에 사로잡혔으며, '불신앙'이 자리를 잡았고, 그리고 결국 '범죄' 하였다.

3. 두려움은 어떤 효과를 가져옵니까? (마 8:25-26)

답 : 두려움은 우리의 믿음을 약화시켜서 영적으로 아무것도 할 수 없는 상태로 만든다. 작은 믿음은 겁에 질려서 싸울 힘도 없었고 심지어 도망칠 기력조차 없었다.

4. 작은 믿음은 결국 어떤 상태에 빠졌습니까? (마 26:74)

답 : 결국 시험에 완전히 실패하여서 마치 죽은 자처럼 되었다. 베드로는 여종 앞에서 그리스도를 전혀 모른다고 하였다.

5. 큰 은혜에 대한 건달들의 반응은 어떠했습니까?(왕상 2:2)

답 : 건달들은 큰 믿음이 다가오는 소리에 도망쳤다. 큰 은혜는 시험과 유혹을 능히 물리치며 승리한다.

6. 작은 믿음은 구원받습니까?(벧전 4:18; 벧후 1:11)

답 : 작은 믿음 역시 구원받는다. 믿음이 비록 작지만 구원의 은혜를 빼앗기지 않았다. 이는 하나님의 돌보심으로 인한 것이다.

7. 작은 믿음은 구원받지만 무엇을 누리지 못하는 것입니까?(요 10:10)

답 : 작은 믿음은 순례의 길에서 영적으로 빈곤한 상태로 갔다. 작은 믿음은 그리스도의 풍성한 은혜를 누리지 못한다.

8. 작은 믿음이 구원받는 이유는 무엇입니까?(딤후 1:14)

답 : 하나님께서 직접 보호하셔서 구원의 증서를 빼앗기지 않았다. 이것은 하나님의 섭리이다. 그가 잘 간직해서가 아니다.

9. 작은 믿음이 건달을 만난 이후 잃어버린 것은 무엇입니까?(벧전 1:9)

답 : 작은 믿음은 건달에게 지갑을 빼앗긴 이후에 구원의 확신을 잃어버렸다.

10. 작은 믿음일지라도 뚜렷하게 나타나는 구원의 은혜는 무엇입니까?(히 2:3)

답 : 작은 믿음이지만 보석을 팔거나 저당 잡히지 않았다. 작은 믿음은 구원을 보석과 같이 귀하게 여겼다.

11. 작은 믿음일지라도 천성의 가치에 대해서 어떻게 판단하고 있습니까?
(히 12:22-23, 28)

답 : 작은 믿음은 천성의 가치를 알고 있으며, 그것을 팔아 어려움을 면할 생각을 아예 하지 않았다.

12. 작은 믿음은 때때로 배교자와 그 모습이 비슷하다 할지라도 질적으로 차이가 납니다. 그 차이는 어디에서 발견할 수 있습니까?(롬 6:12-13)

답 : 비록 그 모습이 비슷하다 할지라도 작은 믿음은 방종의 삶을 피하였고, 구원의 은혜를 소중히 여겼다.

13. 정욕적인 자는 결코 하나님 나라에 들어갈 수 없습니다. 그 이유는 무엇입니까?(갈 5:19-21)

답 : 정욕에 사로잡혀서 결국 영적인 것을 모두 버리고 정욕적인 것으로 채우기 때문이다.

14. 작은 믿음일지라도 육신적인 것과 하늘의 것을 판단하고 결정할 수 있는 이유는 무엇입니까?(갈 5:24)

답 : 작은 믿음은 성령의 역사로 갱신되어 있기 때문에 그의 마음은 신적인 것에 있었으며, 그의 생활은 영적인 것과 하늘의 것을 사모하는 것에서 나왔다.

15. 작은 믿음일지라도 그 믿음의 성질상 어떤 특징이 있습니까?(골 3:1-2)

답 : 작은 믿음이라 할지라도 정욕적인 것을 위해 영적인 것과 신령한 것을 팔아 버리지는 않는다. 하늘을 바라보며 신령한 것을 추구한다.

16. 작은 믿음인지, 큰 믿음인지는 실제로 어떤 상황에서 나타납니까?(삼상 17:11, 24, 32, 34-37)

답 : 실제로 두렵고 위험한 상황에서 작은 믿음을 가지고 있는지 혹은 큰 믿음을 가지고 있는지 나타난다.

17. 믿음의 대장부가 되는 것은 쉬운 일입니까?(왕상 2:2)

답 : 믿음의 대장부가 되는 것은 쉬운 일이 아니다. 믿음이 연단되어야 하며, 많은 고난과 시험을 통해서 큰 믿음이 된다.

18. 영적 전투는 항상 신중해야 합니다. 어떤 태도를 가져야 합니까?(고후 12:9)

답 : 자신의 힘과 능력을 신뢰해서는 안 된다. 오직 겸손하여 하나님의 능력에 의존해야 한다.

19. 은혜가 아니라 자기 확신에 빠지면 어떤 위험성이 있습니까?(마 26:33-35) 그렇다면 어떻게 해야 합니까?(렘 9:23)

답 : 자기 확신에 빠지면 넘어지게 되어 있다. 따라서 자랑하지 말며, 오히려 연약함을 인정하고 은혜를 구하여야 한다.

20. 강도들을 만났을 때 해야 할 두 가지 일은 무엇입니까?(엡 6:16, 18)

답 : 영적 무장을 하고 담대히 대적해야 한다. 그리고 기도를 통하여 주님을 전적으로 의지해야 한다.

41_ 아첨쟁이

두 순례자는 빛의 천사로 가장한 아첨쟁이에게 속아서 그물에 걸린다.

크리스천과 소망은 계속 길을 갔으며 무지는 뒤에서 따라오고 있었다. 두 순례자는 계속 가다가 어떤 장소에 이르렀는데, 그들이 가는 길에 또 하나의 길이 있었다. 그 길은 그들이 가고자 하는 길처럼 곧게 뻗어 있는 듯했다. 여기서 두 순례자는 두 개의 길 가운데 어느 것을 택해야 할지 몰라 잠시 서서 망설였다. 왜냐하면 두 개의 길 모두 곧게 뻗어 있는 것처럼 보였기 때문이다.[1] 두 순례자가 길에 대해 생각하고 있을 때 살갗은 검지만 눈부시게 희고 긴 겉옷을 입은 사람이 그들에게 와서 왜 이곳에 서 있느냐고 물었다.[2]

그들은 천성의 도시로 가고 있는 중인데 어느 길을 선택해야 될지 몰라서 서 있었다고 대답했다. 그 남자는 "내가 가는 길로 따라오라"고 말했다. 그래서 두 순례자는 그를 따라 길로 들어섰는데, 점점 길이 회전되더니 얼마 안 되어 자신들이 가고자 하는 방향과 반대 방향으로 향하게 되었다.[3] 그러나 두 순례자는 그 남자를 따라갔다. 그 남자는 두 순례자를 그물의 범위 안으로 인도했다. 그리고 결국 그물이 덮쳐서 그들을 꼼짝할 수 없게 만들었다. 그때 흰 겉옷이 검은 남자의 등에서 떨어져 내렸다. 그들은 자신들이 어떤 상황에 빠졌는지 알고 한동안 누워서 엉엉 울었다.

크리스천_ (그때 크리스천이 자신의 동료에게 말했다) 지금 내 자신이 오류에 빠진 것을 알게 되었습니다. 목자들이 우리에게 아첨쟁이(Flatterers)를 조심하라고 경고하지 않았습니까?[4] 지혜로운 자가 하신 말씀을 오늘날 우리가 깨닫습니다. "이웃에게 아첨하는 것은 그의 발 앞에 그물을 치는 것이니라"(잠 29:5).

소망_ 또한 목자들은 우리가 더 확실하게 길을 찾을 수 있도록 길 안내도를 주었습니다. 그러나 우리는 그것을 잊어버리고, 멸망시키는 자의 길에서 우리 자신을 지키지 못했습니다.[5] 여기서 다윗은 우리보다 지혜로웠습니다. 그는 "나는 주의 입술의 말씀을 따라 스스로 삼가서 포악한 자의 길을 가지 아니하였사오며"(시 17:4)라고 말했습니다.

그들은 그물에 갇혀서 슬퍼하며 통곡하고 있었다. 그러다가 그들은 빛나는 이가 손에 조그만 줄로 만든 채찍을 가지고 그들에게 다가오는 것을 보았다. 그는 그들이 있는 곳에 이르자 그들이 어디서부터 왔으며, 거기서 무엇을 하는지 물었다.[6] 그들은 시온을 향해 가고 있는 불쌍한 순례자들인데, 흰 옷을 입은 검은 사람이 자신도 그곳으로 가고 있다고 말하면서 자신을 따라오라고 말하기에 이곳으로 인도되었다고 대답했다.

그때 채찍을 들고 있는 이가 "그자는 아첨쟁이요, 거짓 사도이며, 자신을 빛의 천사로 가장하는 자다"(잠 29:5; 단 11:32; 고후 11:13-14)[7]라고 말했다. 그리고 그는 그물을 찢어서 순례자들로 빠져나오게 했다. 그리고 그는 "나를 따라오시오. 내가 당신들을 다시 원래의 길로 인도하겠소"라고 말했다. 그는 그들을 인도해서 아첨쟁이를 따라 떠난 길로 다시 돌아오게 했다.[8]

그리고 순례자들에게 물었다. "당신들은 지난 밤 어디에서 묵으셨습니까?"

순례자들은 "목자들과 함께 기쁨의 산에서 묵었습니다"라고 대답했다.

그러자 다시 순례자들에게 질문했다.

"목자들이 당신들에게 길 안내도를 주지 않았습니까?"

그들은 "예. 주었습니다"라고 대답했다.

그가 말했다.

"당신들이 이곳에 이르렀을 때 길 안내도를 꺼내어 읽었습니까?"

그들은 "아니요"라고 대답했다.

그러자 다시 물었다. "왜요?"

그들은 "잊어버렸습니다"라고 대답했다.

그가 다시 물었다.

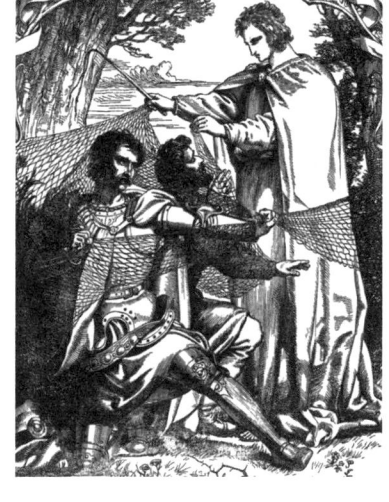

"더욱이 목자들이 당신들에게 아첨쟁이를 주의하라고 경고하지 않았습니까?"

그들은 대답했다.

"예, 그러나 우리는 그렇게 말을 잘하는 이가 바로 아첨쟁이인 줄을 상상도 못했습니다"(롬 16:18).

그때 내가 꿈속에서 보니, 그는 순례자들에게 엎드리라고 명령했다(신 29:2). 순례자들이 엎드리자 그는 그들을 혹독하게 채찍질했다.[9] 그리고 그들이 가야 할 선한 길을 가르쳐 주었다(대하 6:26-27). 그들을 채찍질하면서 그는 다음과 같이 말했다. "무릇 내가 사랑하는 자를 책망하여 징계하노니 그러므로 네가 열심을 내라 회개하라"(계 3:19).

이 일을 행한 후에 그는 순례자들에게 그들이 가야 할 길을 가라고 명령했고, 목자들이 그들에게 준 다른 지시 사항에 주의하라고 분부했다. 순례자들은 그의 친절함에 감사했고, 즐거운 마음으로 바른 길을 가면서 노래를 불렀다.[10]

천성의 길을 가는 자들이여 이리로 와서

곁길로 **빠졌던** 순례자들이 어떤 삶을 치렀는지 보시오.

그들은 그물에 얽매였는데, 선한 충고를 가볍게 여기고 잊어버렸기 때문이오.

그들이 구조된 것은 사실이오.

그러나 당신이 알아야 할 것은 그들이 채찍질당한 것이오.

이것을 당신에게 경고로 삼으시오.

Q &A

1. 이들은 망설이지 말고 무엇을 해야 합니까? 네 명의 목자들에게서 받은 것은 무엇이었습니까?(요 16:13)

답 : 두 순례자는 목자들이 건네준 길 안내도를 꺼내서 어떤 길로 가야할 지를 확인해야 했다. 성령께서 우리를 진리로 인도하신다. 따라서 성령의 지도를 구해야 했다.

2. 살갗은 검으나 흰옷을 입고 있는 자는 어떤 자입니까?(고후 11:14)

답 : 거짓 사도와 사단은 자신을 광명의 천사로 가장하여서 성도들을 어두움으로 몰아간다.

3. 무엇이 잘못되었습니까? 이런 경우 어떻게 해야 합니까?(렘 31:21)

답 : 순례의 길로 인도하는 길이 아님을 깨닫게 되었다. 따라서 반드시 그 길에서 멈추고 원래 가던 길로 돌아가야 한다.

4. 두 순례자가 오류에 빠지게 된 이유는 무엇입니까?(요일 4:1)

답 : 목자들의 경계에 주의를 기울이지 않았으며, 더욱이 그 영을 시험하지 않고 믿고 따라갔기 때문이다.

5. 주의 경계를 잊어버리지 말아야 하는 이유는 무엇입니까?(잠 3:1)

답 : 주의 경계를 가볍게 여기거나 망각하게 되면 결국 경고한 대로 어려움을 겪기 때문이다.

6. 빛나는 이가 나타나서 이들을 풀어 주기보다는 질문을 한 이유는 무엇입니까?(요 16:8)

답 : 두 순례자의 죄를 깨닫게 하기 위해서였다. 이렇게 죄에 대해 책망함으로 온전히 회개하게 하며, 같은 죄들을 반복하지 않게 한다.

7. 아첨쟁이의 정체는 무엇입니까?(잠 29:5; 단 11:32; 고후 11:13-14)

답 : 거짓 사도이며, 빛의 천사로 가장하는 자이다. 잘못된 가르침으로 오류에 빠지게 하여 결국 멸망으로 인도하는 자이다.

8. 빛나는 이는 누구입니까?(약 4:5)

답 : 성령님이시다. 길에서 벗어난 순례자들을 다시 진리 가운데로 인도하신다.

9. 채찍질을 한 이유는 무엇입니까?(히 12:5)

답 : 주의 징계이다. 징계를 통해서 죄의 습관을 고치고, 거룩한 길로 가게 하는 것이다.

10. 매를 맞으면서도 즐거워할 수 있는 이유는 무엇입니까?(시 51:12)

답 : 비록 매를 맞았지만, 구원의 즐거움이 회복되었기 때문이다.

42_ 무신론자

순례자들은 철학적으로 혹은 세상적으로 진리를 찾는 무신론자를 만난다. 이런 무신론자들은 때때로 자신들에게 의미 없는 종교적 예배에 질려서 교회를 떠난다.

얼마 후, 그들은 한 사람이 조용히 혼자 왕의 대로를 따라 자신들을 만나려고 오는 것을 발견했다. 크리스천이 자신의 동료에게 "저기에 한 사람이 시온을 등지고1 우리를 만나려고 오고 있습니다"라고 말했다.

소망_ 그가 보입니다. 아첨쟁이와 같은 자일지도 모르니 주의합시다.

그는 점점 가까이 다가왔고 마침내 그들 앞에 왔다. 그의 이름은 무신론자(Atheist)였다. 무신론자는 두 순례자에게 어디로 가고 있느냐고 물었다.

크리스천_ 우리는 시온 산으로 가고 있습니다.

무신론자는 크게 웃었다.

크리스천_ 무슨 의미로 그렇게 웃었습니까?
무신론자_ 답답한 여행을 하는 당신과 같은 무식한 사람들을 보니 웃음이 나왔소. 당신들은 여행에서 고통 외에는 아무것도 얻지 못할 것이오.
크리스천_ 당신은 우리가 천성에 들어가지 못할 것으로 생각하는 것이오?

무신론자_ 들어간다? 당신들이 꿈꾸는 곳은 이 세상 어디에도 없소.

크리스천_ 그러나 다음 세상에는 있소.

무신론자_ 내가 고향 집에 있을 때, 나는 당신들이 지금 확신하는 것을 들었소. 그래서 그 말을 듣자마자 그것을 보려고 길을 나섰고, 20년 동안 그 도성을 찾아 헤매었소.[2] 그러나 처음 길을 나선 이래로 나는 아무것도 찾지 못했소(전 10:15; 렘 17:15).[3]

크리스천_ 우리는 그와 같은 곳을 발견할 수 있다고 들었으며 믿고 있소.

무신론자_ 내가 집에 있을 때 믿지 않았다면, 그런 곳을 찾아다니지 않았을 것이오. 또한 그런 곳이 있다면 나는 찾았을 것이오. 왜냐하면 나는 그것을 찾고자 당신들보다 훨씬 멀리 갔었기 때문이오. 그러나 아무것도 발견하지 못했으니, 나는 돌아가고 있는 것이오. 내가 버렸던 것을 다시 찾아 이제는 즐겨야겠소.[4] 그것에 대한 소망이 아무것도 아니라는 것을 이제 알았기 때문이오.

그러자 크리스천이 자신의 동료인 소망에게 말했다.

크리스천_ 이 사람이 하는 말이 사실이오?

소망_ 조심하십시오. 그자는 아첨쟁이 중 하나요.[5] 우리가 이미 이런 자의 말을 듣고 큰 대가를 치른 것을 기억하십시오. 시온 산이 없다니요? 우리가 기쁨의 산에서 그 성의 문을 보지 않았습니까? 또한 우리가 지금 믿음으로 가고 있지 않습니까?(고후 5:7) ⁶ 다시 채찍으로 맞지 않으려면 어서 갑시다. ⁷ 당신은 마땅히 저를 가르쳐야 하는데, 제가 당신에게 말하겠습니다. "내 아들아 지식의 말씀에서 떠나게 하는 교훈을 듣지 말지니라"(잠 19:27). 제가 말씀드리는데 내 형제여, 그의 말을 듣지 말고 ⁸ 믿음으로 영혼의 구원을 이룹시다(히 10:39). ⁹

  크리스천_ 내 형제여, 내가 당신에게 질문을 드린 것은 진리를 의심해서가 아니라 당신을 검증하고, 당신의 정직한 마음에서 열매를 끌어내기 위한 것이었습니다. 제가 아는 바로, 저 사람은 이 세상의 신에 의해 눈이 먼 자입니다. ¹⁰ 어서 갑시다. 그리고 우리에게는 진리에 대한 믿음이 있음을 알게 합시다. 그리고 진리에 대해서 거짓말하지 못하게 합시다(요일 2:21).

  소망_ 이제 저는 하나님 영광의 소망 가운데 즐겁습니다.

그래서 그들은 그자에게서 떠나갔고, 그자는 순례자들을 비웃으면서 자신의 길을 갔다.

Q & A

1. 시온을 등지고 온다는 것은 무엇을 의미합니까?

답 : 진리를 찾는 것을 포기하고 세상으로 돌아가는 것을 의미한다.

2. 진리를 찾아 헤매지만 그 방법이 어떠합니까?(골 2:8)

답 : 무신론은 철학으로 진리를 찾았다. 그러나 철학은 세상의 초등학문으로서 진리를 온전히 가르쳐 주지 못한다. 철학으로 그리스도를 알 수 없다.

3. 교회를 다니다가 떠나는 배교자와 무신론자의 차이점은 무엇입니까?
(전 10:15; 렘 17:15)

답 : 배교자는 은혜의 맛을 보았던 자들이다. 그러나 무신론자는 은혜에 대해서 맛조차 보지 못하였다. 따라서 20년 동안 진리를 찾아 나섰지만 아무것도 찾지 못하였다고 말한다.

4. 무신론자의 마음에는 사실 무엇이 가득 차 있습니까?(고전 15:19)

답 : 그는 진리를 찾기 위해서 세상을 버리지 않았다. 계속해서 세상으로 돌아가려는 마음이 있었다. 그래서 이제라도 세상을 즐기기 위해 떠나는 것이다.

5. 무신론자가 성도에게 주는 시험은 무엇입니까?(엡 5:6)

답 : 무신론자 역시 아첨쟁이다. 인간의 지혜의 말로 성도를 현혹하여 시온 산이 없다고 주장한다. 헛된 말로 속이는 자이다.

6. 무신론자의 속임수에 빠지면 성도는 어떻게 됩니까?(마 28:17)

답 : 진리에 대해서 의심하게 된다.

7. 주의 징계의 효과가 어떻게 나타납니까?(히 12:10, 13)

답 : 죄를 짓지 않도록 애쓰는 것이 나타난다. 어그러진 발걸음이 이제 똑바로 걷는 모습으로 나타난다.

8. 오늘날 잘못된 교리와 가르침은 어떤 기능을 합니까?(잠 19:27)

답 : 오류의 가르침은 진리를 버리게 만든다. 그리고 그는 영적 어두움에 싸이게 된다.

9. 무신론자의 말을 듣지 말고 믿음으로 영혼의 구원을 이루자는 것은 무엇을 의미하는 말입니까?(히 10:39)

답 : 성도의 견인 교리를 말한다. 거짓 오류의 가르침을 듣고 구원의 길에서 벗어나지 말고, 믿음 가운데 지속하여 구원을 이루라는 것이다.

10. 이 세상의 신에 눈이 멀었다는 것은 어떤 영적 상태를 말합니까?(고후 4:3-4)

답 : 그리스도의 복음의 광채를 전혀 보지 못하는 상태이다. 영적 어두움과 무지에 빠져 있는 상태이다.

43_ 회심의 체험 (1)

두 순례자는 마법의 땅을 지나면서 잠에 빠지지 않으려고 거룩하고 영적인 대화를 나눈다. 그 대화의 내용은 회심의 과정과 체험에 관한 것이었다.

내가 꿈속에서 보니 그들이 어떤 특정한 지방으로 들어가고 있었는데, 그곳의 공기는 낯선 사람을 저절로 졸리게 했다. 여기서 소망은 둔해졌으며, 잠이 몰려왔다.1 따라서 소망은 크리스천에게 "제가 지금 졸음에 빠지기 시작했습니다. 도무지 눈을 뜰 수가 없습니다. 우리 여기 누워 한숨 잡시다"라고 말했다.

크리스천_ 절대로 안 됩니다. 잠을 잔다면 우리는 결코 일어날 수 없을 것입니다.2

소망_ 왜요? 수고한 자에게 잠은 달콤한 것입니다. 우리가 낮잠을 잔다면, 우리는 다시 생동감을 얻을 수 있습니다.

크리스천_ 당신은 목자 중 한 분께서 우리에게 마법의 땅(Enchanted Ground)을 주의하라고 한 말을 기억하지 못하십니까? 목자는 우리에게 잠을 주의해야 한다고 했습니다. "그러므로 우리는 다른 이들과 같이 자지 말고 오직

깨어 정신을 차릴지라"(살전 5:6).³

소망_ 저의 잘못을 인정합니다. 그리고 이곳에 저 혼자 있었다면, 잠을 자다가 죽음의 위험을 만났을 것입니다. 나는 "두 사람이 한 사람보다 나음"(전 4:9)이라고 말한 지혜자의 말이 진실이라는 것을 알았습니다.⁴ 지금까지 당신과 동행한 것은 저에게 은혜입니다. 당신의 수고에 대해서 상을 받을 것입니다.

크리스천_ 자, 그러면 이곳에서 졸음을 막기 위해 좋은 대화를 합시다.

소망_ 진심으로 환영합니다.

크리스천_ 어디서부터 시작할까요?

소망_ 하나님께서 인도하는 대로 따릅시다. 그러나 원하신다면 당신이 시작하십시오.

크리스천_ 제가 먼저 당신에게 이 노래를 불러 드리겠습니다.

성도들이 졸음에 빠지게 될 때, 그들을 이리로 오게 하시오.
그리고 그들에게 두 순례자가 어떤 대화를 나누었는지 듣게 하시오.
예, 그들이 어떻게 해서든지 배우게 하시오.
그렇게 함으로 졸려서 감기는 눈을 열게 하시오.
성도의 교제가 잘 되게 해서 그들을 깨어 있게 하고 지옥을 이기게 하시오.⁵

그러고 나서 크리스천이 말하기 시작했다.

크리스천_ 제가 당신에게 묻겠습니다. 당신이 지금 하고 있는 일에 대해서 처음에 어떤 생각을 했습니까?

소망_ 제가 처음에 어떻게 제 영혼을 돌보게 되었느냐는 말씀이세요?

크리스천_ 예, 그렇습니다.

소망_ 오랫동안 저는 우리의 시장에서 전시되고 팔리는 물건들을 취하는 것으로 기쁨을 누렸습니다. 만약 제가 지금도 그것들 가운데 계속 있었다면, 그 물건들이 저를 파멸과 멸망으로 몰아갔을 것입니다.

크리스천_ 그것들이 무엇입니까?

소망_ 이 세상의 모든 보화와 재물입니다. 또한 저는 떠들고, 흥청거리고, 마시고, 맹세하고, 거짓말하고, 더러운 것과 주일을 어기는 것을 즐거워했습니다. 이런 것들은 영혼을 파괴하는 것들입니다. 그러나 저는 신적인 것들과 당신에 대해서, 그리고 허영의 시장에서 자신의 믿음과 선한 삶을 위해 순교한 성실에 대해서 듣고 생각함으로써 이런 일들의 마지막은 사망이라는 것을 마침내 깨달았습니다(롬 6:21-23). 그리고 이런 일들을 위해 산다면, "하나님의 진노가 불순종의 아들들에게 임한다"는 것을 깨달았습니다(엡 5:6).[6]

크리스천_ 당신은 바로 이런 질책에 빠졌습니까?[7]

소망_ 아닙니다. 저는 죄가 악하다는 것과 죄악 위에 저주가 임한다는 것을 인정하지 않았습니다. 그러나 제 마음이 처음에 하나님의 말씀으로 흔들리기 시작했을 때, 죄악에 대해 제 마음의 눈을 감으려고 노력했습니다.[8]

크리스천_ 그러나 하나님의 성령이 당신에게 역사하신 이후에도 죄를 지은 이유는 무엇입니까?

소망_ 그 이유는 다음과 같습니다.

1. 저는 이것이 하나님의 역사인지를 몰랐습니다. 저는 죄에 대해서 깨우침으로 하나님께서 죄인의 회심을 시작하시는 것에 대해서 전혀 생각하지 못했습니다.
2. 제 육신은 죄를 달콤하게 여기고 있었으며, 저는 죄악에서 떠나는 것을 싫어했습니다.
3. 저는 옛 친구들에게 이별을 말할 수 없었습니다. 그들과 함께 있으면서 행동하는 것이 저에게 만족을 주었습니다.

4. 질책의 시간은 저에게 고통스럽고 두려운 시간이었습니다. 제가 지은 죄악들을 기억할 때 질책의 고통들을 감당할 수 없었습니다.

크리스천_ 그런데 당신은 때때로 고통에서 벗어날 수 있었던 것처럼 보입니다.

소망_ 그렇습니다. 그러나 죄악이 다시 제 마음에 떠오르면 고통에 빠집니다. 아니, 전보다 더욱 심한 고통에 빠집니다.9

크리스천_ 왜요? 당신의 죄가 다시 생각나도록 하는 것이 무엇입니까?

소망_ 다음과 같이 많습니다.10

1. 거리에서 착한 사람을 만났을 때
2. 성경 읽는 소리를 들었을 때
3. 내 머리가 아프기 시작할 때
4. 내 이웃 중에서 어떤 사람이 아프다는 이야기를 들었을 때
5. 죽은 자를 위해 울리는 종소리를 들었을 때
6. 나 자신이 죽는다고 생각할 때
7. 어떤 사람이 갑자기 죽었다는 소식을 들었을 때
8. 특별히 나 자신이 갑작스런 심판을 받을 수밖에 없다고 생각할 때

크리스천_ 이것 때문에 죄가 생각날 때 쉽게 죄의식을 떨쳐낼 수 있었습니까?

소망_ 아닙니다. 죄의식이 더욱 빠르게 제 양심을 붙잡기 때문에 그럴 수 없었습니다. 그리고 제가 죄로 돌아갈 생각이라도 한다면(비록 제 마음이 그것에서 돌아섰지만) 저에게 고통은 배나 더했습니다.

크리스천_ 그러면 그때 어떻게 했습니까?

소망_ 제 삶을 고치려는 노력을 반드시 해야 한다고 생각했습니다. 그렇

지 않으면 저는 저주받을 것이 분명하다고 생각했습니다.

크리스천_ 고치려고 노력했습니까?

소망_ 예, 죄에서 그리고 나쁜 친구에게서 도망치기도 했으며, 기도, 성경을 읽는 것, 죄에 대해 슬퍼하는 것, 제 이웃에게 진리를 말하는 것과 같은 종교적 의무를 다했습니다. 다른 여러 가지 일과 함께 제가 행한 것들은 여기서 열거하기에는 너무 많습니다.

크리스천_ 그러한 일을 한 후에 당신 자신에 대해서 좋게 생각했습니까?

소망_ 예, 잠시 동안은 좋게 생각했습니다. 그러나 고통은 다시금 나에게 찾아왔고, 결국 내 모든 개혁은 소용없게 되었습니다.[11]

Q & A

1. 마법의 땅은 어떤 곳입니까?(잠 6:9)

답 : 세상의 잠에 취하게 하여서 영적 게으름에 빠지게 하는 곳이다.

2. 일단 잠에 빠지면 어떻게 됩니까?(딤전 6:10)

답 : 사람들을 믿음에서 떠나게 만든다.

3. 잠에 빠지지 않게 하는 방법은 무엇입니까?(히 3:13; 10:25)

답 : 서로 권면하여 죄의 유혹을 받아 강퍅하게 되는 것을 막아야 한다.

4. 순례의 길에 동반자가 중요한 이유는 무엇입니까?(전 4:9)

답 : 서로 권하여 죄에 빠지지 않게 하기 때문이다.

5. 성도의 교제, 성도의 거룩한 대화가 중요한 이유는 무엇입니까? 그 대화 중 가장 최고의 대화는 무엇입니까?(엡 2:8)

답 : 성도의 교제와 경건한 대화는 우리의 마음이 세상적인 것으로 가득 차는 것을 방지해준다. 성도의 대화 가운데 최고의 대화는 구원의 은혜에 대한 것이다.

6. 은혜를 깨닫는 첫걸음은 무엇입니까?(롬 6:21-23)

답 : 죄의 각성이다. 그리고 죄에 대한 하나님의 심판을 깨닫고, 구원을 찾으며 구하는 것이다.

7. 이런 책망은 누구에 의한 것입니까?(요 16:8)

답 : 성령의 역사에 의한 것이다. 성령께서 죄에 대하여, 불의에 대하여, 그리고 하나님의 심판에 대하여 깨닫게 하신다.

8. 죄악을 깨닫지만, 자신의 죄악에 대해서 눈을 감는 것은 어떤 것입니까? (사 63:10)

답 : 성령의 역사에 대해서 눈을 감는 것이다. 이것을 성령을 근심시키는 것이라고 말한다.

9. 더욱 심각한 책망으로 고통에 빠지는 이유는 무엇입니까?(시 32:1-4)

답 : 성령께서 죄를 깨닫는 정도를 더욱 강하게 하시는 것이다. 그래서 온전한 회개로 나아오도록 역사하시는 것이다. 이로 인하여 심령에 죄를 미워하는 성질을 형성시키는 것이다.

10. 이런 책망은 무엇을 위한 것입니까?(막 2:17)

답 : 자신의 죄의 질병을 깨닫게 하셔서 의원이신 예수 그리스도를 찾아 가도록 만드는 것이다.

11. 죄를 깨닫고 자신의 삶을 개선하려고 노력했지만 결국 실패합니다(아직 중생되지 않아서 죄인에게는 그러한 능력이 없기 때문이다). 결국 자신의 삶을 개선하려는 것에서 실패해서 어떤 영적 상태에 빠집니까?(롬 7:11)

답 : 자신의 어떠한 행위로도 하나님의 의로움에 이를 수 없다는 것을 깨닫게 된다. 그래서 자신의 행동으로, 혹은 율법을 지켜서 구원 얻으려는 시도를 포기하고, 오직 하나님의 은혜로 용서함을 받고 의로운 자로 받아들여지기를 기다리는 상태가 된다.

44_ 회심의 체험 (2)

회심의 과정에서 소망은 자신의 죄와 불의를 깨닫고 삶을 개혁하기 시작한다. 그러나 개혁이 실패로 끝나면서, 자신의 어떠한 행위로도 자신을 구원할 수 없음을 깨닫고 영적으로 겸손해진다.

크리스천_ 당신이 삶을 개혁한 이후에 어떻게 고통이 찾아왔습니까?

소망_ 여러 가지가 나에게 고통을 가져다주었습니다. 특별히 다음과 같은 말씀들입니다.

"우리의 의는 다 더러운 옷 같으며"(사 64:6), "행위로써는 의롭다 함을 얻을 육체가 없느니라"(갈 2:16), "이와 같이 너희도 명령 받은 것을 다 행한 후에 이르기를 우리는 무익한 종이라 우리가 하여야 할 일을 한 것뿐이라 할지니라"(눅 17:10).

그리고 나 자신에 대해서 다음과 같이 생각하기 시작했습니다. 내 모든 의로움이 더러운 옷과 같다면, 율법의 행위로 아무도 의롭다 함을 받을 수 없다면, 우리가 모든 것을 행했는데도 무익하다면, 율법으로써 하나님 나라에 들어간다고 생각하는 것은 어리석은 것이다.[1]

그리고 나는 다음과 같이 생각했습니다. '어떤 사람이 가게 주인에게 100파운드의 빚을 졌다가 후에 빚을 갚았는데 옛날의 부채가 장부에서 지워지지 않고 그대로 있다면, 가게 주인이 그를 고소해 다 갚을 때까지 감옥에 처넣을 것이다.'

크리스천_ 그래요, 이것을 당신에게 어떻게 적용했습니까?

소망_ 나 자신에 대해서 다음과 같이 생각했습니다. 내 많은 죄는 하나님의 장부책에 기록되어 있다. 지금 현재 내 개혁은 그것을 다 갚을 수가 없다. 따라서 나는 현재의 개선된 내 삶 아래서도 갚아야 할 것을 생각해야만 한다. 그러나 내가 전에 지은 죄로도 나 자신을 저주의 위험으로 몰아넣는데, 어떻게 저주에서 자유로워질 수 있는가?2

크리스천_ 매우 좋은 적용입니다. 계속 이야기하십시오.

소망_ 내가 삶을 개선한 이후에도 나에게 고통을 준 것이 한 가지 더 있습니다. 내가 지금 하고 있는 일 중 가장 의롭다고 하는 일도 자세히 들여다보면 여전히 죄가 발견됩니다.

내가 가장 의롭다고 자부한 행위와 새로운 죄가 섞여 있는 것을 볼 때, 단 하나의 의무를 행하지 않아 지은 죄만으로도 나는 지옥에 가는 것이 마땅하다는 생각을 하게 됩니다. 내 자신과 내가 행해 온 의무들에 자부심이 있고, 내 과거의 삶에 흠이 없을지라도 말입니다.

크리스천_ 그 다음에 무엇을 했습니까?

소망_ 성실과 저는 잘 아는 사이였는데, 성실을 만나 제 마음이 깨어지기까지 제가 행한 것들을 다 말할 수 없습니다. 성실은 저에게 죄를 한 번도 짓지 않은 자의 의로움을 얻지 않는 한, 나 자신의 의로움과 세상의 모든 의로움으로도 저를 구원할 수 없다고 말했습니다.3

크리스천_ 당신은 성실이 진실을 말한다고 생각했습니까?

소망_ 나 자신의 개선된 삶에 즐거워하고 만족하고 있을 때 그가 그렇게 말했다면, 나는 그의 수고에 대해서 바보라고 불렀을 것입니다. 그러나 나 자신의 연약함과, 내 최선의 행위로도 죄가 붙어 있는 것을 보게 된 후로 그의 의견을 받아들일 수밖에 없었습니다.

크리스천_ 성실이 당신에게 처음 제안했을 때 언급했던 것처럼 한 번도 죄를 범하지 않은 사람이 있다고 생각했습니까?

소망_ 솔직히 말하지만 처음에 그 말은 이상하게 들렸습니다. 그러나 잠시 그와 동행하면서 이야기를 나눈 후에 나는 그것에 대해 완전히 확신하게 되었습니다.

크리스천_ 당신은 그 사람이 누군지, 그리고 어떻게 그 사람에 의해서 당신이 의롭게 되는지를 물어보았습니까?

소망_ 예. 성실은 그분이 가장 높으신 분의 오른편에 계시는 주 예수님이라고 말했습니다. 따라서 성실은 "당신은 그분에 의해서 의롭다 여김을 받아야 하며, 그가 육신으로 계시는 날에 그분 자신에 의해서 된 것들과 나무에 달려 고난 받으신 것을 신뢰해야 한다"라고 했습니다. 나는 추가로 그에게 "어떻게 그분의 의로우심이 다른 사람을 하나님 앞에서 의롭게 하는 효력이 있습니까?"라고 물었습니다. 성실은 대답하기를 "그분은 전능하신 하나님으로서, 그가 행하신 것과 죽음은 자신을 위한 것이 아니라 나를 위한 것이요, 그의 행하신 것의 가치는 그를 믿는 자에게 전가된다"라고 말했습니다(히 10장; 롬 4장; 골 1장; 벧전 1장).⁴

크리스천_ 그 다음에 당신은 무엇을 했습니까?

소망_ 나는 믿을 수 없었습니다. 왜냐하면 나는 그분이 나를 기꺼이 구원하시지 않을 것이라고 생각했기 때문입니다.

크리스천_ 그때 성실이 당신에게 무엇이라고 말했습니까?

소망_ 성실은 나에게 그분에게 가서 만나라고 말했습니다. 나는 주제넘은 일이라고 대답했습니다. 그러나 성실은 "아닙니다. 당신은 초대되었습니다"라고 말했습니다(마 11:28). 그러면서 성실은 저에게 예수님에 대한 책을 주었는데, 내가 더 자유롭게 갈 수 있도록 격려하는 그분의 말씀이 들어 있었습니다. 그리고 성실은 책에 대해, "천지는 없어질지언정 내 말은 없어지지 아니하리라"(마 24:35)고 말했습니다.

그래서 제가 그에게 물었습니다. "제가 그분에게 나아가려면 무엇을 해야 합니까?" 그는 무릎을 꿇고 있는 저에게 힘을 다해 하나님 아버지께서 그분을 계시해 주시기를 간청해야 한다고 했습니다(시 95:6; 단 6:10; 렘 29:12-13).5

그래서 제가 추가로 물었습니다. "제가 어떻게 그분에게 간구해야 합니까?" 이에 그는 "찾으십시오. 당신은 그분이 은혜의 보좌에 계신 것을 발견할 것입니다. 그분은 오랫동안 그곳에서 앉아 계셨으며, 자신을 찾아오는 자에게 용서와 죄 사함을 주십니다"라고 대답했습니다. 내가 성실에게 "제가 그분에게 나아갈 때 무슨 말을 해야 할지 모르겠습니다"라고 말하자 성실은 저에게 이렇게 말하라고 가르쳐 주었습니다.

"하나님, 불쌍히 여겨 주십시오. 저는 죄인입니다. 제가 그리스도를 알게 하시고 믿게 해 주십시오. 그분의 의로움이 없다면, 제가 그 의로움에 대해 믿음이 없다면 저는 전적으로 내쫓기는 것을 알기 때문입니다. 주여, 저는 당신이 자비로우신 하나님이며, 당신의 아들을 세상의 구세주로 정하신 것을 들었습니다. 더욱이 당신께서 기꺼이 아들을 저와 같은 불쌍한 죄인들에게(저는 정말 죄인입니다) 주신 것을 알고 있습니다. 따라서 주여, 기회를 주시고 당신의 아들 예수 그리스도를 통해서 당신의 은혜를 확장해 제 영혼을 구원하소서.6 아멘"(출 25:22; 레 16:2; 민 7:89; 히 4:16).

크리스천_ 그래서 당신은 하라는 대로 했습니까?

소망_ 예, 하고, 또 하고, 또 했습니다.

크리스천_ 그러면 하나님 아버지께서 자신의 아들을 당신에게 계시해 주셨습니까?

소망_ 첫 번째, 두 번째, 세 번째, 네 번째, 다섯 번째, 여섯 번째에도 계시해 주시지 않았습니다.

크리스천_ 그래서 당신은 어떻게 했습니까?

소망_ 어떻게 했냐고요? 나는 정말 어떻게 해야 할지 몰랐습니다.

크리스천_ 기도를 그만둘 생각은 하지 않으셨습니까?

소망_ 예, 수백 번도 더 했습니다.

크리스천_ 그런데 그만두지 않은 이유는 무엇입니까?

소망_ 나는 성실이 나에게 말해 준 것이 진실이라고 믿었습니다. 그리스도의 의가 없이 세상의 모든 것이 나를 구원할 수 없다는 것을 믿었습니다. 만약 내가 기도를 그만두면 죽을 것 같았습니다. 그래서 나는 은혜의 보좌 앞에서 죽기로 했습니다. 그리고 한편으로 이런 생각이 마음에 떠올랐습니다. "비록 더딜지라도 기다리라 지체되지 않고 반드시 응하리라"(합 2:3). 그래서 나는 아버지께서 아들을 나에게 계시해 주실 때까지 계속 기도했습니다.[7]

Q & A

1. 처절하게 인간의 무능을 깨달음으로써 자신의 행위로 의로워지려는 노력을 포기하고 결국 무엇을 기다리거나 의지할 수밖에 없습니까?(시 130:7)

답 : 소망은 죄를 깨달은 후에 삶에 대한 개혁을 시도했지만 실패를 경험하였다. 그로 인하여 행위로 구원 얻으려는 것이 무모하다는 것을 깨닫는다. 따라서 구원을 은혜로 받을 수밖에 없음을 알고 그 은혜를 구하고 기다리게 된다.

2. 스스로의 행위로 의로워지려는 것을 포기하는 것은 영적으로 어떤 상태에 이르게 합니까?(고전 1:23-25)

답 : 하나님께서 은혜를 베푸시기까지 기다릴 수밖에 없다. 이렇게 영적으로 낮아져야 하나님께서 마련하신 구원의 수단과 방법에 굴복하고, 그것을 받아들이기 때문이다. 따라서 죄인들은 자신의 무능을 철저히 깨닫고 낮아져야 하나님께서 준비하신 은혜의 수단과 방법이 최고인 것을 인정하게 된다. 그리고 이로 인하여 은혜를 경험한 자들은 하나님의 은혜의 방식이 하나님의 최고의 지혜로부터 온 것임을 찬양하게 된다.

3. 성령께서는 죄인들에게 역사함으로써 우리의 행위로는 우리 자신을 구원할 수 없다는 것을 처절하게 인정하게 합니다. 그래서 구원이 어디에서 오는 것이라고 알게 합니까?(딤후 1:9)

답 : 오직 구원이 하나님의 은혜에 의한 것임을 인정하며, 이러한 구원의 방식이 영원 전부터 하나님께서 계획한 것임을 깨닫게 된다.

4. 의롭다 여김을 받는 원리는 무엇입니까?(롬 4:4-5)

답 : 자신의 불의를 철저히 깨닫고, 또한 자신의 어떤 행위로도 하나님의 의에 도달할 수 없음을 인정하며, 오직 하나님의 은혜로 받아들여지기를 구하는 것이다. 이때, 용서하심이 오직 주님에게만 있음을 고백하면서 주께서 은혜 베풀어주시기를 구할 때, 주님께서 용서를 베푸시고 자신의 의를 구하는 자에게 덧입혀 주시는 것이다.

5. 무엇을 구하는 기도입니까?(마 11:27; 갈 1:16)

답 : 하나님 아버지께 그리스도를 계시해 주시기를 기도하는 것이다. 죄의 용서를 구하는 죄인이 그리스도께서 그의 죄를 사하기 위해 죽으셨음을 개인적으로 체험하기 위한 기도이다.

6. 이 기도에서 그리스도를 어떻게 체험하는 것입니까?(슥 12:10)

답 : 그리스도께서 자신의 죽음으로 그 죄인의 죄를 없이 하셨다는 것을 깨닫는 것이다. 결국 기도 가운데 성령께서 역사하심으로 죄 용서함의 체험을 하는 것이다. 그리스도의 받으신 고통이 나의 죄 때문인 것을 알고 슬퍼하지만, 한편으로 용서받은 기쁨에 감격의 눈물을 흘리게 된다.

7. 기도를 중단하지 않은 이유는 무엇입니까?(시 130:5)

답 : 기도 외에 그 어떤 다른 방법이 없었기 때문이다. 주의 용서하시는 응답 외에는 다른 것이 필요 없기 때문에 주를 바라보고 계속 기도하였다. 이렇게 용서를 위해 간구하는 데서 얻는 유익은, 오직 주님 외에 우리의 죄를 사하실 수 있는 분은 없다는 결론에 이르는 것이다. 그래서 용서함을 받은 후에 주님만을 경배하고 찬양하게 된다.

45_ 회심의 체험 (3)

영혼의 구원을 위해 하나님께서 가장 먼저 하시는 일은 영혼이 죄인이라는 것과 죄의 결과로 심판을 받을 수밖에 없다는 사실을 깨닫게 하시는 것이다.

크리스천_ 하나님께서 어떻게 그분을 계시해 주셨습니까?

소망_ 나는 그분을 육신의 눈으로 본 것이 아닙니다. 마음의 눈으로 보았습니다(엡 1:18-19). 그 내용은 다음과 같습니다.

어느 날 나는 매우 슬퍼하고 있었습니다. 내가 생각하기에 그날은 내 인생에서 그 어느 날보다 더욱 슬펐습니다. 이런 슬픔은 내 죄악이 얼마나 크고 사악한지를 새롭게 보았기에 일어났습니다.[1] 그때 나는 오직 지옥과 내 영혼의 영원한 저주만을 바라보고 있었습니다.

그런데 제가 생각하기에 갑자기 그리스도께서 하늘에서 저에게 내려오는 것이 보였습니다. 그리고 주님은 "주 예수를 믿으라 그리하면 너와 네 집이 구원을 받으리라"(행 16:31)고 말씀하셨습니다.[2]

그러나 저는 "주여, 저는 큰 죄인, 매우 큰 죄인입니다"라고 대답했습니다. 주께서 말씀하셨습니다. "내 은혜가 네게 족하도다"(고후 12:9). 그때 제가 말했습니다. "그러나 주님, 믿는 것이 무엇입니까?" 그리고 저는 다음 말씀, "내게 오는 자는 결코 주리지 아니할 터이요 나를 믿는 자는 영원히 목마르지 아니하리라"(요 6:35)에서 믿는 것과 오는 것이 하나인 것을 알게 되었습니다.³ 그리고 그리스도를 통한 구원을 갈망하고 열심과 전심으로 달려오는 자가 진정으로 그리스도를 믿는 것이라고 깨닫게 되었습니다.⁴ 제 눈에서 눈물이 왈칵 쏟아졌습니다.

그리고 제가 추가로 물었습니다. "그러나 주님, 나와 같은 큰 죄인을 당신께서 정말로 받아 주시고, 당신에 의해 구원받을 수 있습니까?" 그리고 저는 그분이 다음과 같이 말씀하시는 것을 들었습니다. "내게 오는 자는 내가 결코 내쫓지 아니하리라"(요 6:37).⁵

그래서 제가 말씀드렸습니다. "그러나 주님, 제가 당신에게 나아갈 때 당신에 대해서 어떻게 생각해야 합니까? 제 믿음이 당신에게 올바로 놓여 있습니까?" 그러자 그분께서 말씀하셨습니다. "그리스도 예수께서 죄인을 구원하시려고 세상에 임하셨다"(딤전 1:15). "그리스도는 모든 믿는 자에게 의를 이루기 위하여 율법의 마침이 되시니라"(롬 10:4). "예수는 우리가 범죄한 것 때문에 내줌이 되고 또한 우리를 의롭다 하시기 위하여 살아나셨느니라"(롬 4:25). "우리를 사랑하사 그의 피로 우리 죄에서 우리를 해방하시고(깨끗하게 하시고)"(계 1:5). "하나님과 사람 사이에 중보자도 한 분이시니 곧 사람이신 그리스도 예수라"(딤전 2:5). "그가 항상 살아 계셔서 그들을 위하여 간구하심이라"(히 7:25).

이 모든 말씀에서 저는 그의 인격에 있는 의로움과 그의 피로 제 죄를 만족시킨 것을 바라보아야 하는 것을 깨달았습니다. 그리고 그분께서 아버지의 법에 순종하신 것과 자신을 형벌에 굴복시킨 것은 자신을 위해서가 아니라, 그의 구원을 받아들이고 이에 감사하는 자들을 위해서라는 것을 깨달았습니다.⁶ 그러자 제 마음은 기쁨으로 가득 찼고, 제 눈은 눈물로 가득 찼습니다. 그리고 제 마음은 예수 그리스도의 이름과 그 백성과 그 길에 대

한 사랑으로 벅차올랐습니다.[7]

크리스천_ 이는 참으로 당신의 영혼에 대한 그리스도의 계시입니다. 이것이 당신의 영에 어떤 특별한 효과를 가져다주었는지 말씀해 주십시오.

소망_ 그리스도의 계시는 세상이 아무리 자신의 의로움을 주장해도 정죄 상태에 있다는 것을 깨닫게 했습니다. 그리고 그리스도의 계시는 하나님 아버지께서는 의로운 분으로서 자신에게 나아오는 죄인들을 의롭게 하실 수 있음을 알게 했습니다. 또한 저의 무가치한 과거의 삶을 수치스럽게 했으며, 저 자신의 무지 상태를 인식하게 해서 저를 좌절시켰습니다. 왜냐하면 이런 것들은 전에 제 마음에 일어난 적이 없었기 때문입니다. 그리스도의 계시는 저에게 그리스도의 아름다움을 보여 주었으며, 이는 저에게 거룩한 삶을 사랑하게 했고,[8] 주 예수님의 명예와 영광을 위해서 무엇인가를 하고자 하는 갈망이 있게 했습니다.[9] 제 몸에 수천 리터(liter)의 피가 들어 있다면 저는 주 예수님을 위해서 모두 흘릴 수 있다고 생각했습니다.

Q & A

1. 회심 혹은 유효한 부르심에서 가장 먼저 일어나야 하는 영적 체험은 무엇입니까?(마 9:13)

답 : 죄인임을 깨닫는 것이다. 그래야 죄의 용서가 필요함을 알게 되며, 그리스도의 필요성을 알게 된다.

2. 그리스도가 계시된 것을 어떻게 체험합니까?(행 16:31)

답 : 그리스도 안에 죄 용서함이 있는 것과 불의를 덮을 수 있는 의로움이 있다는 것을 깨닫게 된다.

3. 그리스도에 대한 계시를 통해서 무엇이 일어납니까?(요 6:35)

답 : 그리스도 안에 있는 구원의 은덕을 깨닫고, 그것을 얻기 위해서 그리스도에게로 가는 것이다. 이때 그리스도를 믿는 것과 그리스도에게로 가는 것은 같은 것이다.

4. 이때 진정한 믿음의 속성은 무엇입니까?(마 11:12)

답 : 그리스도를 통한 구원을 갈망하고 그것을 얻기 위해서 열심과 전심으로 그리스도에게 달려가는 것이다.

5. 그리스도 안에 있는 구원을 갈망하고 구하는 자에게 무엇이 약속되어 있습니까?(요 6:37)

답 : 구원의 필요성을 절대적으로 인식하고 그 구원이 오직 그리스도 안에만 있음을 깨달으며, 그것을 얻기 위해 그리스도에게로 오는 자를 결코 내어 쫓지 않고 구원의 은혜를 베푸실 것을 약속하고 있다.

6. 그리스도의 십자가 죽음이 어떻게 적용됩니까?(슥 12:10)

답 : 그리스도의 죽으심이 택하신 백성의 죄를 속하기 위한 죽음이라는 것을 죄인인 자신에게 적용하는 것이다.

7. 용서의 체험은 어떠한 효과를 가져다줍니까?(시 32:1)

답 : 용서함 받은 것에 대한 기쁨으로 감격의 눈물을 흘린다. 그리고 그리스도의 이름의 아름다움과 소중함을 깨달아서 찬양한다. 또한 구원의 길에 대한 사랑으로 가슴이 벅차오른다.

8. 회심의 열매는 무엇입니까?(고후 7:1)

답 : 거룩한 삶을 사랑하고 추구하게 한다. 즉, 경건을 추구하게 하는 것이다.

9. 진정한 회심 효과는 무엇입니까?(롬 12:11)

답 : 진정한 회심의 효과는 하나님의 영광을 위한 삶과 하나님 나라를 위한 헌신이 일어나는 것이다.

46_ 무지(원죄를 부정함)

정확한 지식이 아니라 뒤틀어진 지식으로 자신에게 믿음이 있으며 구원받은 백성이라고 착각하는 무지를 다시 만나서 대화를 나눈다.

내가 꿈속에서 보니, 소망이 고개를 뒤로 돌려 따라오는 무지를 보았다. 소망이 크리스천에게 말했다. "보세요, 저 멀리 뒤에서 젊은 친구가 빈둥대면서 오고 있습니다."1

크리스천_ 예, 나도 보입니다. 그는 우리와 동행하는 것에 대해서 관심이 없습니다.2

소망_ 그러나 그가 여기까지 우리와 함께 왔더라도, 그에게는 해가 되지 않았을 것이라고 생각합니다.

크리스천_ 사실입니다. 그러나 내가 당신에게 보증하건대, 그는 다르게 생각하고 있을 것입니다.

소망_ 저도 그렇게 생각합니다. 그러나 그를 위해 기다립시다.

그래서 그들은 무지가 다가오기를 기다렸다. 그리고 크리스천이 그에게 말했다. "이리 오시오. 왜 그렇게 뒤처져 있는 것이오?"

무지_ 나는 혼자 걷는 것을 즐깁니다. 좋은 친구들과 함께 가는 것이 아니라면 혼자 가는 것이 훨씬 좋습니다.

크리스천은 소망에게 매우 작은 소리로 말했다. "그는 우리와 함께 가는 것에 관심이 없다고 당신에게 말하지 않았습니까?" 그러나 크리스천은 말했다. "이 외로운 장소에서 이야기나 하면서 가십시다." 그리고 무지를 향해서 말했다. "자, 오시오. 안녕하십니까? 지금 하나님과 당신의 영혼 사이는 어떤 관계입니까?"

무지_ 좋다고 생각합니다. 나에게는 항상 선한 행위가 가득 차 있기 때문입니다. 나는 걸어갈 때 그것을 생각하면서 나를 위로합니다.[3]

크리스천_ 무슨 선한 행위입니까? 말씀해 보세요.

무지_ 그래요, 나는 하나님과 천국을 생각합니다.

크리스천_ 그러한 것은 마귀와 정죄 받은 영혼들도 합니다.

무지_ 그러나 나는 그것들을 생각하고 원합니다.[4]

크리스천_ 여기에 오기 싫어하는 많은 자도 그렇게 합니다. "게으른 자는 마음으로 원하여도 얻지 못하나"(잠 13:4).

무지_ 그러나 나는 하나님과 천국을 생각하고 그것들을 위해서 모든 것을 버렸습니다.

크리스천_ 그것에 대해 의심이 드는군요. 모든 것을 버리는 것은 어려운 일입니다. 많은 사람이 알고 있는 것보다 더욱 어려운 일입니다. 그러나 왜, 무엇 때문에 당신이 하나님과 천국을 위해 모든 것을 버리도록 설득되었습니까?

무지_ 내 마음이 그렇게 말했습니다.[5]

크리스천_ 지혜자가 말했습니다. "자기의 마음을 믿는 자는 미련한 자요"(잠 28:26).

무지_ 그것은 나쁜 마음을 말하는 것입니다. 내 마음은 좋은 마음입니다.[6]

크리스천_ 그러나 당신이 그것을 어떻게 증명합니까?

무지_ 천국 소망은 내 마음에 위로를 줍니다.

크리스천_ 그것은 자기기만을 통해서 있을 수 있습니다. 왜냐하면 사람의 마음은 아직 소망할 수 있는 근거도 없는 것을 바라면서 자신을 위로할 수 있기 때문입니다.

무지_ 그러나 내 마음과 삶은 일치합니다. 따라서 내 소망은 확실한 근거가 있는 것입니다.

크리스천_ 누가 당신에게 당신의 마음과 삶이 일치한다고 말합니까?

무지_ 내 마음이 그렇게 말합니다.

크리스천_ 자기가 도둑인지 아닌지는 다른 사람에게 물어봐야 하지 않습니까? 그런데 자기 마음이 그렇게 말했다니! 이 문제에서 하나님 말씀이 증거하는 것 이외에 다른 증거는 가치 없는 것입니다.

무지_ 그러나 선한 생각을 갖고 있으면 선한 마음이 아닙니까? 하나님의 계명에 따르는 삶은 선한 삶이 아닙니까?

크리스천_ 예, 선한 마음은 선한 생각을 갖고 있습니다. 하나님의 계명을 따르는 삶도 선한 삶입니다. 그러나 이런 것들을 갖고 있는 것과 그렇게 생각하는 것은 별개의 문제입니다.[7]

무지_ 당신은 어떤 것을 선한 생각이라고 여기며, 하나님의 계명을 따르는 삶은 어떤 것이라고 생각하십니까?

크리스천_ 선한 생각에는 여러 종류가 있습니다. 우리 자신을 존경하는 생각, 하나님을 존경하는 생각, 그리스도를 존경하는 생각, 다른 것들을 존경하는 생각입니다.

무지_ 우리 자신을 존경하는 것이 어떻게 해서 선한 생각이 됩니까?

크리스천_ 그것은 하나님의 말씀과 일치합니다.

무지_ 언제 우리의 생각이 하나님의 말씀과 일치합니까?

크리스천_ 우리 자신이 우리를 판단하는 것과 하나님의 말씀이 우리를 판단하는 것이 일치할 때입니다. 좀 더 자세히 설명한다면, 하나님의 말씀이 자연 상태의 인간 성품에 대해서 다음과 같이 말합니다. "의인은 없나니 하나도 없으며……선을 행하는 자는 없나니 하나도 없도다"(롬 3:10, 12). 또한 하나님의 말씀은 다음과 같이 말합니다. "사람의 죄악이 세상에 가득함과 그의 마음으로 생각하는 모든 계획이 항상 악할 뿐임을 보시고"(창 6:5). 그리고 또다시 말씀합니다. "사람의 마음이 계획하는 바가 어려서부터 악함이라"(창 8:21). 따라서 우리가 우리 자신에 대해서 생각할 때 이같이 인식한다면 우리의 생각은 선한 것입니다. 하나님 말씀에 따른 것이기 때문입니다.

무지_ 나는 결코 내 마음이 그렇게 나쁘다고는 믿지 않습니다.[8]

크리스천_ 그래서 당신은 삶 속에서 자신에 대해 결코 선한 생각을 가질 수 없는 것입니다. 계속 이야기하겠습니다. 하나님의 말씀이 우리 마음에 대해서 판단하듯이, 우리의 생활 방식도 판단합니다. 우리 마음과 생활 방식에 대한 우리의 생각과 하나님의 말씀의 판단이 일치할 때 마음과 생각이 선한 것입니다.

무지_ 그 의미를 설명해 주십시오.

크리스천_ 하나님의 말씀은 인간의 길이 항상 굽어서 선하지 못하며 악하다고 말하고 있습니다(시 125:5; 잠 2:15). 하나님의 말씀은 "인간은 본성상 선한 길에서 벗어나 있어서 선한 것을 알 수 없다"라고 말합니다(롬 3장).[9] 따라서 사람이 자신의 길에 대해서 생각할 때, 즉 지각이 있으며 겸손한 마음으로 자신의 길에 대해 생각한다면, 그는 선한 생각을 갖고 있는 것입니다. 그의 생각이 하나님의 말씀의 판단과 일치하기 때문입니다.

무지_ 하나님에 대한 선한 생각은 무엇입니까?

크리스천_ 우리 자신에 대해서 말씀드린 것처럼 하나님에 대한 우리의 생각과 하나님께서 자신에 대해 말하는 것이 일치할 때, 그리고 우리가 하나님의 존재와 속성을 하나님의 말씀에서 가르치는 대로 생각할 때 그것이 선한 생각입니다. 지금 내가 자세히 강론할 수 없지만 우리와 연관시켜 하나님의 속성을 말씀드리면 다음과 같습니다. 우리가 우리 자신을 아는 것보다 하나님께서 우리를 더욱 잘 알고 계시다는 것을 생각할 때, 그리고 우리는 우리 죄를 발견하지 못하지만 하나님께서 우리의 죄를 보고 계신다는 것을 생각할 때, 하나님께서 우리 마음의 깊은 곳까지 알고 계신다는 것을 생각할 때, 그리고 우리 마음 깊은 곳에 있는 것도 하나님의 눈에 항상 열려 있다는 것을 생각할 때, 우리의 모든 의가 하나님의 코에는 악취라는 것을 우리가 생각할 때, 따라서 우리가 최선의 행위를 한다 할지라도 하나님 앞에 설 수 없음을 확신할 때, 우리는 하나님에 대해 올바른 생각을 갖는 것입니다.

Q & A

1. 두 순례자가 무지와 함께 가다가 일부러 그를 떨어뜨렸습니다. 그런데 무지는 어떻게 뒤따라옵니까?(습 1:6)

답 : 두 순례자는 좁은 문과 십자가 언덕을 통과하지 않고 샛길로 순례의 길에 들어온 무지에게 구원의 은혜가 없다고 이미 지적하였다(39장 참조). 그리고 좁은 문과 십자가 언덕의 중요성에 대해서 설명해 주었다. 그러면서 한편으로 무지가 그것을 생각할 수 있도록 그와 헤어졌다. 그러나 무지는 여전히 영적으로 빈둥대면서 여호와를 찾지도 구하지도 않고 있다.

2. 무지에게는 무엇이 일어나지 않았습니까?(행 17:11)

답 : 구원에 대한 관심이 아직 일어나지 않았다. 아직 자신의 죄를 보지 못하고 있으며, 따라서 구원의 필요성에 대해서 인식하지 못하고 있는 상태이다. 구원의 은혜가 유효할 때, 구원에 대한 관심과 갈망이 크게 일어나게 되어 있다.

3. 무지의 어리석음은 어디에 있습니까?(롬 3:19-20)

답 : 자신의 행위의 부족함과 무능을 보지 못하고 있다. 자신에게 선한 행위가 가득 차 있다고 생각하고 있다. 그는 아직 하나님의 율법을 모르고 있는 자이다. 그가 율법을 깨달았다면 자신의 죄들을 보고 부족한 자신으로 인하여 애통하였을 것이다.

4. 하나님과 천국을 생각하고 원하는 것과 구하는 것은 어떠한 차이가 있습니까?(잠 13:4)

답 : 하나님과 천국을 생각하고 원하는 것과 구하는 것에는 큰 차이가 있다. 마귀와 정죄 받은 영혼들도 하나님을 생각하고 원할 수 있다. 그러나 그들은 찾고 구하지 않는다. 찾고 구하기 위해서는 그것의 소중성을 깨닫고 죄 된 삶에서 떠나는 것이 있어야 한다. 그러나 그들은 죄 된 삶에서 떠나기를 원하지도 않으며, 할 수도 없다. 하나님과 천국의 귀중성을 깨닫는 자는 그것을 얻기 위해서 죄 된 삶을 버리며, 은혜로 그것을 얻기 위해서 찾고 구한다.

5. 무지의 어리석음은 어떻게 계속 드러납니까?(잠 28:26)

답 : 자기의 마음을 믿고 있다. 따라서 무지는 미련한 자이다.

6. 무지는 자신의 마음이 좋은 마음이라고 주장하였습니다. 무엇을 부정하는 자입니까?(렘 17:9)

답 : 무지는 인간의 마음의 전적 부패를 믿지 않고 있다. 스스로 자신의 마음이 좋은 마음이라고 믿고 있다. 이것은 자기기만으로 스스로 속고 있는 것이다. 원죄와 인간의 부패를 믿지 않고 있기 때문에 자신의 생각과 행위를 크게 생각하고 있다. 그러나 인간은 원죄 때문에, 그리고 자범죄 때문에 부패했으므로 구원에 있어서 무능하다. 무지의 사상은 펠라기우스 이래로 오늘날까지 교회에서 유행하고 있다.

7. 무지는 선한 마음을 어떻게 이해하고 있습니까?(롬 8:7)

답 : 무지는 선한 생각을 하고 있다면 그것이 선한 마음이라고 주장하였다. 무지는 중생하지 않는 한 인간이 선한 생각을 할 수 없음을 모르고 있다. 인간 스스로가 선한 생각을 통해 선한 마음을 가질 수 있다면 중생의 은혜가 필요 없는 것이다. 중생하지 않은 마음과 생각은 하나님과 원수인 상태이다.

8. 무지는 자신의 마음이 나쁘지 않다고 믿고 있습니다. 영적으로 어떠한 상태입니까?(눅 18:21)

답 : 자신의 행위에 근거해서 자신을 매우 긍정적으로 보고 있다. 무지는 성령의 유효한 역사에 대해서 무지하다. 성령께서 구원의 은혜를 베푸실 때 죄인임을 깨닫게 하고, 자신의 불의를 철저히 인정하게 하는데, 무지의 심령에는 이러한 역사가 없다. 이는 부자 청년이 자신이 율법을 어려서부터 다 지켰다고 말하는 것과 같다.

9. 인간을 아는 지식은 어디로부터 얻을 수 있습니까?(시 119:7)

답 : 주의 말씀으로부터 인간을 아는 지식을 얻을 수 있다. 주의 말씀은 인간이 죄인이라는 것을 분명히 하고 있다(잠 2:15).

47_ 무지(잘못된 믿음)

무지는 원죄를 부정하고 있으며, 따라서 인간이 스스로의 자유 의지로 예수를 믿을 수 있다고 생각한다. 이런 신학 구조 때문에 무지는 믿음을 자발적 의지의 결정으로 이해하고 있으며, 단지 예수를 믿는다고 고백하면 구원을 얻는다고 생각한다.

무지_ 당신은 내가 바보처럼 하나님께서 나보다 멀리 보실 수 없다고 생각하는 줄로 여깁니까? 아니면, 당신은 내가 최선의 행위로 하나님께 나아가기 원한다고 생각하십니까?

크리스천_ 이 문제에 대해서 당신은 어떻게 생각하십니까?

무지_ 간단히 말해서, 나는 의롭다 여김을 받기 위해서 반드시 그리스도를 믿어야 한다고 생각합니다.

크리스천_ 어떻게 당신은 그리스도를 필요로 하지 않으면서 그리스도를 반드시 믿어야 한다고 생각합니까? 당신은 원죄와 허물을 보지 못하고 있으며, 당신 자신과 당신이 행한 것에 대해서 좋게 생각하고 있습니다. 하나님 앞에서 의롭다 여김을 받기 위해서 그리스도의 의의 필요성을 보지 못하고 있습니다. 그런데 어떻게 예수를 믿는다고 말할 수 있습니까?[1]

무지_ 나는 단지 예수를 믿는다고 말하면 그것으로 족하다고 생각합니다.

크리스천_ 당신은 어떻게 믿는 것입니까?

무지_ 나는 그리스도께서 죄인을 위해 죽으시고, 제가 하나님의 율법에 순종한 것을 은혜로 받아 주셔서 하나님 앞에서 저주로부터 의롭다 여김을 받을 것이라고 믿습니다. 그리스도께서는 내 종교적 의무들을 자신의 은덕으로 하나님 아버지께서 받을 수 있도록 만들어 주셔서 제가 의롭다 여김

을 받을 수 있게 하십시오.²

크리스천_ 당신의 고백에 대해서 몇 가지 대답을 해 드리겠습니다.

1. 당신은 환상적 믿음을 갖고 있습니다. 그러한 믿음은 하나님 말씀 어디에도 없습니다.³
2. 당신은 잘못된 믿음을 갖고 있습니다. 왜냐하면 당신은 그리스도의 개인적 의로움을 취해 당신 자신에게 적용하고 있기 때문입니다.
3. 그러한 믿음은 그리스도를 당신 인격의 칭의자가 아니라 당신 행위들에 대한 칭의자로 만듭니다. 이는 당신의 행위를 위해 인격을 희생시키는 것으로 잘못된 믿음입니다.⁴
4. 따라서 그러한 믿음은 기만적인 것으로 전능자의 심판 날에 진노 아래에 있게 될 것입니다. 왜냐하면 의롭게 하는 진정한 믿음은 영혼에게 율법으로 자신의 버려진 상태를 깨닫게 해서,⁵ 그리스도의 의로 피난처를 삼고자 달려가게 합니다. 그리스도의 의란 하나님께서 당신의 순종을 받아들이셔서 의롭다 함을 받게 하는 은혜의 행위가 아니라 우리에게 요구되는 바를 그리스도께서 우리를 위해 대신 행하시고 담당하심으로써 율법에 대해 순종하신 것을 말합니다. 진정한 믿음은 바로 이런 의를 받아들이고, 자신의 영혼을 의의 옷으로 입혀서 하나님 앞에서 흠 없는 자로 제시하는 것입니다. 이것은 받아들여지고 정죄에서 방면되는 것입니다.

무지_ 뭐라구요! 당신은 그리스도께서 우리와 상관없이 그분 혼자서 하신 일만을 믿으라는 것입니까? 이런 공상은 우리 정욕의 고삐를 느슨하게 하고, 우리가 다음과 같이 사는 것을 묵인할 것입니다. 믿기만 하면 그리스도의 개인적 의에 의해 의롭다 여김을 받기 때문에, 우리가 어떻게 살든 문제될 것이 없습니다.⁶

크리스천_ 당신의 이름이 무지이지요. 당신의 이름처럼 당신은 참으로 무지합니다. 당신의 대답이 내가 말한 것을 증명합니다. 당신은 의롭게 하는 믿음이 무엇인지, 그리고 그것을 통해 하나님의 무거운 진노에서 당신의 영혼을 구하는 방법이 무엇인지 모르고 있습니다.7 당신은 그리스도의 의로우심으로 인한 구원의 믿음의 참된 효과에 대해서 모르고 있습니다. 구원에 대한 믿음의 효과는 그리스도 안에서 하나님께 마음을 굴복시키고, 그의 이름과 말씀,

그의 길과 백성을 사랑하게 합니다. 당신은 이런 효과에 대해 무식합니다.8

소망_ 그에게 하늘로부터 그리스도에 대한 계시를 받았는지 물어보세요.

무지_ 뭐라구요! 당신들은 계시 전문가들입니까? 나는 이런 문제에 대해서 말하는 당신 같은 사람들을 미친 사람들이라고 믿습니다.

소망_ 이런! 그리스도는 하나님 안에 감춰져 있어서 육신의 자연적 이해력으로는 알 수 없습니다. 하나님 아버지께서 그리스도를 계시해 주시지 않는 한, 어떤 사람도 그를 알고 구원에 이를 수가 없습니다.

무지_ 그것은 당신의 믿음이지 내 믿음이 아닙니다. 분명한 것은 내 머릿속에 당신과 같은 변덕스러운 생각이 없을지라도, 내 믿음은 당신의 믿음과 같이 선한 것입니다.

크리스천_ 제가 한 말씀 드리겠습니다. 당신은 이 문제를 그렇게 가볍게 말해서는 안 됩니다. 이것을 위해 제가 담대하게 확언하는 바는, 바로 내 선한 친구가 말한 것과 같이 아버지의 계시가 없이는 아무도 그리스도를 알 수 없다는 것입니다(마 11:27). 예를 들면, 그리스도를 꽉 붙잡게 하는 믿음도(그것이 바른 믿음이라면) 지극히 큰 그의 능력에 의해서 일어납니다. 내가 보

건대, 불쌍한 무지는 믿음의 역사에 대해서 무식합니다(고전 12:3; 엡 1:18-19).⁹ 각성하십시오. 그리고 자신의 비참함을 보고, 그리스도께로 달려가십시오. 그리고 그의 의, 곧 하나님의 의를 통해(그분 자신이 하나님이기 때문입니다) 구원받으십시오.¹⁰

무지_ 당신들은 어서 가시오. 나는 도무지 당신들을 따라갈 수 없소. 당신들이 앞서 가는 동안 나는 잠시 머물러야겠소.

순례자들이 말했다.

오, 무지여, 당신은 아직도 어리석구나.
열 번이나 주어진 선한 충고를 가볍게 여기다니.
만약 당신이 아직도 충고를 거절한다면
오래지 않아 당신의 악한 행위를 알게 될 것이네.
기억하시오. 시간 안에 자신의 몸을 낮추고, 두려워하지 마시오.
선한 충고를 잘 듣고 들은 것으로 구원하시오.
그러나 당신이 그것을 가볍게 여기면
내가 보증하건대, 당신은 유죄자(有罪者)가 될 것이오.

그리고 크리스천은 자신의 동료에게 다음과 같이 말했다.

크리스천_ 자, 선한 소망 씨, 다시 우리끼리 걸어가야 할 것 같습니다.

Q & A

1. 예수 그리스도를 필요로 하고, 믿으려면 먼저 무엇이 전제되어야 합니까?
(막 2:17)

답 : 그리스도를 믿으려면 먼저 자신이 죄인임을 깨닫고 죄의 용서가 필요하다는 것을 알아야 한다. 그러나 무지는 원죄를 부정하고 있으며, 자신의 마음의 선함을 주장하고 있다. 따라서 크리스쳔은 그리스도를 필요로 하지 않으면서 어떻게 그리스도를 믿을 수 있겠느냐고 반문하였다.

2. 무지가 주장하는 것은 하나님의 은혜와 인간의 행위가 협력하여 구원을 얻는다는 것입니다. 그러나 성경은 무엇이라 말하고 있습니까?(엡 2:8-9)

답 : 무지는 자신의 종교적 행위를 그리스도의 은덕으로 하나님께서 받으실 수 있게 만들어서 의롭다 여김을 받게 해 주신다고 말하였다. 이러한 주장을 신인협력설(synergism)이라고 부른다. 하나님의 은혜와 인간의 행위가 협력해서 구원을 얻는다는 것이다. 그러나 성경은 오직 은혜로 구원을 얻는다고 말한다.(요 1:13; 딤후 1:9).

3. 환상적 믿음이란 어떤 믿음을 말하는 것입니까?(출 32:4)

답 : 인간의 상상력을 동원하여 자신들을 위한 신을 만들고 그것을 섬기는 것을 환상적 예배라고 부른다. 이는 실로 우상적인 것이다. 왜냐하면 성경에 없는 하나님을 스스로 만든 것이기 때문이다. 마찬가지로 구원에 대해서 인간의 상상력을 가지고 논리를 만들거나 혹은 상상력에 의한 거짓 체험을 구원의 체험으로 착각하는 것을 환상적 믿음이라고 부른다.

4. 구원에 있어서 자신의 행위를 강조하기 위해 누구를 희생시키고 있습니까?
(갈 2:21)

답 : 무지는 그리스도의 역할이 단지 자신의 행위를 하나님께서 받아 주실 수 있도록 일하시는 것으로 말하였다. 그는 그리스도를 자신의 행위가 받아지도록 일하시는 분으로 전락시켰다. 이것은 그리스도를 초라하게 만드는 것이다. 그리스도는 불의한 우리에게 의를 제공하시기 위해서 십자가에서 돌아가셨다. 그러나 무지는 자신의 행위를 포기하지 않음으로 그리스도를 초라하게 만들고 있다.

5. 진정한 믿음은 어디서부터 출발합니까?(엡 2:1-3)

답 : 인간의 전적 부패를 깨닫는 것이다. 그래서 그리스도의 의를 필요로 하고 그것을 얻기 위해 그리스도에게로 달려가는 것이다. 따라서 이것을 모르는 무지는 믿음을 의지의 결단으로 보고 내가 믿기만 하면 구원받는다고 생각하는 것이다. 이러한 이해는 오늘날 복음주의 교회의 전도에서도 쉽게 볼 수 있다. 의지의 결심을 믿음으로 보고 결단을 촉구한다. 그러나 성경에서는 중생의 결과로 믿음이 생겨서(요 1:13) 그 믿음으로 그리스도를 받아들이는 것으로 말하고 있다. 따라서 중생의 역사가 없는 상태의 인간은 죄와 허물로 죽었기 때문에, 아무리 스스로 믿는다고 해도 믿을 수가 없다.

더욱이 무지의 주장에서 또 하나 발견되는 오류는 이들이 하나님의 사랑을 강조하고, 하나님의 공의를 무시한다는 것이다. 인간의 원죄와 부패를 부정하기 때문에, 죄에 대한 하나님의 심판보다는 인간의 의지를 받아 주시는 하나님의 사랑에만 초점을 두고 있다. 따라서 이러한 신학적 배경을 가진 자들은 "하나님께서 당신을 사랑하시니, 지금 결심해서 구원을 받으라"는 방식으로 전한다. 인간의 원죄나 죄에 대한 하나님 심판의 메시지는 없다. 따라서 무지가 말하는 믿음은 성경에서 말하는 믿음이 아니다.

6. 무지가 이해하고 있는 믿음의 위험성은 무엇입니까?(딤전 6:4)

답 : 무지는 지금 믿음의 내용과 객체에 대해서 모르고 있다. 아무것도 알지 못하면서 믿겠다고 나선 것이다. 따라서 자신의 믿겠다는 결정을 중요시하고 있다. 이것은 믿는 주체를 강조하는 것으로 스스로의 의로움에 빠지게 만든다.

7. 결국 무지는 무엇에 대해서 무지한 것입니까?(요 3:3)

답 : 무지는 중생의 역사와 구원에 이르게 하는 참된 믿음에 대해서 무식하다. 성령께서 죄인을 그리스도에게로 이끄는 은혜의 방법에 대해서 무지한 것이다.

8. 무지는 또 무엇을 모르고 있습니까?(요일 5:1-3)

답 : 죄인에게 구원이 유효하게 하는 역사에 대해서 무지하기 때문에, 구원의 유효한 역사로 나타나는 효과에 대해서도 무지하다. 구원의 유효한 역사는 하나님을 사랑하고, 또한 주의 형제를 사랑하게 한다. 그리고 주의 계명을 지키게 한다.

9. 무지는 믿음이 일어나는 과정에 대한 이해가 있습니까?(요 3:14-15)

답 : 무지는 믿음이 발생되는 과정에 대해서 무지하다. 아버지의 계시로 인하여 그리스도 안에 하나님의 구원의 은혜가 마련되어 있다는 것을 깨닫고, 그리스도에게 달려가서 그리스도를 붙잡는 믿음의 역사에 대해서 무지하다.

10. 크리스천이 무지에 대해서 권하는 말은 어떤 내용입니까?(행 24:25)

답 : 그리스도를 믿기 위해서는 먼저 죄에 대한 각성이 일어나서 자신의 비참함을 볼 수 있어야 한다는 것이다. 그리고 구원의 은혜가 그리스도 안에 있다는 것을 반드시 깨달아야 한다는 것이다. 또한 죄의 용서와 불의를 덮기 위해서는 그리스도의 의가 절대적으로 필요한 것을 깨닫고 그것을 얻기 위해 그리스도에게 가서 굴복하고 은혜로 구하라는 것이다.

48_ 복음적 두려움

진정한 회심에 이르는 과정 속에는 율법의 두려움이 있다. 율법의 두려움은 회심한 후에 복음적 두려움으로 바뀌어서 거듭난 자가 죄를 미워하고 죄와 싸우도록 만든다.

내가 꿈속에서 보니, 그들은 앞서 걸어가고 있었으며, 무지는 몸을 흔들며 따라오고 있었다. 그때 크리스천이 자신의 동무에게 말했다. "저 불쌍한 사람 때문에 제 마음이 아픕니다. 틀림없이 그는 마지막에 비참하게 될 것입니다."1

소망_ 저런! 그와 같은 영적 상태에 있는 자들이 우리 마을에는 많습니다. 집집마다, 거리마다 있었고 순례자들 가운데도 있습니다. 우리 가운데에도 그렇게 많은데, 그가 태어난 곳에는 얼마나 많은 사람이 있을지 생각해 보세요.2

크리스천_ 하나님의 말씀은 이렇게 말합니다. "그들의 눈을 멀게 하시고 그들의 마음을 완고하게 하셨으니 이는 그들로 하여금 눈으로 보고 마음으로 깨닫고 돌이켜 내게 고침을 받지 못하게 하려 함이라 하였음이더라"(요 12:40).3 당신은 저런 사람을 어떻게 생각하십니까? 당신 생각에 저들은 죄의 질책을 받아 보지도 못한 자신들의 상태가 위험하다는 것을 두려워할까요?4

소망_ 아닙니다. 당신이 저보다 나이가 많으니 그 대답에 대해서 직접 말씀해 주세요.

크리스천_ 내가 생각하기에는 그들도 때때로 죄의 질책을 받지만, 그들은 본성적으로 무지하기 때문에 그러한 질책이 그들에게 좋은 것인지를 이해하지 못하는 것 같습니다. 따라서 그들은 죄의 질책들을 필사적으로 떨쳐 버리고, 뻔뻔하게 자신들의 마음에 스스로 아첨을 합니다.5

소망_ 말씀하신 것처럼, 저도 두려움이 사람들의 선을 위해 좋다는 것과 순례 길을 처음 시작할 때 그들을 올바르게 하는 것임을 믿습니다.

크리스천_ 그것이 올바른 두려움입니다. 하나님의 말씀이 이렇게 말하고 있기 때문입니다. "여호와를 경외하는 것이 지식의 근본이거늘"(잠 1:7; 9:10; 시 110:10; 욥 28:28).

소망_ 올바른 두려움은 어떤 것입니까?

크리스천_ 참되고 바른 두려움은 세 가지 특징이 있습니다. 첫째로 참되고 바른 두려움은 구원을 위한 죄의 질책에서 일어납니다.6 둘째로 참되고 바른 두려움은 영혼이 구원을 위해 그리스도를 꽉 붙잡도록 몰아갑니다.7 셋째로 참되고 바른 두려움은 하나님과 그의 말씀과 길을 크게 경외하게 하며, 양심을 부드럽게 만들며, 이런 것들에서 떠나는 것을 두렵게 만듭니다.8 그리고 좌로나 우로나 치우치지 않도록 하며, 하나님을 모욕하는 일이나 평화를 깨는 일, 성령을 슬프게 하는 일 혹은 원수들로 비난하게 만드는 일을 피하게 합니다.

소망_ 말씀 잘하셨습니다. 저는 당신이 진리를 말했다고 믿습니다. 우리가 지금 마법의 땅을 거의 지났습니까?

크리스천_ 왜요? 대화가 지루하십니까?

소망_ 아닙니다. 다만 우리가 어디에 있는지 알고 싶습니다.

크리스천_ 우리는 앞으로 3km 정도만 가면 됩니다. 어서 다시 우리 이야기 주제로 돌아갑시다. 무지는 그와 같은 죄의 질책이 그를 유익하게 하는 두려움에 빠지게 만드는 것을 모릅니다. 그래서 그러한 죄의 질책을 떨쳐 버리려고 애씁니다.

소망_ 그들은 어떻게 죄의 질책을 떨쳐 버립니까?

크리스천_ 첫째로 그들은 귀신들이 죄에 대한 두려움을 준다고(하나님께서 주신 것이지만) 생각합니다. 그래서 그들은 죄의 질책이 자신들을 멸망시킬 것이라고 생각사고 그것을 거부합니다. 둘째로 그들은 이런 두려움이 그들의 믿음을 손상시키는 것이라고 생각합니다. 안타까운 것은 그들에게 믿음이 전혀 없다는 것입니다. 그래서 그들은 죄의 질책에 대해 자신들의 마음을 강퍅하게 만듭니다. 셋째로 그들은 아무것도 두려워해서는 안 된다고 생각합니다. 따라서 두려움이 있어도 그렇지 않은 척 가장합니다. 마지막으로 그들은 이런 두려움이 그들의 보잘것없고 낡은 자존심을 손상시킬 것을 염려해서 있는 힘을 다해 질책을 거부합니다.[9]

소망_ 이 중 어떤 것은 실감합니다. 저에게도 이런 것들이 있었기 때문입니다.

크리스천_ 그래요. 이제 무지에 대한 이야기는 그만하고, 다른 유익한 질문으로 들어갑시다.

소망_ 당신 먼저 시작하십시오.

Q & A

1. 크리스천의 마음이 아픈 이유는 무엇입니까?(사 44:18)

답 : 회심한 자는 영적으로 어두운 상태에 있는 자들을 볼 때 깨우치려고 애쓰지만, 듣지 않는 자들의 모습을 볼 때 마음이 아프다.

2. 무지가 태어난 곳은 어디 입니까? 그곳 사람들의 특징은 무엇입니까?
(렘 48:30)

답 : 자만의 도시이다. 그들은 구원의 은혜가 없음에도 불구하고 스스로 구원의 은혜가 있다고 생각하는 자들이다.

3. 무지에 대한 하나님의 심판은 어떤 것입니까?(요 12:40)

답 : 거만하고 스스로 된 자들에 대한 하나님의 작정하심은 그들의 눈을 멀게 하고, 저희 마음을 완고하게 하여 하나님의 말씀을 깨닫고 회개하지 못하도록 하는 것이다. 즉, 하나님의 심판이 작정되어 고침을 받지 못하도록 눈을 멀게 하신다.

4. 무지에게는 무엇이 없습니까?(요 16:8)

답 : 성령에 의한 죄의 책망의 역사가 없다. 따라서 자신의 죄를 보지 못하는 상태이다.

5. 그렇다면 무지에게는 전혀 죄에 대한 책망이 없습니까?(행 24:25)

답 : 때때로 죄의 책망을 받지만 그것을 거부한다. 따라서 그것이 유효한 구원으로 나아오게 하는 책망은 아니다(롬 2:15).

6. 구원에 유효한 성령의 책망은 어떤 것입니까?(요 16:8)

답 : 죄에 대해서 구체적으로 책망하고, 의로운 행동이 전혀 없었음을 질책하고, 결국 하나님의 심판에 있게 된 상태를 알게 하시는 것이다.

7. 성령의 유효한 역사로 인한 죄의 책망으로 하나님의 심판을 깨달은 죄인은 죄의 용서를 위해 누구에게 달려갑니까?(갈 3:24; 행 2:37–38)

답 : 그리스도에게로 달려간다. 그리스도만이 하나님의 심판을 피할 수 있는 도피성(挑避城)이라는 것을 깨닫기 때문이다.

8. 회심한 후에 일어나는 두려움은 어떤 것입니까?(고후 7:1)

답 : 회심 후, 죄를 미워하고 경건하게 살려고 하는 데서 생기는 두려움을 복음적 두려움이라고 한다. 이런 복음적 두려움은 성도를 경건한 삶으로 인도한다.

9. 오늘날 인본주의 상담학에 근거를 둔 여러 가지 심리 치료는 성령의 죄의 책망에 대해 무지합니다. 그래서 그들은 자긍심 원리로 죄의 책망과 질책의 역사를 떨쳐 버리라고 권면합니다. 이것은 얼마나 위험한 것입니까?

(행 7:51)

답 : 성령의 질책의 역사를 인간적으로 막는 것은 성령을 거스르는 매우 위험한 일이다. 인본주의 상담학에서의 이러한 전제는 인간의 전적 타락과 부패를 믿지 않기 때문이다. 즉, 성령의 중생의 역사를 반대하는 것이다.

49_ 일시적 믿음(타락하는 이유)

한때 각성하였으나 다시 과거의 죄 된 삶으로 돌아간 일시적 믿음에 대해서 두 순례자가 대화를 나눈다.

크리스천_ 그렇다면 당신은 약 10년 전 당신 고장 근처에 살았고, 종교에 앞장섰던 일시(Temporary)라는 사람을 아십니까?[1]

소망_ 알고 있습니다. 그자는 정직(Honesty)이란 곳에서 3km 정도 떨어진 은혜 없음(Graceless)이라는 도시에서 살았습니다. 그는 배반(Turnback)의 옆집에 살았습니다.

크리스천_ 맞아요, 그는 배반과 같은 지붕에서 살았지요. 일시라는 사람은 한때 크게 각성하기도 했습니다. 자신의 죄와 죄의 대가에 대해서 어느 정도 깨달았습니다.[2]

소망_ 저도 그렇게 생각합니다. 저의 집은 그의 집에서 5km 정도 떨어져 있습니다. 그는 때때로 저에게 와서 많은 눈물을 흘리기도 했습니다. 정말로 저는 그 사람을 불쌍히 여겼고, 그에 대한 소망도 있었습니다. 그러나 "주여, 주여"라고 외치는 모든 사람이 같은 사람이 아니라는 것을 깨달았

습니다.³

크리스천_ 일시라는 자는 한때 저에게 자신이 순례 길을 가기로 결심했다고 말했습니다. 그런데 갑자기 그는 자기구원(Save-self)이라는 자와 친해지더니 저와 멀어지게 되었습니다.⁴

소망_ 지금 우리가 그 사람에 대한 이야기를 하게 되었으니, 사람들이 갑자기 타락하는 이유에 대해서 생각해 봅시다.

크리스천_ 참으로 유익할 것 같습니다. 당신이 먼저 시작하시지요.

소망_ 나는 사람들이 타락하는 데에는 네 가지 이유가 있다고 생각합니다.

1. 비록 이와 같이 사람의 양심에 각성이 일어났을지라도, 아직 그들의 마음은 변화되지 않았습니다.⁵ 따라서 죄책감이 사그라지면 종교적인 생활이 끝나게 되고, 다시 그들의 원래 삶으로 자연스럽게 돌아갑니다. 예를 들어, 개가 음식을 먹고 불편해져서 고통이 심해지면 먹은 것을 토해내는데, 이는 개가 자신의 자유의지로(우리가 개에게 마음이 있다고 말한다면) 하는 것이 아니라 음식물이 자신의 위를 고통스럽게 만들기 때문입니다. 그러나 토한 뒤 위장이 편해지면 자신이 토해 낸 것을 전혀 거리낌 없이 다시 먹습니다.

그래서 다음 기록된 말씀은 진실한 것입니다. "개가 그 토하였던 것에 돌아가고"(벧후 2:22).⁶ 따라서 제가 말씀드릴 수 있는 것은, 지옥의 고통에 대한 의식과 두려움 때문에 하늘에 대해서 열심을 내다가, 지옥에 대한 의식과 정죄의 두려움이 식어지고 차갑게 되면 천국을 향한 소망도 식는다는 것입니다. 그들의 죄의식과 두려움이 사라지면 천국과 행복을 위한 소망도 죽어서 그들은 자신들의 과거의 삶으로 돌아갑니다.⁷

2. 또 다른 이유는 종의 두려움 때문에 자신들이 완전히 압도되기 때문입니다. 종의 두려움이란 사람에 대한 두려움을 말하는 것입니다. "사람을 두려워하면 올무에 걸리게 되거니와"(잠 29:25). 그래서 지옥의 화염 소리가 그들의 귓가에 있는 동안에는 천국을 향한 뜨거움이 있으나, 두려움이 다소 약해지면

그들은 다른 생각을 합니다. 즉, 모든 것을 잃어버릴 수 있는 모험을 하지 않고(그들은 죄의 질책이 무엇인지 모르기 때문입니다), 피할 수 없는 최소한의 고통에 자신을 두는 것이 상책이라고 생각합니다. 그래서 그들은 세상에 다시 빠지게 됩니다.[8]

3. 종교를 의지한다는 수치심이 그들의 길에 걸림돌이 됩니다. 교만하고 오만한 그들의 눈에 종교는 천하고 낮은 것입니다. 따라서 지옥과 다가올 진노에 대한 의식이 사라지면, 그들은 다시 과거의 삶으로 돌아갑니다.[9]

4. 죄책감과 두려움은 그들에게 무거운 것입니다. 그러한 것들이 그들 앞에 나타나면 그들은 자신들의 비참함을 보지 않으려고 합니다. 그러한 광경들이 나타날 때, 그것을 보기 원하는 자들은 곧 의로우신 자에게 도피해서 안전할 것입니다. 그러나 내가 앞에서 힌트를 드린 것과 같이 그들은 죄의식과 두려움을 피하기 때문에, 일단 하나님의 진노와 두려움에 대한 각성이 없어지면 자신들의 마음을 강퍅하게 하고 과거의 길들을 선택해서 더욱 자신들을 강퍅하게 만듭니다.[10]

크리스천 당신은 정말 처음부터 끝까지 모든 것을 아시는 전문가이십니다.[11] 그들에게는 마음과 의지의 변화가 없습니다. 그리고 그들은 마치 판사 앞에 서 있는 죄인들과 같습니다. 흔들리고 떠는 모습이 가장 뜨겁게 회개한 것처럼 보입니다. 그러나 근본적인 것은 교수대에 대한 두려움이지, 자기가 지은 죄에 대한 혐오감이 아닙니다.[12] 이런 사람이 자유를 얻으면, 도둑과 악한 불량자가 될 것입니다. 하지만 그의 마음이 변화된다면, 다를 것입니다.

소망 지금까지 제가 그들이 타락하는 이유에 대해서 이야기했습니다. 이제 당신이 저에게 타락 방식에 대해서 말씀해 주십시오.

크리스천 기꺼이 그렇게 하지요.

1. 그들은 자신들이 갖고 있었던 하나님에 대한 기억, 죽음과 다가올 심판에 대한 생각을 떨쳐 버립니다.[13]
2. 그런 다음에 그들은 골방기도, 육신의 정욕을 억제하는 일, 죄를 경계하고 슬퍼하는 것과 같은 개인의 의무를 점점 소홀히 합니다.[14]
3. 그들은 생동감 있으며, 열심 있는 그리스도인과의 접촉을 피합니다.[15]
4. 이후에 그들은 공적 의무, 즉 말씀을 듣고, 읽고, 성경 공부하는 것 등에 냉담하게 반응합니다.[16]
5. 그런 다음에 경건한 사람들의 결점들을 끄집어내며, 마귀와 같이 되어서 경건한 자들의 연약함을 핑계 삼아 종교를 내던져 버립니다.[17]
6. 그들은 육신적이며, 방종하며, 음탕한 자들과 함께 어울리기 시작합니다.[18]
7. 그들은 은밀하게 육신적인 음탕한 대화를 나누며, 정직한 자라고 여겨지는 자들에게서 깨끗지 못한 점들을 발견하면 기뻐하면서 더욱 담대히 그러한 짓을 행합니다.[19]
8. 이런 다음에 그들은 작은 죄들을 공개적으로 짓기 시작합니다.[20]
9. 그리고 강퍅한 그들의 본색을 드러냅니다. 따라서 그들은 비참한 늪 속으로 빠져 들어갑니다. 은혜의 기적이 일어나지 않는 한 그들은 자신들을 속이는 기만 속에서 영원히 멸망합니다.[21]

Q&A

1. 일시적 믿음은 한때 믿음을 가졌으며 체험도 했지만, 결국 믿음에서 떨어져 나가는 자들을 말합니다. 이들은 구원을 얻습니까?(마 13:20-21)

답 : 일시적 믿음으로는 구원을 얻지 못한다. 이는 위선자들이 가지고 있는 믿음이다. 돌밭에 뿌려진 씨앗에 해당된다.

2. 일시적 믿음에게도 죄에 대한 각성이 있습니까?(출 9:27)

답 : 일시적 믿음에게도 죄에 대한 각성이 있다. 그러나 그것 역시 일시적인 것으로 끝나고 만다. 죄에 대해 깨달음이 있고 회개하는 듯하지만 다시 죄로 돌아간다.

3. 고백만으로 그 사람이 구원받은 사람이라는 것을 알 수 있습니까?(마 7:21)

답 : 예수님께서 열매로 나무를 안다고 하셨다. 그리스도의 이름을 부르며 '주여, 주여' 하는 자마다 천국에 다 들어가는 것은 아니다. 진정한 믿음의 소유자만이 들어갈 수 있다.

4. 결국 믿음에서 떠나는 원인은 무엇입니까?(갈 2:4)

답 : 잘못된 가르침 때문이다. 자기를 스스로 구원하라는 가르침을 받고 진리에서부터 멀어졌다.

5. 일시적 믿음이 타락하는 근본적인 원인이 어디에 있습니까?(요일 2:9)

답 : 양심에 어느 정도 각성이 일어났을지라도 그의 마음에 영적 갱신이 일어나지 않았기 때문이다.

6. 개가 토했던 것에 돌아간다는 것은 무엇을 의미합니까?(벧후 2:22)

답 : 죄에 대해서 회개하였다가 다시 죄로 돌아가는 것을 의미한다. 그리고 타락의 결과를 통해서 그 앞에 회개하였던 회개가 진정한 회개가 아니었음을 확인하게 된다.

7. 과거의 삶으로 돌아가는 첫 번째 이유는 무엇입니까?(마 13:20)

답 : 죄에 대한 각성이 시들해지고, 천국의 소망도 꺼져 버렸기 때문이다. 따라서 그에게 일어난 각성이 일시적인 것들이었다.

8. 과거의 삶으로 되돌아가는 두 번째 이유는 무엇입니까?(행 5:2)

답 : 그리스도를 따르는 것에 대한 부담과 손실을 피하기 위해서이다.

9. 과거의 삶으로 되돌아가는 세 번째 이유는 무엇입니까?(잠 29:25)

답 : 종교를 의지한다는 것에 대한 사람들의 비난을 두려워하여 믿음의 길에서 떠나 과거의 삶으로 돌아간다.

10. 과거의 삶으로 되돌아가는 네 번째 이유는 무엇입니까?(출 9:34)

답 : 하나님의 진노와 두려움에 대한 각성이 시들해지면 다시 마음을 강퍅하게

하여 과거의 삶으로 되돌아간다.

11. 영혼의 영적 상태를 분별하기 위해서 필요한 지식은 무엇입니까?(겔 11:19)

답 : 성령의 역사로 인한 마음의 변화에 대해서 잘 알고 있어야 한다. 또한 거짓 은혜와 부족한 은혜로 인한 거짓 변화에 대해서 잘 알고 있어야 한다. 더욱이 목회자는 영혼의 의사로서 심령의 변화와 그 증거에 대해서 전문가이어야 한다.

12. 진정한 회개는 무엇으로 알 수 있습니까?(고후 7:11)

답 : 죄를 미워하고 혐오하는 것으로 알 수 있다. 이것이 있어야 죄에서 떠나며, 죄와 싸우기 때문이다.

13. 타락의 첫 번째 단계는 무엇입니까?(살전 5:19)

답 : 하나님의 심판에 대한 생각들을 떨쳐 버린다. 이는 성령을 소멸시키는 것이다.

14. 타락의 두 번째 단계는 무엇입니까?(벧전 4:7)

답 : 근신하지 않는다. 기도의 의무를 저버리고 개인의 경건 생활에 게을러진다.

15. 타락의 세 번째 단계는 무엇입니까?(행 2:42)

답 : 성도의 경건한 교제를 피한다.

16. 타락의 네 번째 단계는 무엇입니까?(롬 12:11)

답 : 은혜의 수단을 사용하는 것에 게을러진다.

17. 타락의 다섯 번째 단계는 무엇입니까?(롬 2:1)

답 : 다른 사람들의 결점을 지적하며 그것을 구실 삼아서 신앙을 내던져 버린다.

18. 타락의 여섯 번째 단계는 무엇입니까?(엡 4:19)

답 : 죄에 자신을 방임시킨다.

19. 타락의 일곱 번째 단계는 무엇입니까?(시 1:1)

답 : 죄인의 자리에 서서 함께 죄를 짓는다.

20. 타락의 여덟 번째 단계는 무엇입니까?(벧후 2:10)

답 : 공개적으로 죄를 짓는다.

21. 타락의 아홉 번째 단계는 무엇입니까?(고전 3:18)

답 : 자기를 기만하고 있는 상태이다.

50_ 뿔라 땅과 죽음의 강

두 순례자가 죽음을 앞두고 주님으로부터 위로를 받는다. 그리고 두 순례자는 반드시 믿음으로 죽음의 강을 건너야 한다.

내가 꿈속에서 보니 순례자들은 마법의 땅을 벗어나 뿔라(Beulah) 땅으로 들어갔다. 그곳의 공기는 매우 달콤하고 상쾌했다. 길은 반듯이 나 있었고, 두 순례자는 잠시 동안 쉴 수 있었다(사 62:4).[1] 여기서는 새가 우는 소리가 계속 들렸고 매일 꽃들을 볼 수 있었으며 거북의 울음소리도 들을 수 있었다(아 2:10-12). 이 땅에는 햇빛이 밤낮으로 계속 비추어서, 사망의 음침한 골짜기와 절망 거인이 이를 수 없었고 의심의 성에서 볼 수 있던 것들도 없었다.

여기서 두 순례자는 가고자 하는 곳을 볼 수 있었으며, 거룩한 도성에 거주하는 몇 사람을 만나기도 했다. 이 땅은 천국의 경계선으로 빛나는 이들이 자주 걸어 다녔기 때문이다.[2]

또한 이 땅에서는 신랑과 신부의 언약이 갱신되었다. 실로 여기는 신랑이 신부 때문에 기뻐하고 그들의 하나님께서도 기뻐하시는 곳이었다(사 62:5). 이곳에는 옥수수와 포도주가 부족함이 없었으며, 그들이 순례 길에서 찾고 구했던 모든 것이 풍성하게 있었다(사 62:8). 이곳에서 그들은 천성의 도시에서 들려오는 큰 소리를 들었다. "너희는 딸 시온에게 이르라 보라 네 구원이 이르렀느니라 보라 상급이 그에게 있고 보응이 그 앞에 있느니라"(사 62:11).[3] 이 고장의 모든 거주자는 그들을 "거룩한 백성, 주의 구속함을 받

은 자, 주께서 찾으신 자"라고 불렀다(사 62:12).4

그들은 천성에서 가까운 이 땅을 거닐 때 기뻐했다. 천성의 도시에 가까이 다가갈수록 천성을 더 분명하게 볼 수 있었다. 천성은 진주와 각종 보석으로 지어져 있었으며, 길은 금으로 포장되었다. 천성의 자연적 영광과 그 성에 반사되는 태양 빛 때문에 크리스천의 천성에 대한 열망은 더욱 강해졌다. 그리고 그로 인해 크리스천과 소망은 어지러움을 느꼈다.5 그래서 그들은 잠시 누워서 그들의 고통 때문에 울부짖었다. "예루살렘 딸들아 너희에게 내가 부탁한다 너희가 내 사랑하는 자를 만나거든 내가 사랑하므로 병이 났다고 하려무나"(아 5:8).

그러나 약간의 힘을 얻은 그들은 어지러움을 참을 수 있었고, 계속해서 길을 걷기 시작했다. 그리고 점점 더 과수원과 포도원과 정원에 가까이 갔다. 그 문들은 왕의 도로 쪽으로 열려 있었다.

순례자들은 그곳으로 올라가 정원사가 길에 서 있는 것을 보았다. 순례자들은 그에게 말했다. "이 훌륭한 포도원과 정원은 누구의 것입니까?" 정원사는 대답했다. "이것들은 왕의 것입니다. 왕은 자신의 기쁨을 위해서, 순례자들을 위로하기 위해서 이것들을 심으셨습니다." 그리고 정원사는 순례자들을 포도원으로 데리고 들어가 맛 좋은 과일들을 먹게 해서 그들이 피로를 풀도록 했다(신 23:24).6 그리고 그는 순례자들에게 왕이 즐거워하는 왕의 산책로와 정자들을 보여 주었다. 그리고 순례자들은 그곳에서 잠을 잤다.

이제 내가 꿈속에서 보니, 그들은 잠을 자면서 지금까지 여행 중에서 이야기한 것보다 많은 이야기를 했다. 그것을 기이하게 여기면서 바라보고 있는 나에게 정원사가 말했다. "왜 이 일에 대해서 기이하게 여기십니까? 이 포도원의 포도는 너무 달콤해서 잠들게 만들고, 잠들었지만 말을 하게 하는 성질을 갖고 있습니다."7

그들이 깨어났을 때 내가 보니, 그들은 도성으로 올라가자고 서로 말했다. 그러나 내가 말했다. "이 도성에 반사되는 태양의 빛이(계 21:18, 도성은 순금으로 되었기 때문이다) 너무 영광스럽기 때문에 맨눈으로 바라볼 수 없으며, 그러한 목적을 위해 만든 도구를 통해서 볼 수 있다"(고후 3:18). 내가 보니, 그들은 걸어가면서 금처럼 빛나는 겉옷을 입고, 빛나는 얼굴을 한 두 사람을 만났다.

이 사람들은 순례자들에게 어디서부터 오느냐고 물었다. 순례자들은 대답했다. 그들은 순례자들이 어디에서 묵었느냐고 물었다. 그리고 오는 길에서 어떤 어려움과 위험을 만났으며, 어떤 위로와 즐거움을 누렸느냐고 물었다. 순례자들은 대답했다. 그러자 그들은 순례자들에게 말했다. "당신들은 두 가지 어려움을 더 겪은 후에 도성에 들어가게 될 것입니다." 크리스천과 소망은 그들에게 함께 가 달라고 부탁했다. 그들은 그렇게 해 주겠다고 대답했다. 그러나 그들은 순례자들에게 말했다. "당신들은 반드시 당신들의 믿음을 가지고 천성에 들어가야 합니다."8 내가 꿈속에서 보니, 문이 보이는 곳에 이르기까지 그들이 함께 걸어가고 있는 것이 보였다.

Q&A

1. 쁄라 땅이 의미하는 것은 무엇입니까?(사 62:4)

답 : 그리스도와 혼인된 상태를 의미한다. 또한 성도가 죽음을 앞두고 지극히 행복한 상태에 있는 것을 의미하며, 성도의 죽음 앞에서 하나님께서 위로하시는 은혜를 말한다.

2. 천국의 경계선이라는 것은 무엇을 의미합니까? 무엇이 확인됩니까?(사 62:5)

답 : 주께서 우리를 기쁨으로 받으실 것을 확신한다.

3. 천국 백성이 죽음 앞에서 소원하는 것은 무엇입니까?(딤후 4:8)

답 : 천국에서 상급이 있음을 바라보게 한다.

4. 상급을 기다리는 자는 이 땅에서 어떻게 수고한 자입니까?(딤후 4:6-7; 살후 1:7)

답 : 이 땅에서 수고한 자가 주의 안식을 기대할 수 있다. 그러나 게으른 자는 악하고 게으른 종이라는 심판의 선언을 들을 것이다(마 25:26).

5. 천국에 대한 열망은 어떤 것입니까?(빌 1:23)

답 : 천국에 대한 사모함과 갈망을 의미한다.

6. 죽음 직전에 받는 위로에는 어떤 것이 있습니까?(신 23:24)

답 : 풍성한 은혜를 더욱 경험하고, 안식을 맛본다.

7. 죽음 직전에 우리의 입술에는 어떤 증거가 넘쳐야 합니까?(히 13:15)

답 : 잠을 자는 상태에서도 하나님의 은혜에 대해서 감사하고 찬양한다. 따라서 죽음을 앞두고 성도는 찬미의 제사를 드리는 것이다. 감사의 증거가 넘쳐야 한다.

8. 성도들이 죽음을 맞이하면서 갖고 있어야 하는 것은 무엇입니까?(딤후 4:7)

답 : 믿음을 견고히, 그리고 끝까지 지켜야 한다.

51_ 죽음의 강

죽음의 쏘는 침은 성도로 하여금 주를 바라보게 한다. 이때, 지금까지 삶 가운데 도와주시고 인도해 주신 주님을 기억해야 한다. 천사들이 순례자들의 영혼을 받들어 천성을 향하여 쏜살같이 올라갔다.

이제 또다시 내가 보니, 문과 그들 사이에 강이 있었다. 그곳에는 건너갈 다리가 없었으며, 강은 매우 깊었다. 강을 바라보면서 순례자들은 기절할 지경이었다. 그러나 순례자들과 함께 동행했던 그들은 말했다. "당신들은 반드시 강을 건너야 합니다. 그렇지 않으면 천성의 문에 도달할 수 없습니다." 그러자 순례자들은 천성의 문으로 가는 다른 길은 없느냐고 묻기 시작했다. 그들은 대답했다. "있습니다. 그러나 에녹과 엘리야만이 그 길을 허락받았고, 세상의 기초가 세워진 이후에 마지막 나팔이 울리기까지는 누구도 갈 수 없습니다"(고전 15:51-52). 두 순례자는 실망하기 시작했는데, 특별히 크리스천이 더욱 실망했다.1 강을 피할 만한 길은 보이지 않았다. 그래서 두 순례자는 강의 깊이에 대해서 물었다. 그들은 대답했다. "깊지 않습니다. 이곳의 왕 되신 이를 믿는 여부에 따라 깊을 수도 있고 얕을 수도 있습니다."2

그러자 순례자들은 물속으로 들어가자고 말했다. 크리스천이 빠져 들어가기 시작했다. 그리고 자신의 선한 친구인 소망에게 소리쳤다. "큰 물이 나를 둘렀고 주의 파도와 큰 물결이 다 내 위에 넘쳤나이다"(욘 2:3).

소망이 대답했다. "내 형제여, 힘을 내십시오. 내 발은 바닥에 닿는 것 같아서 좋아요."

크리스천이 말했다. "아, 내 친구여, 죽음의 슬픔들이 나를 둘러쌉니다. 나는 젖과 꿀이 흐르는 땅을 보지 못할 것 같습니다." 그리고 큰 어둠과 공포가 크리스천에게 임해서 그는 전혀 앞을 보지 못했다.[3] 또한 여기서 그는 거의 정신을 잃었기 때문에 순례 길에서 그가 받았던 달콤한 위로 중 어떤 것도 기억하거나 말할 수 없었다. 다만 그가 하는 말들은 강에서 죽어서 결코 천성의 문으로 들어가지 못할 것 같은 두려운 마음이 있다는 것을 드러냈다.

또한 여기서 옆에 있는 사람들도 깨닫듯이, 그는 순례 길을 시작하기 전과 후에 지은 죄에 대한 생각으로 상당히 괴로워하고 있었다. 또한 그가 꼬마 도깨비와 악한 영들에게 고통당하는 것으로 보였는데,[4] 그는 이런 단어에 대해서 매우 친숙했었기 때문이다. 따라서 소망은 그의 형제의 머리를 물 위로 내놓으려고 애썼다. 때때로 크리스천은 물속에 잠겼고, 절반 정도 죽은 상태로 다시 물 위로 올라왔다. 소망은 그를 위로하려고 애썼다.

소망_ 형제여, 나는 문이 보입니다. 우리를 영접하기 위해 사람들이 서 있습니다.[5]

크리스천_ 그러나 그들이 기다리는 것은 당신입니다. 내가 당신을 안 이후로 당신은 계속 소망을 갖고 있었습니다.

소망_ 당신도 역시 갖고 있습니다.

크리스천_ 아, 형제여, 만약 내가 분명히 올바르게 행했다면, 그분께서 지금 일어나 나를 도와주셨을 것입니다. 그러나 내 죄 때문에, 그분께서 나를 올무 가운데 두시고 나를 버리셨습니다.[6]

소망_ 내 형제여, 당신은 악한 자에 대해 말하고 있는 성경 본문을 잊고 있습니다. "그들은 죽을 때에도 고통이 없고 그 힘이 강건하며 사람들이 당하는 고난이 그들에게는 없고 사람들이 당하는 재앙도 그들에게는 없나니" (시 73:4-5). 당신이 이 강을 건너면서 느끼는 걱정과 고민은 하나님께서 당신을 버리셨다는 표가 아니라, 당신이 지금까지 받은 그의 선하심을 기억하고 있는지, 환란 때 주님을 의지하는지 시험하기 위해서입니다.7

그때 내가 꿈속에서 보니, 크리스천이 잠시 생각에 잠겨 있었다. 소망이 추가로 크리스천에게 말했다. "힘을 내십시오. 그리스도께서 당신을 온전케 하십니다." 크리스천이 큰 목소리로 외쳤다. "오! 그분이 다시 보입니다. 그분께서 저에게 '네가 물 가운데로 지날 때에 내가 너와 함께 할 것이라 강을 건널 때에 물이 너를 침몰하지 못할 것이며'(사 43:2)라고 말씀하십니다." 그래서 두 사람은 용기를 내었다.8 그들이 강을 건너기까지 원수들은 돌과 같이 굳어 있었다. 크리스천은 설 땅을 찾았고 나머지 강물은 얕아졌다. 그들은 강을 건넜다.

죽음의 강을 건너 둑에 이르렀을 때 두 빛나는 이가 그곳에서 두 순례자를 기다리고 있었다. 그들은 강에서 나오는 두 순례자에게 인사하면서, "우리는 구원의 상속자가 되는 분들을 섬기기 위해서 보냄을 받은 자들입니다"라고 말했다(히 1:14).9 그들은 순례자들을 데리고 문을 향해 갔다. 천성의 도시는 매우 높은 산 위에 있었지만 두 순례자는 쉽게 올라갈 수 있었다. 빛나는 이들이 두 순례자의 팔을 붙잡고 이끌었는데, 육신의 겉옷을 강에 두고 왔기 때문이다(강에 들어갈 때는 육신의 겉옷을 입었으나 나올 때는 버려두고 나왔다).

천성의 도시는 구름보다 더 높은 곳에 있었지만, 그들은 민첩하고 빠른 속도로 올라갔다. 그들은 공중의 영역들을 통과하면서 달콤한 대화를 나누었다. 그들은 안전하게 강을 건넜고, 그들을 시중드는 영광스런 동반자들을 만났기 때문에 위로를 받았다.

그들이 빛나는 이들과 나눈 이야기는 천성의 영광에 대한 것이었다. 빛나는 이들은 그들에게 그곳의 아름다움과 영광을 감히 표현할 수 없다고 말했다. 빛나는 이들은 그들에게 말했다. "그러나 너희가 이른 곳은 시온산과 살아 계신 하나님의 도성인 하늘의 예루살렘과 천만 천사와 하늘에 기록된 장자들의 모임과 교회와 만민의 심판자이신 하나님과 및 온전하게 된 의인의 영들과"(히 12:22-23). **10** "당신들은 하나님의 낙원으로 가고 있는데, 그곳에서 당신들은 생명나무를 볼 것이며, 결코 시들지 않는 그 열매를 먹게 될 것입니다. 그리고 당신들이 그곳에 이르면 당신들에게 주어진 흰 옷을 입을 것이며, 당신들은 매일 그리고 심지어 영원의 모든 날에 왕과 함께 걸을 수 있고 이야기할 수 있습니다(계 2:7; 3:4; 22:5).

그곳에서 당신들은 아래 세상에서 보았던 것들, 즉 슬픔, 질병, 고난, 죽음 같은 것들을 더 이상 보지 않을 것입니다.**11** '이전 환난이 잊어졌고 내 눈앞에 숨겨졌기' 때문입니다(사 65:16). 이제 당신들은 아브라함, 이삭, 야곱과 하나님께서 악에서 건져 내신 선지자들에게 가서 그들의 침상에서 쉬기도 하며, 각각은 그의 의로움 가운데 걷게 될 것입니다."

그러자 순례자들이 물었다. "거룩한 곳에서 우리는 무엇을 해야 합니까?"

빛나는 이들이 순례자들에게 대답했다. "당신들은 그곳에서 당신들의 모든 수고에 대해서 위로를 받을 것이며, 당신들이 당했던 모든 슬픔에 대해서 기쁨으로 보상을 받을 것이고, 당신들이 뿌렸던 것에 대해서 열매를 거둘 것인데, 왕을 위해서 당신들이 흘렸던 눈물과 고통과 당신들의 모든 기도에 대한 열매를 받을 것입니다(갈 6:7). **12** 그곳에서 당신들은 황금 면류관을 쓰게 될 것이며, 거룩하신 분을 영원토록 뵈면서 즐거워할 것입니다. 왜냐하면 '그의 참모습 그대로 볼 것이기 때문'(요일 3:2)입니다.

또한 세상에 있을 때 당신들은 그분을 섬기고 싶어 했으나 육신의 연약함 때문에 어려움을 많이 겪었지만, 그곳에서 당신들은 그분을 끊임없이 찬양하고, 소리 높여 감사하며 섬기게 될 것입니다. 그곳에서 당신들의 눈은 전능하신 이를 바라보면서 기뻐할 것이며, 당신들의 귀는 전능하신 이의 음성을 들으면서 기뻐할 것입니다. 그곳에서 당신들은 당신들보다 앞서 간 친구들을 다시 만나 즐거워할 것이며, 상급을 받으며 기뻐할 것인데, 이는 당신들을 뒤쫓아 거룩한 곳에 들어온 자들에게도 주어질 것입니다.

또한 그곳에서 당신들은 영광과 위엄의 옷을 입고 왕의 마차를 탈 것입니다. 그분께서 구름 가운데 나팔 소리와 함께 바람의 날개를 타고 재림하실 때 당신들은 그분과 함께 올 것이며, 그분께서 심판의 보좌에 앉으실 때 당신들은 그분 곁에 앉을 것입니다. 그분께서 불의를 행한 자들에게 판결을 내리실 때, 그것이 천사이든 인간이든 간에, 당신들도 그 심판에서 목소리를 낼 것입니다. 왜냐하면 그들은 그분과 당신들의 원수이기 때문입니다(살전 4:13-17; 유 1:14; 단 7:9-10; 고전 6:2-3). 또한 그분께서 나팔 소리와 함께 천성으로 다시 돌아오실 때, 당신들도 돌아올 것이며, 그분과 영원히 함께 있을 것입니다."[13]

Q & A

1. 비록 성도일지라도 죽음은 어떤 효과를 줍니까?(고전 15:55-56)

답 : 죄 때문에 죽음은 우리에게 강력한 힘을 발휘한다. 사망의 쏘는 침과 같은 역할을 한다. 따라서 성도는 그리스도를 붙잡음으로 사망을 극복해야 한다.

2. 죽음의 강에서 무엇을 다시 확인하고 있습니까?(고전 15:57)

답 : 오직 그리스도를 믿음으로 사망의 힘을 극복해야 한다. 죽음의 강은 믿음을 확인하는 수단이 된다.

3. 크리스천이 소망보다 더욱 의심하는 이유는 무엇입니까?(사 59:12)

답 : 자신의 주장으로 인하여 절망 거인에게 붙잡혔던 것이 그를 영적으로 더욱 무겁게 짓눌렀기 때문이다. 자신의 허물과 죄악들이 그를 더욱 의심에 빠트렸다.

4. 죽음의 시점에서 사탄과 마귀의 공격은 어떤 것입니까?(고전 15:26) 그렇다면 우리에게는 무엇이 필요합니까?(계 21:4)

답 : 죽음을 가지고 사탄과 마귀가 공격한다. 마치 몸이 무너지는 것과 같이 공격하며, 구원을 파괴하는 것과 같이 공격한다. 여기서 성도는 주께서 받아주실 것을 바라보아야 한다.

5. 소망이 죽음의 강을 건너면서 보는 것은 무엇입니까?(슥 2:3)

답 : 천사들이 순례자들을 천성으로 인도하기 위해서 마중 나온 것을 보았다.

6. 크리스천이 계속 의심하는 것은 무엇입니까? 이때 소망이 어떻게 도와주고 있습니까?(롬 8:38-39)

답 : 자신의 죄로 인하여 괴로워하면서 의심하고 있다. 소망은 주께서 결코 버리지 않으셨다고 소망을 불러일으키고 있다.

7. 의심을 물리칠 수 있는 것은 무엇입니까?(히 4:15)

답 : 주께서 연약한 자들을 내치지 않으시고 도와주시는 은혜를 기억하는 것이다. 따라서 더욱 주를 더욱 의지해야 한다.

8. 결국 죽음의 강을 건널 때 가장 유효한 은혜의 수단은 무엇입니까?(사 43:2)

답 : 하나님의 약속의 말씀이다.

9. 천사들은 순례자들의 영들을 어떻게 데리고 갑니까?(눅 16:22)

답 : 천사들은 순례자의 영들을 받들어서 천성으로 데리고 갔다.

10. 천성에는 누가 있습니까?(히 12:22-23)

답 : 천사와 교회와 심판자이신 하나님과 의인들의 영이 있다.

11. 천성에 없는 것은 무엇입니까?(계 4:8-11)

답 : 슬픔, 질병, 고난, 죽음 같은 것들은 천성에서 볼 수 없다.

12. 순례 길에서의 수고에 대한 보상으로 천성에서 무엇을 받습니까?(계 21:7)

답 : 기쁨의 보상을 받을 것이며, 기도에 대한 열매를 받을 것이다.

13. 먼저 간 성도들은 예수님의 재림을 어떻게 맞이합니까?(살전 4:15-16)

답 : 먼저 부활하여 재림한 주님을 맞을 것이다.

52_ 천국 입성과 무지의 최후

두 순례자는 천성문에 이르러 언약백성의 표시를 제시하고 문을 통과하였다. 그들은 수금과 면류관을 받았고, 이제부터 영원토록 주를 찬양하게 되었다. 구원의 은혜가 없음에도 불구하고 있는 것으로 착각하고 있는 무지는 천성의 입성이 거절되었고 지옥으로 떨어졌다.

그들이 천성 문 앞으로 가는데, 한 무리의 천군이 그들을 영접하러 나오는 것이 보였다. 그들을 향해 두 빛나는 이가 (두 순례자를 시중들며 인도하고 있는) 그 천군들에게 다음과 같이 말했다. "이분들은 세상에 있었을 때, 우리 주를 사랑했던 분들입니다. 주님의 거룩한 이름을 위해 모든 것을 버렸던 분들입니다. 주께서 이분들을 데리고 오라고 우리를 보내셨기에, 순례 여행을 끝낸 이분들을 모셔 왔습니다. 이분들은 들어가서 그들의 구속 주이신 그리스도를 뵙고 크게 기뻐할 것입니다." 그때 천군들이 크게 외쳤다. "어린 양의 혼인 잔치에 청함을 받은 자들은 복이 있도다"(계 19:9).

이때 왕의 나팔수 여러 명이 그들을 맞이하려고 나왔다. 희고 빛나는 옷을 걸친 나팔수들은 아름답고 우렁찬 소리가 천국에 울려 퍼지게 했다. 나팔수들은 크리스천과 그의 동료에게 환영한다고 나팔 소리로 만 번이나 인사했다.

그리고 나팔수들은 순례자들을 빽빽이 둘러쌌다. 어떤 이는 앞에 서고, 어떤 이는 뒤에 섰으며, 어떤 이는 오른편에, 어떤 이는 왼편에 섰다(순례자들이 이미 높은 곳에 올라왔지만, 나팔수들은 마치 그들을 호위하는 것 같았다). 나팔수들은 계속해서 아름답고 높은 곡조로 나팔을 불렀다. 이 광경을 보면서 순례자들은 마치 천국 자체가 그들을 맞으러 나온 것 같다고 생각했다. 그들은 함께 걸었으며, 그들이 걷는 동안 나팔수들은 계속해서 즐거운 음악 소리와 함께 표정과 몸짓을 섞어서 크리스천과 그의 형제에게 자신들의 동행이 된 것을 환영하며, 그들을 만난 것이 얼마나 기쁜지를 표시했다.

이렇게 두 사람은 천성에 이르기도 전에 천사들을 보고 그들의 아름다운 음악 소리를 들어서, 마치 천성에 있는 듯했다. 또한 여기서 그들은 도성 자체를 볼 수 있었으며, 그곳에서 그들을 환영하기 위해 울리는 종소리를 들었다. 그러나 무엇보다도 그곳에서 자신들이 친구들과 함께 영원토록 살 것을 생각하면서 기뻐했다.1 어떤 말이나 글로 그들의 영화로운 즐거움을 표현할 수 있겠는가! 그리고 그들은 문으로 올라갔다.

그들이 천성 문에 이르니 문 위에 황금으로 된 글자와 문구가 있었다. "그의 계명을 지키는 자는(자기 두루마기를 빠는 자들은) 복이 있으니 이는 그들이 생명나무에 나아가며 문들을 통하여 성에 들어갈 권세를 받으려 함이로다" (계 22:14).2

그때 내가 꿈속에서 보니, 빛나는 이들이 두 순례자에게 문을 향해 (문을 열라고) 소리치라고 했다. 그때 문 위에서 어떤 이들이 내다보았는데, 에녹, 모

52_ 천국 입성과 무지의 최후

세, 엘리야 같았다. 빛나는 이들이 그들을 향해 "이 순례자들은 멸망의 도시를 떠나 이곳에 계신 왕에 대한 사랑을 품고 이곳까지 왔습니다"라고 말했다.

그리고 두 순례자는 순례 길을 시작할 때 받은 증명서를 각각 제출했다. 그들은 증명서들을 왕에게 가져다주었고, 왕은 증명서를 읽고는 "이들이 어디에 있느냐?"라고 물었다. 옆에 서 있던 자가 그들이 문 밖에 서 있다고 대답하자, 왕은 즉시 문을 열어 주라고 명령했다. 왕은 "너희는 문들을 열고 신의를 지키는 의로운 나라가 들어오게 할지어다"(사 26:2)라고 말했다.3

내가 꿈속에서 보니 두 순례자가 문 안으로 들어갔는데, 들어서자마자 변화되었다. 그리고 그들은 금과 같이 빛나는 옷을 입었다. 또한 수금과 면류관 가진 자를 만났는데, 그들은 두 순례자에게 수금과 면류관을 주었다.

수금은 찬양하기 위한 것이었고, 면류관은 영예의 표식이었다. 그때 내가 꿈속에서 들었는데, 기쁨 때문에 도성의 모든 종이 다시 울렸고, 그들에게 다음과 같은 말이 들렸다. "우리 주님의 기쁨에 동참하십시오." 또 나는 사람들이 큰 목소리로 노래하면서 하는 말을 들었다. "보좌에 앉으신 이와 어린 양에게 찬송과 존귀와 영광과 권능을 세세토록 돌릴지어다"(계 5:13).4

바로 대문이 활짝 열려서 내가 들여다보니, 도성은 태양과 같이 빛났으며 거리는 금으로 포장되어 있었다. 그곳에 많은 사람이 걷고 있었는데 그들은 면류관을 쓰고, 종려나무를 손에 들고, 황금 수금을 가지고 찬양하고 있었다. 거기에는 또한 날개를 가진 자들이 서로 화답하며, 쉬지 않고 "거룩하다 거룩하다 거룩하다 주 하나님 곧 전능하신 이여"(계 4:8)라고 말하고 있었다. 이후에 그들은 문을 닫았는데, 나는 그것을 보면서 나 자신도 그들과 함께 있기를 소망했다.

내가 이 모든 것을 눈여겨본 후에 고개를 돌려 뒤를 바라보니, 무지가 강가에 다다른 모습이 보였다. 그러나 그는 순례자들이 강을 건너면서 겪었던 어려움의 절반도 겪지 않고 곧 강을 건넜다. 그곳에서 뱃사공인 헛된 소

망(Vain-hope)이 자신의 배로 무지가 강을 건널 수 있도록 도와주었기 때문이다.5

다른 쪽을 보니, 무지가 언덕을 올라가서 문 앞에 도착했다. 그는 혼자 올라갔는데, 누구도 그를 격려하기 위해서 마중 나오지 않았다. 무지는 천성의 문에 도착해서 문 위에 있는 문구를 보고 문을 두드리기 시작했다. 무지는 입구에서 어떤 자가 나와서 그에게 시중들 것이라고 생각했다. 그러나 아무도 나오지 않았고, 누군가 문 꼭대기에서 무지를 바라보면서 물었다. "당신은 어디서 오는 것이오? 그리고 무엇을 갖고 있소?" 무지는 대답했다. "나는 왕의 면전에서 먹기도 하고 마시기도 했으며, 길에서 그분에게서 가르침도 받았습니다."6 그들은 무지에게 증명서를 요구했다. 증명서를 받아 왕에게 보이기 위해서였다. 무지는 가슴 안쪽 여기저기를 찾아보았으나 아무것도 없었다.7 그때 문 위에 있는 자들이 "아무것도 없지 않소?"라고 말했다. 무지는 아무 말도 하지 못했다.

그들은 왕에게 이 사실을 아뢰었다. 왕은 그를 보기 위해 내려오지도 않았고, 두 빛나는 이(크리스천과 소망을 시중들었던 자들이다)에게 나가서 무지의 손과 발을 묶고 공중으로 데리고 가서 언덕의 지옥으로 통하는 문으로 처넣으라고 명령했다.8 그때 내가 보니 멸망의 도시에서 지옥으로 가는 길이 있는 것같이 그곳에 천국의 문에서 지옥으로 가는 길이 있었다.

Q & A

1. 천국에서 가장 큰 기쁨은 무엇입니까?(계 7:9)

답 : 주님과 함께 하는 것이며, 또한 믿음의 친구들과 함께 주님을 찬양하는 것이다.

2. 결국 천국에 입성한 자들은 무엇이 확인됩니까?(벧후 1:11; 요일 5:3)

답 : 그들이 계명을 지키고 수고하였으며, 진정으로 하나님을 사랑하는 자들이라는 것이 확인된다.

3. 그들이 하나님의 백성이었던 증거는 무엇으로 확인됩니까?(사 26:2)

답 : 진리를 지켰으며, 하나님에게 충성했던 것으로 확인된다.

4. 천성에 들어가서 찬송 부르는 내용은 무엇입니까?(계 5:13)

답 : 하나님과 그리스도에 대한 찬송이다. 구속의 아름다움과 영광과 그 능력을 찬양한다.

5. 무지는 죽음의 강을 어떻게 건넙니까?(욥 41:9)

답 : 무지는 구원의 은혜에 대한 경험 없이 자신의 행위에 근거하여 구원받는다고 확신했다. 그도 천국에 들어갈 확신을 가지고 죽음의 강을 건너는데, 그

확신은 헛된 소망이었다.

6. 무지가 자신이 천성에 들어갈 수 있다고 생각하면서 주장하는 것은 무엇입니까?(요 6:24-26)

답 : 예수님의 기적을 통해서 떡과 물고기를 먹었으며, 주님 계신 곳을 열심히 찾아다녔고, 주님의 가르침도 받았다고 주장하였다. 그러나 그는 육신적 목적을 위해 따라다녔으며, 주님에게 전혀 굴복된 자가 아니었다.

7. 무지에게 천국에 들어갈 수 있는 증명서가 없었던 이유는 무엇입니까? (히 6:1)

답 : 회개와 믿음이 없었다.

8. 무지가 구원받을 줄 알았지만 결국 지옥으로 떨어진 이유는 무엇입니까? (행 3:23)

답 : 그는 원죄를 부정하였으며, 성령의 유효한 역사에 대해서 무지하였다. 그는 오직 자신의 행위에 근거해서 구원받을 것으로 확신하였다. 즉, 철저히 인간 중심으로 하나님의 말씀을 해석하였고, 구원의 교리에 대해서는 잘못 이해하고 있었으며, 결정적으로 회심의 체험 없이 교회 생활을 하였기 때문이다.

결론

 이제 독자들이여, 나는 내 꿈을 당신들에게 말했습니다.
 혹시 당신들이 이것을 나에게, 혹은 당신 자신이나 이웃에게 해석해 줄 수 있는지 알아보십시오.
 그러나 잘못 해석하지 않도록 주의를 기울이십시오.
 잘못 해석하면 유익 대신 당신 자신들에게 욕을 줄 것이며, 나쁜 일들이 뒤따라 일어날 것입니다.
 또한 내 꿈 바깥으로 나가 장난치면서, 극단으로 치우치지 않도록 주의하십시오.
 내 비유를 조롱하거나, 싸움거리로 만들지 마십시오.
 소년들과 어리석은 자뿐만 아니라 당신 자신들을 위해서 이것을 놓아두십시오.
 내가 보았던 문제의 내용들을 당신도 보십시오.
 커튼을 걷어 내고, 내가 감춘 것 안으로 들어와 보고, 내 비유를 연구해 실패하지 마십시오.
 만약 당신이 그것들을 연구해서 내 뜻을 발견하면 정직한 마음에 도움이 될 것입니다.

거기서 당신이 내 쓰레기와 같은 것을 발견하면, 그것을 내던져 버리십시오.

그러나 황금은 보존하십시오.

만약 내 황금이 광석 안에 싸여 있다면?

사과 씨 때문에 사과를 던져 버리는 사람이 한 사람도 없듯이, 버리지 마십시오.

그러나 당신이 헛된 것으로 여겨 던져 버린다면 나는 다시 꿈을 꿀 수밖에 없습니다.

사명선언문

너희가 흠이 없고 순전하여······세상에서 그들 가운데 빛들로
나타내며 생명의 말씀을 밝혀 _ 빌 2:15-16

1. 생명을 담겠습니다
만드는 책에 주님 주신 생명을 담겠습니다.
그 책으로 복음을 선포하겠습니다.

2. 말씀을 밝히겠습니다
생명의 근본은 말씀입니다.
말씀을 밝혀 성도와 교회의 성장을 돕겠습니다.

3. 빛이 되겠습니다
시대와 영혼의 어두움을 밝혀 주님 앞으로 이끄는
빛이 되는 책을 만들겠습니다.

4. 순전히 행하겠습니다
책을 만들고 전하는 일과 경영하는 일에 부끄러움이 없는
정직함으로 행하겠습니다.

5. 끝까지 전파하겠습니다
모든 사람에게, 땅 끝까지, 주님 오시는 그날까지
복음을 전하는 사명을 다하겠습니다.

서점 안내

광화문점	서울시 종로구 새문안로 69 구세군회관 1층 02)737-2288 / 02)737-4623(F)
강남점	서울시 서초구 신반포로 177 반포쇼핑타운 3동 2층 02)595-1211 / 02)595-3549(F)
구로점	서울시 동작구 시흥대로 602, 3층 302호 02)858-8744 / 02)838-0653(F)
노원점	서울시 노원구 동일로 1366 삼봉빌딩 지하 1층 02)938-7979 / 02)3391-6169(F)
일산점	경기도 고양시 일산서구 중앙로 1391 레이크타운 지하 1층 031)916-8787 / 031)916-8788(F)
의정부점	경기도 의정부시 청사로47번길 12 성산타워 3층 031)845-0600 / 031)852-6930(F)
인터넷서점	www.lifebook.co.kr